Kohlhammer

Behinderung – Theologie – Kirche

Herausgegeben von

Johannes Eurich
Andreas Lob-Hüdepohl

Band 16

Hanna Braun

Der vulnerable Mensch als Ebenbild Gottes

Eine Grundlegung für inklusive Sprechweisen in der theologischen Anthropologie

Verlag W. Kohlhammer

1. Auflage 2023

Alle Rechte vorbehalten
© W. Kohlhammer GmbH, Stuttgart
Gesamtherstellung: W. Kohlhammer GmbH, Stuttgart

Print:
ISBN 978-3-17-043148-5

E-Book-Format:
pdf: 978-3-17-043149-2

Für den Inhalt abgedruckter oder verlinkter Websites ist ausschließlich der jeweilige Betreiber verantwortlich. Die W. Kohlhammer GmbH hat keinen Einfluss auf die verknüpften Seiten und übernimmt hierfür keinerlei Haftung.

Dieses Werk einschließlich aller seiner Teile ist urheberrechtlich geschützt. Jede Verwendung außerhalb der engen Grenzen des Urheberrechts ist ohne Zustimmung des Verlags unzulässig und strafbar. Das gilt insbesondere für Vervielfältigungen, Übersetzungen, Mikroverfilmungen und für die Einspeicherung und Verarbeitung in elektronischen Systemen.

Inhaltsverzeichnis

Vorwort 9

Einleitung 11
    Struktur der vorliegenden Arbeit 17

1. Gottebenbildlichkeit des Menschen 19
    1.1 Der Begriff der Gottebenbildlichkeit in exegetischer
         und historischer Perspektive 19
    1.2 Interpretationen des Gehalts der Gottebenbildlichkeit 23
         1.2.1 Geistanalogie 23
         1.2.2 Gestaltanalogie 26
         1.2.3 Herrschaftsanalogie 28
         1.2.4 Relationsanalogie 32

2. Definitionsfragen Behinderung und Inklusion –
    methodische Grundannahmen 53
    2.1 Behinderung – eine Definition 53
         2.1.1 Definitionen von Behinderung 53
         2.1.2 Verschiedene Modelle von Behinderung 57
         2.1.3 Relevante Aspekte von Behinderung 67
         2.1.4 Zusammenfassung 71
    2.2 Inklusion – eine Definition 72
         2.2.1 Differenz zwischen Inklusion und Integration 73
         2.2.2 Kritik an Inklusion 75
         2.2.3 Wie kann Inklusion gelingen? 76
         2.2.4 Zusammenfassung 86
    2.3 Inklusive Sprech- und Denkweisen 87
         2.3.1 Vorüberlegung zu Denk- und Sprechweisen 87
         2.3.2 Kriterien für inklusive Sprechweisen 89
         2.3.3 Zusammenfassung 96

3. Bewertung der vier Interpretationsmuster von
    Gottebenbildlichkeit hinsichtlich ihrer Inklusivität ... 97
    3.1 Neue Sprechweisen in der Gottebenbildlichkeit 97
    3.2 Untersuchung der verschiedenen Interpretationsmuster ... 98

		3.2.1	Geistanalogie	98
		3.2.2	Gestaltanalogie	105
		3.2.3	Herrschaftsanalogie	107
		3.2.4	Relationsanalogie	110
3.3	Inklusiver Kern			122
3.4	Vergewisserung: Alle Menschen sind zu Beziehungen fähig			125

4. Der vulnerable Mensch 131

4.1	Vulnerabilität – eine Annäherung	132
4.2	Forschungsüberblick zur Verwendung des Vulnerabilitätsbegriffs in der Theologie	135
4.3	Definitionsrelevante Aspekte	143
4.4	Zur menschlichen Grundsituation – philosophische Einordnung der Vulnerabilität	147
	4.4.1 Philosophische Konzepte im Umfeld von Vulnerabilität	147
	4.4.2 Philosophische Kontextualisierung vulnerablen Menschseins	151
4.5	Grundlegende Differenzierungen beim Sprechen von Vulnerabilität	168
4.6	Ein am inklusiven Potenzial orientiertes Vulnerabilitätskonzept	170
	4.6.1 Ambivalenz und Ambiguität von Vulnerabilität	170
	4.6.2 Strukturelle und situative Vulnerabilität: zwei unterschiedliche Ebenen von Vulnerabilität	178
	4.6.3 Vulnerabilität als Erfahrung und als zugeschriebener Zustand	189
	4.6.4 Freiwillige und unfreiwillige situative Vulnerabilität	191
	4.6.5 Situative Vulnerabilität und Behinderung	192
	4.6.6 Das Problem der Anerkennung von Vulnerabilität	203
	4.6.7 Anerkennbarkeit von Vulnerabilität	210
	4.6.8 Vulnerabilität und ethische Aspekte	222
	4.6.9 Zwischenmenschliche Vulnerabilität: Lebensbeispiel von Adam/Henri Nouwen	226
4.7	Der vulnerable Mensch als Ebenbild Gottes	234

5. Gott vulnerabel denken 239

5.1	Zum Analogiedenken	239
5.2	Freiheitstheoretisches Trinitätsdenken und relationale Ontologie	242
	5.2.1 Gottes trinitarisches Wesen vor dem Hintergrund menschlicher Freiheit	243
	5.2.2 Die Einheit der drei göttlichen Freiheiten	245
	5.2.3 Unterscheidung innertrinitarischer Beziehungsebenen	248
5.3	Vulnerabilität Jesu	250
5.4	Vulnerabilität Gottes	256

	5.4.1	Biblische und systematische Gründe für eine Vulnerabilität Gottes	257
	5.4.2	Die Tradition apathischen Gottdenkens	259
	5.4.3	Der vulnerable Gott in den Ansätzen Liedkes, Bielers und Moltmanns	262
	5.4.4	Evaluation der Vulnerabilität Gottes bei Moltmann, Bieler und Liedke	266
	5.4.5	Vulnerabilität Gottes denken	272
5.5	Menschliche Vulnerabilität im Eschaton		287
5.6	Zusammenfassung		291

Schluss 293

Abkürzungs-, Literatur- und Medienverzeichnis 299
Abkürzungen 299
Literatur und Medien 300

Vorwort

Die vorliegende Arbeit wurde im Jahr 2021 als Inaugural-Dissertation zur Erlangung der theologischen Doktorwürde an der Katholisch-Theologischen Fakultät der Westfälischen Wilhelms-Universität Münster in Westfalen angenommen. Mein Dank gilt zunächst Bernhard Nitsche, der mir dieses spannende Dissertationsprojekt ermöglicht und mich mit viel Engagement begleitet hat. Meinem Mann, Johannes Braun, danke ich für unzählige fachliche Gespräche und Diskussionen und die umfassende Unterstützung während dieser Lebensphase. Des Weiteren danke ich Maria Steiger für das sorgfältige Korrekturlesen meiner Arbeit. Mein weiterer Dank gilt meiner Zweitbetreuerin Judith Könemann, dem Cusanuswerk für die Förderung während meiner Dissertation und der Erzdiözese Freiburg und dem Bistum Münster für die Bezuschussung der Druckkosten.

Zum Weltfrauentag 2023
Hanna Braun

Einleitung

> „Christen [haben] nicht weniger als andere Menschen das Rollenspiel zwischen Nichtbehinderten [...] und Behinderten [...] tief verinnerlicht."[1]

Diese Aussage spricht das „Apartheids-Denken"[2] an, das Menschen mit Behinderung und ohne Behinderung gedanklich und praktisch separiert. Ein solches ist laut Ulrich Bach in der Gesellschaft, aber auch in kirchlichen Kontexten vorhanden und wird von letzteren unter Umständen sogar verstärkt.[3] Dabei gibt es genügend im christlichen Glauben verankerte Gründe, warum Christ_innen auf keine für Menschen mit Behinderung exkludierende Weise denken und sprechen (und in der Folge auch handeln) sollten. Drei seien hier exemplarisch genannt:

1) Die Gottebenbildlichkeit, die die christliche Begründung der Menschenwürde darstellt, ist in Gen 1,26ab für alle Menschen (*adam*) formuliert: „Dann sprach Gott: Lasst uns Menschen machen als unser Bild, uns ähnlich!" und schließt daher niemanden von derselben aus.
2) Jesu befreiende Praxis schafft die Grundlage für eine veränderte Sichtweise auf Menschen mit Behinderung. Als Jesu Jünger_innen einen blinden Mann sehen, fragen sie: „Rabbi, wer hat gesündigt? Er selbst oder seine Eltern, sodass er blind geboren wurde?" Jesus antwortet: „Weder er noch seine Eltern haben gesündigt." (Joh 9,2-3) Damit lehnt er die Verbindung von Behinderung und Sünde ab, die im damaligen Zeitkontext weit verbreitet war. Jesus fragt zudem einen blinden Menschen: „Was willst du, dass ich dir tue?" (Lk 18,41) Mit diesen Worten ermächtigt er sein Gegenüber, das sonst gesellschaftlich geringgeachtet wird, zu Selbststand und Eigenverantwortung.
3) Kirche will eine Kirche für alle, ohne soziale Unterscheidungen sein. Dieser Anspruch begründet sich u.a. aus Gal 3,28: „Es gibt nicht mehr Juden und Griechen, nicht Sklaven und Freie, nicht männlich und weiblich; denn ihr alle seid einer in Christus Jesus."

---

[1] Hämer, Andreas: Was bedeutet Behinderung? Ein theologischer Beitrag im Horizont der naturwissenschaftlich-medizinischen, sozialwissenschaftlichen und wissenschafstheoretischen Diskussion. Essen 1994, 277.

[2] „Wir haben von ‚Mensch' und [gutem/wertvollem] ‚Leben' bestimmte Bilder und Definitionen, die schon fertig waren, bevor wir an kranke und behinderte Menschen dachten" (Bach, Ulrich: Theologie nach Hadamar als Aufgabe der heutigen Theologie. In: Pithan, Annebelle / Adam, Gottfried / Kollmann, Roland (Hg.): Handbuch Integrative Religionspädagogik. Reflexionen und Impulse für Gesellschaft, Schule und Gemeinde. Gütersloh 2002, 112–118, 112.

[3] Vgl. Bach, Ulrich: Ohne die Schwächsten ist die Kirche nicht ganz. Bausteine einer Theologie nach Hadamar. Neukirchen-Vluyn 2006, 21.

Trotz dieser inklusionsfreundlichen Impulse aus der Mitte des christlichen Glaubens existieren exkludierende Aussagen und Denkweisen über Menschen mit Behinderung bis in die Gegenwart hinein:

1) *Gott will Behinderung nicht*
   Ulrich Bach, Theologe mit Behinderung, berichtet von einer Begegnung, in der er von einem Fremden folgendermaßen angesprochen wird:

   „[W]ie werden Sie denn damit fertig? Und bei ‚damit' nickte er bedeutungsvoll in Richtung der Räder meines Rollstuhls. Als ich antwortete: Als Christ versuche ich, mir täglich neu klarzumachen, Gott will, daß dieses Leben mein Leben ist, da kommt sein rascher Protest: Der will ja manches, aber das will er nicht."[4]

   Mit dieser und ähnlichen Aussagen wird Menschen mit Behinderung implizit gesagt: So wie du bist, bist du von Gott nicht gewollt: „Zu meinen, Gott nehme zwar Menschen, nicht aber ihre Behinderung an, würde einen wesentlichen Teil der Persönlichkeit abspalten und die unteilbare Würde verletzen."[5]

2) *Menschen mit Behinderung werden instrumentalisiert*
   Aussagen wie: ‚Behinderungen sind von Gott zugelassen, damit Gottes Absichten zur Erfüllung kommen'[6] stellen eine deutliche Instrumentalisierung von Menschen mit Behinderung dar. In eine ähnliche Richtung geht eine interpretierende Einbettung der folgenden Aussage aus dem Apostolischen Schreiben *Evangelii gaudium*, welche in der Arbeitshilfe ‚Leben und Glauben gemeinsam gestalten' der Deutschen Bischofskonferenz auf Menschen mit Behinderung angewandt[7] zitiert wird:

   „Sie haben uns vieles zu lehren. [...] Es ist nötig, dass wir uns alle von ihnen evangelisieren lassen. [...] Wir sind alle aufgerufen, Christus in ihnen zu entdecken, uns zu Wortführern ihrer Interessen zu machen [...] und die geheimnisvolle Weisheit anzunehmen, die Gott uns durch sie mitteilen will."[8]

---

[4] BACH, Ulrich: Der behinderte Mensch – ein Geschöpf Gottes. In: PTh 71.9 (1982), 372–385.

[5] KIRCHENAMT DER EKD (Hg.): Es ist normal, verschieden zu sein. Inklusion leben in Kirche und Gesellschaft. Eine Orientierungshilfe des Rates der Evangelischen Kirche in Deutschland. Gütersloh 2014. Online unter: https://www.ekd.de/ekd_de/ds_doc/orientierungshilfe_inklusion2105.pdf (Stand: 12.07.2021).

[6] Vgl. YONG, Amos: Theology and Down Syndrome. Reimagining Disability in Late Modernity. Waco 2007, 38.

[7] In *Evangelii gaudium* wird dies mit Bezug auf die ‚Option für die Armen' ausgesagt. Hiermit sind ökonomisch stark benachteiligte Menschen gemeint.

[8] FRANZISKUS: Evangelii gaudium. Apostolisches Schreiben über die Verkündigung des Evangeliums in der Welt von heute vom 24. November 2013, 198. Zit. Nach: SEKRETARIAT DER DEUTSCHEN BISCHOFSKONFERENZ (Hg.): Arbeitshilfe Nr. 308: Leben und Glauben gemeinsam gestalten. Kirchliche Pastoral im Zusammenwirken von Menschen mit und ohne Be-

3) *Behinderung als Folge von Sünde/persönlicher Schuld*
Durch Jesu Aussage in Joh 9,3 ist die Deutung von Behinderung als Folge von Sünde oder persönlicher Schuld als überholt anzusehen. Markus Schiefer-Ferrari zeigt jedoch, wie die Verbindung von Sünde und Behinderung heute in Theologie und Kirche in veränderter Form wieder auftaucht[9]:

„Stigmatisierende Verknüpfungen von Krankheit oder Behinderung und Sünde führten jahrhundertelang in der Theologie und Kirche zu unglaublichen Diskriminierungen. Heute werden sie zwar unisono abgelehnt, dennoch transportiert die Rede von einer leidfreien Schöpfung vor dem Sündenfall und die Hoffnung auf eine entsprechende Neuschöpfung, die sich bereits in Heilungsgeschichten ankündigt, unbewusst vergleichbare Deutungskonstruktionen."[10]

4) *‚Romantisierung' von Behinderung (positiver Ableismus)*
Diese Art diskriminierender Aussagen bestätigt Nancy Eiesland, wenn sie von Reaktionen auf ihre Behinderung in ihrer Gemeinde berichtet. Eine der typischen Bemerkungen ist: „You are special in God's eyes. That's why you were given this disability"[11]. Ähnlich gelagert ist die Aussage Jürgen Moltmanns: „Jede Behinderung im Sinne der Menschen ist auch eine Begabung im Sinne Gottes."[12] Mit solchen Aussagen wird Menschen mit Behinderung (mindestens) das Recht auf Deutung der eigenen Behinderung entzogen.

5) *Die helfende Kirche*
Die Kirche sieht sich in der Verantwortung, Menschen mit Behinderung karitativ zu unterstützen. Dies kann dazu führen, dass Nicht-Behinderte

---

hinderung. Bonn 2019, 26. Auf die geistliche Instrumentalisierung von Menschen mit Behinderung reagiert Basselin folgendermaßen: „I intend something other than putting disabled people on a pedestal as God's children who can teach us a secret wisdom." (BASSELIN, Tim: Why theology needs disability. In: Theology Today 68.1 (2011), 47–57, 47.

[9] Dass diese Denkweise nicht gänzlich aus dem Alltagsdenken verschwunden ist, zeigte mir eine Begegnung mit einer Person, die sich als Christin bezeichnen würde und die mich nach meinen Unterschenkel-Orthesen fragte. Als ich ihr von meiner zurückliegenden Krebserkrankung erzählte, war die erste Frage, die ihr in den Sinn kam: „Ah krass, hast du geraucht?". Diese Interaktion führt gut vor Augen, dass die Deutung, die Krankheit/Behinderung anderer Personen mit deren Fehlverhalten verbindet, immer noch vorhanden ist.

[10] SCHIEFER FERRARI, Markus: Biblische Heilungsgeschichten. Inklusiv gelesen. In: KatBl 138.5 (2013), 355–358, 357.

[11] EIESLAND, Nancy: Barriers and Bridges. Relating the Disability Rights Movement and Religious Organizations. In: Dies. / SALIERS, Don (Hg.): Human Disability and the Service of God. Reassessing Religious Practice. Nashville 1998, 200–229, 218.

[12] MOLTMANN, Jürgen: Diakonie im Horizont des Reiches Gottes. Schritte zum Diakonentum aller Gläubigen. Neukirchen-Vluyn 1984, 69.

als die Gebenden und Menschen mit Behinderung als Hilfeempfänger_innen wahrgenommen werden und daher in einer problematischen paternalistischen Haltung bei Nicht-Behinderten resultieren.[13] Zudem verschleiert eine solche (implizite) Grundeinstellung, dass häufig strukturelle Voraussetzungen geändert werden müssten, um Menschen mit Behinderung zur vollen Teilnahme zu befähigen.

Wie kann es angesichts dieser in kirchlichen Kontexten kursierenden Interpretationen von Behinderung und damit einhergehend des diskriminierenden Umgangs mit Menschen mit Behinderung gelingen, zu einer Kirche zu werden, innerhalb derer inklusiv gedacht, gesprochen und gehandelt wird? Grundlegend im Prozess der Inklusion ist neben inklusiven Handlungen ebenso eine inklusive Haltung, welche Werte und Einstellungen umfasst, die sich in der Bereitschaft widerspiegeln, eigene verinnerlichte Wertungsmuster und implizite und explizite (Gottes- und) Menschenbilder zu hinterfragen. Dabei ist Aufgabe systematischer Theologie, inklusive Sprechweisen zu fundieren und nachvollziehbar zu machen: Die vorliegende Arbeit will das Fundament für ein Menschenbild legen, in welchem die Vulnerabilität in die Gottebenbildlichkeit einzuschreiben ist, um eine Möglichkeit aufzuzeigen und zu durchdenken, theologisch begründet inklusiv vom Menschen zu sprechen.

Eine systematische Auseinandersetzung mit Inklusion und Behinderung ist ein wichtiger Beitrag in der aktuellen theologischen Debatte und bietet die Möglichkeit, den interdisziplinären Diskurs zu beleben, denn für den wissenschaftlichen Diskurs um den Umgang mit Behinderung unterstellt Günter Thomas im Jahr 2014 speziell der systematischen Theologie derzeit ein „weitgehende[s] [...] Beschweigen"[14] der Thematik. Sucht man nach aktuellen deutschsprachigen[15] systematisch-theologischen Bearbeitungen der Themen Behinderung und Inklusion, so fällt das Ergebnis der Suche quantitativ ernüchternd aus, denn diese werden theologisch hauptsächlich unter pastoralen und diakonisch-karitativen Vorzeichen aufgegriffen.[16]

---

[13] Vgl. das einleitende Zitat von Hämer – hier in voller Länge: „Im allgemeinen [sic!] haben Christen nicht weniger als andere Menschen das Rollenspiel zwischen Nichtbehinderten (als den Gesunden, den Bestimmenden, den Helfenden) und Behinderten (als den Kranken, die sich bestimmen lassen; den Hilfsbedürftigen) tief verinnerlicht" (Hämer: Was bedeutet Behinderung?, 277).

[14] THOMAS, Günter: Behinderung als Teil der guten Schöpfung Gottes? Fragen und Beobachtungen im Horizont der Inklusionsdebatte. In: EURICH, Johannes / LOB-HÜDEPOHL, Andreas (Hg.): Behinderung. Profile inklusiver Theologie, Diakonie und Kirche. Stuttgart 2014, 67–97, 68.

[15] Für den englischsprachigen Raum konstatiert Reinders 2008: „Today there still is no extensive body of literature on Christian theology and disability" (REINDERS, Hans: Receiving the Gift of Friendship. Profound Disability, Theological Anthropology, and Ethics. Grand Rapids / Cambridge 2008, 159).

[16] Die Ausnahmen für systematischen Monographien bilden die Arbeiten von Liedke, Krauß und Mohr: LIEDKE, Ulf: Beziehungsreiches Leben. Studien zu einer inklusiven

Ein inklusives systematisches Konzept theologischer Anthropologie, das die menschliche Vulnerabilität aufnimmt, ist m.E. besonders anschlussfähig, da der momentan in vielen Wissenschaftsdisziplinen diskutierte Vulnerabilitätsbegriff in seiner theologischen und philosophischen Ausdeutung (vgl. Springhart[17], Bieler[18], Butler[19]) bezüglich eines inklusiven Denkens und Sprechens erkenntnisleitend sein kann: Vulnerabilität kann die Perspektive der Diversität unter Menschen, aber auch die Perspektive des von allen geteilten Menschseins in den Fokus rücken.[20] Menschen grundsätzlich unter dem Blickwinkel der von allen geteilten Vulnerabilität zu betrachten, birgt daher die Möglichkeit, das Gemeinsame im Menschsein zu betonen (denn als Menschen sind wir alle qua Menschsein vulnerabel) und damit Ausgrenzung und Stigmatisierung von Menschen mit Behinderung zu verhindern. Auch die Vielfältigkeit der Gegebenheiten und der individuellen Ausgestaltung menschlichen Lebens wird durch die Sprechweisen vom vulnerablen Menschen nicht aufgehoben.

Das Menschsein in Vulnerabilität wird theologisch in der Gottebenbildlichkeit verortet, da diese einen ausgezeichneten Ausgangspunkt für inklusive Sprechweisen innerhalb der theologischen Anthropologie darstellt: Die Gott-

---

theologischen Anthropologie für Menschen mit und ohne Behinderung. Göttingen 2009; Krauß, Anne: Barrierefreie Theologie. Das Werk Ulrich Bachs vorgestellt und weitergedacht. Stuttgart 2014; Mohr, Lars: Schwerste Behinderung und theologische Anthropologie. Oberhausen 2014. Darüber hinaus sind vereinzelte Aufsätze in Sammelbänden unserer Reihe ‚Behinderung – Theologie – Kirche' (hg. von Johannes Eurich und Andreas Lob-Hüdepohl) zu nennen – mit deutlich ethischem Interesse: Klinnert, Lars: Zwischen Selbstbestimmung und Angewiesensein. Gelingendes Leben – mit und ohne Behinderung. In: Eurich, Johannes / Lob-Hüdepohl, Andreas: Gute Assistenz für Menschen mit Behinderung. Wirkungskontrolle und die Frage nach gelingendem Leben. Stuttgart 2021, 32-54; Liedke, Ulf: Im Zentrum: der beziehungsreiche Mensch. Personenzentrierung in theologisch-ethischer Perspektive. In: Eurich, Johannes / Lob-Hüdepohl, Andreas: Personzentrierung – Inklusion – Enabling Community. Stuttgart 2019, 11-32; Mieth, Dietmar: Der behinderte Mensch aus theologisch-ethischer Sicht. In: Eurich, Johannes / Lob-Hüdepohl, Andreas (Hg.): Inklusive Kirche. Stuttgart 2011, 113-130; im engeren Sinne fundamentaltheologisch ausgerichtet sind: Springhart, Heike: Inklusion und Vulnerabilität. Systematisch-theologische Überlegungen. In: Geiger, Martina / Stracke-Bartholmai, Matthias: Inklusion denken. Theologisch, biblisch, ökumenisch, praktisch. Stuttgart 2018, 33-42; Thomas: Behinderung als Teil der guten Schöpfung Gottes?; von Lüpke, Johannes: Beziehung und Behinderung. Zur Frage nach Gott im Kontext des Lebens mit Behinderung. In: Eurich / Lob-Hüdepohl: Behinderung. Profile inklusiver Theologie, 37-53.

[17] Springhart, Heike: Der verwundbare Mensch. Sterben, Tod und Endlichkeit im Horizont einer realistischen Anthropologie. Tübingen 2016 und Dies.: Exploring Life's Vulnerability. Vulnerability in Vitality. In: Dies. / Thomas: Exploring, 13-34.

[18] Bieler, Andrea: Verletzliches Leben. Horizonte einer Theologie der Seelsorge. Göttingen 2017.

[19] Butler, Judith: Gefährdetes Leben. Politische Essays. Frankfurt am Main am Main 2005.

[20] Dies wurde auch von Springhart angemerkt (vgl. Springhart: Inklusion und Vulnerabilität, 33).

ebenbildlichkeitsaussage ist die (vielleicht) grundlegendste Aussage theologischer Anthropologie, in der Entscheidendes über das Gott-Mensch-Verhältnis ins Wort gebracht ist und die traditionsgeschichtlich wirkmächtig ist, sich deshalb aber auch als besonders erklärungs- und begründungsbedürftig darstellt. Zudem ist mit Pröpper zu formulieren, dass die Gottebenbildlichkeit als „Katalysator, an dem die fundamentalen Probleme theologischer Anthropologie aufbrechen,"[21] verstanden werden kann. Arbeit am Gottebenbildlichkeitsbegriff ist also als Grundlagenarbeit anzusehen, an die sich weitere Themenfelder der Anthropologie und Theologie anschließen, denen durch die saubere inklusive Bestimmung der Gottebenbildlichkeit ebenfalls das Potenzial innewohnt, inklusiv bestimmt zu werden. Die EKD beschreibt die Gottebenbildlichkeit in ihrer Orientierungshilfe *Es ist normal, verschieden zu sein* als „wichtigste[n] theologische[n] Bezugspunkt der Inklusionsdebatte."[22] An der genaueren Bestimmung des Inhalts der Gottebenbildlichkeit in Genesis 1,26f. entscheidet sich, wer als Gottes Ebenbild angesehen wird und wer von der Gottebenbildlichkeit (implizit) ausgeschlossen wird. Und nicht nur im theologischen Sprechen können Menschen durch exkludierende Tendenzen aus der Gottebenbildlichkeit ausgeschlossen werden, auch und gerade in der (christlichen) Praxis können solche Tendenzen fortgeschrieben werden: Die Vorstellung der Gottebenbildlichkeit hat auch „radikale Konsequenzen für die Art und Weise, [...] wie wir [als Christ_innen] praktisch mit menschlichem Leben umgehen."[23]

Hier sei noch bemerkt, dass die Beschreibung des vulnerablen Menschen keine Absolutsetzung und Exklusivität der Interpretation des Menschen beansprucht. Es gibt andere mögliche Beschreibungen des Menschen, die unter anderen Gesichtspunkten richtig und wichtig sein können. Die Deutungen, was den Menschen (im Kern) ausmacht, sind immer auch eine Frage danach, wie wir den Menschen sehen wollen, und sind damit als Setzungen zu sehen, die mit einer Wertung einhergehen. Sie sind Selbstbeschreibungen aufgrund eines bestimmten Selbstverständnisses, denen existenzielle und praktische Bedeutung zukommt[24], die also einen Sinngehalt für das menschliche Leben tragen und Hinweise geben können, wie man leben und handeln will bzw. soll (ethische Dimension).

---

[21] Pröpper, Thomas: Theologische Anthropologie. Bd. 1. Freiburg ²2012, 124.
[22] Kirchenamt der EKD: Es ist normal, verschieden zu sein, 39.
[23] Christoph Schwöbel auf dem Heidelberger Kongress ‚Menschenwürde und Seelsorge' zit. nach Roy, Lena-Katharina: Demenz in der Theologie und Seelsorge. Berlin 2013, 177.
[24] Vgl. Timme, Rainer: Der Vergleich von Mensch und Tier bei Ernst Tugendhat und Aristoteles. Selbstbeschreibung und Selbstverständnis. Kritik eines Topos der Philosophischen Anthropologie. Berlin 2011, 632f.

Struktur der vorliegenden Arbeit

Insgesamt werde ich in dieser Arbeit die inklusive und philosophische Verantwortbarkeit der Sprechweise vom vulnerablen Menschen und die theologische Verantwortbarkeit der Sprechweise vom vulnerablen Menschen als Gottes Ebenbild (auf-)zeigen.

Dafür sind folgende Schritte notwendig:

In Kapitel 1 werden nach einem Blick auf den Gottebenbildlichkeitsbegriff in exegetischer und historischer Perspektive (1.1) vier bis in die heutige Zeit hinein bedeutende Interpretationen des Begriffsgehalts aufgezeigt und erläutert (1.2). Mithilfe meiner Definitionen von ‚Behinderung' und ‚Inklusion' (2.1 und 2.2) entwerfe ich dann eine Kriteriologie für inklusive Sprechweisen (2.3), um daraufhin die vier Interpretationsmuster der Gottebenbildlichkeit hinsichtlich Chancen und Grenzen inklusiver Bestimmbarkeit zu bewerten (3.2). Um eine inklusive Sprechweise in der theologischen Anthropologie zu begründen und diese beispielhaft argumentativ zu fundieren (3.1), bestimme ich die Vulnerabilität als inklusiven Kern (nach Pröpper) eines mithilfe der Relationsanalogie verstandenen Gottebenbildlichkeitsbegriffs (3.3). Hierzu wird eine Vergewisserung eines Relations-/Beziehungsverständnisses, welches auf alle Menschen zutreffen kann, eingeschoben (3.4).

Die Rede vom vulnerablen Menschen wird in der Folge durch eine differenzierte und auf Inklusivität angelegte Begriffsbestimmung von ‚Vulnerabilität' verständlich gemacht. Nach einführenden Worten zur Vulnerabilität (4.1) und einem Forschungsüberblick zur Verwendung des Vulnerabilitätsbegriffs in der Theologie (4.2) können bereits definitionsrelevante Aspekte (4.3) benannt und eine erste philosophische Einordnung vorgenommen werden (4.4): Letzteres geschieht zunächst durch die Betrachtung solcher philosophischer Konzepte, denen in gewisser Hinsicht eine Ähnlichkeit zur Vulnerabilität eigen ist (4.4.1). Daraufhin werden die näheren Kontexte, die m.E. für das Menschsein relevant sind, mit der Vulnerabilität systematisch in Verbindung gebracht (4.4.2), wodurch ein enger Zusammenhang von Freiheit, Kontingenz, relationaler Ontologie und Vulnerabilität herausgestellt werden kann (4.4.2.5). Nach der basalen Unterscheidung von situativer und struktureller Vulnerabilität einerseits und reiner Vulnerabilität und ihren Auswirkungen andererseits (4.5) wird der Vulnerabilitätsbegriff im Anschluss an Erinn Gilson entwickelt (4.6.). Dabei kommen Ambivalenz und Ambiguität, Selbsterfahrung und Fremdzuschreibung, Freiwilligkeit und Unfreiwilligkeit, dem etwaigen Zusammenhang von Vulnerabilität und Behinderung, der Anerkennung von Vulnerabilität und schließlich der zwischenmenschlichen Vulnerabilität besondere Beachtung zu. In 4.6 wird im Kontext der Anerkennbarkeit von Vulnerabilität auch die Dichotomie von Abhängigkeit und Unabhängigkeit entschärft, welche gesellschaftlich vorherrscht. Abschließend werde ich meine These, dass der Mensch vor diesem

Hintergrund gerade als von Vulnerabilität geprägtes Wesen Gottes Ebenbild ist und die Vulnerabilität somit inklusiver Kern der Gottebenbildlichkeit sein kann, zusammenfassend und mit Bezug auf die anthropologische Einordnung von Vulnerabilität (4.4.2) verifizieren (4.7). Herauszustellen bleibt dann noch, inwiefern im Interpretationsmuster der Relationsanalogie auch Gott analog zum Menschen Vulnerabilität zukommen kann, was in Kapitel 5 geschieht.

Um die Vulnerabilität auch von Gott aussagen zu können, folgen zunächst klärende Vorbemerkungen zum Analogiedenken (5.1). Eine konsistente und mit der relationalen Ontologie (vgl. 4.4) verzahnte Trinitätstheologie wird daraufhin im Anschluss an Nitsche formuliert (5.2). Vor diesem Hintergrund kann dann die Vulnerabilität Jesu (5.3) als heilsgeschichtliche Grundlage einer Rede von der Vulnerabilität Gottes (5.4) behandelt werden. Danach werden zentral drei Ansätze der Rede vom vulnerablen Gott untersucht (5.4.1 und 5.4.2), um daraufhin über diese Ansätze hinaus ein Sich-Mitaffizieren-Lassen und ein Sich-Affizieren-Lassen Gottes stringent darzustellen, welches sowohl die trinitarischen Personen differenziert als auch das Gott-Welt-Verhältnis detailliert berücksichtigt (5.4.). Die abschließende Frage nach menschlicher Vulnerabilität im Eschaton (5.5) bildet vor Zusammenfassung (5.6) und Schlussteil der Arbeit einen inhaltlichen Bogen von der endlich-zeitlichen Wirklichkeit hin zur Hoffnung auf Vollendung allen geschöpflichen Lebens.

1. Gottebenbildlichkeit des Menschen

1.1 Der Begriff der Gottebenbildlichkeit in exegetischer und historischer Perspektive

Hier werden zunächst exegetische und historische Aspekte, die den Begriff der Gottebenbildlichkeit (lexikalisch und semantisch) unmittelbar betreffen, beleuchtet. Die exegetischen Fragestellungen, die sich in Folge des Kontextes von Gen 1,26–28 ergeben, werden unter 1.2 systematisiert, wenn auch die verschiedenen Interpretationsmuster des Gehalts der Gottebenbildlichkeit analysiert werden.

Der Begriff der Gottebenbildlichkeit ist als „moderne Wortbildung"[1] die deutsche Übersetzung des durch die lateinischen Kirchenväter verwendeten *imago dei*[2], das sich wiederum vom griechischen εἰκών (τοῦ θεοῦ) ableitet, das im Neuen Testament die Formulierung wiedergibt[3], welche in der Priesterschrift in Gen 1,26ff im Begriff צֶלֶם (ṣælæm) grundgelegt ist. In Gen 1,26f wird das, was man Gottebenbildlichkeit nennt, genauer durch zwei Begriffe abgebildet: durch צֶלֶם (ṣælæm) und durch דְמוּת (dəmût). Der Wortlaut dieser Verse in der Einheitsübersetzung lautet folgendermaßen:

„²⁶Dann sprach Gott: Lasst uns Menschen machen als unser Bild (Grundform צֶלֶם ṣælæm) uns ähnlich (Grundform דְמוּת dəmût)! Sie sollen walten über die Fische des Meeres, über die Vögel des Himmels, über das Vieh, über die ganze Erde und über alle Kriechtiere, die auf der Erde kriechen. ²⁷Gott erschuf den Menschen als sein Bild [צֶלֶם], als Bild [צֶלֶם] Gottes erschuf er ihn. Männlich und weiblich erschuf er sie. ²⁸Gott segnete sie und Gott sprach zu ihnen: Seid fruchtbar und mehrt euch, füllt die Erde und unterwerft sie und waltet über die Fische des Meeres, über die Vögel des Himmels und über alle Tiere, die auf der Erde kriechen!" (Gen 1,26–28)

Die hebräischen Substantive צֶלֶם (ṣælæm = 1. Statue, Bildsäule, 2. Götterbild, 3. Bilder Figuren, 4. Bild, 5. Abbild)[4] und דְמוּת (dəmût = 1. Nachbildung, 2. Gestalt, 3. Abbild)[5] sind in diesem Text Umschreibungen des Menschen, die ihn als ‚Bild' Gottes auszeichnen. Der Terminus צֶלֶם wird insgesamt 17-mal im Alten Testament verwendet. Die Verwendungsweisen sind sehr heterogen

---

[1] NEUMANN-GORSOLKE, Ute: Gottebenbildlichkeit (AT). In: ALKIER, Stefan / BAUKS, Michaela / KOENEN, Klaus (Hg.): Das Wissenschaftliche Bibellexikon im Internet, 2017. Online unter: https://www.bibelwissenschaft.de/stichwort/19892/ (Stand: 23.01.2020).
[2] Die Vulgata übersetzt צֶלֶם,' mit ‚imago'.
[3] Die Septuaginta übersetzt צֶלֶם,' mit ‚εἰκών'.
[4] Art. צֶלֶם. In: KAHAL ²2019, 482.
[5] Art. דְמוּת. In: KAHAL ²2019, 118.

und scheinen für vielerlei Abbild-Verhältnisse angemessen zu sein: So reicht das Bedeutungsspektrum von Götzenstatuen im Baal-Tempel (2 Kön 11,18) über zweidimensionale Wandgemälde (Ez 23,14) bis hin zu Bildern von Mäusen und Geschwüren (1 Sam 6,5), die die Philister in der Hoffnung anfertigen sollen, dass JHWH ihr Land von diesen Plagen befreit. Im ersten und im dritten Fall stehen die Bilder für das, was sie abbilden, d.h. das Dargestellte wird in den Abbildungen repräsentiert. Die ‚Bilder' scheinen zusätzlich ihre eigene Wirkmächtigkeit zu entfalten – anders ließe sich die Vehemenz, mit der die Götzenbilder abgelehnt werden, bzw. die erhoffte Wirkung der Befreiung von den Plagen kaum erklären.[6]

Der Terminus דְּמוּת als abstrakter Begriff, der Gleichheit, Ähnlichkeit oder Entsprechung ausdrückt und die Relation zwischen zwei Größen andeutet[7], ist vom Verb דמה abgeleitet, was ‚ähnlich sein', ‚gleichen' bedeutet. Eine Frage in der exegetischen Forschung ist, ob der Terminus eine Gleichheits- oder eine Entsprechungsrelation zum Ausdruck bringt. Ernst Jenni konstatiert, dass das Hebräische keine Gradierungen von gleich zu ähnlich kennt und hier deshalb keine Abstufung möglich ist. In Genesis 1,26 sieht er kidmûtenû deshalb als attributive Nebenprädikation zu bəṣalmenû, die jedoch diesem Ausdruck gegenüber nichts Neues ausdrückt[8], sondern vielmehr eine möglichst genaue Beschreibung des Bildverhältnisses ins Wort bringt[9]. Darauf weist auch die alleinige Verwendung des Begriffs צֶלֶם in Vers 27 hin, der auszureichen scheint, um auf das Ähnlichkeitsverhältnis zu rekurrieren. Darüber hinaus werden in der aramäischen Inschrift von Tell Fekheriye die beiden aramäischen Äquivalente synonym verwendet, was darauf hindeutet, dass im Hebräischen, das mit dem Aramäischen nah verwandt ist, der Gebrauch der Begriffe ebenso auf das eine menschliche Bildverhältnis zu Gott hinweist.[10] Die beiden Bildbegriffe treten in Gen 1,26 mit den Präpositionen בְּ (ṣælæm), welche mit ‚als'[11] wiedergegeben werden kann, und כְּ (dəmût), die ‚wie'[12] bedeuten, auf. In Genesis 5,3 werden die Präpositionen für das je andere Substantiv verwendet, was vermuten lässt, dass die Präpositionen austauschbar sind und zusätzlich bestätigt, dass es sich bei kidmûtenû und bəṣalmenû um die Stilfigur des Pleonasmus handelt.

---

[6] Vgl. Schellenberg, Annette: Der Mensch als Bild Gottes? Zum Gedanken einer Sonderstellung des Menschen im Alten Testament und in weiteren altorientalischen Quellen. Zürich 2011, 77.
[7] Vgl. Jenni, Ernst: Pleonastische Ausdrücke für Vergleichbarkeit (Ps 55,14; 58,5). In: Seybold, Klaus / Zenger, Erich (Hg.): Neue Wege der Psalmenforschung. Freiburg 1994, 201–206, 205.
[8] Vgl. ebd. 205.
[9] Vgl. Schellenberg: Bild Gottes, 25.
[10] Groß, Walter: Gottebenbildlichkeit. In: LThK³ IV (1995), 871–873, hier 871.
[11] Art בְּ. . In: KAHAL ²2019, 54–56, hier 55. Im Sinne der Realisation (*beth essentiae*).
[12] Art. כְּ. In: KAHAL ²2019, 237–238, hier 237.

1.1 Der Begriff der Gottebenbildlichkeit in exegetischer und historischer Perspektive

Dem biblischen Text ist trotz dieser sprachlichen Analysen nicht unmittelbar abzulesen, was genau unter der Gottebenbildlichkeit gefasst wird: Er hält, wie gesehen, sehr spärliche Hinweise zur Interpretation bereit.[13] Von Anfang an weckte die Deutung der Gottebenbildlichkeit, vielleicht gerade aufgrund dieser Unbestimmtheit im biblischen Text, das Interesse der Kirchenväter und frühchristlicher Autoren[14]: Schon beispielsweise Justin, Tertullian, Origenes, Epiphanias von Salamis und Gregor von Nyssa interpretierten die Gottebenbildlichkeit zumeist mithilfe der platonischen Ideenlehre, in der die Wirklichkeit die Ideenwelt abbildet, welche eine Vorlage dafür bot, den Bezug des Menschlichen zum Göttlichen auszulegen.[15] Diese Form der Deutung wird durch die Septuaginta gestützt, die, selbst wiederum von platonischer Philosophie beeinflusst, bəsalmenû mit κατά εἰκών übersetzt und damit ausdrückt, dass der Mensch *nach* dem Bild Gottes geschaffen ist. Im Gegensatz zum Hebräischen Wort צֶלֶם, das, wie gesehen, eine wirksame Repräsentation deutlich werden lässt, bleibt im griechischen Denken das εἰκών hinter dem Urbild (Idee) zurück. Der Begriff דְּמוּת wird in der Septuaginta mit ὁμοίωσις übersetzt, was die tatsächliche Gemeinsamkeit mit dem Urbild ausdrücken soll. Irenäus unterscheidet folglich zwischen unverlierbarem Bild-Sein des Menschen, das mit dem menschlichen Geschaffen-Sein einhergeht und daher die menschliche Natur beschreibt, und der Ähnlichkeit mit Gott, die dem Menschen durch die Sünde verlorengegangen ist. Auf diesem Wege werden die beiden Begriffe, die im hebräischen Urtext einen Pleonasmus bilden, im Griechischen und in der folgenreichen irenäischen Tradition zu zwei sich deutlich unterscheidenden Begriffen. Bei Thomas begegnet diese Unterscheidung (*imago/similtudo*) erneut und wird in der Barockscholastik zur Differenz zwischen einer natürlichen Gottebenbildlichkeit, welche auch nach dem Sündenfall bestehen bleibt, und einer übernatürlichen Gottebenbildlichkeit, welche „in einer besonderen gnadenhaften Erhebung des Menschen besteht (Unvergänglichkeit, höherem Wissen etc.)"[16], umgestaltet. Luther lehnt die Unterscheidung zwischen den beiden Begriffen aus exegetischen Gründen ab und sieht die Gottebenbildlichkeit als *iustitia originalis* im Sündenfall verwirkt. Der Mensch bleibt bei ihm dennoch zum Ebenbild *bestimmt* und kann nur durch den Mittler Jesus Christus, das wahre Ebenbild Gottes, *sola gratia* wieder zu diesem erhoben werden. Die Problematik dieser Interpretation ist jedoch, dass der Verlust der Gottebenbildlichkeit nach dem Sündenfall sich nicht mit

---

[13] Vgl. Groß, Walter: Die Gottebenbildlichkeit des Menschen im Kontext der Priesterschrift. In: ThQ 161 (1981), 244–264, 246.
[14] Im Folgenden geht es ausschließlich um eine christliche Interpretation der Gottebenbildlichkeit. Dies klammert mögliche jüdische Interpretationen aus.
[15] Vgl. Pröpper: Anthropologie, 197.
[16] Hoping, Helmut: Der Mensch als Gottes Ebenbild. Biblische Theologie und moderne Anthropologie. Online unter: http://www.ipb-freiburg.de/media/download/integration/440872/der_mensch_als_gottes_ebenbild_1.pdf (Stand: 01.07.2021).

dem biblischen Kanon vereinen lässt, da auch nach der Schöpfungsgeschichte und der Erzählung vom Sündenfall noch von der Gottebenbildlichkeit des Menschen die Rede ist. Einen scheinbaren Ausweg aus diesem Dilemma brachte die Interpretation hervor, dass nach dem Sündenfall noch Reste der Gottebenbildlichkeit vorhanden seien.[17]

Früher wie heute war und ist die Auslegung der Gottebenbildlichkeit umstritten und wird kontrovers diskutiert. Andreas Schüle nennt die Gottebenbildlichkeit den „wirkungsgeschichtlich vielleicht einflussreichste[n] Begriff des Alten Testaments überhaupt."[18] Die Debatte, was denn nun genau mit dem Begriff der Gottebenbildlichkeit gemeint sei, ist „uferlos."[19] Das hätte sie von ihren Ausgangsbedingungen jedoch nicht werden müssen, da die Gottebenbildlichkeit kein Hauptthema im Tanach ist. Betrachtet man die Stellen, in denen die Gottebenbildlichkeit eine Rolle spielt, stellt man fest, dass diese im Alten Testament nur sehr vereinzelt zu finden sind. Insgesamt an nur drei Stellen[20] (Gen 1, 26–27; Gen 5,1; Gen 9,6) des hebräischen Kanons kommt die Gottebenbildlichkeit in den Worten צֶלֶם ṣælæm und/oder דְּמוּת dəmût zur Sprache (jeweils innerhalb der priesterschriftlichen Urgeschichte). Die Gottebenbildlichkeit des Menschen hat sich also entgegen der Ausgangslage, dass die Begriffe im Tanach nur selten zu finden sind – im Neuen Testament wird der Bildbegriff vorrangig auf Jesus Christus angewandt, nur zwei Mal kommt er in Bezug auf die Menschen vor[21] (1 Kor 11,7 [nur bezogen auf Männer]; Jak 3,9) –, im Laufe der Geschichte zum Herzstück der christlichen Anthropologie entwickelt. Die Gottebenbildlichkeit ist heute der Grundtenor, der stets mitschwingt, wenn christlich vom Menschen gesprochen wird: Gott hat die Menschen als seine_ihre[22] Ebenbilder geschaffen und sie mit Würde ausgestattet – sie repräsentieren Gott auf Erden. Die Ebenbildaussage macht als Teil der Schöpfungsgeschichte, also zu Beginn der Geschichte von Gott und Mensch, grundlegende Aussagen über den Menschen und setzt ihn in ein Verhältnis zu Gott und zur geschaffenen Welt. Die Fragen, die in der Fülle an Auslegungsweisen christlicher Tradition gestellt wurden und werden, sind vor allem: Was unterscheidet den Menschen vom Tier? Was ist das spezifisch

---

[17] Vgl. PANNENBERG, Wolfhart: Gottebenbildlichkeit als Bestimmung des Menschen in der neueren Theologie. München 1979, 8.

[18] SCHÜLE, Andreas: Die Urgeschichte. Genesis 1–11 (ZBK.AT 1.1). Zürich 2009, 43.

[19] ALBERTZ, Rainer: Mensch 2. Altes Testament. In: TRE XXII (1992), 464–474, 469.

[20] Inhaltlich, so könnte man argumentieren, spielt die Gottebenbildlichkeit auch in Ps 8,6 eine Rolle: „Du hast ihn nur wenig geringer gemacht als Gott, du hast ihn gekrönt mit Pracht und Herrlichkeit."

[21] Vgl. VOLLENWEIDER, Martin: Der Menschgewordene als Ebenbild Gottes. Zum frühchristlichen Verständnis der Imago Dei. In: Ders.: Horizonte neutestamentlicher Christologie. Studien zu Paulus und zur frühchristlichen Theologie (WUNT 144), 53–70, 56f.

[22] Gott ist nicht geschlechtlich zu verstehen. Da dies sprachlich schlecht umzusetzen ist, verwende ich, um auf Gott pronominal zu verweisen, die Schreibweise mit Unterstrich (er_sie; sein_ihr usw.).

Menschliche im Menschen, das ihn zu Gottes Ebenbild macht? In welcher Hinsicht gleicht der Mensch Gott? Besonders vier Interpretationslinien, die Antwort auf diese Fragen zu geben versuchen, lassen sich bis ins 20. und 21. Jahrhundert nachverfolgen. Die Antworten orientieren sich an einer analog formulierten menschlichen Gemeinsamkeit mit Gott bzw. am *tertium comparationis* zwischen Gott und Mensch. Die verschiedenen Entgegnungen auf die Frage nach dem *tertium comparationis* legen dar, wie die Ähnlichkeit, die im biblischen Text behauptet wird, zu erklären und zu verstehen ist. Die vier Antwortmöglichkeiten sind folgende:

1) Geistanalogie
2) Gestaltanalogie
3) Herrschaftsanalogie
4) Relationsanalogie

Der Rest dieses Kapitels ist der genaueren Beleuchtung dieser vier Interpretationsmuster der Gottebenbildlichkeit gewidmet, innerhalb derer noch weitere Aspekte diskutiert werden, die sich im Zusammenhang mit der Interpretation von Gen 1,26-28 und deren Einordnung in die Priesterschrift bzw. in ihre altorientalische Umwelt ergeben.

1.2 *Interpretationen des Gehalts der Gottebenbildlichkeit*

1.2.1 Geistanalogie

1.2.1.1 Zusammenfassung

In der nicht so sehr exegetisch, sondern eher philosophisch motivierten Deutung der Geistanalogie wird der die Gottebenbildlichkeit bestimmende Vergleichspunkt zwischen Mensch und Gott in der Geist- und Vernunftnatur, im Ich-Bewusstsein und in der Willensfreiheit des Menschen gesehen. Diese Interpretation entzündet sich an der Frage, was den Menschen vom Tier unterscheidet und wie deshalb die Herrschaft des Menschen über die Tiere gerechtfertigt werden kann. Der Mensch, so die Antwort, unterscheidet sich vom Tier in seinen geistigen Fähigkeiten. Der Analogiegedanke kommt in der Argumentation dadurch zum Tragen, dass analog zu Gott, der_die unsterblich ist, sich auch die Natur des Menschen als Vernunftwesen als unsterblich beschreiben lässt bzw. dadurch, dass behauptet wird, dass allein der Mensch Gott in seiner_ihrer Geistnatur nachahmen kann.

1.2.1.2 Historischer Abriss

In der Patristik interpretierte nach Klemens von Alexandrien, Origenes und Gregor von Nyssa Augustinus die Gottebenbildlichkeit im Menschen in der Nachfolge der griechischen Philosophie als *mens rationalis*. Schon bei Platon findet sich der Gedanke, dass der Mensch wesenhaft durch seine Seele, innerhalb derer Platon die Vernunft als den besten Teil hervorhebt[23], auf das Göttliche bezogen sei.[24] Im Buch XIV, 8 von *De Trinitate* argumentiert Augustinus, dass der Mensch durch die Gottebenbildlichkeit aufnahmefähig sei für Gott. Diese Aufnahmefähigkeit vollzieht sich nach Augustinus offenbar durch die rationale Natur des Menschen, die Gott erkennen kann. Umgekehrt leitet Augustinus in Buch X, 11 die Dreifaltigkeit aus den drei Grundfunktionen des menschlichen Geistes ab: *memoria* (Gedächtnis) steht für den Vater, *intellectus* (Einsicht) für den Sohn und *voluntas* (Wille) für den Geist. Diese Herleitung der Dreifaltigkeit aus den geistigen Funktionen lässt die Hochschätzung der menschlichen Geistnatur besonders hervortreten. Thomas von Aquin sieht in der Geistnatur des Menschen die Gottebenbildlichkeit begründet: Nach Thomas haben alle Geschöpfe und auch der menschliche Leib (nur) eine Spurähnlichkeit (*similtudo vestigii*) mit Gott; die wahre Bildnatur kommt hingegen nur in der vernünftigen Bildnatur zum Tragen, da die Nachahmung Gottes, nach Thomas, vollkommen nur in der menschlichen Vernunft möglich ist:

> „Ich antworte, daß der Mensch kraft seiner vernünftigen Natur [*intellectualem naturam*] Gottes Bild in sich trägt, weil diese am meisten Gott nachahmen kann."[25]

Im Anschluss an diese frühkirchliche und von Thomas fortgesetzte Tradition formuliert Gottfried Söhngen 1963, dass es katholische Lehre sei, die Gottebenbildlichkeit in der Geistnatur des Menschen zu sehen.[26] 1974 schreibt Claus Westermann, dass die Interpretation nach Augustinus und Thomas von Aquin, menschliche Fähigkeiten oder Anlagen als menschliche Essenz der Gottebenbildlichkeit zu betrachten, immer noch aktuell sei:

---

23   Vgl. Horn, Christoph / Müller, Jörn / Söder, Joachim: Platon-Handbuch. Leben – Werk – Wirkung. Stuttgart 2017, 201.
24   Vgl. Pröpper: Anthropologie, 197.
25   STh, I 93,4 (Übersetzung aus: Thomas von Aquin: Die katholische Wahrheit oder die theologische Summa des Thomas von Aquin deutsch wiedergegeben durch Ceslaus Maria Schneider. Regensburg 1886–1892.)
26   Söhngen, Gottfried: Die biblische Lehre von der Gottebenbildlichkeit des Menschen. In: Schlink, Edmund / Volk, Hermann / Jaeger, Lorenz / Stählin, Wilhelm: Pro Veritate. Ein theologischer Dialog. Münster / Kassel 1963, 23–57, 52. Er hat offensichtlich kein Problem mit der Tatsache, dass die Vernunft als Wesen der Gottebenbildlichkeit in der Bibel nicht benannt wird. Für Psalm 8, der sich thematisch an die Gottebenbildlichkeit anfügt, stellt er fest: „diese Gottähnlichkeit hat ihren tragenden Grund in der Geistnatur, was freilich der Psalmist nicht sagt, was aber der Theologe mit Hilfe der philosophischen Vernunft erschließt" (ebd. 27).

1.2 Interpretationen des Gehalts der Gottebenbildlichkeit

> „Die neueren Ausleger des AT finden sie [Anm. H.B.: die Gottebenbildlichkeit] in der Persönlichkeit, dem Verstand, dem Willen oder der Willensfreiheit, im Ich-Bewußtsein, in der Vernunft, im geistigen Wesen, der geistigen Überlegenheit."[27]

Selbst 2010 wird die Geistanalogie von Paul Janz als häufigste Deutung der Gottebenbildlichkeit benannt[28] und Peter Dabrock meint, dass die Vernunft

> „wie kein anderer Begriff in einigermaßen etablierten geisteswissenschaftlichen Sprachspielen und in ihrer populären Rezeption in der Alltagswelt unmittelbar diese Sonderstellung [des Menschen] konnotiert."[29]

Die Deutung, dass die Vernunft das Menschliche im Menschen und das Unterscheidungsmerkmal des Menschen vom Tier ist, zieht sich laut Dabrock also nicht nur durch die Geschichte des Christentums, sondern ist auch in der Alltagssprache vorhanden.

Mit Ulf Liedke lässt sich hier anmerken, dass diese Interpretation, die Gottebenbildlichkeit in besonderen Wesensmerkmalen des Menschen zu suchen, die Hochschätzung philosophischer Konzepte widerspiegelt und kaum das priesterschriftliche Verständnis wiedergibt, das im Kontext der Gottebenbildlichkeit stets den ganzen Menschen (mit Leib und Seele) im Blick hat.[30] In der Interpretation der Geistanalogie zeigt sich die Bedeutung der griechischen Philosophie und der Philosophie der Aufklärung (Immanuel Kant[31], Johann Gottfried Herder[32]), die jeweils in ihrer Zeit Impulse boten, die Gottebenbildlichkeit mithilfe von geistigem Vermögen zu erklären, und dem Interpretationsmuster der Geistanalogie somit zu ihrem Siegeszug verhalfen. Das alttestamentliche Verständnis vom Menschen kann die Geistanalogie jedoch kaum wiedergeben: Der Tanach kennt keine Dichotomie von Leib und Geist. Matthias Krieg untersucht die hebräischen Vokabeln בָּשָׂר, לֵב und נֶפֶשׁ, die im Deutschen mit Fleisch, Herz und Geist übersetzt werden, und kommt zu dem Schluss, dass jede Vokabel, jeweils von einem anderen Blickpunkt her gesehen, die ganze menschliche Existenz ausdrückt.[33] Das Alte Testament kennt den Menschen also nur als ganzheitliches Geschöpf – mit Geist, Leib

---

[27] Vgl. WESTERMANN, Claus: Genesis 1–11 (BK.AT I,1). Neukirchen-Vluyn ³1983, 206.
[28] Vgl. JANZ, Paul: Abbild Gottes, Weltoffenheit und die Logik des Sinns. In: SCHMIDINGER, Heinrich (Hg.): Der Mensch – ein Abbild Gottes? Geschöpf – Krone der Schöpfung – Mitschöpfer. Darmstadt 2010, 61–74, 62.
[29] DABROCK, Peter: Leibliche Vernunft. In: Ders. / DENKHAUS, Ruth / SCHAEDE, Stephan: Gattung Mensch. Interdisziplinäre Perspektiven. Tübingen 2010, 227–262, 241.
[30] Vgl. LIEDKE: Beziehungsreiches Leben, 254.
[31] „In der ganzen Schöpfung kann alles, was man will, und worüber man etwas vermag, auch blos als Mittel gebraucht werden; nur der Mensch und mit ihm jedes vernünftige Geschöpf ist Zweck an sich selbst." (KANT: KpV AA 05, 87).
[32] „Bild der Gottheit! Menschlicher Geist! – du bist mein Offenbarer über die Philosophie!" (VON HERDER, Johann Gottfried: Herders Sämmtliche Werke. Bd. 6. Hg. von Bernhard Suphan. Berlin 1883, 89).
[33] Vgl. KRIEG, Matthias / WEDER, Hans: Leiblichkeit. Zürich 1983, 13.

und Herz als Sitz der Gemütsregungen. Auch Hans Walter Wolff kommt in seiner *Anthropologie des Alten Testaments* zum Ergebnis, dass der Begriff נֶפֶשׁ nicht mit Seele (im Gegensatz zum Leib und Körper) zu übersetzen ist, sondern, dass „der bedürftige Mensch als ganzer im Blick [ist], auf dessen Empfindsamkeit und Verwundbarkeit angespielt wird."[34] Der Begriff בָּשָׂר bezeichnet laut Wolff ebenso das ganze menschliche Leben und beschreibt „die begrenzte unzulängliche menschliche Macht im Gegensatz zu der allein vertrauenswürdigen überlegenen Macht Gottes."[35]

1.2.2 Gestaltanalogie

1.2.2.1 *Zusammenfassung*

Aufgrund des Wortes *ṣælæm*, das mit ‚Statue, Plastik' oder ‚dreidimensionales Abbild' übersetzt wird, und des Wortes *dəmût*, das mit ‚Form' oder ‚Äußeres' wiedergegeben werden kann, kam die Deutung der Gottebenbildlichkeit in Form der Gestaltanalogie auf: In seiner äußeren Gestalt ähnelt der Mensch Gott. An einer anderen Stelle der Priesterschrift, in Genesis 5,3, taucht *ṣælæm* ein weiteres Mal auf: „Adam war hundertdreißig Jahre alt, da zeugte er einen Sohn, der ihm ähnlich war, wie sein Bild, und gab ihm den Namen Set." Hier, so die Befürworter_innen der Gestaltanalogie, könne ja nur die äußere Gestalt gemeint sein. Wenn die Gottebenbildlichkeit in der Gestaltanalogie interpretiert und mit der äußeren, aufrechten Gestalt des Menschen verknüpft wird, ist die Gottebenbildlichkeit kompatibel mit dem im Bibeltext folgenden Herrschaftsauftrag, denn mit der aufrechten Gestalt ist ein Unterschied zwischen Mensch und Tier benannt und damit wird gerechtfertigt, dass dem Menschen von Gott der Auftrag gegeben wird, über die Tiere zu herrschen. Der Analogiegedanke kommt zum Tragen, indem argumentiert wird, dass analog zu Gott, der in aufrechter Gestalt über die Erde regiert, auch der Mensch von Gott beauftragt ist, in aufrechter Gestalt über die Erde herrschen.

---

[34] WOLFF, Hans: Anthropologie des Alten Testaments. München 1973, 27. Beispiele für diese Interpretation findet er z.B. in Ps 107,5 („die Hunger litten und Durst, denen das Leben נֶפֶשׁ)) dahinschwand"), in Ps 143,6 („Ausgebreitet habe ich meine Hände zu dir, wie erschöpftes Land ist vor dir meine Seele נֶפֶשׁ))") und in Jona 2,8 („Als meine Seele נֶפֶשׁ)) in mir verzagte, gedachte ich des HERRN").

[35] Ebd. 55. Beispiele hierfür findet er z.B. in Ps 56,5 („Auf Gott, dessen Wort ich lobe, auf Gott vertraue ich, ich fürchte mich nicht. Was kann ein Fleisch בָּשָׂר)) mir antun?") und Jer 17,5 („So spricht der Herr: Verflucht der Mensch, der auf Menschen vertraut, auf schwaches Fleisch בָּשָׂר)) sich stützt und dessen Herz sich abwendet vom Herrn").

1.2.2.2 Historischer Abriss

Christlicherseits ist es zunächst Laktanz, der im frühen 4. Jahrhundert nach Christus formuliert, dass das, was den Menschen ausmache, der Blick nach oben und der aufrechte Gang sei.[36] Die Deutung, dass den Menschen vor allem sein aufrechter Gang kennzeichnet, übernimmt Laktanz aus der griechischen Antike, in der Xenophanes die aufrechte menschliche Gestalt als Wohlwollen der Götter für die Menschen auslegt, welche sowohl die Überlegenheit des Menschen über die Tiere als auch vermeintlich einen besseren Schutz des Menschen gegenüber anderen Lebewesen zum Ausdruck bringt und damit rechtfertigt, dass die Menschen den Göttern näher stehen als die Tiere.[37] Platon transformierte diese Lehre dahingehend, dass er die aufrechte Körperhaltung nun als Bezogen-Sein auf die himmlischen Götter verstand und darüber hinaus mit der inneren Aufrichtung der Seele verknüpfte, welche es den Menschen erlaubt, das Göttliche zu verehren und nachzuahmen.[38] Zu Beginn seiner *Metamorphosen* erzählt Ovid von Prometheus' Schöpfung der Welt: „Und während die anderen Wesen gebeugt zu Boden blicken, gab er dem Menschen ein hoch erhobenes Antlitz, ließ ihn den Himmel betrachten und sein Gesicht stolz zu den Sternen erheben."[39] Philon von Alexandrien ist der erste, der die aufrechte Gestalt des Menschen mit Gen 1,26f verbindet und darin die göttliche Verwandtschaft des Menschen erblickt:

> „während (der Schöpfer) den Blick der anderen Wesen nach unten lenkte und bannte, so daß sie die Erde betrachten, hat er dagegen den des Menschen emporgewendet, damit er den Himmel anschaue, da er kein Erdenwesen, sondern wie das alte Wort lautet, ein Himmelswesen ist."[40]

Nach Laktanz vertrat auch Thomas die Position, dass der menschliche Körper besonders geeignet sei, den Himmel zu betrachten. In der Neuzeit meinte Johann Gottfried Herder, dass der Mensch „über allen zur Erde gebückten [...]

---

[36] „Die Natur des Tieres ist abwärts zum Futter und zur Erde gerichtet und hat nichts mit dem Himmel gemein, zu dem sie nicht emporschaut. Der Mensch aber in seiner aufrechten Stellung, mit dem emporgerichteten Antlitz ist zur Betrachtung des Weltalls geschaffen und tauscht mit Gott den Blick, und Vernunft erkennt die Vernunft." (Lactantius, Lucius: Vom Zorne Gottes, Kap. 7: Unterschied zwischen Mensch und Tier. In: Des Luc. Cael. Firm. Lactantius Schriften: Von den Todesarten der Verfolger – Vom Zorne Gottes – Auszug aus den göttlichen Unterweisungen – Gottes Schöpfung. Aus dem Lateinischen übersetzt von Aloys Hartl. Kempten / München 1919, 67–128, 79.)

[37] Vgl. Loretz, Oswald / Hornung, Erik: Die Gottebenbildlichkeit des Menschen. Mit einem Beitrag von Erik Hornung: Der Mensch als „Bild Gottes" in Ägypten. München 1967, 14.

[38] Vgl. ebd. 15.

[39] Zit. nach Bayertz, Kurt: Der aufrechte Gang. Eine Geschichte des anthropologischen Denkens. München 2012, 13.

[40] Philon: De plantatione 16–17. In: Philo von Alexandria: Die Werke in deutscher Übersetzung. Hg. von Leopold Cohn. Bd. 4. Berlin ²1962, 156.

[m]it erhabenem Blick und aufgehobenen Händen [...], als ein Sohn des Hauses den Ruf seines Vaters erwartend"[41] aufrecht dastünde. Explizit innerhalb der Gottebenbildlichkeit wurde diese Sicht vom Exegeten Hermann Gunkel[42] Anfang des 20. Jahrhunderts vertreten. Ludwig Köhler meinte 1936, dass sich „sprachlich [...] nur die Deutung halten [ließe], daß Gott die Schöpfung so schafft, dass sie [Anm. H.B.: die Menschen] allein, im Gegensatz zu den Tieren, eine aufrechte Gestalt haben."[43] Köhler hält diese Interpretationsweise für „sehr verbreitet."[44] Johann Stamm schreibt Ende der 1950er Jahre, dass in der Exegese nach 1940 Übereinstimmung dahingehend bestehe, dass die Gestaltanalogie das Wesen der Gottebenbildlichkeit bezeichnet.[45] Als Systematiker vertritt Eberhard Jüngel in den 1980er Jahren die Gestaltanalogie:

> „In der aufrechten Haltung des Körpers ist der Mensch Gott ähnlich. Und diese körperliche Ähnlichkeit des Menschen mit Gott ist der Ausdruck des Menschseins des Menschen. Der Mensch ist ein aufrechtes Wesen. Es entspricht also biblischem Verständnis des Menschen, wenn die Schriftsteller der alten Kirche [...] als Charakteristikum des Menschen ‚den Blick nach oben' und den ‚aufrechten Gang' angeben."[46]

Diese Deutung lässt sich, ebenso wie die der Geistanalogie, als Übertragung antiken bzw. griechischen Gedankenguts beurteilen, die diesmal das Gegenstück des Geistes, die äußere Gestalt, in den Mittelpunkt rückt. Wie auch an der Interpretation der Geistanalogie kann an der Gestaltanalogie kritisiert werden, dass sie nicht das alttestamentliche Menschenbild repräsentiert, in welchem es keine strikte Trennung zwischen Körper (Gestalt) und Geist gibt.

1.2.3 Herrschaftsanalogie

1.2.3.1 *Zusammenfassung*

Exegetisch kommt die Deutung der Herrschaftsanalogie zur Ausführung, indem die Gottebenbildlichkeit des Menschen in Gen 1,26–27 funktional ausgedeutet wird: Sie wird im sogenannten Herrschaftsauftrag erkannt, der direkt an die erste Gottebenbildlichkeitsaussage in Vers 26c als Rede *über* den Menschen anschließt („Sie sollen walten über die Fische des Meeres, über die Vö-

---

[41] VON HERDER: Ideen zur Philosophie, 195.
[42] GUNKEL, Hermann: Genesis. Göttingen ⁶1964, 112.
[43] KÖHLER, Ludwig: Theologie des Alten Testaments. Tübingen ⁴1966, 135.
[44] Ebd. 134.
[45] Vgl. STAMM, Johann: Die Gottebenbildlichkeit des Menschen im Alten Testament. Zürich 1959, 81–90.
[46] JÜNGEL, Eberhard: Der Gott entsprechende Mensch. Bemerkungen zur Gottebenbildlichkeit des Menschen als Grundfigur theologischer Anthropologie. In: Ders. (Hg.): Theologische Erörterungen. München 1980, 290–321, 302.

gel des Himmels, über das Vieh, über die ganze Erde und über alle Kriechtiere, die auf der Erde kriechen") und dann in Vers 28 als Anrede *an* den Menschen zu finden ist („Seid fruchtbar und mehrt euch, füllt die Erde und unterwerft sie und waltet über die Fische des Meeres, über die Vögel des Himmels und über alle Tiere, die auf der Erde kriechen!"). Die Worte in den Versen 26c und 28 werden in der Herrschaftsanalogie erklärend zu den Versen 26b („Lasst uns Menschen machen als unser Bild, uns ähnlich") und 27ab („Gott erschuf den Menschen als sein Bild, als Bild Gottes erschuf er ihn") interpretiert, die die Gottebenbildlichkeit des Menschen verdeutlichen und begründen sollen. Die Analogie ist so zu lesen, dass, wie Gott über die Welt herrscht, der Mensch auf analoge Weise über die Tiere herrschen soll. Diese Deutung lässt sich auch an die altorientalische Königsideologie und die ägyptische Pharaonentheologie anschließen, nach der der König dazu eingesetzt ist, als Stellvertreter für die Gottheit auf Erden zu herrschen. So ist etwa seit 1630 v. Chr. belegt, dass der Pharao ‚Abbild des Sonnenkönigs Re' genannt wurde, was sich sowohl auf sein Äußeres als auch auf seine Taten beziehen kann.[47] Indem nun in der nach-königlichen Zeit Israels, spätestens zur Zeit der Entstehung der Priesterschrift, alle Menschen, anstatt des Königs, als Stellvertreter_innen Gottes dazu beauftragt sind, über die Erde und deren nichtmenschliche Bewohner zu herrschen, entwickelt sich die Idee des Stellvertretertums von einer Königsideologie hin zu einer allgemeinen Anthropologie[48], die mit Schmidt als Entwicklung der Demokratisierung bezeichnet werden kann[49]. Parallel spricht Janowski von einer Royalisierung des Menschen[50]: Der Mensch wird mit dem Herrschaftsauftrag gleichsam in den Königsstand erhoben. Analog ließe sich auch von einer Revolution im Gottes- und Menschenverständnis sprechen, insofern nun jeder Mensch in die königliche Würde des Pharao erhoben ist. Eine noch engere Parallele zu Gen 1,26–28 findet sich im sumerischen Mythos von Enki und Ninmach, der von der Schaffung der Menschen als Arbeitsstellvertreter der Götter berichtet.[51] Hinzu kommt der grundsätzliche Hinweis von Walter Groß, der feststellt, dass in den Epochen der Schöpfung und der Sintflut der Priesterschrift die „grundlegende Ordnung des Lebensraums und die friedliche Koexistenz aller Lebewesen"[52] festgelegt wird. Die Gottebenbildlichkeit als Auftrag zur Herrschaft, innerhalb derer eine solch

---

[47] Vgl. Groß: Gottebenbildlichkeit, 249.
[48] Vgl. Wagner, Thomas: Zum Ebenbild geschaffen. Grundzüge des Gott-Mensch-Verhältnisses in altorientalischen und alttestamentlichen Schriften In: Hartung, Gerald / Herrgen, Matthias (Hg.): Interdisziplinäre Anthropologie. 4/2016: Wahrnehmung. Wiesbaden 2017, 209–240, 223.
[49] Vgl. Schmidt, Werner: Alttestamentlicher Glaube. Neukirchen-Vluyn ⁸1996, 267.
[50] Vgl. Janowski, Bernd: Die lebendige Statue Gottes. Zur Anthropologie der priesterlichen Urgeschichte. In: Ders. (Hg.): Die Welt als Schöpfung. Neukirchen-Vluyn 2008, 140–171.
[51] Vgl. Wagner: Zum Ebenbild geschaffen, 219.
[52] Groß: Gottebenbildlichkeit, 261.

grundlegende Ordnung gesetzt wird, fügt sich nahtlos in die von Groß vorgebrachte Thematik für die ersten beiden Teile der Priesterschrift ein. Das gottgemäße königliche Verhalten, das mit der Deutung der Gottebenbildlichkeit als Herrschaftsanalogie einhergeht, ist zugleich in der Fürsorge für die Schöpfung zu sehen. Insofern ist die Gottebenbildlichkeit kein statischer Begriff, sondern fordert eine dynamische, der jeweiligen Situation angepasste Handlungsentsprechung der Menschen ein.

1.2.3.2 Drei Interpretationsweisen des Verbs rādāh

Im Folgenden wird es um die genaue Ausdeutung des Herrschaftsauftrages und die Übersetzung des Verbes רָדָה gehen.

Bernd Janowski bemerkt, dass der Herrschaftsauftrag, das sogenannte *dominium terrae*, in den Genesis-Kommentaren von Hermann Gunkel (1910) bis Claus Westermann (1974) hauptsächlich als uneingeschränkte Herrschaft gesehen wurde.[53] Das Verb *rādāh* wird von diesen Vertretern der Herrschaftsanalogie im Zusammenhang mit der Aufforderung Gottes an die Menschen, sich die Erde untertan zu machen (Gen 1, 28f), gesehen und im Anschluss an Joël 4,13 („die Kelter treten") mit ‚auf etwas treten' übersetzt.[54] Diese Interpretation wird u.a. von Lynn Townsend White und Carl Amery kritisiert, die argumentieren, dass eine so verstandene Deutung des Herrschaftsauftrages ein anthropozentrisches Weltbild nahelege, in dem alles nicht-menschliche Leben sich dem Menschen unterwerfen und welches letztlich in der Ausbeutung der Natur enden müsse.[55]

Ab Mitte der Siebziger Jahre wird eine alternative Deutung des Verbs von u.a. Norbert Lohfink und Erich Zenger vertreten, die meinen, dass mit der Herrschaft über die Tiere keinesfalls eine Ausbeutung etwa durch Jagd und Schlachtung gemeint sein könne, denn den Menschen werde von Gott in Gen 1,29 nur pflanzliche Nahrung übergeben. Stattdessen gehe es beim Herrschaftsauftrag darum, das Haus des Lebens zu bewahren. Norbert Lohfink führt an, dass das Verb *rādāh* vom akkadischen Verb *redû* abgeleitet werden kann, das so viel wie ‚begleiten, führen, weiden, gehen' bedeutet und daher das Domestizieren der Tiere ausdrückt.[56] Es sei also in Gen 1 so etwas wie ein

---

[53] Vgl. JANOWSKI, Bernd: Herrschaft über die Tiere. In: BRAULIK, Georg / GROSS, Walter / MCEVENUE, Sean (Hg.): Biblische Theologie und gesellschaftlicher Wandel. Für Norbert Lohfink SJ. Freiburg 1993, 183–198, 184f.

[54] SCHWIENHORST-SCHÖNBERGER, Ludger: „Die Welt in Heiligkeit und Gerechtigkeit leiten". Zur Auslegung von Gen 1,26-28 in Weish 9,1–3. In: FISCHER, Stefan / GROHMANN, Marianne (Hg.): Weisheit und Schöpfung. Festschrift für James Alfred Loader zum 65. Geburtstag. Frankfurt am Main am Main 2010, 211–230, 212.

[55] Vgl. WHITE, Lynn: The Historical Roots of our Ecological Crisis. In: Science 155 (1967), 1203–1207; AMERY, Carl: Das Ende der Vorsehung. Die gnadenlosen Folgen des Christentums. Hamburg 1972.

1.2 Interpretationen des Gehalts der Gottebenbildlichkeit

ursprünglich gemeintes Verhältnis zwischen Menschen und Tieren, ein paradiesischer Tierfriede, gemeint, der aber ab der Sintflut höchstens noch als Restbestand existiert.[57] Auch Erich Zenger bietet eine alternative Deutung des Verbes *rādāh* an, das ihm zufolge eine Hirtenfunktion andeutet. Nach Zenger meint *rādāh* das

> „Umherziehen des Hirten mit seiner Herde, der seine Herde auf gute Weide führt, der die Tiere gegen alle Gefahren schützt, sie vor Raubtieren verteidigt und die schwachen Tiere seiner Herde gegen die Starken schützt und dafür sorgt, dass auch sie genügend Wasser und Nahrung finden. Dass ein solcher Hirte seit alters ein Bild gerade für die Amtsführung eines guten und gerechten Königs war, der sich ganz für sein Volk einsetzt, der vor allem die Rechte der Schwachen schützt und so glückliches Leben für alle garantiert, ist daher nicht verwunderlich."[58]

Bernd Janowski, der explizit die Herrschaft über die Tiere als Ausdruck der Gottebenbildlichkeit des Menschen betrachtet, lehnt in seiner Deutung die Hirtenmetaphorik von Lohfink und Zenger ab und betont stattdessen die Königsmetapher (vgl. auch „gerechter König" bei Zenger), die im Herrschaftsauftrag zum Ausdruck kommt. Genesis 1,26-29 kann insgesamt als mit einem durch die Priesterschrift transformierten königsideologischen Vorstellungshintergrund versehen betrachtet werden.[59] Die ägyptische Vorstellung, nach der alleine der Pharao den Auftrag hat, seinen Untertanen mit Fürsorge zu begegnen, wird in der Priesterschrift nun demokratisiert und auf alle Menschen angewandt: Alle Menschen sollen so handeln, wie in der ägyptischen Tradition dem Pharao aufgetragen ist. Janowski interpretiert das Verb *rādāh* vor diesem Hintergrund als „*universale Ordnungsfunktion* des Menschen."[60] Herrschaft ist für ihn

> „um der *Schöpfung im ganzen und ihres Fortbestehens* willen nötig, sie definiert den Menschen als, das ‚Bild Gottes‘, als Sachverwalter für das *Ganze der natürlichen Schöpfungswelt*."[61]

Janowski sieht Herrschaft also als eine Notwendigkeit mit Ordnungsfunktion, die aber keinesfalls ein Unterjochen und Unterdrücken meinen kann, sondern ein verantwortungsvolles Handeln voraussetzt. So schafft er einen ausgleichenden Mittelweg zwischen den Exegeten vor Westermann[62] einerseits und Lohfink/Zenger andererseits.

---

[56] Vgl. Lohfink, Gerhard: Macht euch die Erde untertan. In: Ders.: Studien zum Pentateuch. Stuttgart 1988, 11–28, 22f.
[57] Vgl. ebd. 23f.
[58] Zenger, Erich: Gottes Bogen in den Wolken. Stuttgart 1983, 91.
[59] Vgl. Janowski, Bernd: Herrschaft über die Tiere. In: Braulik, Georg / Groß, Walter / McEvenue, Sean (Hgg.): Biblische Theologie und gesellschaftlicher Wandel. Für Norbert Lohfink SJ. Freiburg 1993, 183–198, 189.
[60] Ebd. 191.
[61] Ebd. 89.

Anhand der Herrschaftsanalogie kann hervorgehoben werden, was allgemeingültig für Gottebenbildlichkeit ist, auch wenn sie nicht in der Linie der Herrschaftsanalogie interpretiert wird: Die Gabe der Gottebenbildlichkeit ist mit Gen 1,28 mit dem Auftrag verbunden, als Stellvertreter Gottes auf Erden gottgemäß und d.h in Fürsorge für Gottes ganze Schöpfung, die Gerechtigkeit, Güte, Barmherzigkeit und Treue einschließt, zu handeln.

1.2.4 Relationsanalogie

Die verschiedenen Ansätze der Relationsanalogie sind kaum zusammenfassend zu resümieren, da diese weiter divergieren als dies bei den anderen drei Interpretationsmustern der Gottebenbildlichkeit der Fall ist. Allgemein lässt sich jedoch eine Essenz der Gottebenbildlichkeit des Menschen im Sinne der Relationsanalogie definieren, die in einem besonderen Verhältnis (Relation) zwischen Gott und Mensch besteht, welches von Gott initiiert ist. Auch exegetisch variieren die Ansätze der Relationsanalogie stark. Die Gottebenbildlichkeit als Relationsanalogie resultiert etwa aus der Interpretation, dass innerhalb der Schöpfung von Mann und Frau in Gen 1,27 und Gen 2,20–25 beide in Zweiheit geschaffen und deshalb im Gegenüber aufeinander bezogen sind. In dieser Deutung wird weniger an das Gegenüber geschlechtlicher Wesen in der Prokreativität gedacht, sondern an die Erschaffung zweier Menschen als aufeinander Verwiesene. Des Weiteren wird Gottes besondere Beziehung zum Menschen einbezogen, die Gott in der Bestimmung des Menschen als sein_ihr Ebenbild setzt und innerhalb derer der Mensch selbst dazu fähig ist, in Beziehung zu Gott zu treten. Der Herrschaftsauftrag wird von den (meisten) Vertreter_innen der Relationsanalogie als bloße Konsequenz bzw. Funktion ausgedeutet; deshalb wird diesem im Zusammenhang mit der Gottebenbildlichkeit nur sekundäre Bedeutung zugeschrieben. Die Frage, worin der Unterschied zum Tier besteht, tritt exegetisch, im Gegensatz zu den anderen Interpretationsmustern der Gottebenbildlichkeit, in den Hintergrund.

1.2.4.1 Exegetische Deutungen der Relationsanalogie

Zunächst wende ich mich Exegeten zu, die auf verschiedene Weisen die Deutung der Relationsanalogie vertreten:

Wilhem Vischer vertritt 1934 die Position, dass Gott sich den Menschen als „eigentliche[s] Gegenüber [schafft], dem er sich zu erkennen geben kann"[63]: Der Mensch soll in der Gottebenbildlichkeit dem ewigen Ich ein Du sein[64].

---

[62] Auch Westermann meint, dass mit dem Herrschen über die Tiere auf keinen Fall ein Ausbeuten derselben durch den Menschen gemeint ist (vgl. WESTERMANN: Genesis, 219).

1.2 Interpretationen des Gehalts der Gottebenbildlichkeit

Dabei sieht Vischer das Wort ‚schuf' als Verbindungsglied zwischen Mensch und Gott[65], als „Ausdruck der unmittelbaren Beziehung zwischen Gott und Mensch."[66] Mit diesen Sätzen lässt sich Vischer als früher Vertreter der Relationsanalogie identifizieren. Die Gottebenbildlichkeit sieht er dabei nicht als für alle Zeiten übergebenen Besitz an, sondern als in der Offenbarung zukommendes Gnadengeschenk Gottes „in diesem und diesem zeitlichen Augenblick, in dem uns Gott gnädig sein will und gnädig ist."[67] Überdies, so Vischer, ist der Mensch für sich alleine nicht Mensch, seine Menschwerdung erfährt er erst im Gegenüber Gottes: Der Mensch kann „wirklich nur in diesem Gegenüber, von Gott und zu Gott leben […] nur als Du und in keinem Sinne als Ich."[68]

Claus Westermann interpretiert die biblische Erschaffung des Menschen im Kontext der altorientalischen Umwelt und fasst Gen 1,26–30 als ursprünglich eigenständige Erzählung, die zunächst unabhängig von der Schöpfung der Welt besteht und mit dem „Lasst uns", ähnlich dem *Enuma elisch*[69], eingeleitet wird.[70] Den Herrschaftsauftrag interpretiert er als zusätzlichen Nachtrag zu einem Zeitpunkt, als die Erschaffung des Menschen bereits in die Welterschaffung eingefügt war, um die zuvor unabhängigen Teile inhaltlich zu verknüpfen. Ähnlich etwa wie in sumerisch-babylonischen Texten, in denen der Mensch als Diener der Götter betrachtet wird, wird im biblischen Text nun eine besondere Beziehung zwischen dem Geschöpf und seinem Schöpfer ausgedrückt. Folglich charakterisiert Westermann Gen 1,26–30 parallel zu Gen 2 als Geschehen zwischen Gott und Mensch[71] und fasst die Gottebenbildlichkeit schlicht darin, dass der Mensch Geschöpf Gottes ist. Die Gottebenbildlichkeit sagt deshalb nichts zur Erschaffung des Menschen Hinzukommendes aus, sondern hat „explikativen Charakter"[72], indem sie die Menschenschöpfung als (mögliches) Geschehen zwischen Gott und Mensch konkretisiert. Diese in der Gottebenbildlichkeit gegebene Eröffnung eines Geschehens zwischen Schöpfer und Geschöpf macht „die Eigentlichkeit des Menschen"[73] aus: Menschsein, das Menschliche im Menschen und damit der

---

[63] VISCHER, Wilhelm: Das Christuszeugnis des Alten Testaments. Bd.1: Das Gesetz. München 1934, 59.
[64] Ebd. 61.
[65] Hier kann er sich jedoch nur auf die deutsche Übersetzung von Gen 1,27 beziehen. Im Hebräischen steht in Vers 27 das Verb an erster Stelle.
[66] VISCHER: Christuszeugnis, 60.
[67] Ebd. 61.
[68] Ebd.
[69] Tafel VI, 5.7: „Blut will ich zusammenfügen, Knochen will ich hervorbringen […] Ich will den Lullû schaffen, den Menschen" (KÄMMERER, Thomas / METZLER, Kai (Hg.): Das babylonische Weltschöpfungsepos Enūma elîš. Münster 2012, 247f.).
[70] Vgl. WESTERMANN: Genesis, 216.
[71] Vgl. ebd. 217.
[72] Ebd.

anthropologische Gehalt der Gottebenbildlichkeit ist somit die Beziehung des Menschen zu Gott. Der Herrschaftsauftrag, der nach Westermann ohnehin erst im Nachhinein zu Gen 1,26–30 hinzutritt, analysiert er in der Folge als Gottes In-Beziehung-Setzen des Menschen mit seinen Mitwesen.[74] Damit wird der Unterschied zu den Tieren für die Interpretation der Gottebenbildlichkeit unwesentlich.

Oswald Loretz sieht in Gen 5,3 den Aufweis, dass in der Gottebenbildlichkeit ein enges Verhältnis der Ähnlichkeit zwischen Gott und Mensch ausgedrückt sein muss, da Set in der Ahnentafel von Gen 5 als צֶלֶם ṣælæm und דְּמוּת dəmût (Gen 5,3) Adams bezeichnet wird. Im Anschluss daran sieht er den Sinn menschlichen Lebens nach Genesis 1 als „Leben der Freundschaft mit Gott"[75], worin ein „enge[s] verwandtschaftliche[s] Verhältnis"[76] von Gott und Mensch angezeigt ist, in welchem, parallel zum Verhältnis von Gott und Mensch verstanden, Mann und Frau sich einander gegenüberstehen.[77] Der Mensch als Gottes Ebenbild findet Vollendung und Verwirklichung „in der besonderen Gemeinschaft, die Gott durch seine Zuwendung zu Israel begründet hat."[78]

Eine relationale Perspektive auf den Menschen im Alten Testament unabhängig von der Interpretation von Gen 1, 26f wird auch vom Exegeten *Matthias Krieg* bekräftigt, der in seiner Untersuchung zur Leiblichkeit im AT hervorhebt, dass die hebräischen Begriffe für Fleisch (bzw. die Materialität des Menschen), Herz und Geist den Menschen jeweils in seiner Gesamtheit ausdrücken. Alle drei (vgl. 1.2.1.2) offenbaren das menschliche Verhältnis und die Beziehung zu Gott, der_die diese Wirklichkeiten geschaffen hat.[79] Auch zum Verb הָיָה (Sein) stellt Krieg fest, dass es im Hebräischen „kein statisches Sein, kein objektives Sein [gibt]. Es gibt keinen Menschen an sich, keinen Gott an sich, [...] losgelöst und separiert, [...] objektiv zu betrachten und zu analysieren"[80], sondern Sein ist stets dynamisch-relational zu betrachten. Der Mensch ist darum immer „in ein soziales Netz vielfältiger Beziehungen eingeknüpft"[81], das ihn zu einem relational verfassten Menschen macht. Im AT wird das Leben des Einzelnen dadurch nicht als private (individuelle) Angelegenheit verstanden: Ein Einzelschicksal bleibt niemals nur individuelle Sache des einzelnen Menschen, sondern vielmehr betreffen Freude und Trauer des einzelnen Menschen die ganze Gruppe.[82] Die relationale Deutung der

---

[73] Ebd. 218.
[74] Vgl. ebd.
[75] LORETZ / HORNUNG: Gottebenbildlichkeit, 63.
[76] Ebd.
[77] Vgl. ebd. 71.
[78] Ebd. 82.
[79] Vgl. KRIEG / WEDER: Leiblichkeit, 12.
[80] Ebd. 14.
[81] Ebd. 19.
[82] Vgl. ebd.

1.2 Interpretationen des Gehalts der Gottebenbildlichkeit

Gottebenbildlichkeit mag nach Krieg/Weder zwar nicht in der direkten Intention des Verfassers von Genesis 1 gelegen haben[83], jedoch ist sie, betrachtet man das Alte Testament als Ganzes, anschlussfähig.

Unter anderem vielleicht gerade aus diesem Grund ist die Relationsanalogie auch von einer großen Anzahl an theologischen Systematiker_innen in Breite aufgenommen und systematisch weiterbearbeitet, revidiert und vertieft worden. Nach Gerhard Sauter ist die relationale Deutung der Gottebenbildlichkeit „in jüngster Zeit weit verbreitet"[84] und dominiert, zumindest wenn man systematische Ansätze betrachtet, tatsächlich heutige Interpretationen des Gehalts der Gottebenbildlichkeit.

1.2.4.2 Systematische Deutungen der Relationsanalogie

Die Relationsanalogie ist das einzige Interpretationsmuster der Gottebenbildlichkeit, das *in extenso* auch von Systematiker_innen aufgenommen, analysiert und theologisch weiterentwickelt wird. Darum gilt der Relationsanalogie hier im Vergleich zu den anderen Deutungsweisen der Gottebenbildlichkeit im Rahmen einer systematischen Arbeit besondere Aufmerksamkeit. Im Nachfolgenden werde ich verschiedene systematische Ansätze der Relationsanalogie[85] (Dietrich Bonhoeffer, Karl Barth, Dumitru Staniloae, Helmut Thielicke, Jürgen Moltmann, Leo Scheffczyk, Wilfried Härle und Thomas Pröpper) analysieren und zunächst darstellen (1.2.4.2.1–1.2.4.2.8). Anschließend werden die Kernaussagen der verschiedenen Ansätze zugunsten einer weiteren Systematisierung auf ihre einenden Elemente (1.2.4.3.1) und ihre trennenden Aspekte (1.2.4.3.2) hin untersucht. Die Auswahl der Autoren ist bedingt durch ein Interesse an der Erfassung der Breite des Interpretationsmusters der Relationsanalogie sowie der Repräsentation einer konfessionellen Vielfalt und durch ein Interesse, eine breite Zeitspanne (von 1933 [Bonhoeffer] bis 2011 [Pröpper]) der Entstehung der Ansätze zu berücksichtigen.

Der Dogmatiker *Matthias Joseph Scheeben* ist laut Pröpper im 19. Jahrhundert der erste, der den Gedanken der relationalen Gottebenbildlichkeit vertritt.[86] Scheeben sieht die Begründung, dass der Mensch im Buch Genesis als

---

[83] An der Interpretation der Relationsanalogie, die er als „hochtheologische Deutung" (GROSS: Gottebenbildlichkeit, 246) bezeichnet, kritisiert Walter Groß, dass die Priesterschrift in den Epochen von Schöpfung und Sintflut nicht vom Gottesverhältnis des Menschen handelt, was erst in den folgenden Teilen thematisiert werde.

[84] SAUTER, Gerhard: Das verborgene Leben. Eine theologische Anthropologie. Gütersloh 2011, 75.

[85] Die Zuordnung zur Relationsanalogie geschieht nicht unbedingt durch die Autoren, aber wird aufgrund der Systematisierung von mir vorgenommen und in Übersicht 2 begründet.

[86] Vgl. PRÖPPER: Anthropologie, 148.

Gottes Ebenbild bezeichnet wird, darin, dass Gott in einem besonderen Verhältnis zum Menschen steht.[87]

1.2.4.2.1 Dietrich Bonhoeffer

Prominent weitergeführt wurde die Relationsanalogie von *Dietrich Bonhoeffer*, der die Gottebenbildlichkeit als ‚analogia relationalis' (und nicht mehr als ‚analogia entis') in der Freiheit realisiert versteht, innerhalb derer die Beziehung von Geschöpf zu Geschöpf von Gott gesetzt und geschenkt ist.[88] Freiheit ist biblisch gesehen kein Besitz oder etwas Gegenständliches, keine Qualität oder Fähigkeit, welche der Mensch gleichsam für sich selbst beanspruchen könnte.[89] Freiheit muss vielmehr als Beziehung verstanden werden, die sich in Gott als an uns Menschen gebundene Freiheit manifestiert: Gott will „nicht für sich frei sein [...] sondern für den Menschen."[90] Die menschliche Freiheit unterscheidet sich von der göttlichen Freiheit darin, dass der Mensch zwangsläufig bezogen und angewiesen ist auf das menschliche Gegenüber, was in der Erschaffung der Frau als Gegenüber des Mannes offenbar wird (Gen 2,20–25), während Gott sich freiwillig an den Menschen bindet. Menschsein und damit menschliche Freiheit bedeutet demnach das „Gegenüber-Miteinander-Aufeinander-angewiesen-sein der Menschen."[91]

1.2.4.2.2 Karl Barth

Ausgearbeitet wurde diese ‚analogia relationalis' von *Karl Barth*, der im dritten Band seiner kirchlichen Dogmatik (Die Lehre von der Schöpfung, ¹1945) die Analogie in der Gottebenbildlichkeit nicht länger in der Gestalt des Menschen sieht oder in dessen Vernunftnatur begründet: Barth erblickt in der Gottebenbildlichkeit „keine Qualität im Menschen"[92], sondern der Mensch sei Gottes Ebenbild, indem

> „er selbst das Gegenüber von seinesgleichen ist [...] also das in Gott selbst stattfindende Zusammensein und Zusammenwirken in der Beziehung von Mensch zu Mensch zur Wiederholung kommt."[93]

---

[87] Vgl. KLEIN, Klaus: Kreatürlichkeit als Gottebenbildlichkeit. Die Lehre von der Gottebenbildlichkeit des Menschen bei Matthias Joseph Scheeben. Frankfurt am Main am Main 1971, 95.
[88] Vgl. BONHOEFFER, Dietrich: Werke. Bd. 3: Schöpfung und Fall. Hg. von Martin Rüter und Ilse Tödt (Bonhoeffer, Dietrich: Werke. Hg. von Eberhard Bethge). München 1989, 61.
[89] Vgl. ebd. 58.
[90] Ebd. 59.
[91] Ebd. 60.
[92] BARTH, Karl: Kirchliche Dogmatik III,1. Zürich ³1957, 206.
[93] Ebd. 207.

Diese Bestimmung zur Relationalität macht den Menschen zugleich zum „wirkliche[n] Partner Gottes"[94], der „ihm gegenüber verhandlungs- und bündnisfähig"[95] ist. Die Analogie, die in dieser Interpretation betont wird, ist die einer Relation von Mensch und Mensch, die in den Relationen innerhalb der Trinität ihren Ursprung hat. Diese innertrinitarische und zwischenmenschliche Bezogenheit wird als grundlegend angesehen, denn – so Barth weiter – „Man denke sie [Existenz im Gegenüber von Ich und Du] weg, so hat man sowohl das Göttliche aus Gott und das Menschliche aus dem Menschen weggedacht."[96] Die Relationalität von Mensch zu Mensch ist also von Gott gewollt und geschaffen. Und mehr noch: Sie macht den Menschen und auch Gott im Wesentlichen aus. Das Menschliche im Menschen bestimmt Barth im Anschluss an Genesis 1, 27c näher als das Geschlechterverhältnis:

> „Die Menschen sind Mann und Frau und *nur* das: alles andere nur in *dieser* Unterscheidung und Beziehung. Das ist die eigentümliche Würde, die dem Geschlechterverhältnis hier zugeschrieben wird."[97]

Der Mensch ist nach Barths Interpretation von Gen 1,26–28 nur darin Mensch, indem er entweder Mann oder Frau ist und die beiden Geschlechter in einem Verhältnis zueinander stehen.[98]

1.2.4.2.3 Helmut Thielicke

Laut *Helmut Thielicke* (1951) besteht die Gottebenbildlichkeit in der herrschaftlichen Stellung des Menschen über seine nicht-menschliche Umwelt. Dem Menschen sei mit der Gottebenbildlichkeit aufgegeben, eine Ordnungsfunktion wahrzunehmen, mit der ihm eine „privilegierte Sonderstellung [...] gegenüber dem sonstigen Kreaturbereich"[99] zukomme, so Thielicke. Innerhalb dieser Schöpfungsordnung versteht Thielicke den Menschen als Ziel der Schöpfung. Diese Bestimmung des Menschen kommt einerseits indikativisch, im Selbstgespräch Gottes (Gen 1,26), und andererseits imperativisch, im Herrschaftsbefehl Gottes an die Menschen (Gen 1,28), zum Ausdruck. Darin wird deutlich, dass die Gottebenbildlichkeit Gabe (Indikativ) und Aufgabe (Imperativ) zugleich ist. Mit dieser doppelten Zielbestimmung des Menschen geht für Thielicke einher, dass zur Entfaltung der Gottebenbildlichkeit ihre Manifestation, d.h. die Ausübung des Herrschaftsauftrags, gehört: Der Herrschaftsauftrag kann nicht nur als Folge der Gottebenbildlichkeit verstanden werden – dies ist nach Thielicke textlich nicht belegt – sondern macht schon die eigentliche Gottebenbildlich-

---

[94] Ebd.
[95] Ebd.
[96] Ebd.
[97] Ebd. 209.
[98] Vgl. ebd.
[99] THIELICKE, Helmut: Theologische Ethik I, Tübingen ⁴1958, 271.

keit aus.[100] Damit kann Thielickes Ansatz der Herrschaftsanalogie zugeordnet werden. Dennoch hebt Thielicke ebenso typische Elemente des Interpretationsmusters der Gottebenbildlichkeit hervor, die rechtfertigen, ihn in dieser systematischen Untersuchung der Relationsanalogie zuzurechnen: Die Intention der Gottebenbildlichkeit ist nicht die Bestimmung eines Wesensmerkmals oder eines ontologischen Status des Menschen, sondern eine „Zielgerichtetheit"[101] menschlicher Existenz auf Relationen hin. Somit sind Beziehungsrealitäten und nicht Seinsrealitäten mit der Gottebenbildlichkeit angesprochen. Die Relationen, die in der Gottebenbildlichkeit zum Ausdruck kommen, sind bidirektional zu interpretieren: Erstens geht es um eine Relation des Menschen zu seinen Mitgeschöpfen, zweitens um eine Relation des Menschen zu Gott. Die erste Relation wird von Thielicke streng vom Menschen ausgehend und auf die Tiere abzielend gedacht: Die nicht-menschliche Kreatur ist auf den Menschen und seine ordnungsgebende Struktur angewiesen, „sie bedarf seiner Herrschaft als eines ordnenden Prinzips."[102] Dabei sind die Tiere jedoch nicht der menschlichen Willkür ausgeliefert, denn der Mensch ist in diesem Ordnungsprinzip wiederum Gott unterstellt, nach dessen_deren Willen ihm aufgegeben ist, zu herrschen. Der Mensch ist folglich in seinen Handlungen immer an Gott rückgebunden, er ist „nach oben' orientiert."[103] Die Beziehung zu Gott nimmt deshalb im Vergleich zur Beziehung zu den Mitgeschöpfen die logisch primäre Rolle ein und macht daher im engeren Sinne die Gottebenbildlichkeit aus, die als Aufgabe eine Aktivität vonseiten des Menschen einfordert: Der Mensch soll die „Gemeinschaft [mit Gott] [...] vollziehen und sie von menschlicher Seite gegen[...]zeichnen."[104] Hiermit benennt Thielicke gerade keine inhaltlichen Eigenschaften oder ontischen Qualitäten wie Vernunft, Wille, Freiheit oder Leibhaftigkeit[105], die den Menschen zur Realisierung dieser Beziehung befähigen und die Relationalität des Menschen veranschaulichen würden, sondern charakterisiert die Gottebenbildlichkeit lediglich als Beziehungsrealität. Infolgedessen ist, so wie der biblische Text hinsichtlich der inhaltlichen Bestimmung der Gottebenbildlichkeit schweigt, auch ein „Zug der Unaussprechlichkeit"[106] in die gesamte Anthropologie einzutragen, der nach Gerhard von Rad die dem unsagbaren Gott zugewandte Seite des Menschen widerspiegelt.[107] So schließt Thielicke, dass das Entscheidende des Menschen nicht offenbar ist, sondern in Gott selbst verborgen liegt.[108] Diese Ana-

---

[100] Vgl. ebd. 274.
[101] Ebd. 269.
[102] Ebd. 272.
[103] Ebd. 271.
[104] Ebd. 275.
[105] Vgl. ebd. 274; 280.
[106] Ebd. 278
[107] Vgl. ebd. 278f.
[108] Vgl. ebd. 284.

logie zu Gott spiegelt sich für Thielicke auch im gesamten Alten Testament wider: Gott tritt biblisch nicht mit seinen Eigenschaften in Erscheinung, sondern gibt sich vielmehr durch seine „Außenschaften"[109], durch seine Relation zu uns Menschen als Immanuel, als Gott mit uns, zu erkennen.

1.2.4.2.4 Jürgen Moltmann

In seinem 1985 erschienenen Werk *Gott in der Schöpfung* knüpft *Jürgen Moltmann* mit dem Begriff der sozialen Gottebenbildlichkeit[110] an die relationale Deutung von Karl Barth an. Moltmann gibt zunächst den Hinweis, dass sich das Wesen des Menschen von Gottes Relation zum Menschen ableitet, und daher nicht in einer Eigenschaft besteht, die den Menschen von anderen Geschöpfen unterscheiden würde.[111] Damit bezieht er hinsichtlich der Debatte um (geistige) Fähigkeiten als anthropologischem Anknüpfungspunkt der Gottebenbildlichkeit klar Stellung: „Der ganze Mensch, nicht nur seine [Anm. H. B.: Geist-]Seele [...], [ist] Bild und Ehre Gottes."[112] Die Essenz seines sozialen Verständnisses von Gottebenbildlichkeit fasst Moltmann folgendermaßen zusammen: „Gottebenbildlichkeit bezeichnet zuerst das Menschenverhältnis Gottes und erst dann und daraufhin das Gottesverhältnis des Menschen."[113] Moltmanns Verständnis von Relation innerhalb seiner Interpretation von Gottebenbildlichkeit ist also zunächst ein theologisch-trinitarisches, bevor es ein theologisch-anthropologisches wird: Die Gottebenbildlichkeit geht vom Göttlichen aus und zielt auf das Menschliche. In einem zweiten und untergeordneten Schritt kommt die Beziehung, die vom Menschen ausgeht und auf Gott abzielt, zur Sprache. Die Gottebenbildlichkeit entfaltet sich so von der oben genannten ersten Dimension aus und gestaltet sich in der Relation des Menschen zu Gott aus, welche Moltmann in der „reflektierende[n], responsorische[n] Existenz"[114] des Menschen konkretisiert sieht. Auch das Verhältnis des Menschen zu seinen Mitmenschen ist hinsichtlich der Gottebenbildlichkeit für Moltmann entscheidend:

> „Gottebenbildlichkeit kann nicht einsam, sondern nur in menschlicher Gemeinschaft gelebt werden. Der Mensch ist darum von Anfang an ein soziales Wesen. Er ist auf menschliche Gemeinschaft angelegt und wesentlich hilfsbedürftig. [...]

---

[109] Ebd. 274.
[110] Diese Formulierung entlehnt er seiner sozialen Trinitätslehre, deren Grundaussage ist, dass die drei göttlichen Personen in Sozialität zueinander verstanden werden müssen (vgl. MOLTMANN, Jürgen: Trinität und Reich Gottes. Zur Gotteslehre. Gütersloh ³1994, 215).
[111] Vgl. MOLTMANN, Jürgen: Gott in der Schöpfung. Ökologische Schöpfungslehre (Sonderausgabe). Gütersloh 2016, 226.
[112] Ebd. 227.
[113] Ebd. 226.
[114] Ebd. 239.

> Das vereinzelte Individuum und das einsame Subjekt sind defiziente Weisen des Menschseins, weil sie die Gottebenbildlichkeit verfehlen."[115]

Moltmann nimmt mit dieser Deutung ein Analogieverständnis auf, das in den Ostkirchen dominant ist und prominent bei Gregor von Nazianz zur Geltung kommt: In der ‚sozialen Analogie' der Gottebenbildlichkeit (Relationsanalogie) werden ganz im Gegensatz zu einer ‚psychologischen Analogie' (Geistanalogie), die in der Westkirche seit Augustinus bestimmend ist und die im Gottesverständnis einen Monotheismus und menschlich einen Individualismus hervorhebt, ein dreieiniger Gott und die menschliche Gemeinschaft betont.[116] Moltmann versteht die Analogie im Anschluss an die trinitarische Deutung von Gregor von Nazianz, wenn er formuliert: „Wie die drei Personen der Trinität auf einzigartige Weise eins sind, so sind die Menschen in ihrer personalen Gemeinschaft imago Trinitatis."[117] Gregor von Nazianz setzt hier die Familie Adams an den Ursprung menschlicher Gemeinschaft. Adam, Eva und Set entsprechen somit der innertrinitarischen Gemeinschaft und sind auf diese Weise Erscheinungen der Trinität auf Erden.[118] Zugleich kritisiert Moltmann Gregors Tendenz zu einer Familienideologie und seine Idealisierung der Ehe, welche aus Moltmanns Sicht in der Gottebenbildlichkeit nicht angezielt sind. Stattdessen prägt er das Bild des anthropologischen Dreiecks, das jeden Menschen von Geburt an in Beziehungen verortet: „Jeder Mensch ist Mann oder Frau und Kind seiner Eltern."[119] Damit sind zugleich Geschlechtlichkeit und Generativität angesprochen, womit Moltmann im Gegensatz zur geistbetonten traditionellen Interpretation Sexualität und Leiblichkeit positiv in sein Menschenverständnis integriert. Menschsein konstituiert sich also zuallererst in menschlichen Relationen. Menschen sind geschaffen, um mit anderen in beziehungsreicher Gemeinschaft zu existieren. Exegetisch wird diese Interpretation, so Moltmann, durch den Wechsel von Singular und Plural in den Versen Gen 1,26 und Gen 1,27 legitimiert: In Vers 26 ist Gott im Plural („Lasst *uns* Menschen machen") repräsentiert und sein_ihr Bild im Singular („als unser *Bild*"). In Vers 27 hingegen ist dies umgekehrt, denn Gott ist nun ein Singular, und tritt der Mensch/das Bild in Vers 27a/b noch als Singular auf („Gott erschuf *den Menschen* als sein Bild als Bild Gottes erschuf *ihn*."), sind die Menschen in Vers 27c ein Plural („Männlich und weiblich erschuf er *sie*."). Aus diesem Spiel mit den Numeri schließt Moltmann, dass dem einen in sich differenzierten Gott, der_die ein Plural im Singular oder ein Singular im Plural ist, der_die also eine dreieine Lebensgemeinschaft darstellt, der Mensch entspricht, der ebenso ein Singular im Plural ist, indem er auf andere

---

[115] Ebd. 228f.
[116] Vgl. ebd. 239f.
[117] Ebd. 246.
[118] Vgl. ebd. 240.
[119] Ebd. 245.

Menschen bezogen ist.[120] Der Herrschaftsauftrag, so Moltmann, ist nicht Gehalt der Gottebenbildlichkeit, sondern tritt zu ihr hinzu.[121] Dennoch besteht ein Zusammenhang zwischen Gottebenbildlichkeit und Herrschaftsauftrag, denn göttlich legitimierte menschliche Herrschaft kann nur innerhalb der besonderen gottebenbildlichen Beziehung zwischen Gott und Mensch ausgeübt werden und muss deshalb auch im Sinne Gottes ausgeführt werden. Die Repräsentant_innen Gottes dürfen sich aufgrund dieses Herrschaftsauftrags nicht selbst zu Herrscher_innen über andere Menschen und Tiere aufschwingen. Gottebenbildliche Herrschaft kann sich nur in dem Bewusstsein vollziehen, dass menschliche Herrschaft nur „Lehensherrschaft für Gott" und „Verwaltung der Erde für Gott"[122] ist.

1.2.4.2.5 Dimitru Staniloae

> „Der Mensch redet, weil er von Gott angesprochen ist, weil er durch dieses Sprechen mit Gott in Beziehung tritt; und weil er redet, besser gesagt, weil er antwortet, wird dieses Reden und Antwortgeben nie aufhören, da Gott nie aufhören wird, sich ihm mitzuteilen und ihm seine Liebe zuzuwenden"[123]

Staniloae betont, neben der Vernunft und der Freiheit, auch das Moment der Liebe in der Gemeinschaft mit Gott, das zugleich das trinitarische Moment seines Gottebenbildlichkeitsverständnisses ist: Die Liebe, die man in zwischenmenschlichen Beziehungen und der Beziehung zu Gott gibt und empfängt, bildet die innertrinitarische Gemeinschaft ab und gibt dem Menschen zugleich Anteil an der Trinität, dem „Urquell aller Gemeinschaft:"[124] Die ontologische Struktur des Menschen, die sich, wie gesehen, aus Vernunft, Freiheit und Liebe zusammensetzt, macht ihn als Gottes Ebenbild aus und befähigt dazu, nach der „höchsten Gemeinschaft, nämlich der der göttlichen Personen zu streben."[125] Als Abbild der Trinität schließt der Mensch analog zu den göttlichen Personen, die sich als Hypostasen gegenseitig durchdringen, als Teil des Ganzen der Welt „das Ganze in sich ein."[126]

1.2.4.2.6 Leo Scheffczyk

Für *Leo Scheffczyk* verweist das Sprechen Gottes in Gen 1,26 auf ein „Anrufungsverhältnis"[127], das darauf hindeutet, dass der Mensch „in unmittelbarer

---

[120] Vgl. ebd. 224.
[121] Vgl. ebd. 230.
[122] Ebd.
[123] Ebd. 354.
[124] Ebd. 370.
[125] Ebd.
[126] Ebd. 367.
[127] SCHEFFCZYK, Leo: Schöpfung als Heilseröffnung. Schöpfungslehre. Aachen 1997, 220.

Beziehung zu Gott"[128] steht. Scheffczyk betont hier, dass das Sein des Menschen daher als „dialogische Existenz"[129] beschrieben werden kann, aufgrund derer der Mensch in Relationalität zu Gott erschaffen und zum „Antwortgeben auf das Wort Gottes"[130] berufen ist. Dadurch ist der Mensch von Anfang an in einen Transzendenzzusammenhang gestellt: Er existiert aus Gott und auf ihn_sie hin. Scheffczyk merkt jedoch an, dass auch die relationale Interpretation der Gottebenbildlichkeit nicht gänzlich ohne Benennung einer Qualität oder Eigenschaft im Menschen auskommt.[131] Wird Gottebenbildlichkeit allein als Relation verstanden, wäre diese Deutung laut Scheffczyk von einer tatsächlichen und ständig aktualisierten Beziehung zu Gott abhängig. Unter diesen Umständen ließe sich nicht mehr mit Gottebenbildlichkeit als bleibender Struktur argumentieren.[132] Deshalb ist ein „ontisches Fundament"[133] nötig, das das menschliche Strukturmoment der Relationalität hinreichend begründen kann. Scheffczyk erkennt die menschliche Geistigkeit als ontische Grundlage, die gleichzeitig auch die in der Gottebenbildlichkeit eingeschlossenen Momente der Verantwortlichkeit und der Freiheit legitimieren kann. In dieser Linie sind es zwei grundlegende Elemente, die die Gottebenbildlichkeit des Menschen ausmachen: Dem relationalen und dem ontischen Element muss dabei gleiche Relevanz zugesprochen werden, da das eine nicht ohne das andere existieren kann: „beide Momente müssen in gleicher Weise Bestand haben und behalten. Das ‚subsistierende' Moment darf nicht zugunsten des relationalen aufgegeben werden, was auch umgekehrt gilt."[134] Aus demselben Grund bezeichnet Scheffczyk Selbstsein und In-Beziehung-Sein des Menschen als in gleicher Weise essenziell für das menschliche Dasein. Am personalistischen Denken Martin Bubers kritisiert er daher die Erklärung der Person aus dem „Prinzip der Wechselseitigkeit"[135], wodurch das „ontologische In-Sich-Sein"[136] aufgehoben würde. Dies habe zur Folge, dass der Mensch „nur in der Begegnung zwischen Ich und Du"[137] geschieht und „nichts Wesenhaftes"[138] an ihm mehr auszumachen ist. Diese Vorstellung bezeichnet Scheffczyk als „Preisgabe des Seinscharakters"[139] des Menschen. Aus diesem Grund ist

---

[128] Ebd.
[129] Ebd.
[130] Ebd.
[131] Vgl. ebd. 226.
[132] Vgl. ebd. 231.
[133] Ebd.
[134] Ebd. 258.
[135] Ebd.
[136] Ebd.
[137] Ebd.
[138] Ebd.
[139] Ebd.

1.2 Interpretationen des Gehalts der Gottebenbildlichkeit

das „Relationale [...] nicht ohne das ontologische In-sich-Sein zu verstehen."[140]

1.2.4.2.7 Wilfried Härle

In seiner 2005 erschienenen Aufsatzsammlung *Menschsein in Beziehungen* beleuchtet *Wilfried Härle* im Aufsatz ‚Der Mensch Gottes' die Gottebenbildlichkeit in ihrer Orientierungsleistung als Begründung der Menschenwürde und damit auch in ihrer Bedeutung für den gegenwärtigen ethischen Diskurs.[141] Die Schwäche immanenter Theorien (ohne Transzendenzbezug) im Hinblick auf die Menschenwürde erkennt er darin, dass diese keinen Grund für die unbedingte Geltung der Menschenwürde nennen können, da sie im Gegensatz zu transzendenten Begründungstheorien nicht auf eine transzendente Wirklichkeit als Grund des unbedingten und universalen Geltungsanspruches von Menschenwürde, sondern nur auf die Zuerkennung der Würde durch andere Menschen verweisen können.[142] Der damit verbundene große Nachteil ist, dass immanente Theorien dadurch von jeweils zeitaktuellen Erkenntnissen abhängig sind, mithilfe derer aufgrund neuer Entwicklungen die Menschenwürde bestimmten Menschen auch wieder entzogen werden könnte.[143] Vielmehr müsse Menschenwürde als mit dem Sein jedes Menschen gegeben angenommen werden und könne deshalb nicht von menschlichen Eigenschaften wie „Vernunft, Sprache, Verantwortungsfähigkeit oder [...] Selbstbewusstsein und Interesse"[144] abhängig sein. Härle zeigt anhand der Gottebenbildlichkeit, welche Form die Argumentation einer transzendenten Begründung der Menschenwürde annehmen kann. Allein schon die Rede von der geschaffenen Welt und vom „geschaffenen Seienden"[145] zeige „eine Relation des Seienden zu seinem schöpferischen Ursprung."[146] Härle sieht deshalb das Wesen der Gottebenbildlichkeit in der Existenz des Menschen „im Gegenüber und in Beziehung zu Gott"[147], zu welcher er „mit seinem Dasein von Gott berufen ist."[148] Innerhalb der Relationalität ist nach Härle eine genauere Unterscheidung zwischen Bezogen-Sein und Sich-beziehen angezeigt, wobei uns das Bezogen-Sein vorgegeben ist (wir Menschen befinden uns ohne unsere bewusste

---

[140] Ebd. 259.
[141] Mit diesem Fokus klammert er andere Fragestellungen, die die Exegese von Gen 1,26–28 betreffen, aus.
[142] Vgl. HÄRLE, Wilfried: Menschsein in Beziehungen. Studien zur Rechtfertigungslehre und Anthropologie. Tübingen 2005, 370–372.
[143] Vgl. ebd. 404.
[144] Ebd. 370.
[145] Ebd. 397.
[146] Ebd.
[147] HÄRLE, Wilfried: Dogmatik. Berlin ²2000, 435.
[148] HÄRLE: Menschsein, 402.

Entscheidung immer schon innerhalb von Relationen), während das Sich-beziehen in erster Linie auf unsere eigene Wahl zurückzuführen ist.[149] Aber als Unterschiedenheit zwischen Mensch und Tier, als menschliches Spezifikum, welches Härle zufolge in der Gottebenbildlichkeit angezielt ist, eignet sich weder das Bezogen-Sein, noch das Sich-beziehen, denn dass sich Tiere innerweltlich sowohl in Bezogenheiten als auch in Beziehungen, die ihrer Wahl entspringen, wiederfinden, steht für Härle außer Frage.[150] Daher sieht Härle sich veranlasst, ein anderes Elemente der menschlichen Existenz zur Erklärung des Wesens der Gottebenbildlichkeit zu ergänzen. Er beobachtet, dass der Mensch innerhalb des geschaffenen Seins die einzige Kreatur ist, die dazu in der Lage ist, ihre eigene Kontingenz zu erkennen und deshalb nach dem „Woher, Wohin und Wozu, also nach Ursprung, Ziel und Sinn des geschaffenen Seienden zu fragen und sich zu ihm – in Verehrung oder Ablehnung – zu verhalten."[151] Innerhalb der Unterscheidung von Bezogen-Sein und Sich-beziehen bedeutet dies: Allein der Mensch ist zu einer Beziehung zu seinem göttlichen Ursprung fähig, während alles Geschaffene auf Gott bezogen ist. Hiermit wird erstens der Unterschied zwischen Mensch und Tier und zweitens die Besonderheit der Menschenwürde benannt, die nach Härle letztendlich nur in einer transzendenten Theorie begründet werden kann. Die Beziehung zum göttlichen Ursprung lässt außerdem zu, sich im Hinblick auf das eigene Bezogen-Sein und Sich-Beziehen auf die gesamte Schöpfung im „Wählen, [...] Fühlen, Denken und Wollen [von dieser Beziehung] bestimmen zu lassen"[152], was sich in einer ethischen Verantwortungsfähigkeit gegenüber allem Seienden niederschlägt. Auch diese Verantwortungsfähigkeit ist ein Spezifikum des Menschen und ordnet den Menschen allem anderen geschaffenen Seienden über.[153]

1.2.4.2.8 Thomas Pröpper

Thomas Pröpper folgt in seiner Theologischen Anthropologie in einem „erste[n] und sehr direkte[n] Zugang zum Gehalt der Gottebenbildlichkeitsaussage"[154] zunächst Jürgen Moltmanns Interpretation, dass die Gottebenbildlichkeit vorrangig etwas über Gott ausdrückt, bevor sie Aussagen über den Menschen trifft. Der Mensch spiegelt Gott auf der Erde wider: Er ist Beauftragter und

---

[149] Vgl. ebd. 372.
[150] Bei dieser Aussage sieht er im Unterschied zwischen Sich-beziehen und Bezogen-Sein die Frage, ob sich diese Wahl bewusst vollzieht, als irrelevant an (vgl. ebd. 398, Fn. 51).
[151] Ebd. 400. Damit will er nicht sagen, dass areligiöse Menschen keine Menschen sind, sondern, dass die *Bestimmung* zum Fragen nach dem eigenen Ursprung Teil des Menschseins ist.
[152] Ebd. 399.
[153] Vgl. ebd. 401.
[154] Pröpper: Anthropologie, 144.

1.2 Interpretationen des Gehalts der Gottebenbildlichkeit

Repräsentant Gottes, aber noch viel grundsätzlicher ist der Mensch Gottes „Erscheinung und Sichtbarkeit."[155] In diesem besonderen Verhältnis, in dem der Mensch von Gott unbedingt bejaht ist, ist der Mensch zur Gemeinschaft mit Gott bestimmt.[156] Da die Gottebenbildlichkeit u.a. im Zusammenhang mit der Ahnentafel in Gen 5,1ff genannt wird, nimmt Pröpper an, dass die Gottebenbildlichkeit erblich und daher unverlierbar ist, was für Pröpper zugleich bedeutet, dass mit der Gottebenbildlichkeit das vererbbare und unverlierbare Wesen des Menschen markiert ist.[157] Im Zusammenhang mit dieser Argumentation kritisiert er die Gestaltanalogie und die Relationsanalogie dafür, dass diese mit der aufrechten Gestalt des Menschen und der Beziehung von Gott und Mensch zwar „wesentliche Dimension[en] der Verwirklichung, aber noch kein[en] Kern der Gottebenbildlichkeit"[158] benennen. Die Relationsanalogie besitzt als Deutung der Gottebenbildlichkeit des Menschen also noch nicht hinreichende Erklärungskraft – Pröpper sucht, ähnlich wie Scheffczyk, zusätzlich nach einem philosophisch begründbaren Kern der Gottebenbildlichkeit, der erklärt, warum der Mensch in Beziehung zu Gott und zu seinen Mitmenschen treten kann, weil die Gottebenbildlichkeit als dem Menschen zukommend, der „vernünftig-philosophische[n] Einsicht schlechthin nicht verschlossen sein"[159] und deshalb nicht allein von Gott her begründet werden kann. Auf der Suche nach dem Kern der Gottebenbildlichkeit beobachtet Pröpper, dass typische Umschreibungen des Menschen im Alten Testament, die mit Fleisch, Geist, Herz und Seele übersetzt werden, jeweils den ganzen Menschen beschreiben.[160] Zum Begriff רוּחַ (Geist, Hauch, Atem, Leben) stellt er fest, dass, wo immer dieser erscheint, eine „dynamische[...] Relation" zwischen Gott und Mensch gemeint ist, wodurch etwas angesprochen ist, das über den Menschen hinausweist und das göttliche Wirken andeutet.[161] Gesucht sei also ausgehend von den Beschreibungen des Menschen im Alten Testament idealerweise ein Konzept, das 1.) den ganzen Menschen bezeichnet, 2.) die Relation zwischen Gott und Mensch ausdrücken kann und 3.) über den Menschen hinausweist (was in 2. bereits impliziert ist). Um dieses gesuchte Wesen des Menschen bzw. den Kern der Gottebenbildlichkeit aufzudecken, geht Pröpper von der Bestimmung des Menschen zur Gottesgemeinschaft aus und fragt, welche die Möglichkeitsbedingungen für eine solche Bestimmung im Menschen sind. Die „wesenhafte Hinordnung auf Gott" oder „Empfänglichkeit"[162] bzw. *Ansprechbarkeit* für

---

[155] Ebd. 145f.
[156] Vgl. ebd. 488.
[157] Vgl. ebd. 185.
[158] Ebd. 153.
[159] Ebd. 86.
[160] Vgl. ebd. 137f; vgl. auch Krieg / Weder: Leiblichkeit.
[161] Vgl. Pröpper: Anthropologie, 138f.
[162] Ebd. 488.

Gott"[163] identifiziert er als Voraussetzungen, die gegeben sein müssen, damit vom Menschen als zur Gottesgemeinschaft bestimmt gesprochen werden kann. Zu den Möglichkeitsbedingungen der Ansprechbarkeit zählt, dass der Mensch antworten kann[164], dass er das Vernommene versteht[165] und dass er für Gott empfänglich ist.[166] Als Vorbedingung und Grund für diese Fähigkeiten wiederum erkennt Pröpper die menschliche Freiheit: Sie ist die „Instanz der Antwortfähigkeit im Gegenüber zu Gott."[167] Hiermit erfasst Pröpper die menschliche Freiheit als den gesuchten Kern der Gottebenbildlichkeitsaussage, denn ohne Freiheit kann menschliche Antwortfähigkeit, Empfänglichkeit, Sozietät und wirkliche Gemeinschaft nicht gedacht werden. Aber auch Gott muss frei gedacht werden, weil er_sie sich den Menschen ansonsten nicht in Liebe mitteilen könnte. Pröpper erkennt hier Hermann Krings Konzept der formal unbedingten Freiheit (vgl. 4.4) als entscheidend zur Erklärung der Gottebenbildlichkeit an, gerade auch weil es alle der oben benannten Kriterien eines alttestamentlichen Menschenbilds erfüllen kann. Mithilfe der krings'schen Freiheitstheorie, die in Kapitel 4 noch genauer zu entfalten ist, bekräftigt Pröpper, dass der Mensch nicht ohne seine eigene Mitwirkung Gottes Ebenbild auf Erden ist: Die aktive Beteiligung vonseiten des Menschen ist unumgehbar:[168] Der Mensch kann sich selbst zur Annahme oder Ablehnung des freien Angebots zur Gemeinschaft mit Gott bestimmen.[169] Pröpper bringt die menschliche und göttliche Freiheit innerhalb seines Gottebenbildlichkeitskonzeptes und seiner Soteriologie also konsequent zur Anwendung.

1.2.4.3 Zusammenfassung

Um die verschiedenen Konzeptionen der Relationsanalogie systematisch betrachten zu können, werden in den folgenden zwei Abschnitten die vorgestellten Ansätze auf ihre vereinenden Elemente und trennenden Aspekte hin untersucht.

1.2.4.3.1 Vereinende Elemente

Die verschiedenen systematischen Interpretationsansätze der Relationsanalogie zusammenfassend, kann zunächst eine Grundstruktur des Menschseins in der Gottebenbildlichkeit benannt werden, die typisch für die systematische

---

[163] Ebd.
[164] Ebd. 489.
[165] Ebd. 491.
[166] Ebd. 492.
[167] Ebd. 489.
[168] Vgl. ebd. 147.
[169] Vgl. PRÖPPER, Thomas: Erlösungsglaube und Freiheitsgeschichte, München ²1988, 60.

Relationsanalogie ist und die alle Ansätze vereint. Die nicht immer auch explizit benannte logische Voraussetzung für die Gottebenbildlichkeit ist, dass Gott in sich Beziehung ist und sich durch die Erschaffung des Menschen zu diesem in Beziehung setzt. In der Logik der Analogie, die in der Gottebenbildlichkeit durch das Zum-Bild-Erschaffen-Sein des Menschen gesetzt ist, ist der Mensch in zweifacher Weise zur Relationalität bestimmt:

a) Der Mensch ist bestimmt zur Beziehung zu seinen Mitmenschen.
b) Der Mensch ist bestimmt zur Gemeinschaft mit Gott.

Innerhalb dieser Grundstruktur des Menschseins werden in den verschiedenen Konzeptionen jeweils unterschiedliche Momente besonders betont und stehen damit im Fokus: Bonhoeffer stellt besonders die Beziehung von Geschöpf zu Geschöpf heraus, Barth und Thielicke markieren beide Momente und bei den übrigen (Moltmann, Staniloae, Scheffczyk, Härle und Pröpper) wird die Bestimmung des Menschen zur Gemeinschaft mit Gott hervorgehoben.

Autor	Explikation der relationalen Grundstruktur des Menschseins
Bonhoeffer	Beziehung von Geschöpf zu Geschöpf
Barth	Gott ist in sich Beziehung, kommt im Menschen zur Wiederholung
Thielicke	Gottebenbildlichkeit drückt sich aus in 1. Relation zu den Mitgeschöpfen, 2. Relation zu Gott
Moltmann	Gottebenbildlichkeit bezeichnet Gottesverhältnis des Menschen
Staniloae	Gottebenbildlichkeit beruht auf Gemeinschaft mit Gott, die sich auch in zwischenmenschlicher Gemeinschaft zeigt
Scheffczyk	der Mensch ist in Relationalität zu Gott erschaffen und zum „Antwortgeben auf das Wort Gottes" berufen
Härle	Existenz des Menschen im Gegenüber und in Beziehung zu Gott
Pröpper	der Mensch ist zur Gemeinschaft mit Gott bestimmt

Übersicht 1

Die Voraussetzung, dass überhaupt von einer relationalen Gottebenbildlichkeit des Menschen gesprochen werden kann, wird vom Argument repräsentiert, dass Gott sich, indem er_sie den Menschen erschafft und ihn sein_ihr Bild nennt, in eine Relation zum Menschen setzt. Diese Argumentation wird deutlich von Pröpper vertreten: Er argumentiert, dass der Mensch im besonderen Verhältnis der Gottebenbildlichkeit, innerhalb dessen er Gottes Erscheinung in der Welt sein soll, von Gott unbedingt bejaht ist.[170] Aber auch für die anderen Autoren kann diese Interpretation angenommen werden, da die Gottebenbildlichkeit bzw. schon alleine die Erschaffung des Menschen immer Beziehung Gottes zum Menschen bzw. ein Bezogen-Sein des Menschen auf Gott voraussetzt. Eine weitere Voraussetzung der Gottebenbildlichkeit nach der Relationsanalogie zeigt sich in einem rein innergöttlichen Argument, das von Barth, Moltmann und Staniloae vertreten wird: Gott ist trinitarisch betrachtet bereits in sich selbst Beziehung im Gegenüber von Gottvater, Sohn und Heiligem Geist. Der trinitarische Gott bildet damit das Grundaxiom, aus dem sich die oben benannte Grundstruktur ableitet. Das Grundaxiom drückt aus, dass Gemeinschaft für Gott konstitutiv ist. Barth artikuliert dies folgendermaßen: „Man denke sie [Existenz im Gegenüber von Ich und Du] weg, so hat man [...] das Göttliche aus Gott [...] weggedacht."[171] Ein weiteres und alle vorgestellten Ansätze der Relationsanalogie vereinendes Element stellt der Konsens dar, dass eine Interpretation, nach der eine menschliche Eigenschaft das Herzstück der Gottebenbildlichkeit im Menschen darstellt, negiert werden muss. Das Wesen des Menschen leitet sich in der Deutungsweise der Relationsanalogie von seinen Relationen ab und nicht von Wesensmerkmalen, die losgelöst von Relationen existieren. Damit verliert im Gegensatz zu den anderen Interpretationsmustern, die eine typisch menschliche Fähigkeit hervorheben, der Unterschied zum Tier in der Relationsanalogie an Relevanz bzw. rückt ganz in den Hintergrund. Gottes Erwählung des Menschen reicht aus, um die Gottebenbildlichkeit allein für den Menschen zu rechtfertigen. Einzig Härle betont die Bedeutung einer menschlichen Fähigkeit in der Unterscheidung zum Tier als für die Gottebenbildlichkeit unerlässlich und meint, dass das Fragen nach dem Ursprung, Ziel und Sinn des Lebens dem Menschen eigen ist. Damit greift er ein Motiv auf, das für die anderen Interpretationsmuster der Gottebenbildlichkeit essenziell ist. Der Herrschaftsauftrag wird mit Ausnahme von Helmut Thielicke als bloße Funktion der Gottebenbildlichkeit ausgedeutet und spielt hiermit für die Gottebenbildlichkeit nach der Relationsanalogie eine nur nachgeordnete Rolle.

---

[170] Vgl. PRÖPPER: Antropologie, 145f.
[171] BARTH: Kirchliche Dogmatik III,1, 207. Die Trinität kann, folgt man der historisch-kritischen Exegese, freilich in einem alttestamentlichen Text nicht vorausgesetzt werden, da die Anfänge der Trinitätslehre erst im späten 2. Jahrhundert zu verzeichnen sind. Als die Kirchenväter jedoch Genesis 1 betrachteten, fanden sie zwei mögliche Hinweise, um Genesis 1 trinitarisch zu lesen bzw. um zu belegen, dass das Alte Testament bereits trinitarisch auszulegen sei: erstens die Formulierung aus Gen 1,2, dass Gottes Geist über dem Wasser schwebt, und zweitens die pluralische Formulierung „Lasst uns Menschen machen" in Gen 1,26. Mit dem Interpretationsmuster der Relationsanalogie, das durchaus exegetisch gerechtfertigt werden kann (vgl. 1.2.4.1), gibt es wiederum heute eine Begründung, die Gottebenbildlichkeit in systematischer Weise auf ein trinitarisches Gottdenken hin zu interpretieren (vgl. 5.2).

1.2.4.3.2 Trennende Aspekte

Auf die Frage ‚Was macht den Menschen zu Gottes Ebenbild?', die alle Interpretationsmuster der Gottebenbildlichkeit beantworten wollen, geben die Autoren trotz der grundlegenden Einheitlichkeit sehr verschiedene Antworten. Bei den nachfolgenden Formulierungen wird jeweils die letzte Antwort auf genau diese Frage in einer möglichen Abfolge von Argumenten berücksichtigt. Falls zur Explikation der Relationsanalogie weitere Schritte in der Argumentation bzw. erklärende Ergänzungen angezeigt sind, werden diese in Klammern einbezogen.

Autor	Antwort auf die Frage „Was macht den Menschen zu Gottes Ebenbild?"
Bonhoeffer	menschliche Freiheit (innerhalb derer die Gottebenbildlichkeit als Beziehung von Geschöpf zu Geschöpf durch Gott gesetzt ist)
Barth	Geschlechterverhältnis
Thielicke	Bestimmung zur und Manifestation der herrschaftlichen Stellung des Menschen (die Gottebenbildlichkeit drückt sich in Relationen aus, die bidirektional zu interpretieren sind: 1.Relation zu den Mitgeschöpfen, 2. Relation zu Gott)
Moltmann	Gottesverhältnis des Menschen (konkretisiert in der reflektierenden, responsorischen Existenz des Menschen)
Staniloae	Gemeinschaft mit Gott + Vernunft, Freiheit, Liebe
Scheffczyk	relationales und ontisches Element: dialogische Existenz des Menschen + Geistigkeit
Härle	Existenz des Menschen im Gegenüber und in Beziehung zu Gott + Fragenkönnen nach Ursprung, Ziel und Sinn des geschaffenen Seienden
Pröpper	menschliche Freiheit (als Bedingung der Ansprechbarkeit durch Gott, welche wiederum erklärt, was im Menschen die Bestimmung zur Gemeinschaft mit Gott ermöglicht)

Übersicht 2

Diese Antworten können folgendermaßen klassifiziert werden:

- Gottebenbildlichkeit als menschliche Freiheit, die Beziehung eröffnet (Bonhoeffer, Pröpper)
- Gottebenbildlichkeit als menschliche Relationalität (Barth: in Bezug auf die Mitmenschen, Moltmann: in Bezug auf Gott)
- Gottebenbildlichkeit als Bestimmung zur herrschaftlichen Stellung, die sich in Relationen ausdrückt (Thielicke)

- Gottebenbildlichkeit als menschliche Relationalität kombiniert mit (einer) geistigen Fähigkeit(en) (Staniloae [betont besonders die Vernunft], Scheffczyk, Härle[172])

Eine wichtige Beobachtung hier ist, dass einerseits Thielicke und andererseits Staniloae, Scheffczyk und Härle die Relationsanalogie mit einem jeweils anderen Interpretationsmuster der Gottebenbildlichkeit verbinden: Thielicke verbindet sie mit der Herrschaftsanalogie, die anderen drei mit der Geistanalogie[173]. Aber auch bei Pröpper spielen geistige Fähigkeiten eine Rolle, wenn er formuliert, dass der Mensch das Vernommene verstehen muss, um für Gott ansprechbar zu sein.[174] An den Antworten von Barth und Moltmann einerseits und Bonoeffer, Staniloae, Scheffczyk, Härle und Pröpper andererseits lässt sich zudem eine wichtige systematische Unterscheidung ablesen: Die ersten beziehen sich auf die Relationalität alleine, d.h. sie interpretieren die Gottebenbildlichkeit als Gottesbeziehung, die letzteren verknüpfen sie mit einer geistigen Fähigkeit, der herrschaftlichen Stellung oder der menschlichen Freiheit. Die Frage, was genau diese systematische Unterscheidung bedingt, kann beantwortet werden, wenn man nach den Begründungen für die jeweilige Antwort fragt:

Für Barth und Moltmann genügt die Aussage, dass Gottebenbildlichkeit Gottesgemeinschaft *ist*, die durch die Gnade Gottes hervortritt[175] und durch die Gegenwart Gottes verbürgt ist: Der Mensch „wird diese seine Bestimmung nicht los, so lange Gott sie festhält und ihm treu bleibt."[176] Gottes Treue reißt niemals ab, weswegen der Mensch „von sich aus"[177] Gottes Gegenüber bleibt.

Pröpper hingegen gibt an, dass die Relationsanalogie eine reine Verwirklichungsdimension der Gottebenbildlichkeit darstellt und sucht nach einem die Relationsdimension hinreichend erklärenden Kern der Gottebenbildlichkeit, der in der Lage ist zu begründen, warum Menschen überhaupt fähig sind, Beziehungen einzugehen. Er findet diesen Kern in der menschlichen Freiheit, welche die Relationalität hinreichend fundieren kann. Vergleichbar ist dies mit dem Ansatz Scheffczyks, der das ontische Fundament bzw. das „ontologische In-Sich-Sein" in der Gottebenbildlichkeit sucht, weil die Rela-

---

[172] Möglicherweise kann hier auch Moltmann, der die „reflektierende und responsorische Existenz" (Moltmann: Gott in der Schöpfung, 239) betont, genannt werden. Hier kommt es jedoch stark darauf an, ob die Adjektive in einem geistigen Sinne verstanden werden (mehr dazu in 3.2.4.2.1 und 3.2.4.2.2).
[173] Härle verbindet die Relationsanalogie mit der menschlichen Fähigkeit, nach Ursprung, Ziel und Sinn des menschlichen Daseins zu fragen, welches wiederum mit geistigen Fähigkeiten verknüpft werden muss.
[174] Vgl. Pröpper: Anthropologie, 491.
[175] Vgl. Barth: Kirchliche Dogmatik III,1, 224.
[176] Moltmann: Gott in der Schöpfung, 238.
[177] Ebd.

1.2 Interpretationen des Gehalts der Gottebenbildlichkeit

tionalität seines Erachtens eine aktualistische Kategorie darstellt, die auf die jeweilige Verwirklichung angewiesen ist. Die Gottebenbildlichkeit ist jedoch nicht nur für den jeweiligen Zeitpunkt definitiv, in der eine Beziehung zu Gott vonseiten des Menschen realisiert ist, sondern gilt unverbrüchlich.[178] Scheffczyk macht das ontische Fundament in der menschlichen Geistigkeit ausfindig. Auch Härle sucht nach einer (nur) für den Menschen geltenden Basis der Gottebenbildlichkeit, wenn er argumentiert, dass zur Begründung der Gottebenbildlichkeit ein Unterschied zwischen Mensch und Tier maßgeblich ist. Die Relationalität findet er auch in tierischem Leben wieder und entdeckt die menschliche Basis der Gottebenbildlichkeit in der Fähigkeit des Menschen nach Ursprung, Ziel und Sinn des geschaffenen Seienden zu fragen.

Die soeben geschilderten Begründungen der Suche nach dem Kern oder dem ontologischen Eigensein in der Gottebenbildlichkeit kann in folgender Tabelle zusammengefasst werden:

Autor	Gesuchter Kern der Gottebenbildlichkeit
Pröpper	gesucht ist eine Begründung, warum der Mensch fähig ist, Beziehungen einzugehen (Möglichkeitsbedingung)
Scheffczyk	gesucht ist eine Form der Eigenständigkeit des Menschen gegenüber Gott (Verhütung eines Aktualismus)
Härle	gesucht ist eine Unterscheidung des Menschen zum Tier (ansonsten lässt sich die Gottebenbildlichkeit des Menschen nicht formulieren)

Übersicht 3

In diesem Kapitel wurde die Grundlage für einen angemessenen Umgang mit dem Begriff und Inhalt der Gottebenbildlichkeit gelegt. Dabei wurden die vier Interpretationsmuster der Gottebenbildlichkeit vorgestellt, auf die ich in Kapitel 3 zurückkommen werde und die ich dort auf ihre inklusiven Potenziale und ihre exkludierenden Tendenzen untersuchen werde. Auch die Frage nach dem Kern der Gottebenbildlichkeit innerhalb der Relationsanalogie wird in Kapitel 3 weiter ausgeführt, da sie die entscheidende Rolle in der Inklusivität einer Relationsanalogie spielt, wie in 3.3 argumentiert werden soll.

---

[178] Diese Problematik tritt womöglich auch bei Vischer (vgl. 2.4.1) auf, der die Gottebenbildlichkeit nicht als für alle Zeiten übergebenen Besitz ansieht, sondern als in der Offenbarung zukommendes Gnadengeschenk Gottes, das er nur „in diesem und diesem zeitlichen Augenblick, in dem uns Gott gnädig sein will und gnädig ist" (Vischer: Christuszeugnis, 61) auch verwirklicht sieht.

2. Definitionsfragen Behinderung und Inklusion – methodische Grundannahmen

Dieses Kapitel muss als Vorbereitung der nachfolgenden Argumentation in den nächsten Kapiteln aufgefasst werden, denn bevor Vulnerabilität bestimmt, mit Behinderung zusammengedacht und das inklusive Potenzial von Vulnerabilität in der theologischen Sprechweise vom Menschen als Ebenbild Gottes ausgelotet werden kann, muss zuallererst definiert werden, was ich unter Behinderung und Inklusion bzw. inklusiven Sprechweisen verstehe. Wie in diesem Kapitel zu sehen sein wird, existiert weder ein eindeutiges Verständnis von Behinderung noch kann *ad hoc* verstanden werden, was genau gemeint ist, wenn von Inklusion gesprochen wird.

2.1 *Behinderung – eine Definition*

Behinderung erscheint im Alltag häufig eindeutig erkennbar. Es fällt nicht schwer, einen Menschen als behindert zu klassifizieren, da auf den ersten Blick vermeintlich erkannt werden kann, ob jemand behindert ist oder nicht: Jemand, der im Rollstuhl sitzt, jemand, der sich ‚anormal' verhält, jemand, der einen Blindenstock benutzt usw. wird sofort (unbewusst) unter der Kategorie ‚behindert' kategorisiert. Die Visibilität von Behinderung ist daher das „Master-Kriterium des Alltags"[1], mit dem bei einer Person eine Beeinträchtigung festgestellt wird. Andererseits hat Behinderung viele Gesichter, unterschiedlichste Ausprägungen und verschiedenste Erfahrungsdimensionen. Auf die Frage, was ein Mensch mit Muskeldystrophie mit einem blinden Menschen gemeinsam hat, lässt sich schwerlich eine spontane, zutreffende Antwort finden. Das Phänomen Behinderung ist vielschichtig und schwer fassbar, weil darunter eine Vielfalt an Erscheinungsformen gefasst wird. Was ist es also genau, was eine Behinderung zu einer solchen macht?

2.1.1 Definitionen von Behinderung

Um einer eigenen Definition von Behinderung näherzukommen, sollen hier zunächst drei exemplarische Definitionen von Behinderung vorgestellt und auf ihre Gemeinsamkeiten und Unterschiede untersucht werden.

---

[1] KASTL, Jörg: Soziologie der Behinderung. Eine Einführung. Wiesbaden 2010, 40.

1. Neuntes Sozialgesetzbuch: „Menschen sind behindert, wenn ihre körperliche **Funktion**, geistige Fähigkeit oder seelische Gesundheit mit hoher Wahrscheinlichkeit **länger als sechs Monate** von dem **für das Lebensalter typischen Zustand abweicht** und daher ihre **Teilhabe am Leben der Gesellschaft beeinträchtigt ist.**" [2]
2. Weltgesundheitsorganisation (WHO): Die WHO unterscheidet 1980 die drei Ebenen von *impairment* (Schädigung), *disability* (Beeinträchtigung) und *handicap* (Benachteiligung) und stellt diese in einen Zusammenhang, indem beschrieben wird, dass durch eine Erkrankung, einen Unfall oder von Geburt an ein **dauerhafter gesundheitlicher Schaden** entstehen kann (*impairment*). Dies **resultiert in** einer **funktionalen Beeinträchtigung** bezüglich Fähigkeiten und/oder Aktivitäten des betroffenen Menschen (*disability*). Die **soziale Folge** davon sind persönliche, familiäre und gesellschaftlichen **Benachteiligungen** (*handicap*).[3]
3. Artikel 1 der UN-Behindertenrechtskonvention (BRK): Zu der Gruppe der Menschen mit Behinderung zählen diejenigen, „die **langfristige** körperliche, seelische, geistige oder Sinnes**beeinträchtigungen** haben, welche sie **in Wechselwirkung mit** verschiedenen **Barrieren** an der vollen, wirksamen und gleichberechtigten **Teilhabe** an der Gesellschaft **hindern** können."[4]

---

[2] §2 Abs. 1 S. 1 SGB IX (in der Fassung vom 19.6.2001). Die aktuelle Fassung vom 1.1.2018 lautet: „Menschen mit Behinderungen sind Menschen, die körperliche, seelische, geistige oder Sinnesbeeinträchtigungen haben, die sie in Wechselwirkung mit einstellungs- und umweltbedingten Barrieren an der gleichberechtigten Teilhabe an der Gesellschaft mit hoher Wahrscheinlichkeit länger als sechs Monate hindern können. Eine Beeinträchtigung nach Satz 1 liegt vor, wenn der Körper- und Gesundheitszustand von dem für das Lebensalter typischen Zustand abweicht. Menschen sind von Behinderung bedroht, wenn eine Beeinträchtigung nach Satz 1 zu erwarten ist." Diese aktuelle Version stellt eine Anpassung an die UN-Behindertenrechtskonvention dar.

[3] Vgl. WELTGESUNDHEITSORGANISATION WHO (Hg.): Internationale Klassifikation der Schädigungen, Fähigkeitsstörungen und Beeinträchtigungen. Ein Handbuch zur Klassifikation der Folgeerscheinung der Erkrankung. Übersetzt von Rolf-Gerd Matthesius. In: WELTGESUNDHEITSORGANISATION WHO: International Classification of Impairments, Disabilities, and Handicaps (ICIDH 1980). Hg. von Rolf-Gerd Matthesius, Kurt-Alphons Jochheim, Gerhard Barolin und Christoph Heinz. Berlin/Wiesbaden 1995, 213–413, 243–248; vgl. auch CLOERKES, Günther: Soziologie der Behinderten. Eine Einführung. Heidelberg 1997, 5f. Die aktuelleren Veröffentlichungen der WHO enthalten sich ausdrücklich einer Definition von Behinderung und zeichnen ein noch viel weiter differenziertes Bild. Der Bezug auf ICIDH *1980* wird hier vorgenommen, weil es sich um eine oft zitierte und wirkmächtige Definition handelt.

[4] Übereinkommen der Vereinten Nationen über die Rechte von Menschen mit Behinderung. Die amtliche, gemeinsame Übersetzung von Deutschland, Österreich, Schweiz und Liechtenstein [=UN-Behindertenrechtskonvention, kurz: UN-BRK]. Artikel 1. Online unter: https://www.behindertenbeauftragte.de/SharedDocs/Publikationen/UN_-Konvention_deutsch.pdf?__blob=publicationFile&v=2 (Stand: 10.07.2021).

2.1 Behinderung – eine Definition

Diese Definitionen sind Arbeitsdefinitionen von Behinderung, die jeweils für ihren Bereich bzw. ihr Dokument klären, was Behinderung ausmacht. Dabei wird festgestellt, was für den jeweiligen Bereich als unerlässlich angesehen wird. Die Definitionen weisen einige Ähnlichkeiten auf, unterscheiden sich jedoch in ihren unterschiedlichen Schwerpunkten, auch je nach Kontext, für den sie formuliert sind. Die Definition des Sozialgesetzbuches ist eine rechtliche Festlegung, die erfassen soll, wann eine Person Unterstützungsleistungen vom Staat erhält, und dabei die von der Norm abweichende körperliche, geistige oder seelische Beeinträchtigung und die in sonstigen Kontexten etwas zufällig wirkende zeitliche Grenze von sechs Monaten festlegt. Außerdem schließt das Sozialgesetzbuch, dass der gesellschaftliche Ausschluss kausal aufgrund der fehlenden Funktion und Fähigkeiten geschieht. Die Weltgesundheitsorganisation, deren Ziel es ist, ein „bestmögliche[s] Gesundheitsniveau [...]"[5] aller Menschen zu erreichen und die Mitgliedstaaten der UN bei „der fachlichen Umsetzung von Gesundheitsprogrammen"[6] zu unterstützen, hebt besonders den gesundheitlichen Schaden, der mit funktionaler Beeinträchtigung und sozialen Benachteiligungen einhergehen kann, hervor. Die funktionalen und sozialen Beeinträchtigungen werden als unmittelbare Folgen des Schadens interpretiert. Die Behindertenrechtskonvention, die bereits von 182 Staaten[7] ratifiziert wurde, verfolgt durch das Ziel, „den vollen und gleichberechtigten Genuss aller Menschenrechte und Grundfreiheiten durch Menschen mit Behinderungen zu fördern, zu schützen und zu gewährleisten und die Achtung der ihnen innewohnenden Würde zu fördern"[8], gesellschaftliche Intentionen und fokussiert stark den Teilhabe-Aspekt. In der Präambel wird ein feststehender Behinderungsbegriff allerdings relativiert („in der Erkenntnis, dass das Verständnis von Behinderung sich ständig weiterentwickelt"[9]), was diese Definition damit unter das Vorzeichen einer gewissen Vorläufigkeit stellt.

In folgender Übersicht sind Aspekte von Behinderung aufgeführt, die für die drei Definitionen für eine Festlegung von Behinderung unerlässlich sind. Hierbei handelt es sich bei a) und b) um Aspekte, ohne die in der jeweiligen Definition keine Behinderung vorliegen würde. c) stellt in den Definitionen eine (mögliche) Folge oder auch ein Merkmal von Behinderung dar.

---

[5] BUNDESMINISTERIUM FÜR GESUNDHEIT, Website. Online unter: https://www.bundesgesundheitsministerium.de/service/begriffe-von-a-z/w/weltgesundheitsorganisation-who.html (Stand: 28.06.2021).
[6] Ebd.
[7] Stand: April 2021.
[8] UN-BRK, Artikel 1.
[9] UN-BRK, Präambel.

a) dauerhafte körperliche, geistige oder seelische Beeinträchtigung (1, 2, 3)
b) Abweichung von einer Anforderung oder kulturell-sozialen Norm (1)
c) keine volle Teilhabe an der Gesellschaft (1, 2, 3)

Übersicht 4

a) Eine *dauerhafte körperliche, geistige oder seelische Beeinträchtigung* muss nach allen drei Definitionen vorliegen, damit von einer Behinderung gesprochen werden kann. Bei einer nur vorübergehenden Beeinträchtigung hingegen wäre von einer Krankheit zu sprechen. Dieser Definitionsaspekt trifft auch auf das Alltagsverständnis von Behinderung zu: Wenn eine Form der längerfristigen Beeinträchtigung an einem Menschen festgestellt wird, wird sie als Behinderung gewertet.

b) Das SGB (2001) nannte die mit der Beeinträchtigung von körperlicher Funktion, geistiger Fähigkeit oder seelischer Gesundheit einhergehende *Abweichung vom ‚typischen Zustand'*. Dieser typische Zustand kann auch als Norm bezeichnet werden, die in einem bestimmten Kontext festlegt, was üblich ist und den allgemeinen Erwartungen entspricht. Normen einer Kultur, in der ein Mensch lebt, werden normalerweise bereits im Kindesalter verinnerlicht[10], sind danach meist unhinterfragt vorhanden und werden bei Abweichungen von der Norm unbewusst aufgerufen. Normen sind dabei höchst kontextsensibel, d.h. je nach Kontext können sie sich unterscheiden: Wie auch die Definition des SGB (2001) festhält, können Normen ans Lebensalter gebunden sein, wie etwa im Alter von spätestens 1,5 Jahren sitzen, selbstständig Nahrung aufnehmen und laufen zu können. Außerdem sind Normen von der jeweiligen Kultur[11] und vom Milieu[12] abhängig. Dabei ist nicht entscheidend, dass jede_r Einzelne einer Gesellschaft, einer Kultur oder eines Milieus diese Norm (explizit) vertritt, sondern damit eine Erwartung als Norm bezeichnet werden kann, muss ein gesamtgesellschaftlich zu spürender Druck vorhanden sein, dieser Erwartung zu entsprechen.

c) Alle Definitionen benennen *Exklusion aus der Gesellschaft* als Merkmal oder Konsequenz von Behinderung. Exkludierende Faktoren können sowohl

---

[10] Vgl. CLOERKES, Günther: Die Problematik widersprüchlicher Normen in der sozialen Reaktion auf Behinderte. In: KASTL, Jörg Michael / FELKENDORFF, Kai (Hg.): Behinderung, Soziologie und gesellschaftliche Erfahrung. Im Gespräch mit Günther Cloerkes. Wiesbaden 2014, 121–139, 128.

[11] Beispielsweise ist in einer überwiegend illiteralen Kultur, in welcher Lesen und Schreiben keine Rolle spielen, eine Legasthenie keine denkbare Beeinträchtigung, weil es als normal gilt, nicht lesen und schreiben zu können.

[12] Beispielsweise wäre innerhalb der Gehörlosen-Community nicht die Lautsprache, sondern Gebärdensprache zu benutzen völlig normal und sogar ein kommunikativer Vorteil.

2.1 Behinderung – eine Definition

bauliche Barrieren, die bspw. eine Rollstuhlfahrerin daran hindern, mit ihren Freund_innen in ein Café zu gehen, als auch Vorurteile und Klischees, d.h. gesellschaftliche Barrieren sein (vgl. 2.2.3.2), die beide eine volle Teilhabe an der Gesellschaft verhindern können.

Diese aus den Definitionen herausgefilterten Aspekte veranschaulichen die wissenschaftlich getroffene Unterscheidung zwischen den englischen Begriffen *impairment* und *disability*, die auch die Definition der WHO implementiert. Während *impairment* die medizinisch-diagnostische Dimension der Beeinträchtigung markiert (a), bezeichnet *disability* die sozialen Auswirkungen derselben (b, c: Widerspruch zu Normen, Exklusion aus der Gesellschaft).

Aufgrund der genannten Aspekte kann eine Minimaldefinition von Behinderung, die im Verlauf dieses Kapitels für die weitere Begriffsdefinition zugrunde gelegt wird, lauten:

> Damit ein Mensch als Mensch mit einer Behinderung definiert werden kann, müssen folgende Bedingungen erfüllt sein:
>
> - Dieser Mensch muss eine dauerhafte körperliche und/oder geistige und/oder seelische Beeinträchtigung (*impairment*) haben.
> - Dieser Mensch muss mit dieser Beeinträchtigung von einer sozialen Anforderung oder Norm abweichen, die gesellschaftlich an ihn herangetragen wird (*disability*).
> - Damit geht gesellschaftliche Exklusion einher (*disability*).

Hier stellt sich jedoch die Frage, ob durch diese Minimaldefinition schon ausreichend festgestellt ist, was Behinderung ist. Ist das schon alles, was Behinderung ausmacht? Wir haben bisher nur notwendige Bedingungen für Behinderung genannt, jedoch keine hinreichenden. Die hier genannte Minimaldefinition bietet noch kein ausreichendes Verständnis von Behinderung, um mit der Kategorie Behinderung in den nachfolgenden Kapiteln angemessen umgehen zu können. Deshalb muss es im Folgenden darum gehen, das Bild von Behinderung kontextgebunden zu komplettieren.

2.1.2 Verschiedene Modelle von Behinderung

Eine Frage, die sich anhand meiner Minimaldefinition ergibt, ist, in welchem Verhältnis die einzelnen Definitionsaspekte zueinander stehen. Die Definitionen des Sozialgesetzbuchs und der WHO nehmen einen unmittelbar kausalen Zusammenhang zwischen fehlender Funktion und sozialer Exklusion an, d.h. Menschen werden unmittelbar aufgrund ihrer Beeinträchtigung aus der Gesellschaft ausgeschlossen. Die Definition der BRK stellt fest, dass Menschen durch ihre Beeinträchtigungen „in Wechselwirkung" mit „verschiedenen Barrieren" nicht vollumfänglich an der Gesellschaft teilhaben können. Außerdem werden die Aspekte unterschiedlich gewichtet: Die WHO betont scheinbar den ‚Schaden' (*impairment*), indem der gesundheitliche Aspekt der primäre Faktor ist, aus dem sich alle anderen Aspekte entwickeln. Auch die Definition des SGB (2001) legt den Verdacht nahe, „dass der im Gesetz genannte Gesichtspunkt der gesellschaftlichen Teilhabe zumindest nicht primäres Beurteilungskriterium ist"[13], während die UN-BRK soziale Barrieren und den Teilhabeaspekt (*disability*) akzentuiert. Die Frage ist also, wie *impairment* und *disability* jeweils gewichtet werden und zueinander ins Verhältnis zu setzen sind. Die verschiedenen Akzentuierungen und das Verhältnis von *impairment* und *disability* lassen sich anhand der Auseinandersetzung veranschaulichen, welches Modell angemessen ist, um Behinderung erfassen zu können. Das medizinische und das soziale Modell, beide von komplementären Argumenten motiviert, wollen jeweils die Fragen beantworten: Worin besteht der Grund für Behinderung? Was behindert? Eine Alternative zu den beiden Modellen stellt, mit einem Mittelweg zwischen den beiden Extremen, das interaktionistische Modell dar.

2.1.2.1   Das medizinische Modell

Das sogenannte medizinische Modell sowie durch das intuitive Alltagsverständnis wird Behinderung zunächst als ein medizinisches oder naturwissenschaftliches Phänomen identifiziert: Eine Behinderung ist eine vorliegende Gegebenheit in oder an einem Individuum, eine fehlende Funktion im oder am Körper des_der Einzelnen, d.h. eine spezifische Beeinträchtigung, wie z.B. eine fehlende Gliedmaße, ein fehlender oder weniger ausgeprägter Sinn, eine Lähmung usw., die zunächst unabhängig von aktuellen externen Faktoren existiert. Nur die gesundheitliche Schädigung oder die Funktionsbeeinträchtigung, so das medizinische Modell, behindert den jeweiligen Menschen. Das medizinische Modell sieht deshalb vor, das behinderte Individuum mit verschiedenen Therapien zu behandeln, mit Medikamenten einzustellen und die fehlende Funktion durch Orthesen und Prothesen oder andere Hilfsmittel zu kompensieren. Der Mensch mit Behinderung wird dabei als Hilfeempfänger betrachtet.

Zunächst ist festzustellen, dass das medizinische Modell einen wichtigen Aspekt von Behinderung erfasst: Es ist die spezifische medizinisch feststellbare Beeinträchtigung (*impairment*), die Menschen behindert. Damit ist aber noch nicht alles gesagt: Unsere Minimaldefinition nennt noch andere wichtige Gesichtspunkte, um Behinderung zu definieren (Abweichung von einer sozialen Anforderung oder Norm und gesellschaftliche Exklusion). Beim medizi-

---

[13]   Kastl: Soziologie der Behinderung, 39.

2.1 Behinderung – eine Definition

nischen Modell spielen diese sozialen Faktoren, wenn überhaupt, nur eine nebensächliche Rolle, wenn sie beispielsweise als Hindernisse für das „individuelle Coping und die Akzeptanz der Behinderung, d.h. die Annahme einer behinderten Identität"[14] interpretiert werden. Und tatsächlich ergeben sich bei genauerer Betrachtung auch sachliche Probleme: Angesichts des medizinischen Blicks auf Behinderung überrascht es, dass Behinderung keine medizinische Kategorie ist, für die eine genaue Definition existiert: „ein medizinisches Standardwerk oder eine Standardtheorie zum Thema ‚Behinderung' gibt es schlichtweg nicht."[15] Weiterhin kann angesichts des kurativen Ansatzes des medizinischen Modells gefragt werden, ob Behinderung überhaupt behandelt oder ‚geheilt' werden kann oder ob sie nicht vielmehr, z.B. im Fall einer Querschnittslähmung, schon eine Form der Heilung ist, die Möglichkeit eines Weiterlebens, die sich nach einem Unfall einstellt.[16] Im Fall etwa von Trisomie 21 fällt es noch schwerer, von einer Therapie zu sprechen: Das zusätzliche Chromosom lässt sich zumindest heute noch nicht eliminieren oder behandeln. Es kann allenfalls Therapien geben, die zur normgerechten Entwicklung eines Kindes mit Down-Syndrom beitragen, wie etwa Ergotherapie oder Logopädie. Das Vorhaben, alle gehörlosen Menschen mit Cochlea-Implantaten therapieren bzw. ‚heilen' zu wollen, führte zu Protesten von gehörlosen Menschen, die um den Verlust der Gehörlosenkultur in der Rückstellung der Gebärdensprache hinter die Lautsprache fürchten, was wiederum mit der Befürchtung einhergeht, dass Taubheit gesellschaftlich nicht mehr akzeptiert wird.[17] An diesen Beispielen zeigt sich, dass die medizinische Behandlung im Fall einer Behinderung nur eine Methode darstellt, um mit Behinderung zu leben. Viel wichtiger ist jedoch u.U. die persönliche Auseinandersetzung mit der Behinderung, um eigene Interessen vertreten, Bedürfnisse äußern und selbstbewusst mit der Behinderung leben zu können. Heilung ist also eine Kategorie, die im Fall von Krankheit angemessen ist, in den meisten Fällen von Behinderung jedoch schlicht fehl am Platz. Aufgrund dieser Unstimmigkeiten überrascht es vielleicht nicht, dass das medizinische Modell in seiner strengen Form kaum bis gar nicht vertreten wurde und wird, sondern eine von Vertreter_innen des sozialen Modells „Mediziner*innen und weiteren Gesundheitsberufen pauschal unterstellte Sichtweise"[18] darstellt. Man könnte der SGB- und der WHO-Definition von Behinderung

---

[14] Waldschmidt, Anne: Disability Studies. In: Dederich, Markus / Jantzen, Wolfgang (Hg.): Behinderung und Anerkennung. Stuttgart 2009, 125–133, 130.
[15] Kastl: Soziologie der Behinderung, 44.
[16] Ebd. 117.
[17] Miles-Paul, Ottmar: Gegen Zwang zu Cochlea Implantat. In: kobinet-nachrichten vom 10.12.2018. Online unter: https://kobinet-nachrichten.org/2018/12/10/gegen-zwang-zu-cochlea-implantat/ (Stand: 15.01.2020).
[18] Egen, Christoph: Was ist Behinderung? Abwertung und Ausgrenzung von Menschen mit Funktionseinschränkungen vom Mittelalter bis zur Postmoderne. Bielefeld 2020, 23.

eine Nähe zum medizinischen Modell unterstellen, indem sie die körperlichen, geistigen und seelischen Beeinträchtigungen als Ausgangspunkt ihrer Definition von Behinderung nennen und die gesellschaftliche Exklusion nur als Konsequenz derselben sehen. Beide Definitionen nennen jedoch über die physische oder psychische Dimension der Beeinträchtigung hinaus noch weitere Aspekte zumindest als Auswirkungen dieser. Die Tatsache, dass die zwei Definitionen mit dem medizinischen Modell zwar verwandt sind, aber dennoch nicht kongruent, veranschaulicht, dass das medizinische Modell vielmehr als Oberbegriff für eine Vielzahl an Definitionen und als Gegenpol für das sogenannte soziale Modell fungiert. Das medizinische Modell steht für alles, was Vertreter_innen des sozialen Modells strikt ablehnen: Ein individualisiertes, steriles Bild von Behinderung, in dem Behinderung allein vom Einzelnen bedingt ist und unabhängig von sozialen Deutungen existiert. Um die Deutungshoheit zu erhalten, mussten die Vertreter_innen des sozialen Modells, so Kastl, „einen möglichst leicht besiegbaren Gegner aufbauen"[19] und haben diesen im medizinischen Modell gefunden, das häufig genau das Gegenteil von dem zu vertreten scheint, was das soziale Modell propagiert (bspw. Behinderung als persönliches Problem vs. Behinderung als soziales Problem). Tendenziell bzw. unbewusst wurde also vor dem sozialen Modell eher ein medizinisches Modell vertreten, von dem sich jedoch nicht mehr genau sagen lässt, aus welchen Argumenten sich dieses zusammensetzte, weil es nicht in vergleichbarer Form artikuliert wurde wie das soziale Modell.

2.1.2.2 Das soziale Modell

Der Grund für Behinderung ist nach dem sozialen Modell nicht im Individuum zu finden, sondern in der Gesellschaft, die Behinderung erst generiert, indem sie ‚das Normale' definiert, Barrieren aufbaut bzw. nicht abbaut und diskriminiert. Behinderung wird also ausschließlich in der Umwelt des Individuums verortet,[20] nicht jedoch beim Individuum selbst gesehen. Die Antwort auf die Frage: „Was behindert?" lautet demnach: soziale Strukturen, die historisch geworden sind, umweltbedingte und bauliche Barrieren (wie etwa fehlende Aufzüge und Rampen für Rollstuhlfahrer_innen oder fehlende Markierungen und entsprechende Ampelvorrichtungen für Blinde) und gesellschaftliche Vorurteile gegenüber Menschen mit Behinderung (wie etwa, dass Menschen mit Down-Syndrom nicht lesen und schreiben könnten). Das soziale Modell sieht Behinderung als „Ergebnis eines sozialen Konstruktionsprozesses, der von historischen, kulturellen und gesellschaftlichen Faktoren bestimmt wird."[21]

---

[19] Kastl: Soziologie der Behinderung, 48.
[20] Ebd. 116.
[21] Köbsell, Swantje: Integration/Inklusion aus Sicht der Disability Studies. Aspekte aus der internationalen und der deutschen Diskussion. In: Rathgeb, Kerstin (Hg.): Disability Studies. Kritische Perspektiven für die Arbeit am Sozialen. Wiesbaden 2012, 39–54, 39.

2.1 Behinderung – eine Definition

Das soziale Modell entstand in Großbritannien und den USA in den 1970er und 80er Jahren als Teil einer politischen Emanzipationsbewegung behinderter Menschen[22] und kam für viele Betroffene einem Befreiungsschlag gleich: Eine Behinderung musste plötzlich nicht mehr als persönliches Schicksal interpretiert werden, zu dem man aufgrund der jeweiligen Einschränkung gezwungen war, sondern konnte als sozialer Umstand und Form der sozialen Unterdrückung[23] verstanden werden, die einem von der Gesellschaft aufgezwungen werden und welche in Exklusion von voller gesellschaftlicher Teilhabe führen, was letztendlich in schlechterer Bildung, schlechteren Chancen am Arbeitsmarkt, schlechterer Gesundheitsversorgung, sozialer Isolation, einem höherem Armutsrisiko usw. resultiert.[24] Durch die neue Form der Deutung wurde zu Widerstand gegen sinnlose Barrieren und Aufbegehren gegen ungerechte Verhältnisse und Exklusion aus der Gesellschaft aufgerufen. Menschen mit Behinderung gewannen mit dieser Deutung ein gestärktes Selbstbewusstsein: Schuld an ihrer Situation waren nicht mehr biologische Gegebenheiten in ihrem Körper, sondern die Normgesellschaft, die diskriminiert und ausschließt, also Faktoren die alleine extern zu finden sind:

> „Und da gab es nun welche, [...] die sagten, ich bin da, ich habe ein Existenzrecht, ich bin ein Mensch und ich bin ein Bürger, ich habe Menschenrechte, ich habe Bürgerrechte. Wenn ich in ein Gebäude nicht reinkomme, sind die schuld, die versäumten einen Fahrstuhl zu bauen. Nicht mein Rollstuhl ist zu breit, die Tür ist zu schmal. Die Verkehrsmittel, die ich nicht benutzen kann, nehmen mir mein Recht auf Mobilität. Eine Instanz die sagte: Du bist richtig, die Umwelt ist falsch."[25]

Zunächst operierte das soziale Modell mit dem Erklärungsansatz zwei getrennter Dimensionen: Auf der einen Seite sah man die biologische oder anatomische Dimension der Beeinträchtigung (*impairment*) des behinderten Körpers und auf der anderen Seite die gesellschaftlich-kulturelle Dimension der Behinderung (*disability*), die sich in Form von sozialer Unterdrückung äußert und welche man daher als soziale Konstruktion entlarven konnte. Diese beiden Aspekte wurden als streng getrennt betrachtet. Eine Behinderung (*disability*) ist demnach keine natürliche Folge, die mit der Beeinträchtigung unvermeidbar – bzw. nur therapeutisch eindämmbar – einhergeht, sondern eine

---

[22] Später entwickelten sich aus dieser Bewegung heraus die ‚Disability Studies', eine wissenschaftliche Disziplin, die vorrangig von Wissenschaftler_innen mit Beeinträchtigung betrieben wird und die Behinderung als soziale Konstruktion interpretiert.
[23] HANISCH, Halvor: Recognizing Disability. In: BICKENBACH, Jerome / FELDER, Franziska / SCHMITZ, Barbara (Hg.): Disability and the Good Human Life. Cambridge 2014, 113–138, 117.
[24] Vgl. WHO World Report on Disability (2011). Online unter: https://apps.who.int/iris/rest/bitstreams/53067/retrieve (Stand: 10.07.2021).
[25] GOTTSCHALK, Ulrike: „Sie haben Probleme mit Macht". Therapieerfahrungen aus 40 Jahren. In: ROMMELSPACHER, Birgit (Hg.): Behindertenfeindlichkeit. Ausgrenzungen und Vereinnahmungen. Göttingen 1999, 97–121, 104f.

von der Gesellschaft aufoktroyierte Konsequenz, mit der die Menschen zusätzlich zu ihrer Beeinträchtigung zurechtkommen müssen. Eine Definition von Behinderung nach dem frühen sozialen Modell lautet:

> „In our view, it is society which disables physically impaired people. Disability is something imposed on top of our impairments by the way we are unnecessarily isolated and excluded from full participation in society. Disabled people are therefore an oppressed group in society."[26]

Bald jedoch schon wurde von sozialkonstruktivistischer Seite bemerkt, dass auch der behinderte Körper als bereits mit sozialen Deutungen überzogen verstanden werden muss und die Beeinträchtigung deshalb keine von der sozialen Konstruktion unberührte, ahistorische Dimension darstellt. Das soziale Modell fokussierte mit diesem Schritt noch deutlicher die soziale Konstruiertheit des Behinderungsphänomens und sah die beiden Aspekte, *impairment* und *disability*, darin wieder enger verknüpft. Die Slogans „Behindert ist man nicht, behindert wird man"[27] und „Disabled by society and not by our bodies!"[28] wurden zum Sinnbild dieses erneuerten sozialen Modells.

Trotz der breiten, anhaltenden Zustimmung für das sozialen Modell sieht es sich mittlerweile jedoch einer ganzen Reihe an Kritikpunkten ausgesetzt. Hier sollen drei genannt werden: Dem sozialen Modell wird erstens vorgeworfen, dass es eine Deutung zulasse, der zufolge alle Menschen eine Behinderung haben. Die meisten Menschen haben eingeschränkte Möglichkeiten aufgrund sozialer Eigenschaften (bspw. aufgrund von Alter, Geschlecht und Herkunft) und es gibt keinen zwingenden Grund, den Begriff Behinderung für einige Einschränkungen zu verwenden, nicht aber für andere[29], da der Aspekt des *impairment*, wenn überhaupt, nur eine untergeordnete Rolle für das soziale Modell spielt. Der Ansatz des sozialen Modells, so der Vorwurf, läuft Gefahr, Behinderung in eine beliebige Kategorie aufzulösen und könnte zu Recht zu Widerständen von Menschen mit Behinderung führen, weil sie sich in ihrer Beeinträchtigung nicht mehr ernstgenommen fühlen. Ein zweiter Einwand lautet, dass das soziale Modell an Erfahrungen von Menschen mit Behinderung vorbeigeht. Es ist tatsächlich etwas anderes als die soziale Unterdrückung, das einen Menschen, der mit Multipler Sklerose im Rollstuhl sitzt, erfahren lässt, dass er sein Kind nicht in die Luft werfen kann, auch wenn er dies gerne würde.[30] Der Fehler ließe sich in diesem Fall wohl kaum

---

[26] The Union of the Physically Impaired against Segregation (UPIAS) and The Disability Alliance: Fundamental Principles of Disability. London 1976, 14. Online unter: https://disability-studies.leeds.ac.uk/wp-content/uploads/sites/40/library/UPIAS-fundamental-principles.pdf (Stand: 10.07.2021).
[27] Köbsell, Swantje: Wegweiser Behindertenbewegung. Neues (Selbst-)Verständnis von Behinderung. Neu-Ulm 2012, 42.
[28] Kastl: Soziologie der Behinderung, 49.
[29] Reinders: Receiving the Gift, 59.
[30] Beispiel von Bach: Ohne die Schwächsten, 302.

bei der Gesellschaft finden. Ebenso ignoriert die soziale Interpretation, die umweltbedingte Barrieren und soziale Einstellungen als verantwortlich für Behinderung versteht, die Erfahrung von Schmerz, das Empfinden von körperlichem Zerfall und das Gefühl von Hilflosigkeit angesichts einer schmerzhaften Einschränkung.[31]

> „We need to acknowledge that social justice and cultural change can eliminate a great deal of disability while recognizing that there may be much suffering and limitation that they cannot fix."[32]

Es scheint etwas Widerständiges zu geben, das außerhalb der Gesellschaft liegt und das vielleicht doch im Individuum verortet werden kann, das Behinderung ebenso bedingt wie die sozialen Faktoren. Ein dritter Kritikpunkt wendet sich gegen die Hierarchisierung von Behinderungen, die mit dem sozialen Modell einhergeht. Das soziale Modell scheint zu propagieren, dass man sich gegen Behinderungen nur angemessen wehren kann, indem man gegen seine Unterdrückung kämpft und sich politisch engagiert. Dies schließt all diejenigen aus, die sich nicht politisch einsetzen können: Menschen, die beispielsweise eine schwere Behinderung haben, die sie an politischem Aktivismus hindert, oder Menschen, die etwa nicht genügend Kraft aufwenden können, um sich zu mobilisieren.[33] Die Emanzipation von Unterdrückung läge dann an den intellektuellen und emotionalen Ressourcen, die dem Individuum zur Verfügung stehen.[34] Dies führt zu einer Abstufung von Behinderungen, die diejenigen bevorteilt, die möglichst fit, aktiv und engagiert sind, was wiederum die Normen der Gesundheit, der Aktivität und der Unabhängigkeit in diese Hierarchisierung einträgt, jene Normen, die man doch eigentlich zu bekämpfen versucht.

Die Definitionen des SGB (2001) und der WHO ließen sich, so könnte man argumentieren, in die frühe Form des sozialen Modells einordnen, weil sie deutlich zwischen *disability* und *impairment* unterscheiden. Eine eindeutige Einordnung der zwei Definitionen in das medizinische oder das soziale Modell fällt dennoch schwer. Unsere dritte Definition kann dagegen eindeutig eingeordnet werden: Die Definition der Behindertenrechtskonvention ist dem interaktionistischen Modell von Behinderung zuzuordnen, da sie festlegt, dass Behinderung in einer *Wechselwirkung* (Interaktion) von körperlichen, seelischen oder geistigen Beeinträchtigungen *und* gesellschaftlichen Barrieren besteht.

---

[31] Vgl. Kaul, Kate: Vulnerability, for Example. Disability Theory as Extraordinary Demand. In: Canadian Journal of Women & the Law 25.1 (2013), 81–110, 105.
[32] Wendell, Susan: The Rejected Body. Feminist Philosophical Reflections on Disability. New York / London 1996, 45.
[33] Reinders: Receiving the Gift, 66.
[34] Siebers, Tobin: Disability Studies and the Future of Identity Politics. In: Alcoff, Linda / Hames-García, Michael et al. (Hg.): Identity Politics Reconsidered. London 2006, 10–30, 16.

2.1.2.3 Das interaktionistische Modell

Es gibt einige Wissenschaftler_innen, die sich unter anderem aufgrund der eben genannten Kritikpunkte bewusst gegen das soziale Modell von Behinderung (in seiner Reinform) stellen. Unter ihnen sind Tom Shakespeare, Ulrich Bach und Susan Wendell.[35] Sie versuchen sich an einer Versöhnung oder Vermittlung der beiden Modelle und heben allesamt die Bedeutung des *impairment* wieder stärker hervor, das im Zuge der Erkenntnis des sozialen Modells, dass die Ebene des *impairment* ebenso sozial konstruiert ist wie die Ebene der *disability*, vernachlässigt wurde.

Tom Shakespeare schlägt eine interaktionistische oder kritisch-realistische Denkart vor, die jenseits der Alternative von alleiniger Verursachung durch soziale Faktoren (soziales Modell) und schädigungsbezogenen Faktoren (medizinisches Modell) agiert. Behinderung ist bei ihm das Resultat komplexer Wechselwirkungen (Interaktionen) der unterschiedlichen Faktoren, die so ineinandergreifen, dass sie nicht mehr zu entwirren sind. Er spricht in diesem Zusammenhang von einer „inextricable interconnection of impairment and disability."[36] Intrinsische Faktoren (wie der Grad der Beeinträchtigung, die eigene Einstellung einer Person mit Behinderung, sowie deren Fähigkeiten und Persönlichkeit) und extrinsische Faktoren (wie die Reaktion der Umwelt auf Behinderung und die Anpassung der Umgebung an die Schädigung wie etwa passierbare Rampen für Rollstühle) stehen in einem vielschichtigen Wechselspiel zueinander, wobei nicht mehr deutlich zwischen den verschiedenen Faktoren differenziert werden kann.[37] Extrinsische und intrinsische Faktoren beeinflussen beide die Erfahrung von Menschen mit Behinderung. Der Sichtweise, dass Behinderung allein durch die Gesellschaft konstruiert ist, setzt er entgegen, dass Beeinträchtigungen real sind und oft das konkrete Leben limitieren.[38] Damit gesteht er der Ebene des *impairment* eine gewisse Eigenrealität zu – auch nach Beseitigung der Barrieren –, die nicht in der sozialen Konstruiertheit aufgeht: Soziale und bauliche Barrieren zu beseitigen, macht es einfacher mit einer Behinderung zu leben, aber Nachteile bleiben für gewöhnlich trotzdem bestehen.[39] Shakespeares veränderter Slogan heißt: „People are disabled by society as well as by their bodies."[40]

---

[35] Diese Autor_innen leben alle mit einer Beeinträchtigung.
[36] SHAKESPEARE, Tom: Disability Rights and Wrongs. London / New York 2006, 36.
[37] Ebd. 55f.
[38] Deshalb nennt er seine Position auch realistisch.
[39] SHAKESPEARE, Tom: Nasty, Brutish, and Short? On the Predicament of Disability and Embodiment. In: BICKENBACH / FELDER / SCHMITZ: Disability and the Good Human Life, 93–112, 108. Ohne die Beeinträchtigung würden diese Nachteile ja gar nicht erst bestehen.
[40] SHAKESPEARE, Tom / WATSON, Nicholas: The Social Model of Disability: An Outdated Ideology? In: Research in Social Science and Disability 2 (2002), 9–28, 11.

2.1 Behinderung – eine Definition

Susan Wendell nimmt an, dass das Verhältnis von behinderten Menschen zu ihren Körpern auch ein Ringen mit diesem Körper einschließt, welches durch soziale Regelungen nicht beseitigt oder gar abgeschwächt werden kann.[41] Damit räumt sie ein, dass es etwas dem Körper Intrinsisches gibt, das das Leben schwer machen kann. Wendell behauptet nicht, dass dieses Etwas eins zu eins die biologische Komponente ist, die Behinderung ausmacht – auch die biologische Komponente ist kulturell überformt und mit gesellschaftlichen Deutungen überzogen.[42] Sie sagt aber, dass man aufgrund des sozialen Gehalts, der eine Beeinträchtigung umgibt, nicht mehr eindeutig auf das dem Körper, dem Geist und der Seele Intrinsische *vor* jeder sozialen Bedeutung rückschließen kann. Trotzdem nimmt Wendell an, dass es jenseits der Konstruktion etwas gibt, auf das wir aufgrund der kulturellen Überformung nicht mehr zurückkommen, welches das Leben mit Behinderung zur Herausforderung macht.

Ulrich Bach plädiert dafür, zwischen ‚behindert sein' und ‚behindert werden' zu unterscheiden. Damit meint er genau jene intrinsischen (behindert sein) und extrinsischen (behindert werden) Faktoren, von denen auch bei Shakespeare die Rede ist.

> „Es ist einfach nicht wahr, daß alle Schwierigkeiten, die wir als Behinderte in unseren sozialen Beziehungen erleben, ‚nun mal so sind', unabänderlich wie die Tatsache, daß es nachts ‚nun mal' dunkler ist als tagsüber. [...] Aber genauso wenig ist es wahr, daß alle Schwierigkeiten, die wir bei der Rollen-Übernahme haben, nur an den anderen, an der Gesellschaft liegen."[43]

Bach meint, dass schwerbehinderte Menschen nur dann ein glückliches Leben führen können, wenn sie sich eingestehen, dass sie manche Dinge einfach nicht können. Diese Einsicht kann schmerzhaft sein, dieser Umstand kann aber auch nicht anderen Menschen oder der Gesellschaft angelastet werden. Das auch damit zusammenhängende Hierarchisierungsproblem drückt er folgendermaßen aus:

> „Je schwerer jemand behindert ist, umso stärker gerät er bei solcher Strategie [Anm. H.B. anzunehmen, dass es sich bei Problemen, die Menschen mit Behinderung haben, nur um gesellschaftliche Barrieren handelt] ins Hintertreffen. Die Behauptung etwa: Wenn die Gesellschaft einem Taubstumm-Blinden keine Hindernisse in den Weg legt, sei er [...] nicht mehr behindert, wäre blanker Zynismus."[44]

---

[41] WENDELL: The Rejected Body, 42.
[42] Hier bezieht sich Wendell sehr wahrscheinlich auf die Unterscheidung von *sex* und *gender* in den Gender Studies, die sie parallel in der Unterscheidung zwischen *impairment* und *disability* sieht. Judith Butler meint, dass das ‚natürliche' Geschlecht (*sex*) auch sozial konstruiert ist und nicht getrennt von der sozialen Konstruktion betrachtet werden kann (vgl. BUTLER, Judith: Das Unbehagen der Geschlechter. Frankfurt am Main am Main ²²2021).
[43] BACH: Ohne die Schwächsten, 301.
[44] BACH: Ohne die Schwächsten, 305.

Bach spricht sich also auch dafür aus, der Beeinträchtigung (*impairment*) eine gewisse Eigenmächtigkeit zuzuschreiben.

2.1.2.4 Zusammenfassung

In folgender Übersicht sind die verschiedenen Modelle von Behinderung zusammengefasst:

	Medizinisches Modell	Soziales Modell	Interaktionistisches Modell
Betonung von	*Impairment*	*Disability*	*impairment + disability*
Was ist Behinderung?	medizinisches Phänomen, das eine vorliegende Tatsache in oder an einem Individuum ist	soziale Verhältnisse und soziale Unterdrückung, die von der Gesellschaft aufgezwungen werden	Resultat komplexer Wechselwirkungen unterschiedlicher Faktoren
Wodurch wird behindert?	ausschließlich durch die gesundheitliche Schädigung	durch die Gesellschaft, die Behinderung erst hervorbringt	„People are disabled by society as well as by their bodies"

Übersicht 5

Ich möchte mich in der Diskussion um die verschiedenen Modelle dem interaktionistischen Modell von Behinderung in der Ausprägung Shakespeares und Wendells[45] anschließen, weil es m.E. Behinderung am stringentesten denken kann: Bei einer Behinderung muss sowohl eine körperliche/geistige/seelische Dimension[46] als auch eine soziale Dimension betont werden, denn beide sind für das Denken und die Erfahrung von Behinderung unabdingbar. Im sozialen Modell wird die intrinsische Dimension vernachlässigt, indem sie ebenso wie die soziale oder extrinsische Dimension als Konstruktion interpretiert wird. Im medizinischen Modell hingegen wird die soziale Dimension übergangen, indem sie eine nur sehr periphere Rolle spielt bzw. indem sie als kausale Folge der intrinsischen Dimension angesehen wird. Das interaktionistische Modell spricht beiden Dimensionen eine Berechtigung zu. Die intrinsischen Faktoren bzw. das Behindert-Sein und die extrinsischen Faktoren bzw. das Behindert-Werden denken Shakespeare und Wendell als so ineinander verflochten, dass sie nicht mehr isoliert zu betrachten sind. Die intrinsische

---

[45] Bach bestimmt das Verhältnis der beiden Faktoren – Behindert-Sein und Behindert-Werden – nicht genauer.
[46] Im Folgenden wird diese Dimension ‚intrinsisch' genannt.

Ebene ist ebenso wie die extrinsische mit sozialen und kulturellen Bedeutungen überzogen, sodass das eine nicht scharf vom anderen getrennt werden kann. Dennoch gibt es etwas auf intrinsischer Ebene, das nicht in der sozialen Konstruktion aufgeht, welches man jedoch aufgrund der Verflochtenheit der beiden Dimensionen nicht mehr identifizieren und auf das man nicht einfach rekurrieren kann. Der biologisch-materielle Aspekt ist somit nicht zu extrahieren und dennoch spielt er eine Rolle.[47] Des Weiteren hat das interaktionistische Modell den Vorteil, dass es die Probleme des sozialen Modells beseitigt, welches die persönlichen Erfahrungen von Menschen mit Behinderung mit ihrem *impairment* negiert, Hierarchisierungen zwischen verschiedenen Formen der Behinderung aufbaut und eine Deutung zulässt, die Behinderung als universales Phänomen deklariert – eine wirkliche Beeinträchtigung, die auch an sich schon ein Behindert-Sein bedeuten würde, haben nur manche Menschen. Gerade hierbei handelt es sich um Aspekte, die für die vorliegende Arbeit essenziell sind: Ich bestehe auf der Deutung, dass nicht jeder Mensch behindert ist; ich möchte eine Hierarchisierung von Behinderungen verhindern und ich möchte auch die leiblichen Komponenten in den Erfahrungen von Menschen mit Behinderung mit dem, was im biologischen Sinne Körper genannt wird, ernstnehmen.

2.1.3 Relevante Aspekte von Behinderung

Oben wurde das Vorhaben geäußert, das Bild von Behinderung kontextgebunden zu komplettieren. Wurden bisher nur die Minimalaspekte gefunden und angeordnet, sollen nun weitere Aspekte von Behinderung herausgearbeitet werden, die für die nachfolgende Argumentation von grundlegender Bedeutung sein werden.

---

[47] Um deutlich zu machen, dass ich dem interaktionistischen Modell folge, in dem *impairment* eine gewisse Eigenmächtigkeit zugeschrieben wird, diese intrinsische Dimension von Behinderung (das Körperliche) jedoch andererseits nicht extrahierbar ist, lege ich den Sprachgebrauch folgendermaßen für mich fest: Um zu markieren, dass der körperlich-materielle Aspekt nicht zu isolieren ist, werde ich ihn mit Anführungszeichen (‚Körper/ ‚körperlich'/ ‚physisch') verwenden bzw. ihn durch den Begriff der Leiblichkeit ersetzen. Die Leiblichkeit bezeichnet die Ich-Perspektive, aus der das Materielle mir im Modus der Erfahrung zugänglich wird. In dieser Weise ist der Aspekt der Körperlichkeit nicht von meiner Gesamterfahrung, meinem Empfinden und sozialen Bedeutungen abzukoppeln. Körperliche Abläufe oder Diagnosen in Bezug auf Körper lassen sich dennoch beschreiben, nicht jedoch als isoliert erfahren. Nur wenn der Begriff des Körpers eindeutig im biologischen und diagnostischen Sinne gebraucht wird oder wenn der von außen sichtbare Körper angesprochen ist, werde ich den Begriff ohne Anführungszeichen verwenden. Deshalb und weil dieser ein geprägter Begriff ist, werde ich den Terminus der körperlichen Behinderung beibehalten, auch wenn in diesem Zusammenhang immer bewusst sein muss, dass Behinderung aus mehr besteht als aus der Diagnose.

2.1.3.1 Erfahrung von Menschen mit Behinderung

Neben dieser theoretischen Debatte um den Behinderungsbegriff erscheint die Frage nach der Erfahrung mit Behinderung für eine eingehende Untersuchung und ein differenziertes Verständnis von Behinderung unumgänglich. Was sind die Aspekte von Behinderung, die der betroffenen Person wichtig sind? Welche Erfahrungen macht sie mit ihrer Behinderung? Es ist wichtig anzuerkennen, dass jede und jeder mit seiner oder ihrer Behinderung anders und individuell umgeht. Dabei kann der Umgang mit derselben oder einer sehr ähnlichen Behinderung sowohl von Person zu Person variieren als auch von der jeweiligen Lebensphase oder sogar dem jeweiligen Moment abhängen. Die Antworten auf die soeben gestellten Fragen sind also höchstindividuell und es existieren darauf in gewisser Weise so viele Antworten, wie es Menschen mit Behinderung gibt. Es liegt auf der Hand, dass deshalb nicht alle dieser Antworten analysiert werden können. Ein hier gangbarerer Weg ist, die Erfahrung von Menschen mit Behinderung bereits in dieses Kapitel über die Definition von Behinderung und Inklusion miteinfließen zu lassen und eine Vorgehensweise vorzustellen, um schließlich in Kapitel 4, in dem es unter anderem um das Zusammendenken von Vulnerabilität und Behinderung geht, diesem wichtigen Aspekt mehr Aufmerksamkeit widmen zu können.

2.1.3.2 Vielfalt unter der Kategorie Behinderung

Woran denken Menschen für gewöhnlich, wenn sie das Adjektiv ‚behindert' hören oder lesen? Denken sie an eine homogene, aufgrund augenscheinlicher Merkmale leicht identifizierbare Gruppe? Denken sie an Hilfsmittel wie Rollstühle, Schienen, Blindenstöcke und Prothesen? Oder denken sie auch an Merkmale von Behinderung, die nicht auf den ersten Blick sichtbar sind – denken sie bspw. auch an psychische Behinderungen, die nach der oben zitierten SGB-Definition (2001) juristisch eindeutig zu Behinderung gehören?

In einem vermuteten Alltagsverständnis wird die Zuschreibung ‚behindert' häufig als absolute Kategorie des Ganz oder Gar Nicht betrachtet: Entweder man ist behindert oder man ist eben nicht behindert. Es gibt aber auch Grenzfälle wie etwa die amerikanische Theologin Deborah Creamer, die sich weder als behindert noch als nicht behindert bezeichnen würde:

> „neither the category disabled nor the category nondisabled fits particularly well for me. I pass, and pass rather well, in both but fit comfortably in neither. I match neither the understandings and expectations of 'normal' nor the common assumptions of 'disabled' that come from external medical or societal sources, and neither category seems to capture or make sense of my internal and embodied experiences."[48]

---

[48] CREAMER, Debora: Disability and Christian Theology. Embodied Limits and Constructive Possibilities. Oxford 2009, 6.

2.1 Behinderung – eine Definition

D.h. die eindeutige Kategorienzuschreibung entspricht manchmal nicht der Erfahrung und der gelebten Realität. Es gibt daher auch die Möglichkeit, sich einem Status des Dazwischen zuzuordnen. Zu einer Differenz zwischen Eigenwahrnehmung und Fremdwahrnehmung kommt es auch, wenn das Etikett der Gesellschaft oder anderer Menschen der Eigenwahrnehmung widerspricht. Manche Menschen verstehen sich nicht als behindert, die als behindert wahrgenommen werden, und wiederum andere Menschen, die physische oder psychische Beeinträchtigungen haben, werden nicht als behindert (an-) erkannt. Diese Menschen sehnen sich oft nach öffentlicher Anerkennung ihrer Behinderung, weil die Gesellschaft von ihnen erwartet, dass sie dieselben Leistungen erbringen wie nichtbehinderte Menschen. „Die Behinderung liegt im Auge des Betrachters"[49] und ist damit auch eine subjektive Kategorie. Diese Beispiele zeigen, dass die Einstufung als behindert oder nicht behindert nicht immer zweifelsfrei erfolgen kann.

Wenn man sich zusätzlich vor Augen führt, wie vielfältig die jeweiligen Erfahrungen mit Behinderung sind, wie unterschiedlich Einschränkungen, biologische Körper, erfahrene Leiblichkeit und persönliche Fähigkeiten sind, wird die Unzulänglichkeit der vereinheitlichenden Kategorie ‚Behinderung' deutlich:

> „Die Vielfalt und Heterogenität körperlicher Besonderheiten wird begrifflich und theoretisch vereinheitlicht, indem diese unter einem Zentralbegriff subsumiert werden. Hierdurch verschwindet das Besondere, das Individuelle und Einmalige im Abstrakten und Allgemeinen, das allein ein Merkmal fokussiert: die Abweichung, Pathologie, Abnormität."[50]

Man muss sich dieser Unzulänglichkeiten bewusst sein, um die Kategorie der Behinderung überhaupt angemessen verwenden zu können. Anne Waldschmidt bezeichnet Behinderung als „Sammelkategorie"[51], weil sie zu wenige Gemeinsamkeiten erkennt, die die verschiedenen Personen, die unter der Kategorie gefasst werden, vereinen könnten. Auch die Präambel der Behindertenrechtskonvention erkennt die Vielfalt der Menschen mit Behinderung an.[52] Und tatsächlich gibt es selbst bei der auf den ersten Blick relativ homogen erscheinenden Gruppe der Rollstuhlfahrer_innen gewaltige Unterschiede: Bei den Querschnittsgelähmten, einer Untergruppe der Rollstuhlfahrer_innen, gibt es

---

[49] Dies ist ein Titel von LINDEMANN, Holger / VOSSLER, Nicole: Die Behinderung liegt im Auge des Betrachters. Konstruktivistisches Denken für die pädagogische Praxis. Neuwied 1999.
[50] DEDERICH, Markus: Körper, Kultur und Behinderung. Eine Einführung in die Disability Studies. Bielefeld 2007, 87.
[51] WALDSCHMIDT, Anne / SCHNEIDER, Werner: Disability Studies und Soziologie der Behinderung. Kultursoziologische Grenzgänge. Eine Einführung. In: Dies. (Hg.): Disability Studies, Kultursoziologie und Soziologie der Behinderung. Erkundungen in einem neuen Forschungsfeld. Bielefeld 2007, 9–28, 10.
[52] UN-BRK, Präambel.

den wichtigen Unterschied zwischen Paraplegiker_innen und Tetraplegiker_innen: Eine Paraplegikerin kann sich in der Regel selbst versorgen, weil ihre Arme und Hände nicht von der Lähmung betroffen sind. Sie kann selbstständig aus dem Bett aufstehen, sich anziehen und den Haushalt führen. Wohingegen ein Tetraplegiker für diese Dinge auf Hilfe angewiesen ist, weil die Muskulatur der Arme und Hände beeinträchtigt ist. Dies verändert die Lebensrealität auf entscheidende Weise. Und selbst unter den Tetraplegiker_innen gibt es noch Differenzierungen. Ob man eine Bizeps- oder Trizepsfunktion oder keine hat, ob man die Finger bewegen kann oder nicht, macht für den Alltag einen großen Unterschied.[53] Die Heterogenität der Beeinträchtigungen führt insgesamt dazu, dass es mir häufig nicht gelingen wird, Aussagen über ausnahmslos alle Menschen mit Behinderung zu treffen.

2.1.3.3 Behinderung geht uns alle an

Im Englischen kursieren die Begriffe „temporalily abled"[54] oder „temporarily non-disabled"[55] und „open minority"[56], um die Tatsache auszudrücken, dass für jeden Menschen die permanente Möglichkeit besteht, dass er oder sie selbst eine Einschränkung erwerben kann. Laut Statistischem Bundesamt[57] wurden zum Jahresende 2017 nur 3% der Menschen mit Behinderung in Deutschland mit ihren Beeinträchtigungen geboren. Das bedeutet im Umkehrschluss, dass etwa 97% der Behinderungen erworben sind. Die ständige Möglichkeit, eine Behinderung zu erwerben, ist eine unumgängliche Potenzialität und doch, so Siebers im Folgenden, fällt es den meisten Menschen sehr schwer, diese Tatsache zu akzeptieren – lieber denken sie von Behinderung als einen Umstand einer kleinen und stabilen Bevölkerungsgruppe:

> „Most people do not want to consider that life's passage will lead them from ability to disability. The prospect is too frightening, the disabled body, too disturbing. [...] The cycle of life runs in actuality from disability to temporary ability back to disability, and that only if you are among the most fortunate, among those who do not fall ill or suffer a severe accident. The human ego does not easily accept the disabled body. It prefers pleasure."[58]

---

[53] Vgl. EBNER, Amelie: Willkommen im Erdgeschoss. Wie ich mich mit 17 im Rollstuhl wiederfand. München 2017, 46f.
[54] KITTAY, Eva: The Ethics of Care, Dependence and Disability. In: Ratio Iuris 24.1 (2011), 49–58, 50.
[55] WENDELL: The Rejected Body, 19.
[56] CREAMER: Disability and Christian Theology, 3.
[57] STATISTISCHES BUNDESAMT: Pressemitteilung Nr. 228 vom 25. Juni 2018. Online unter: https://www.destatis.de/DE/Presse/Pressemitteilungen/2018/06/PD18_228_227.html (Stand: 10.07.2021).
[58] SIEBERS, Tobin: Disability Theory. Ann Arbor 2008, 59f.

Auch wenn die Bezeichnung von Babys als ‚behindert' dadurch an meiner Minimaldefinition vorbeigeht, dass die ‚Beeinträchtigungen' sich normalerweise im Laufe der Zeit verflüchtigen, wird doch deutlich, was Siebers mit Behinderung zu Beginn des Lebens meint: totales Angewiesensein auf andere, Unfähigkeit sich durch Worte auszudrücken, sich fortzubewegen usw. In jedem Fall ist es richtig, dass der Lebenskreislauf sich meist von Nichtbehinderung zu Behinderung schließt: Unter den Hochbetagten hat ein großer Prozentsatz eine Behinderung erworben. Behinderung ist also ein Faktum des normalen Lebens. Anna Stubblefield geht sogar so weit, Behinderung als grundlegend menschliche Eigenschaft zu sehen. Sie sagt, Behinderung zu fürchten, bedeute, die Menschlichkeit zu fürchten.

> „In light of the centrality of disability to the human experience, we should embrace disability and ensure that all people are enabled rather than disabled by how they are treated by others. To appreciate disability is to embrace our humanity, in both senses of the word: our human condition and our highest ideals of moral obligation."[59]

Es fällt andererseits so schwer, Behinderung als Tatsache des menschlichen Lebens zu begreifen, weil die Gesellschaft ein Gegenbild zu dem, was gemeinhin mit Behinderung assoziiert wird, als ideales Menschenbild vorzugeben scheint: Man muss schön, gesund, erfolgreich, kraftvoll, widerstandsfähig und unabhängig sein. Wer sich jedoch eingesteht, dass dieses Bild nicht realistisch, sondern ein wirkmächtiges gesellschaftliches Trugbild ist, erkennt, dass es gemeinschaftlichen Interesse liegt, Barrieren abzubauen, u.a. weil viele Menschen eines Tages dieser ‚Minorität' angehören werden – entweder durch Alter oder schon früher durch einen Unfall oder die Folgen einer Krankheit.[60] Es geht also nicht um reine Partikularinteressen einer Randgruppe oder einer Minderheit, sondern um ein von allen Menschen geteiltes Interesse, mentale und bauliche Barrieren abzubauen.

2.1.4 Zusammenfassung

In diesem Kapitel habe ich einen Behinderungsbegriff entwickelt, der in komplexer Wechselwirkung von körperlichen, geistigen oder seelischen Einschränkungen und sozialen Barrieren verstanden werden muss. Dadurch werden die möglichen Deutungen verhindert, dass (fast) jeder Mensch eine Behinderung hat und dass verschiedene Formen der Beeinträchtigung hierar-

---

[59] STUBBLEFIELD, Anna: Living a Good Life…in Adult-Sized Diapers. In: Bickenbach / Felder / Schmitz: Disability and the Good Human Life, 219–242, 241.
[60] Tobin Siebers drückt dies sehr radikal aus, wenn er sagt: „In nearly no other sphere of existence, however, do people risk waking up one morning having become the persons whom they hated the day before" (SIEBERS: Disability Theory, 27).

chisiert werden. Außerdem möchte ich, durch die Beibehaltung einer intrinsischen Dimension im Gegensatz zum sozialen Modell, die Erfahrung von Menschen mit Behinderung mit derselben ernstnehmen. Weiterhin bestehe ich auf der Anerkennung von Erfahrungen von Menschen mit Behinderung, der Anerkennung von Vielfalt innerhalb der Kategorie Behinderung und der Anerkennung, dass Behinderung als Thematik uns alle angeht. Zu den Begrifflichkeiten wird in verschiedene Richtungen argumentiert:

Der Begriff ‚Behinderte_r' wird im Hinblick auf die Betonung der extrinsischen Dimension gebraucht. Die Bezeichnung ‚Mensch mit Behinderung' wird dagegen verwendet, um zu betonen, dass die Behinderung nicht den Menschen ausmacht, sondern dieser Mensch mit Behinderung in erster Linie als Mensch zu sehen ist. Ich wähle die Bezeichnung ‚Menschen mit Behinderung' vor einem interaktionistischen Hintergrund, der die Dimension des Behindert-Werdens prominent miteinbezieht (auch wenn das in der Bezeichnung nicht unmittelbar zum Ausdruck kommt) und auf der Grundlage, dass es hier in erster Linie um Anthropologie geht, die bestimmen will, was den Menschen ausmacht.

2.2 Inklusion – eine Definition

Nachdem nun der Begriff der Behinderung definiert wurde, möchte ich im Folgenden das Konzept der Inklusion entfalten, mithilfe dessen im Anschluss Ansatzpunkte und Kriterien für inklusive Sprechweisen ausgearbeitet werden können. Allgemein kann der Begriff Inklusion als gesellschaftliche Leitidee und „Platzhalter für eine Art ideale Einbeziehung behinderter Menschen in die Gesellschaft"[61] verstanden werden, der, schaut man genauer hin, jedoch „mitunter sehr unterschiedlich"[62] gefasst wird. Gerade deshalb ist an dieser Stelle eine fundierte Substanziierung des Begriffs angezeigt. Dabei erhebt dieses Unterkapitel nicht den Anspruch, Inklusion allumfassend oder erschöpfend zu behandeln, sondern akzentuiert einige Aspekte. ‚Inklusion' ist in den vergangenen Jahren zu einem häufig verwendeten Begriff avanciert: Bezogen auf Menschen mit Behinderung gibt es allen voran inklusive Schulen und Kindergärten, inklusives Fernsehen[63], Inklusionspolitik, in-

---

[61] Kastl: Soziologie der Behinderung, 177.
[62] Ebd.
[63] Der Spiegel berichtet von einer autistischen Puppe in der Sesamstraße: „Autistische Puppe in der Sesamstraße". In: Der Spiegel Online vom 23.03.2017. Online unter: http://www.spiegel.de/kultur/tv/inklusion-autistische-puppe-in-der-sesamstrasse-a-1139557.html (Stand: 20.03.2017).

klusive Kunst[64], inklusive Cafés[65] usw. Und nicht nur auf Menschen mit Behinderung angewandt wird der Inklusionsbegriff verwendet, auch im Hinblick auf alle Menschen(gruppen), denen irgendein Diversitätsmarker im Vergleich zur Gesamtgesellschaft zukommt, sei dies nun ein Unterschied kultureller (z.B. sich in Deutschland nach den muslimischen Speisevorschriften ernähren), ethnischer (z.B. Hautfarbe), sozioökonomischer (z.B. Geringqualifizierung, erhöhtes Armutsrisiko) oder religiöser (z.B. in Deutschland eine nicht-christliche Religionszugehörigkeit) Art oder ein altersbedingter Unterschied (z.B. Hochbetagtheit). Ich möchte zwar nicht ausschließen, dass mein Inklusionsbegriff auch auf andere Bereiche zugeschnitten werden kann, doch möchte ich im Folgenden explizit einen Inklusionsbegriff mit Bezug auf Menschen mit Behinderung entwerfen.

2.2.1 Differenz zwischen Inklusion und Integration

Die Theorie der Inklusion kann in Abgrenzung zur Idee der Integration verstanden werden, welche in Bezug auf Menschen mit Behinderung mittlerweile (fast vollständig) verdrängt worden ist. Die Vorstellung der Integration geht von einer Zwei-Gruppen-Theorie (Behinderte vs. Nichtbehinderte)[66] aus, wobei die ausgeschlossene Gruppe der Menschen mit Behinderung (wieder) in die Gesellschaft integriert (lat. *integrare*: wieder aufnehmen) werden soll. Diese Theorie wurde kritisiert, weil Menschen mit Behinderung innerhalb des Konzeptes der Integration als Randgruppe wahrgenommen werden, die in die Gruppe der ‚normalen' Menschen integriert werden soll.[67] Darin drückt sich „ein Verhältnis von Dominanz und Unterwerfung von Integrierenden und Integriertem"[68] aus, wobei das Gelingen der Integration vom Wohlwollen der Nichtbehinderten abhängt und Menschen mit Behinderung paternalistisch, von oben herab, behandelt werden. Für Menschen mit Behinderung ist damit ein Druck zur Anpassung an die Mehrheitsgesellschaft verbunden: Um sich zu integrieren, müssen sich Menschen mit Behinderung „an den Interessen und Rollenvorgaben der Nichtbehinderten orientieren."[69] Aus diesen

---

[64] Z.B. die auf *Touchdown21* beworbene Ausstellung, vgl. http://www.touchdown21.info/de/seite/6-ausstellung/article/56-touchdown-ausstellung.html (Stand: 12.07.2021).
[65] Z.B. das *Robben Café Ahrensburg* der Hermann Jülich Werkgemeinschaft e.5., vgl. https://www.robben-cafe.de/ (Stand: 12.07.2021).
[66] Vgl. BÖTTINGER, Traugott: Inklusion. Gesellschaftliche Leitidee und schulische Aufgabe. Stuttgart 2016, 25.
[67] Vgl. EURICH, Johannes: Professionelle Assistenz in der Perspektive von Inklusion. In: LIEDKE, Ulf / WAGNER, Harald (Hg.): Inklusion. Lehr- und Arbeitsbuch für professionelles Handeln in Kirche und Gesellschaft. Stuttgart 2016, 150–166, 150.
[68] RÖSNER, Hans-Uwe: Behindert sein – behindert werden. Texte zu einer dekonstruktiven Ethik der Anerkennung behinderter Menschen. Bielefeld / Berlin 2014, 157f.
[69] KÖBSELL: Integration/Inklusion, 43.

Gründen hat der Begriff der Integration für viele Menschen mit (und ohne) Behinderung einen negativen Beigeschmack. Im Gegensatz dazu verabschiedet sich der Begriff der Inklusion von der Zwei-Gruppen-Theorie und insistiert darauf, dass Menschen mit Behinderung von Anfang an selbstverständlich Teil der Gesellschaft sind und deshalb die gleichberechtigte Chance auf Teilhabe für sie eingeräumt werden muss. Beim Gedanken der Inklusion geht es genauer nicht mehr darum, vereinzelte Möglichkeiten der Einbeziehung von Menschen mit Behinderung in eine feststehende Gesellschaftsordnung zu schaffen, sondern „langfristig um die Gestaltung einer Gesellschaft, in der sich alle als selbstverständlich dazugehörig erleben können."[70] So verstanden wohnt der Inklusion eine visionäre Kraft inne, die die Fragen stellt, welche Art von Gesellschaft erwünscht ist und wie Gesellschaft dahingehend verändert werden kann. Inklusion kann dann auch nicht als schon erreichter Zustand verstanden werden, sondern muss als Prozess aufgefasst werden, in dem wir uns zur inklusiven Gesellschaft hin entwickeln: „Sie [Inklusion] ist vielmehr eine Orientierung für nächste Schritte in eine bestimmte Richtung – quasi ein ‚Nordstern' mit einer wichtigen Orientierungsfunktion."[71] Damit ist Inklusion noch nicht erreicht, sondern stellt einen Prozess dar, innerhalb dessen die Gesellschaft jedoch deutlich vorankommen kann und muss, weil diese längst noch keine ist, in der Menschen mit Behinderung von Anfang an dazugehören. Auf dem Weg zu diesem Idealzustand, solange die vollständig inklusive Gesellschaft in vielen gesellschaftlichen Bereichen noch keine Selbstverständlichkeit darstellt (bspw. noch nicht entfernte bauliche Barrieren), sind konkrete Unterstützungsmaßnahmen (bspw. einer gehbehinderten Person die Treppe hochhelfen) und integrative Bemühungen (bspw. projektbezogene Förderungen zur Teilhabe von Menschen mit Behinderung) notwendig. Das bedeutet, dass der Prozess der Inklusion konkrete Hilfestellung in Form von Assistenz und Unterstützung nicht ausschließt: Die Trennlinie zwischen Inklusion und Integration darf also nicht so scharf gezogen werden, wie es auf der Begriffsebene den Anschein macht. Vielmehr muss in einer inklusiven Gesellschaft „soviel Assistenz und Unterstützung zur Verfügung gestellt [werden], dass eben nicht in Sonderräumen gearbeitet und gelebt werden muss."[72] Inklusion kommt also nicht ganz ohne Integrationsmaßnahmen

---

[70] Bielefeldt, Heiner: Inklusion als Menschenrechtsprinzip. Perspektiven der UN-Behindertenrechtskonvention. In: Moser, Vera / Horster, Detlef (Hg.): Ethik der Behindertenpädagogik. Menschenrechte, Menschenwürde, Behinderung – eine Grundlegung. Stuttgart 2012, 149–166, 158.

[71] Hinz, Andreas: Inklusion – historische Entwicklungslinien und internationale Kontexte. In: Ders. / Körner, Ingrid / Niehoff, Ulrich: Von der Integration zur Inklusion. Grundlagen – Perspektiven – Praxis. Marburg 2008, 33–52, 34.

[72] Maskos, Rebecca: Thesen zur Inklusion. Utopie einer besseren Gesellschaft oder neoliberale Anrufung behinderter Menschen? Hamburg 2016, 2. Online unter: http://www.zedis-ev-hochschule-hh.de/files/maskos_131216.pdf (Stand: 12.07.2021). Schmoll, Heike:

aus. Grundlegend sind jedoch bei Inklusion und Integration verschiedene Ebenen angesprochen, die nicht das gleiche intendieren: Integration möchte die bestehende Gesellschaft erhalten und diejenigen, die jetzt nicht integriert sind, in die Gesellschaft einbeziehen. Inklusion strebt eine Veränderung der Gesellschaft an, die es etwa als normal ansieht, verschieden zu sein und deshalb Vielfalt wertschätzt, anstatt sie als Last zu empfinden. So verstanden, so Rebekka Maskos, hat „der Inklusionsbegriff einen fundamental gesellschaftsverändernden, wenn nicht revolutionären Gehalt."[73]

2.2.2 Kritik an Inklusion

Wenn das Stichwort Inklusion im Feuilleton und in gesellschaftlichen Debatten fällt, ist fast ausschließlich schulische Inklusion gemeint. D.h gleichzeitig, dass die Kritik am Inklusionsgedanken sich nicht auf das gesamtgesellschaftliche Paradigma, sondern ausschließlich auf die mangelhafte Ausführung der schulischen Inklusion[74] oder weitere Kritikpunkte bezieht, wie etwa, dass stärkere Schüler_innen beim schulischen Inklusionsprojekt benachteiligt würden. Die hitzig geführte Debatte um den Inklusionsgedanken wird also auf die schulische Inklusion engeführt. Dabei wird niemand öffentlich bekunden, dass er_sie verneint, dass Menschen mit und ohne Behinderung grundsätzlich gleichermaßen von Anfang an zur Gesellschaft zugehörig gelten sollten und dieser Umstand auch Niederschlag in ihrer faktischen Teilhabe an der Gesellschaft (z.B. in gerechten [Aus-]Bildungschancen) finden sollte. Die negative Sichtweise auf die schulische Inklusion hat allerdings möglicherweise auch negative Auswirkungen auf die gesamtgesellschaftliche Aufgabe, weil selten differenziert von ‚schulischer' Inklusion gesprochen wird und das gesamtgesellschaftliche Inklusionsprojekt infolgedessen ebenso in ein tendenziell schlechtes Licht gerückt werden könnte.

    Illusion Inklusion. In: FAZ.NET vom 28.05.2017. Online unter: https://www.faz.net/-gpg-8y3xa (Stand: 12.07.2021).
[73] Maskos: Thesen, 2
[74] Vgl. Schmoll: Illusion Inklusion; verwiesen wird bei der Kritik an schulischer Inklusion auf fehlende Strukturen, fehlendes Fachpersonal, fehlende Infrastruktur usw.; vgl. auch Schnabel, Ulrich / Spiewak, Martin: Woran scheitert die Inklusion? In: DIE ZEIT Nr. 14/2014. Online unter: http://www.zeit.de/2014/14/inklusion-schule-finanzen (Stand: 12.07.2021); vgl. auch die durch Michael Felten betriebene Website „Inklusion als Problem". Online unter: http://inklusion-als-problem.de/ (Stand: 12.07.2021); vgl. auch Schmalenbach, Merle: Das Leiden an der Utopie. In: DIE ZEIT Nr. 07/2017. Online unter: https://www.zeit.de/2017/07/inklusion-schueler-behinderung-studie-mangelhaft (Stand: 12.07.2021).

2.2.3 Wie kann Inklusion gelingen?

Im Folgenden möchte ich zunächst Muster für Praktiken alltäglicher Exklusion anführen und mögliche Begründungen für diese herausarbeiten. Anschließend werden Beispiele für Klischees und Vorurteile gegenüber Menschen mit Behinderung vorgestellt, um diese mit der Erfahrung von Menschen mit Behinderung abzugleichen und damit zu widerlegen. Damit werden als essenzielles Hindernis, das zur Umsetzung von Inklusion überwunden werden muss, mentale Barrieren erkannt, für deren Durchbrechung verschiedene Ansätze vorgeschlagen werden. Als positiv formulierter Gelingensfaktor für Inklusion wird sodann die Anerkennung von Vielfalt und Differenz thematisiert.

2.2.3.1 Exklusion als soziale Realität – Reaktionen auf Menschen mit Behinderung

Inklusion will einen gesellschaftsverändernden Prozess anstoßen. Doch wie kann dies gelingen? Wie können wir uns einer inklusiven Gesellschaft nähern? Gelingensfaktoren von Inklusion sind abhängig von der derzeitigen gesellschaftlichen Realität, deshalb kommt eine inklusive Praxis nicht ohne eine Analyse der exkludierenden Tendenzen einer Gesellschaft[75] aus. Aus diesem Grund muss hier zunächst der Ist-Zustand aufgenommen werden. Darüber hinaus muss beachtet werden, dass sich Gesellschaft aus einzelnen Individuen zusammensetzt: Wenn nicht einzelne Personen mit einer Veränderung beginnen, wird sich die soziale Wirklichkeit nicht umgestalten lassen. Aus diesem Grund wird Exklusion hier als soziale Realität zwischen einzelnen Menschen und insbesondere als die sozialen Reaktionen auf Menschen mit Behinderung in den Blick kommen: Ich setze hier zunächst bei alltäglichen Verhaltensweisen an, die im Zusammentreffen mit einer konkreten Person mit Behinderung auf zwischenmenschlicher Ebene auftreten können.[76]

Menschen[77] in der (westlichen) Gesellschaft haben häufig Schwierigkeiten damit, einer Person mit Behinderung zu begegnen. Wenn sie auf der Straße eine Person mit sichtbarer Behinderung sehen, befinden sie sich oft in einem inneren Zwiespalt: Einerseits wollen sie nicht hinschauen (als Teil einer

---

[75] Exkludierende Tendenzen innerhalb von Kirche wurden bereits in der Einleitung benannt. Hier wird angenommen, dass alle gesellschaftlichen Vorurteile und Klischees auch für Christ_innen geltend gemacht werden müssen.

[76] Dies bedeutet nicht, dass es nicht auch überindividuelle Strukturen gibt, die Inklusion verhindern wie bspw. separiertes Leben in Wohn- und Betreuungskomplexen, das eine Kontaktgestaltung zu anderen entscheidend erschwert und zur sozialen Exklusion führt. Diese Faktoren sind hier allerdings nicht im Fokus.

[77] Sowohl Menschen „mit" als auch Menschen „ohne" Behinderung können ein typisches Reaktionsmuster bei der Begegnung mit etwas Unbekanntem haben.

Vermeidungsreaktion), andererseits können sie nicht anders als hinzuschauen[78], was Kay Toombs auf unser aller Abhängigkeit von visuellen Eindrücken zurückführt, die es schwierig macht, über eine sichtbare Einschränkung hinwegzusehen.[79] Die ‚physischen' und psychischen Reaktionen sind zunächst häufig mit unangenehmen Gefühlen der Beklemmung, der peinlichen Berührtheit und unspezifischen Angstreaktionen verbunden. Eine andere typische Reaktion ist das Anstarren, das ein Ausdruck „ungezügelter Neugier"[80] ist und äußerst diskriminierend wirken kann, weil Anstarren meist ohne direkte Kommunikation abläuft und der_die Angestarrte auf diese Weise zum Objekt degradiert wird. Alle diese Reaktionen können als „exploratives Verhalten"[81] interpretiert werden und müssen kein Ausdruck von Ablehnung sein. Häufig ist die Begegnung mit einem behinderten Menschen auch durch eine Äußerung von Mitleid, entweder verbal oder durch einen mitleidigen Blick, geprägt. Hier manifestieren sich deutlich die erwarteten Normen, die gesellschaftlich prägend sind. Die bemitleidete Person fühlt sich meist, ebenso wie beim Anstarren, entwertet und herabgewürdigt, denn im Moment des Anblickens oder der bemitleidenden Äußerung wird sie auf ihre Eigenschaft der Beeinträchtigung reduziert. Im Falle des Mitleids wird in Anspruch genommen, zu wissen, dass das Leben dieses Menschen elend, bedauernswert und in letzter Konsequenz nicht lebenswert ist, auch wenn diese letzte Konsequenz in den seltensten Fällen geäußert wird.[82] In anderen Fällen kann es sogar zu innerer oder in selteneren Fällen auch zu äußerer Aggressivität kommen, welche in offenen Beleidigungen zu Tage treten kann.

Für unspezifische Angstreaktionen und negative Reaktionen im Allgemeinen existieren verschiedene Erklärungsansätze. Sie reichen von psychoanalytischen Ansätzen über psychologische Ansätze bis hin zu soziologischen Erklärungsmodellen. Einen psychologischen Auslegungsansatz bietet Fritz Heider: Die nichtbehinderte Person weiß nicht, wie sie sich der behinderten Person gegenüber verhalten soll, weil die Begegnung mit einem Menschen mit Behinderung für viele Menschen eine Ausnahmesituation darstellt und

---

[78] SIEBERS: Disability Theory, 63f.
[79] Vgl. TOOMBS, Kay: Vulnerability and the Meaning of Illness. Reflections on Lived Experience. In: TAYLOR, Carol / DELL'ORO, Roberto (Hg.): Health and Human Flourishing. Religion, Medicine, and Moral Anthropology. Washington 2006, 119–140, 134.
[80] CLOERKES, Günther: Einstellung und Verhalten gegenüber Behinderten. Eine kritische Bestandsaufnahme internationaler Forschung. Berlin ³1985, 442.
[81] SEYWALD, Aiga: Physische Abweichung und soziale Stigmatisierung. Zur sozialen Isolation und gestörten Rollenbeziehung physisch Behinderter und Entstellter. Rheinstetten 1976, 103.
[82] Vgl. zum Thema: AMADEU ANTONI STIFTUNG (Hg.): Abwertung von Menschen mit Behinderung. Online unter: https://www.amadeu-antonio-stiftung.de/wp-content/uploads/2019/01/Flyer_GMF_Behindert.pdf (Stand: 12.07.2021).

passende Verhaltensmuster deshalb nicht zur Verfügung stehen, woraus sich die Unsicherheit und Hilflosigkeit vieler Nichtbehinderter erklärt[83]:

> „Erstens ist eine nichtvertraute Situation voll von Möglichkeiten, die für eine unsichere Person hinreichend bedrohlich sind, um sie dagegen einzunehmen. Eine nichtvertraute Situation ist kognitiv unstrukturiert, das heißt die für das Erreichen eines Zieles nötige Folge von Schritten ist nicht genau bekannt. [...] Zusätzlich gibt es [...] eine eher intellektuelle oder ästhetische Komponente des Widerstands gegen das nicht Vertraute, Fremdes wird als zur Struktur der Matrix des Lebensraums nicht passend erlebt."[84]

Auch eine magische Furcht vor Ansteckung wird als weiterer möglicher Grund für Negativreaktionen wie Vermeidung und unbestimmter Furcht angeführt: „Man meidet den Kontakt mit Behinderten, um sich nicht der imaginären Gefahr auszusetzen, selbst behindert zu werden."[85] Nach einer ähnlichen Theorie werden Menschen mit Behinderung, meist unbewusst, als Spiegel der Möglichkeit betrachtet, selbst Behinderung zu erfahren.[86] Natürlicherweise vermeidet man gerne Situationen, in denen man mit der Existenz von Behinderung konfrontiert wird, bzw. verspürt Angst, wenn man in eine Situation gerät, in der man an diese, für die allermeisten Menschen unangenehme, Tatsache erinnert wird. Menschen mit Behinderung geraten auf diese Weise in Situationen der sozialen Isolation, weil sie zur Personifizierung einer Angst von Nichtbehinderten werden. Ein soziologischer Ansatz erklärt sich Vorurteile gegenüber Menschen mit Behinderung durch die Tatsache, dass sie in unserer kapitalistischen Gesellschaft in der Warenproduktion keine gleichwertige Arbeitskraft darstellen: Sie sind erstens als Arbeitskraft nichts wert[87] und zweitens wird ihr Leben als Folge daraus als „lebensunwertes Leben" [88] klassifiziert.

Wichtig für diesen Zusammenhang ist der Prozess des sogenannten *Othering*, der ablaufen kann, wenn jemand auf einen Menschen mit Behinderung reagiert. Beim *Othering* wird eine gedankliche Dichotomie zwischen dem Menschen mit Behinderung als Anderem und der eigenen Person konstruiert und das Andere mit negativen Gefühlen behaftet.[89] Wer abweicht, stellt eine Bedrohung[90] der eigenen Identität und Integrität dar und das *Othering* ist der

---

[83] Vgl. CLOERKES: Einstellung und Verhalten, 28f.
[84] HEIDER, Fritz: Psychologie der interpersonalen Beziehungen. Stuttgart 1977, 229.
[85] CLOERKES: Einstellung und Verhalten, 29.
[86] KASTL: Soziologie der Behinderung, 31f.
[87] Dies lässt sich auch an der vielfachen Identifikation von Menschen mit Behinderung mit Sozialhilfeempfänger_innen feststellen: Behinderung hat häufig zur Folge, dass einem das Vorurteil der Arbeitslosigkeit anhaftet, auch wenn dies in vielen Fällen unzutreffend ist.
[88] CLOERKES: Einstellung und Verhalten, 47.
[89] Teilweise besteht auch *Othering* zwischen Menschen mit körperlicher und geistiger Behinderung.
[90] „*Behindertsein wird als eine menschliche Bedrohung wahrgenommen.*' Die historisch nachweisbaren Anstrengungen, Behinderte als bedrohliches Potenzial beseitigen zu wollen,

Versuch, die eigene Identität zu sichern und das eigene Gleichgewicht zu stabilisieren, indem die eigene Normalität herausgestellt wird.[91] Der_die Andere (in unserem Fall der Mensch mit Behinderung[92]) wird dabei als der_die „völlig Andere" konstruiert, dadurch in absoluter Distanz zur eigenen Person gesehen und eher wie ein Objekt angesehen, das als „gefährlich, wild und bedrohlich"[93] aufgefasst wird. Das *Othering* wird durch den Umstand befördert, dass die meisten nicht betroffenen Menschen nur eine sehr schemenhafte Vorstellung davon haben, was es bedeutet, eine Beeinträchtigung zu haben und behindert zu werden. Ein weiterer Faktor, der den Prozess des *Othering* begünstigt, besteht darin, dass Menschen mit Behinderung in der Dichotomie von Krankheit und Gesundheit[94] einen unklaren Standort einnehmen, der der Zuweisung der Kategorie gesund oder krank widerstrebt und eine Drittposition darstellt: Eine Behinderung kann im Unterschied zu einer Krankheit im Zweifelsfall weder behandelt oder therapiert werden, noch wird jemals Besserung eintreten oder ist die Behinderung wie der Krankheitsstatus nur vorübergehend.[95] Dieser ungeklärte Status befördert das *Othering*, durch das der_die Andere als von den ‚normalen' Kategorien abweichend konstruiert wird.

2.2.3.2 *Klischees und Vorurteile*

Die entscheidende Frage in diesem Zusammenhang ist, wie man der sozialen Realität der Reaktionen auf Menschen mit Behinderung und dem *Othering* entgegenwirken kann. Wie kann man sich dafür einsetzen, dass Menschen sich ohne (in vielen Fällen unbewusste) paternalistische, herabwürdigende zwischenmenschliche Praktiken ‚von oben nach unten' auf Augenhöhe begegnen? Die UN-Behindertenrechtskonvention antwortet auf diese Frage, dass „Klischees, Vorurteile und schädliche Praktiken[96] gegenüber Menschen mit

---

haben grundsätzliche Einstellungen produziert, die im Laufe der Geschichte in jeweils gewandelter Form ähnliche Vernichtungsreaktionen von der Eugenik bis zur Euthanasie hervorbrachten" (ANTOR, Georg / BLEIDICK, Ulrich: Behindertenpädagogik als angewandte Ethik. Stuttgart 2000, 70).

[91] Vgl. CLOERKES: Problematik widersprüchlicher Normen, 125; SHILDRICK, Margrit: Embodying the Monster. Encounters with the Vulnerable Self. London / Thousand Oaks 2002, 71. Das *Othering* kann auch als Vermeidungsstrategie angesehen werden, um nicht mit der Möglichkeit konfrontiert zu werden, selbst Behinderung zu erfahren.

[92] Ursprünglich stammt der Begriff des *Othering* aus der postkolonialen Kulturtheorie.

[93] JORDANOVA, Ludmilla: Sexual Visions. Images of Gender in Science and Medicine between the Eighteenth and Twentieth Centuries. New York 1989, 109. [Übersetzung H.B.]

[94] Vgl. FRANKE, Alexa: Modelle von Gesundheit und Krankheit. Bern ²2010, 91–93.

[95] KASTL: Soziologie der Behinderung, 200.

[96] Diese können Erfahrungen wie die von Dr. Andreas Jürgens beinhalten, der eine barrierefreie Ferienwohnung buchen wollte und die Antwort bekam „An Rollstuhlfahrer vermieten wir nicht mehr" (Netzwerk Artikel 3 (Hg.): Dokumentation von Diskrimini-

Behinderung"[97] abgebaut werden müssen. Bei Klischees und Vorurteilen handelt es sich um Barrieren, die eine Begegnung auf Augenhöhe verhindern und negative Einstellungen gegenüber Menschen mit Behinderung befördern. Zu den Vorurteilen gehören u.a. negative Interpretationen von Behinderung, die Menschen mit Behinderung aufgrund ihrer Einschränkung eine reduzierte Lebensqualität unterstellen. Bei dieser Unterstellung wird nicht beachtet, dass Menschen mit Behinderung eine mitunter andere Interpretation ihrer Behinderung haben können.

> „My injury has led me to opportunities and experiences and friendships I would never have had before. And it has taught me about myself. In some ways, it's the best thing that ever happened to me."[98]

Die Diskrepanz in der Beurteilung von außen und der eigenen Perspektive von Menschen mit Behinderung lässt sich durch den Unterschied zwischen der vergleichenden und der nicht vergleichenden Perspektive auf Behinderung erklären. Eine Behinderung kann schlimmer sein als ohne Beeinträchtigung zu leben (vergleichende Perspektive), während sie von der betroffenen Person überhaupt nicht negativ bewertet sein muss (nicht vergleichende Perspektive).[99] Dieselbe Unterscheidung gilt für Menschen, die etwa durch einen Unfall behindert wurden und ihre Behinderung negativ bewerten (weil sie ihren jetzigen Zustand mit ihrem vorherigen Zustand vergleichen), während sie, wenn sie sich an die Situation gewöhnt haben, sich möglicherweise gerade nicht mehr mit ihrem früheren Selbst vergleichen und ihr Leben danach bewerten, wie es gerade ist. In einem solchen Fall können sie ihre Situation sogar als äußerst positiv bewerten.[100]

Eine Behinderung kann auch so gut in das eigene Selbst integriert sein, dass sie einen unersetzbaren Teil der Identität darstellt. Dies belegen zwei für die BBC produzierte Clips, die ein Interview mit Menschen mit Autismus und eines mit Menschen mit Zerebralparese zeigen. Folgendes Gespräch ergibt sich zwischen Interviewten mit Autismus:

> „A: I had someone genuinely say to me: If you could get it cured, would you?
> B: No! What?
> A: It was like: Well no! Because that's like saying: would you change yourself as a person like your whole identity? Piss off. No."[101]

---

rungsfällen für ein zivilrechtliches Antidiskriminierungsgesetz. Kassel 2003, 5. Online unter: http://www.netzwerk-artikel-3.de/dokum/diskrim_faelle.pdf (Stand: 12.07.2021).
[97] UN-BRK, Artikel 8b.
[98] SCHRAMME, Thomas: Disability (Not) as a Harmful Condition. The Received View Challenged. In: BICKENBACH / FELDER / SCHMITZ: Disability and the Good Human Life, 72–92, 72.
[99] Vgl. ebd. 76f.
[100] Vgl. ebd. 77.
[101] BBC THREE: Things Not To Say To An Autistic Person, 2016 [Youtube]. Online unter: https://www.youtube.com/watch?v=d69tTXOvRq4 (Stand: 12.07.2021), 04:06–04:20.

2.2 Inklusion – eine Definition

Ein junger Mann mit Zerebralparese artikuliert: „I don't think that anybody I know that's got cerebral palsy, suffers from it, it's part of who we are."[102] Christian Judith, der durch einen Unfall querschnittsgelähmt ist, sagt: „Wenn ich heute beispielsweise wie durch ein Wunder laufen könnte, würde ich das ablehnen. Ich habe gar keine Lust, mein Sein zu verändern."[103] Behinderung kann also, auch wenn sie durch einen Unfall verursacht wurde, im Laufe der Zeit so sehr als Teil des Lebens und Teil der eigenen Identität wahrgenommen werden, dass sie keine veränderungsbedürftige Minderung der Lebensqualität bedeuten muss.

Ein weiteres konkretes Beispiel für eine Verhaltensweise, die auf ein Klischee oder Vorurteil zurückzuführen ist, ist die Angewohnheit, dass, wie Menschen mit Behinderung immer wieder berichten, fremde Menschen das Wort zuerst an ihre Begleitperson richten, anstatt sie direkt anzusprechen. Mehrere sehbeeinträchtigte Menschen beschreiben im BBC3-Clip ‚Things not to say to a blind person' solche Erfahrungen[104]. Diese Verhaltensweise, die nach der Behindertenrechtskonvention als schädliche Praktik bezeichnet werden kann, vermittelt Menschen mit Behinderung, dass sie nicht als mündig betrachtet werden. Ein anderes Beispiel für herabsetzende Behandlung zeigt der Clip der BBC 3 ‚Things people with Down's Syndrome are tired of hearing'[105]: Eine Mutter einer Tochter mit Down-Syndrom imitiert wie manche Menschen auf ihre jugendliche/erwachsene Tochter reagieren: (*mit überkandidelter Stimme*): „Oh, bless her! Isn't she lovely! How old is she?". Auch dieses Verhalten setzt die Person mit Behinderung herab und lässt sich als entwürdigende Handlung einzustufen. Dieses herablassende Verhalten spricht dafür, dass es, auch wenn z.B. die schulische Inklusion und deren gesetzliche Verankerung in einer Gesellschaft bereits fortgeschritten ist, mentale und kulturelle Exklusion gibt[106], die hartnäckiger ist als die Erfolge der (staatlichen) Bemühungen, Inklusion zu institutionalisieren. In dieser Hinsicht kann man Inklusion auch als persönliche Haltungsfrage bezeichnen, als Grundein-

---

[102] BBC Three: Things Not To Say To Someone With Cerebral Palsy, 2016 [Youtube]. Online unter: https://www.youtube.com/watch?v=kohcRR3VXyY (Stand: 12.07.2021), 04:14–04:19.
[103] Judith, Christian: Behinderung als Geschenk. In: Kodalle, Klaus-Michael (Hg.): Homo perfectus? Behinderung und menschliche Existenz. Würzburg 2004, 111–116, 113.
[104] BBC Three: Things Not To Say To A Blind Person, 2016 [Youtube]. Online unter: https://www.youtube.com/watch?v=ykW4tYbRgo8 (Stand: 12.07.2021), 01:41–02:19.
[105] BBC Three: Things People With Down's Syndrome Are Tired of Hearing, 2016 [Youtube]. Online unter: https://www.youtube.com/watch?v=AAPmGW-GDHA (Stand: 12.07.2021), 01:30–01:34.
[106] Schäper, Sabine: Von der ‚Integration' zur ‚Inklusion'? Diskursive Strategien um den gesellschaftlichen Ort der Anderen im Grenzfall schwerer Behinderung. In: Eckstein, Christiane / Filipović, Alexander / Oostenryck, Klaus (Hg.): Beteiligung, Inklusion, Integration. Sozialethische Konzepte für die moderne Gesellschaft. Münster 2007, 171–188, 175.

stellung für die Begegnung mit anderen Menschen, die vieles von dem, wie wir denken, wie wir sprechen und handeln, prägen kann.

2.2.3.3 Abbau mentaler Barrieren als Bedingung für eine inklusive Haltung

Eine inklusive Haltung muss in den Köpfen stattfinden und Inklusion muss auch in den Köpfen aufhören, d.h. Inklusion ist erst dann endgültig erreicht, wenn die mentalen Barrieren zusätzlich zu den physischen abgebaut sind und sich ein Umdenken über Behinderung vollzogen hat.[107] Im Inklusionsprojekt sind also zuallererst nichtbehinderte Menschen aufgefordert, aktiv zu werden, sich (gedanklicher) Exklusion von Menschen mit Behinderung in einem ersten Schritt bewusst zu werden und sie in einem zweiten Schritt zu verhindern. Andererseits ist Inklusion nicht etwas „that we do to a discrete [group of persons], but rather something we must do to ourselves."[108]

Bei den bisherigen Untersuchungen, von der Analyse der Reaktionen auf Menschen mit Behinderung über das *Othering* bis hin zu den Klischees und Vorurteilen gegenüber Menschen mit Behinderung ging es in erster Linie um Einstellungen, Denkweisen über und Klassifikationen von Menschen mit Behinderung, die alle mentale Barrieren darstellen. Nun soll die Frage im Mittelpunkt stehen, wie diese mentalen Barrieren beseitigt werden können. Der Artikel 8 der Behindertenrechtskonvention spricht in diesem Zusammenhang von „Bewusstseinseinsbildung": Die Vertragsstaaten verpflichten sich, durch geeignete Maßnahmen Vorurteile zu bekämpfen. Die Behindertenrechtskonvention benennt diese als „Kampagnen zur Bewusstseinsbildung in der Öffentlichkeit"[109], „Förderung einer respektvollen Einstellung"[110] und die „Förderung von Schulungsprogrammen zur Schärfung des Bewusstseins."[111] Laut

---

[107] Hier muss zunächst beachtet werden, dass Exklusion und Barrieren in den Köpfen sich gegenseitig bedingen: Raul Krauthausen sagt in einem Interview: „Ich stelle ganz gerne so die Frage ‚Warum haben wir diese Angst oder diese Vorurteile?' Es ist zu einfach zu sagen es sind die Barrieren in den Köpfen. Ich glaube, diese Barrieren in den Köpfen entstehen aufgrund der Ausschlüsse" (Binde, Christin: Skript zum Podcast *Zeitgeist der Inklusion*. Folge 8: „Raul Krauthausen" - Wenn Teilhabe und Teilgabe, Teilsein ergibt. Online unter: http://zeitgeist-der-inklusion.de/informationsmaterial/folge-8-raul-krauthausen-wenn-teilhabe-und-teilgabeteilsein-ergibt/ (Stand: 23.08.2021)). Für eine inklusive Haltung lässt sich jedoch sagen, dass diese auch in den Köpfen stattfinden muss. Dieses Umdenken muss in einem nächsten Schritt natürlich auch durch konkrete Handlungen sichtbar werden, ansonsten würde es im Sande verlaufen und hätte keine konkret fassbaren, inklusiven Auswirkungen.

[108] Allan, Julie: Inclusion as an Ethical Project. In: Tremain, Shelly (Hg.): Foucault and the Government of Disability. Ann Arbor 2005, 281–297, 293.

[109] UN-BRK, Art. 8, 2a.

[110] UN-BRK, Art. 8, 2b.

[111] UN-BRK, Art. 8, 2d.

2.2 Inklusion – eine Definition

Pamela Cushing besteht das Problem, dass nicht genügend positive behinderungsbezogene Narrative in der Gesellschaft kursieren, sodass ein Nichtbehinderter sich problemlos den positiven Wert eines behinderten Lebens vor Augen führen könnte.[112] Um dem entgegenzuwirken, müssen u.a. nichtbehinderte Menschen (in der direkten oder indirekten Begegnung) behinderten Menschen zuhören, die berichteten Erfahrungen bei ihren Handlungsweisen berücksichtigen und einbeziehen, wie behinderte Menschen die Welt sehen, anstatt ihnen ihr Weltbild überzustülpen[113] und zu meinen zu wissen, wie Menschen mit Beeinträchtigung leben, lieben und was sie erreichen können.[114] Günter Cloerkes sieht eine Möglichkeit, die Sichtweise Nichtbehinderter auf Menschen mit Behinderung zu verändern, in der Verbesserung der Interaktionsqualität zwischen Behinderten und Nichtbehinderten. Hierfür müsste allerdings vor allem die Person mit Behinderung aktiv werden, über eine hohe Interaktionskompetenz verfügen, „originäre[...] Reaktionsformen"[115] (wie etwa Hinschauen/Anstarren und Ansprechen) zulassen und dadurch Menschen ohne Behinderung von „Verhaltensunsicherheit"[116] befreien. Auf diese Weise könnten „günstige Voraussetzungen für Begegnungen"[117] entstehen. Der Nachteil dieser Möglichkeit ist, laut Cloerkes, dass nicht alle Menschen mit Behinderung über diese Art der „Interaktionskompetenz"[118] verfügen (ein offener Charakter ist beispielsweise Voraussetzung hierfür) oder nicht einmal haben können, weil sie zu schwer beeinträchtigt sind[119], oder die Person, mit der der Mensch mit Behinderung interagiert, nicht offen für die Veränderung ihrer Einstellung ist. Diese Möglichkeit widerspricht außerdem

---

[112] Vgl. Cushing, Pamela: Disability Attitudes, Cultural Conditions, and the Moral Imagination. In: Reinders, Hans (Hg.): The Paradox of Disability. Responses to Jean Vanier and L'Arche Communities from Theology and the Sciences. Grand Rapids 2010, 75–93, 80.

[113] „There is clearly a marked difference, indeed a gulf, between how these states of illness [Anm. H.B.: and disability] are experienced firsthand and how observers perceive them" (Carel, Havi: Ill but well. In: Bickenbach / Felder / Schmitz: Disability and the Good Human Life, 243–270, 253). Dies hat laut Carel den Grund, dass sich viele nichtbehinderte Menschen kein oder nur ein unzureichendes Bild davon machen können, was es bedeutet mit einer Behinderung zu leben. Ihr Blickwinkel ist deshalb von gängigen oder traditionellen Repräsentationen von Behinderung geprägt.

[114] Menschen mit Down-Syndrom sind bspw. mit den Klischees konfrontiert, dass sie nicht lernen können, nicht unabhängig leben können, dass sie keine Liebesbeziehungen haben können, dass sie nicht arbeiten können. Bei BBC Three: *Things people with Down's Syndrome are tired of hearing* werden all diese Vorurteile von Menschen mit Down-Syndrom widerlegt.

[115] Cloerkes: Problematik widersprüchlicher Normen, 136.

[116] Ebd.

[117] Ebd.

[118] Ebd.

[119] Wobei aber wieder zu diskutieren wäre, ob nicht auch schwerbehinderte Menschen anderen nichtbehinderten Menschen auch ohne große Aktion durch bloße Anwesenheit die Angst in der Begegnung nehmen können.

der Einsicht, dass Inklusion etwas ist, das man nicht für andere tun kann, sondern das man für sich selbst verwirklicht und daher von allen getragen werden muss. Wenn jedoch Menschen ohne Beeinträchtigung grundsätzlich offen dafür sind, der Erfahrung von Menschen mit Behinderung mehr Beachtung zu schenken, wären körperliche Einschränkungen und der Verlust von körperlichen Fähigkeiten u.U. weniger dämonisiert als sie es in der gegenwärtigen Gesellschaft sind. Ein solcher Sinneswandel auf individueller Ebene könnte im besten Fall langsam zu einem allgemeinen Sinneswandel führen, den Günther Cloerkes in der Änderung der gesellschaftlichen Wertestruktur erkennt:

> „Ich halte mittelfristige Veränderungen in der Wertestruktur unserer Gesellschaft durchaus für möglich. Sie könnten bewirken, dass Behinderung einmal als eine ganz ‚natürliche' Variante des sozialen Lebens begriffen wird."[120]

Als Beispiel eines solchen Wertewandels nennt er die „Liberalisierung sexueller Vorschriften zu Beginn der 1970er Jahre"[121] und meint, dass „längerfristig […] eine Relativierung des Leistungsprinzips und der damit verbundenen Werte" abzusehen ist.[122] Wie genau aber so ein Wertewandel vonstattengehen soll, bleibt bei Cloerkes jedoch höchst unklar. Wie können die derzeitigen gesellschaftlichen Werte wie Leistungsfähigkeit und Unabhängigkeit relativiert werden, die den Assoziationen von Behinderung auf den ersten Blick diametral entgegenstehen? Zumindest eine Voraussetzung für einen Wertewandel, wie Cloerkes ihn vorschlägt, ist in der Auseinandersetzung mit bestehenden Werten zu sehen (vgl. 2.3.2).

2.2.3.4 Anerkennung von Differenz und Vielfalt als Bedingung für eine inklusive Haltung

Bei der Untersuchung von Behinderung wurde oben die Vielfalt der Erscheinungsformen von Behinderung herausgestellt. Daher überrascht es nicht, dass die Anerkennung von Vielfalt und Differenz eine Leitidee der Inklusion ist.[123] In einer inklusiven Gesellschaft ist es „normal verschieden zu sein" (Richard von Weizsäcker). Vielfalt wird hier also positiv konnotiert[124]: Vielfalt

---

[120] Ebd. 136f.
[121] Ebd. 137.
[122] Das Problem, das ich bei diesem Vergleich sehe, ist, dass es sich hier um zwei völlig unterschiedliche, nicht zu vergleichende Bereiche handelt. Hier wird etwas, was in der gelebten Realität für viele schon Wirklichkeit war (Enttabuisierung sexueller Normen) mit etwas verglichen, was momentan (noch) den gesamten beruflichen Bereich zu durchziehen scheint.
[123] LIEDKE, Ulf / WAGNER, Harald: Inklusionen. Sozialwissenschaftliche Grundlagen für eine Praxistheorie der Teilhabe und Vielfalt. In: Dies.: Inklusion, 21.
[124] Annedore Prengel merkt an, dass Vielfalt allgemein mit einer *Wertschätzung* von „als vielfältig gekennzeichneten Phänomenen" (PRENGEL, Annedore: Vielfalt. In: DEDERICH /

2.2 Inklusion – eine Definition

initiiert Austausch und regt an, in Verschiedenheit voneinander zu lernen. Sie fördert die Sozialkompetenz, indem Menschen sich auf das Andere einlassen, woraus Empathie, Verständnis und Sensibilität entstehen können. Weiterhin können aus Vielfalt neue kreative Ideen entstehen und alternative Lösungen entwickelt werden.[125] Zudem ist Verschiedenheit eine soziale Realität, über die strukturell nicht hinweggegangen werden darf. Im Falle einer Behinderung wird auf staatlicher Ebene Verschiedenheit anerkannt und dadurch bestimmt, wer Zugang zu verschiedenen Hilfesystemen, Nachteilsausgleichen, Steuervergünstigungen, gesonderten Parkplätzen oder Zusatzurlaub bekommt. Andererseits ist die Beobachtung wichtig, dass Menschen mit Behinderung sich wünschen, als ‚ganz normale' Menschen wahrgenommen zu werden[126], d.h. dass das Bedürfnis vorhanden ist, dass die Kategorie der Differenz in den Hintergrund rückt und stattdessen das den Menschen Gemeinsame betont wird. Dieses Anliegen besteht, weil Menschen mit Behinderung gesellschaftlich (mit der oftmals auf den ersten Blick sichtbaren Differenz) häufig das Label ‚nicht normal' aufoktroyiert wird. Der Slogan ‚Es ist normal, verschieden zu sein' kann hier die verschiedenen Interessen (Anerkennung von Vielfalt und Differenz vs. Wunsch nach Normalität) ausgleichen, indem er herausstellt, dass Vielfalt Teil der Normalität ist.

Wichtig für den Differenzgedanken ist auch, dass immer wieder beobachtet werden kann, dass Menschen mit schwerer (geistiger) Behinderung oder Mehrfachbehinderung[127] aus dem allgemeinen Inklusionsprojekt ausgeschlossen werden: Menschen mit mehrfacher Behinderung sind „von Ausgrenzung

---

    JANTZEN: Behinderung und Anerkennung, 105–112, 105) verbunden ist (Bsp.: biologisch: Artenvielfalt, juristisch: Wertschätzung der kulturellen Vielfalt).

[125] Beispielsweise berichtet Raul Krauthausen, wie er und andere Rollstuhlfahrer_innen seiner Schule in die Vorbereitung auf die Fahrradprüfung auf dem Verkehrsübungsplatz eingebunden wurden, indem sie auf Kettcars mit Beifahrer_innen Verkehrsteilnehmer simulierten (vgl. AGUAYO-KRAUTHAUSEN, Raúl: Dachdecker wollte ich eh nicht werden. Das Leben aus der Rollstuhlperspektive. Reinbek 2014, 59).

[126] Vgl. BUNDESVEREINIGUNG LEBENSHILFE FÜR MENSCHEN MIT GEISTIGER BEHINDERUNG E.S. (Hg.): Menschen mit Behinderung in unserer Gesellschaft. „Wir sind auch ganz normale Leute!" Berlin ²2006. Online unter: http://www.lebenshilfe-rt.de/wData/downloads/LH-Rheingau-Taunus/Ueber-Menschen-mit-geistiger-Behinderung.pdf (Stand: 12.07.2021).

[127] Schwere Behinderung, wie ich sie im Folgenden nennen werde, liegt mit Lars Mohr vor, „wenn es bei einem Menschen mit einer intensiven Einschränkung der individualen Disposition in mehreren Entwicklungsbereichen [...] zu einer ungenügenden Balance kommt zwischen den Verhaltenspotenzialen, den (Verhaltens-) Anforderungen oder Erwartungen seines Umfelds sowie den kontextuellen Bedingungen seiner Lebenswelt, wobei sich die ungenügende Balance in gravierenden Teilhabebeschränkungen [...] des betroffenen Menschen ausdrückt" (MOHR, Lars: Schwerstbehindert herrschen - Sonderpädagogische Anstöße zu einer inklusiven Auslegung des ‚dominium terrae'. In: GRÜNSTÄUDL, Wolfgang / SCHIEFER FERRARI, Markus (Hg.): Gestörte Lektüre. Disability als hermeneutische Leitkategorie biblischer Exegese. Stuttgart 2012, 202–218, 204).

von nahezu allen gesellschaftlich-kulturellen Bezügen bedroht."[128] Sie fallen aus einer akzeptierten Differenz heraus: Diese Form der Exklusion kann darauf zurückgeführt werden, dass nur eine gewisse Abweichung von der Normalität toleriert wird: „Das Gradmaß der geduldeten Verschiedenheit ist genormt."[129] Für Menschen mit schwerer Behinderung, die weder laufen und sich verbal mitteilen können, noch irgendeine Form von Autonomie auszuüben scheinen, stellt sich die Gefahr des *Othering* im Vergleich zu ‚leichter' behinderten oder körperlich behinderten Personen noch einmal zugespitzt dar. Dieser Umstand führt die Inklusion insgesamt *ad absurdum*[130], denn ihr Hauptgedanke, dass *alle* Menschen selbstverständlich als dazugehörig gelten sollen, wird im Zuge der Hierarchisierung von Behinderung unterlaufen. Die große Herausforderung, die hier besteht, ist es, diese Menschen ebenso in das Inklusionsprojekt miteinzubeziehen. Meine Intention ist gerade auch Menschen mit schweren Behinderungen durch meine inklusiven Denk- und Sprechweisen zu repräsentieren und somit der Tendenz entgegenzuwirken, Menschen mit Mehrfachbehinderungen und geistigen Behinderungen im Inklusionsprozess zu vernachlässigen.

2.2.4 Zusammenfassung

Hier wurde Inklusion zunächst als Zustand definiert, in dem alle Menschen von Anfang an gesellschaftlich partizipieren können und selbstverständlich Teil der Gesellschaft sind. Insofern muss Inklusion als Idealzustand begriffen werden, in dem man sich diesem Orientierungspunkt der idealen Einbeziehung langsam annähert und Gesellschaft so verändern, dass eine Teilhabe aller von Anfang an selbstverständlich ist. Innerhalb dieses Prozesses der Inklusion wurden auch integrative Maßnahmen als unerlässlich erachtet, die Anstrengungen in Richtung einer inklusiven Gesellschaft unternehmen. Außerdem wurde Inklusion als Grundhaltung beschrieben, die bestimmt, wie man anderen Menschen begegnen, wie man denkt, spricht und handelt. Mit der Untersuchung der sozialen Reaktionen, der Klischees und Vorurteile gegenüber Menschen mit Behinderung wurde festgestellt, dass zur Umsetzung einer inklusiven Haltung vor allem mentale Barrieren beseitigt werden müssen. Diese Denkhindernisse können etwa durch Bewusstseinsbildung aufgehoben bzw. relativiert werden, welche beispielsweise positive behinderungs-

---

[128] BERNASCONI, Tobias / BÖING, Ursula: Einleitung. Schwere Behinderung & Inklusion – grundlegende Anmerkungen. In: Dies. (Hg.): Schwere Behinderung & Inklusion. Facetten einer nicht ausgrenzenden Pädagogik. Oberhausen 2016, 11–22, 11.
[129] SCHLÜTER, Martina: Körperbehinderung und Inklusion im Speziellen. In: JENNESSEN, Sven et al. (Hg.): Leben mit Körperbehinderung. Perspektiven der Inklusion. Stuttgart 2010, 15–32, 15.
[130] SCHÄPER: Von der ‚Integration' zur ‚Inklusion'?, 177.

bezogene Narrative generiert. Weitere Vorschläge beziehen sich auf die Verbesserung der Interaktionsqualität zwischen Menschen mit und ohne Behinderung und auf die Änderung der gesellschaftlichen Wertestruktur, wobei aber höchst unklar war, wie der erste Vorschlag von allen Menschen mit Behinderung geleistet werden soll und wie der zweite Vorschlag genau umgesetzt werden kann. Eine Voraussetzung für die Änderung der gesellschaftlichen Wertestruktur, die leichter zu formulieren ist als das Wie des Prozesses eines Wertewandels, ist eine Auseinandersetzung mit bestehenden Werten (vgl. 2.3.2: Kriterium 5). Ferner müssen Menschen mit schweren Behinderungen bei der Umsetzung der Inklusion besonders Beachtung finden, da sie häufig aus dem allgemeinen Inklusionsprojekt ausgeschlossen werden.

2.3 Inklusive Sprech- und Denkweisen

Da ich mich innerhalb des Feldes der theologischen Anthropologie bewege, die Sprechweisen über den Menschen hervorbringt, soll hier zunächst der Zusammenhang zwischen Denkweisen, die zuletzt als entscheidend für Inklusion herausgestellt wurden, und Sprechweisen etabliert werden.

2.3.1 Vorüberlegung zu Denk- und Sprechweisen

Die vorliegende Arbeit unterliegt folgenden Grundannahmen:

1) Sprechweisen und Begriffen ist eine Orientierungs- und Deutungsmacht zuzusprechen[131], d.h. Sprechweisen beeinflussen, wie über eine Sache gedacht wird, an welchen durch die Sprache vorgegebenen Schemata man sich orientiert. Sprachliche Ausdrucksformen bestimmen also Interpretationen von Wirklichkeit mit und legen, ohne dass eine Person sich dessen bewusst ist, Verhaltens- und Handlungsmuster fest, die der persönlichen Entscheidung vorenthalten sind.[132]

2) Außerdem wird in dieser Arbeit angenommen, dass Sprech- und Denkweisen sich gegenseitig bedingen und Interpretationen von Wirklichkeit beeinflussen. Eine neue Sprechweise ohne eine beginnende veränderte Denkweise zu etablieren, kann nur langsam eine Veränderung herbeiführen, da die Sprechweise mental noch nicht repräsentiert ist und deshalb der Impetus zur Veränderung fehlt. Dennoch kann angenommen werden, dass eine veränderte Sprechweise nachhaltig die Denkweisen verändern kann, auch wenn

---

[131] Vgl. HARDTWIG, Wolfgang / WEHLER, Hans-Ulrich: Einleitung. In: Dies. (Hg.): Kulturgeschichte heute. Göttingen 1996, 7–13, 10.
[132] Vgl. ebd.

dies ein am Anfang mühsamer und insgesamt langsamer Prozess sein kann. Eine Denkweise ohne eine neue Sprechweise, kann die Denkweise gefährden, denn wenn sich eine veränderte Mentalität nicht in einer verbalen Ausdrucksform niederschlägt, kann dies einer vollständigen Transformation im Denken (und in der Realität) entgegenstehen.

Diese Grundannahmen haben die Einsicht zur Folge, dass Sprache mitbeeinflusst, wie bestimmte Sachverhalte beurteilt werden und wie Wirklichkeit wahrgenommen wird. Das bedeutet, dass Sprechweisen, die festlegen, wie über Gottebenbildlichkeit gesprochen wird, Denkweisen darüber beeinflussen, wie Wirklichkeit beschaffen ist – also auch, wie Gott und Mensch beschaffen sind. Durch (tendenziell) exkludierende Sprechweisen werden Menschen mit (bestimmten) Behinderungen implizit nicht mitgedacht, wenn über Menschsein im Allgemeinen nachgedacht wird. Dies hat Konsequenzen

a) für den Einzelnen
b) für die Gesellschaft

a) „Das Bild vom Menschen – das heißt das Bild vom Menschen im Allgemeinen und das Bild vom geistig Behinderten im Besonderen – haben Einfluss darauf, wie konkrete Individuen wahrgenommen [...] werden." [133]

Das eigene Menschenbild prägt, wie einzelne Personen wahrgenommen werden: Ob sie dem allgemeinen, ‚normalen' Menschsein zugeordnet werden oder sie als nicht vollständig mit dem Menschlichen, wie auch immer dies definiert sein mag, begabt gesehen werden und sie als Abweichung und Ausnahmefall des Menschseins betrachtet werden, weil sie das Menschliche im Menschen nicht zu repräsentieren scheinen. Das bedeutet auch, das Problem liegt einerseits darin begründet, wie Menschen mit Behinderung gesehen werden andererseits wie das Menschliche im Menschen (Bild vom Menschen) definiert wird. Der erste Schritt in der Revision dieser Problemaspekte liegt m.E. darin, das Menschliche im Menschen neu zu definieren, sodass alle Menschen auch uneingeschränkt das Menschliche repräsentieren und nicht eine Sonderkategorie für sie bereitgehalten werden muss. Ein zweiter Schritt, der darin besteht, den Blick auf Menschen mit Behinderung zu verändern, wäre dann einfacher zu vollziehen, wenn das Menschliche im Menschen schon so definiert wäre, sodass kein Mensch aus der Kategorie ‚Menschsein' herausfällt bzw. sodass gerade Menschen mit Behinderung besonders in die Sprechweise über Menschen miteinbezogen würden. In der zweiten Grundannahme wurde davon ausgegangen, dass veränderte Sprechweisen auch nachhaltig die Denkweisen umgestalten können. Zugleich ist eine Veränderung der Denkweisen

---

[133] DEDERICH, Markus: Geistige Behinderung – Menschenbild, Anthropologie und Ethik. In: THEUNISSEN, Georg / MÜHL, Heinz (Hg.): Pädagogik bei geistiger Behinderung. Ein Handbuch für Studium und Praxis. Stuttgart 2006, 542–557, 547.

über Menschen mit Behinderung auch ungleich schwieriger zu vollziehen als Sprechweisen zu verändern, weil es nicht ohne Weiteres möglich ist, festgefahrene (unbewusste) Denkmuster aufzuweichen oder gar zu verändern. Dennoch kann festgehalten werden, dass es sich bei der Veränderung der Sprechweise über das Menschsein um einen ersten wichtigen Schritt handelt, der auch Rückwirkungen auf die Sichtweise auf Menschen mit (schwerer) Behinderung haben kann.

b) „Es ist das Menschenbild in unseren Köpfen, das die gesellschaftliche Praxis hervorbringt, die ihrerseits wieder das Menschenbild konstituiert wie modifiziert."[134]

Das Menschenbild beeinflusst, wie wir Menschen gesellschaftlich miteinander umgehen. Ob Menschen mit (bestimmten) Behinderungen als hilfsbedürftig und als für das gesellschaftliche Leben überflüssig angesehen werden oder als volle Mitglieder unserer Gesellschaft, die wichtige Aspekte ins Gemeinschaftsleben einzubringen haben, hat Auswirkungen auf unsere gesellschaftliche Praxis. Ein Beispiel ist die Wahrnehmung von Menschen mit Behinderung in der Kirchengemeinde: Es macht einen großen Unterschied, ob Menschen mit Behinderung nur als Objekte der Caritas bzw. der Diakonia oder selbst als aktive Subjekte der kirchlichen Grundvollzüge Koinonia, Leiturgia und Martyria wahrgenommen werden.

2.3.2 Kriterien für inklusive Sprechweisen

Auf Grundlage der vorangegangenen Vorüberlegung zu Denk- und Sprechweisen sowie aus dem oben entwickelten Behinderungsbegriff und den Überlegungen zum Gelingen von Inklusion können folgende Kriterien für die Entwicklung inklusiver Sprechweisen innerhalb einer inklusiven Anthropologie abgeleitet werden, die für mein Vorhaben gelten müssen, eine inklusive Sprechweise vom Menschen als Gottes Ebenbild zu etablieren. Da es in der vorliegenden Arbeit um die Entwicklung neuer Sprechweisen innerhalb der theologischen Anthropologie geht, wird anschließend an die verschiedenen Kriterien jeweils die theologische Relevanz dieser aufgezeigt.

1) Inklusive Sprechweisen beziehen *alle* Menschen *von Anfang an* ins Sprechen ein, d.h. es gibt keine Menschen, die erst im Nachhinein, z.B. durch ein integratives ‚auch', mitgemeint werden, deshalb kann es sich nicht um Sprechweisen handeln, die Sonderanthropologien generieren.

---

[134] FEUSER, Georg: Zum Verhältnis von Menschenbildern und Integration – „Geistigbehinderte gibt es nicht!" Wien 1996. Online unter: http://bidok.uibk.ac.at/library/feuser-menschenbild.html (Stand: 12.07.2021).

Dieses Kriterium leitet sich aus meiner Definition von Inklusion ab, dass alle Menschen von Anfang an dazugehören und selbstverständlich gleichberechtigt an Gesellschaft partizipieren. Auf den Bereich der Anthropologie übertragen bedeutet dies, dass eine inklusive Anthropologie dazu in der Lage sein muss, Menschsein so festzulegen, dass *tatsächlich* das Menschsein *aller* repräsentiert ist. Mit einer Sonderanthropologie lässt sich dies kaum erreichen, da sie einen Sonderbereich für Menschen mit Behinderung eröffnet, der für sie besondere Kategorien bereithält. Ein Beispiel für solch eine Sonderanthropologie ist in Nancy Eieslands ‚The Disabled God'[135] zu finden. Eiesland geht hier von der Beobachtung aus, dass Menschen mit Behinderung lange aus der Kirche ausgeschlossen wurden, und entwirft daraufhin eine Konzeption vom behinderten Gott, die auf Menschen mit Behinderung ausgerichtet ist: Besonders in Jesus Christus teilt Gott die Erfahrungen von Menschen mit Behinderung, macht Menschen mit Behinderung zu Gottes Ebenbildern und folglich zu vollen Mitgliedern der Gemeinschaft der Kirche. Problematisch an diesem Ansatz ist m.E. jedoch, dass Eiesland damit eine Sonderanthropologie für Menschen mit Behinderung entwickelt. Dieser Sonderbereich für Menschen mit Behinderung kann eine Begegnung auf Augenhöhe verhindern und spielt dem *Othering* in die Hände. Eine plausible inklusive theologisch-anthropologische Sprechweise hingegen kann bei Menschen mit Behinderung nicht mit einem Sonderfall des Menschseins rechnen, sondern sollte sie natürlicherweise in (theologische) Sprechweisen miteinbeziehen. Ulrich Bach findet dahingehend klare Worte: Laut Bach soll Theologie darauf verzichten, unterschiedliche Aussagen über behindertes und nichtbehindertes Menschsein zu artikulieren[136], man dürfe nicht länger einen „anthropologischen Graben"[137] ziehen, sonst ende dies in einer „spaltenden [...] Theologie"[138], die einem „Schisma"[139] gleichkäme. Es geht bei inklusiven Sprechweisen darum, Menschsein von Anfang an so zu denken, dass Menschen mit Behinderung am allgemeinen Menschsein partizipieren. Nur so kann ein wirklich inklusives Konzept entstehen, in dem Menschen mit Behinderung von Anfang an ins Sprechen einbezogen sind. Gleichzeitig muss deutlich werden, dass jeder einzelne Mensch von Gott in seinem Dasein gewollt und geliebt ist. Diese Aussage zu verneinen würde bedeuten, Menschen mit Behinderung in einer Apartheidstheologie als Sonderkategorie des Menschseins abzutun[140], sie als „unbegreiflicherweise mißlungene Exemplare der himmlischen Werkstatt"[141] zu betrachten und sie sie dadurch

---

[135] EIESLAND, Nancy: The Disabled God. Toward a Liberatory Theology of Disability. Nashville 1994.
[136] Vgl. BACH: Ohne die Schwächsten, 346.
[137] Ebd. 348.
[138] Ebd. 346.
[139] Ebd. 348.
[140] Vgl. ebd. 106.
[141] Ebd. 19.

von der Botschaft des Evangeliums auszuschließen. Das Antwort-Sein auf Gottes Zuwendung kann weiter mit Bachs Aussage ausgedeutet werden, „Gott will, daß dieses Leben mein Leben ist"[142], die für alle Menschen gilt. Dieser für Bach so wichtige Satz bedeutet für ihn, dass wir Menschen „den von Gott uns geschaffenen freien Raum mit Leben füllen, und das kann nur heißen: mit widersprüchlichem Leben füllen."[143] Ein widersprüchliches Leben zu führen, bedeute, ein Leben zu führen, das verzweifelnde Klage in Situationen, in denen uns das Leben schwer ist, zulässt, aber das auch Momente der Freude auskostet.[144] In diesem Sinne muss ein inklusives Gottebenbildlichkeitskonzept jeden Menschen als von Gott geliebtes und gewolltes Dasein und als auf Gottes Zuwendung antwortende Existenz begreifen.

Theologische Relevanz: In einer theologischen Anthropologie ist jeder Mensch eingeschlossen und angesprochen. In der Formulierung der Gottebenbildlichkeit in Gen 1,26f ist generisch von *dem Menschen* die Rede. Die Sinnspitze der Gottebenbildlichkeitsaussage ist zudem darin zu sehen, dass im Gegensatz zu ägyptischen Quellen, in denen Gottebenbildlichkeit als Königsprivileg allein dem Pharao zugesprochen wird, im Pentateuch die Gottebenbildlichkeit für alle Menschen beansprucht wird. In diesem Sinn kann von einer Demokratisierung der Gottebenbildlichkeitsvorstellung gesprochen werden, die für ausnahmslos alle Menschen gilt. (vgl. 1.2.3.1) Das erste Kriterium für inklusive Sprechweisen lässt sich außerdem durch die Paulus-Formulierung im Galaterbrief untermauern: „Es gibt nicht mehr Juden und Griechen, nicht Sklaven und Freie, nicht männlich und weiblich; denn ihr alle seid einer in Christus Jesus" (Gal 3,28). Die vorherrschenden gesellschaftlichen und innergemeindlichen Unterscheidungskriterien, die im Umgang miteinander Grenzen ziehen und ggf. verschiedene Rechte und Pflichten, Chancen und Hindernisse nach sich ziehen, sollen in der Gemeinde nicht relevant sein. Denn auf Christus bezogen sind alle eins. Die Einteilung von Menschsein ‚mit' und ‚ohne' Behinderung kann daher aus neutestamentlicher Perspektive hinterfragt werden.

2) Die Lebensrealität von Menschen mit Behinderung wird auf dem Weg zu einer inklusiven Anthropologie berücksichtigt.

Paradoxerweise führt diese Vermeidung einer Sonderanthropologie zunächst zu einer expliziten Thematisierung der Lebenswelt von Menschen mit Behinderung. Eine Integrationsbewegung, die die Realität von Menschen mit Behinderung ins Sprechen vom Menschsein einbezieht, ist unentbehrlich: Ausgehend von der Annahme, dass eine theologische Anthropologie nur dann

---

[142] Ebd. 54.
[143] Ebd. 76.
[144] Vgl. ebd.

endgültig inklusiv sein kann, wenn es keinen Grund mehr dafür gibt, dass sich jemand ausgeschlossen fühlt, lautet die Aufgabe, Auslöser für die Exklusivität mancher Sprechweisen aus dem Weg zu räumen. Dies kann nur gelingen, indem die zuvor Ausgeschlossenen besonders beachtet werden, denn wo Menschen mit Behinderung

> „nicht oder erst nachträglich thematisiert [werden], landen wir unausgesprochen oder ausgesprochen bei einer gespaltenen Anthropologie. [...] Der behinderte Mensch muss in der Theologie gesondert thematisiert werden, damit er nicht zum Sonderthema wird."[145]

Folglich kann Inklusion im Fall einer inklusiven Anthropologie letztlich nur durch eine Integrationsbewegung erreicht werden: Indem die zuvor ausgeschlossene Gruppe[146] explizit in das Sprechen vom Menschsein integriert wird,[147] können in einem zweiten Schritt alle Menschen von Anfang an mit einer Sprechweise angesprochen sein und somit inklusive Sprechweisen ermöglicht werden. Konkret kann dies geschehen, indem die besondere Lebensrealität, die (alltäglichen) Erfahrungen von Menschen mit Behinderung beachtet und ernst genommen werden (vgl. 2.1.3.1).[148] Dies impliziert eine besondere Aufmerksamkeit für die Perspektiven und die Lebenssituationen einzelner Menschen mit Behinderung, die beispielhaft sichtbar werden sollen. Die Erfahrungen und die Lebensrealität von Menschen mit Behinderung sind die Test-Größe, wenn es um inklusive Sprechweisen geht. Dabei sind vor allem Menschen mit schwerer Behinderung zu beachten, da sie, wie in 2.3.4 gesehen, häufig von Inklusionsvorhaben ausgeschlossen werden. So werden die

---

[145] BACH, Ulrich: Dem Traum entsagen, mehr als ein Mensch zu sein. Neukirchen-Vluyn 1986, 135.
[146] Hierbei handelt es sich wie in 2.1.3.2 gesehen um eine heterogene Gruppe.
[147] Ein Beispiel hierfür ist der Leitspruch „Black Lives Matter" der gleichnamigen Bewegung, die sich gegen Gewalt gegen Schwarze einsetzt. Das „All Lives Matter" ist im Gegensatz zu „Black Lives Matter" als verharmlosend einzustufen, da es gerade darum geht, auf die Benachteiligung aufmerksam zu machen und sich für die Rechte der benachteiligten Gruppe einzusetzen.
[148] Die Thematisierung der Lebensrealität von Menschen mit Behinderung als Bedingung für Inklusion lässt sich auch bei anderen Autor_innen finden: In der Orientierungshilfe der EKD *Es ist normal, verschieden zu sein* heißt es, dass Inklusion gelingen kann, wenn die „individuellen Bedürfnisse [und die] jeweilige Lebenswelt von Menschen mit Behinderung" Beachtung finden (KIRCHENAMT DER EKG (Hg.): Es ist normal, verschieden zu sein. Inklusion leben in Kirche und Gesellschaft. Eine Orientierungshilfe des Rates der Evangelischen Kirche in Deutschland. Gütersloh 2014. Online unter: https://www.ekd.de/ekd_de/ds_doc/orientierungshilfe_inklusion2105.pdf (Stand: 12.07.2021), 31); und Cristina Gangemi, eine Beraterin der Bischofskonferenz von England und Wales, meint, dass man Theologie in inklusiver Weise verändern kann, wenn man Menschsein „through the lens of the life and the personhood of disabled people" betrachtet (RADIO VATIKAN: Conference on disability to take place in Vatican, Vatikanstadt 2016. Online unter http://www.archivioradiovaticana.va/storico/2016/06/16/conference_on_disability_to_take_place_in_vatican/en-1237638 (Stand: 12.07.2021)).

2.3 Inklusive Sprech- und Denkweisen

Lebensrealitäten von Menschen mit schwerer Behinderung immer wieder als Testfälle relevant sein, wenn nach Bach geprüft werden soll:

> „Zeige mir deinen Entwurf, laß uns überlegen, ob deine Aussagen auch im Blick auf [schwer]behinderte Menschen zutreffend sind; wenn das nicht der Fall ist, dann taugt eben deine ganze Anthropologie nichts."[149]

Um die Gültigkeit meiner inklusiven Sprechweisen zu überprüfen und um das zweite Kriterium einzulösen, wähle ich in erster Linie zwei Lebensbeispiele von Menschen mit Behinderung, Samuel Koch und Adam, mit deren Lebensrealität, die in ihren Auto- und Fremdbiografien zum Ausdruck kommt, die Inklusivität der Sprechweisen abgeglichen werden soll (vgl. 4.6.5 und 4.6.9).

Theologische Relevanz: Im zweiten Kriterium für inklusive Sprechweisen ging es darum, die Erfahrungen von Menschen mit Behinderung miteinzubeziehen. Menschliche Erfahrung hat in der Theologie einen hohen Stellenwert: Man kommt nicht umhin, in *menschlichen* Worten zu formulieren, wie Gott und den Menschen gedacht wird. Deshalb ist menschliche Erfahrung, welche als in Erkenntnissen sich niederschlagendes Erleben reformuliert werden kann, ausschlaggebend für Theologie. Von Gott kann daher nur anthropologisch vermittelt geredet werden. Außerdem sollte Theologie, um nachvollziehbar zu bleiben, immer bei anthropologischen Aussagen ansetzen, um theologische Zusammenhänge zu erklären und verständlich zu machen.[150] Menschliche Erfahrungen sind also die grundlegende Kategorie, um überhaupt nachvollziehbar Theologie treiben zu können. Auch die Bibel speist sich aus verschiedenen menschlichen Erfahrungen mit Gott; so zeichnet sie aus vielfältigen Erfahrungen mit Gott ein vielgestaltiges Gottesbild. Melchior Cano nennt im 16. Jahrhundert unter seinen *loci theologici* als Ort der theologischen Erkenntnis die menschliche Geschichte, die sich letztlich aus einzelnen menschlichen Erfahrungen zusammensetzt.[151] Auch die Pastoralkonstitution Gaudium et Spes verkündet in GS 1, dass die Erfahrungen („die Freude und Hoffnung, Trauer und Angst") „der Menschen von heute" für die Gemeinschaft der Gläubigen von höchster Relevanz ist.

3) Für eine inklusive Sprechweise vom Menschen wird eine Balance zwischen Gleichheit und Differenz hergestellt.

Das erste und das zweite Kriterium zusammengenommen können auf abstrakter Ebene als Bestreben interpretiert werden, eine Balance zwischen Gleich-

---

[149] Bach: Der behinderte Mensch, 385.
[150] Vgl. z.B. Pannenberg, Wolfhart: Anthropologie in theologischer Perspektive. Göttingen 1983.
[151] Hogemüller, Boris: Melchioris Cani De Locis Theologicis Libri Duodecim. Studien zu Werk und Autor. Baden-Baden 2018, 21f.

heit und Differenz zu finden, welches sich auch im Wunsch von Menschen mit Behinderung niederschlägt, einerseits in und mit ihrer Beeinträchtigung anerkannt zu werden und andererseits als wie alle anderen wahrgenommen zu werden (vgl. 2.1.3.2). Dabei kann das Kriterium, keine Sonderanthropologie zu formulieren, als Intention betrachtet werden, für alle Menschen grundsätzlich eine Gleichheit und deshalb auch eine Gleichwertigkeit zu konstatieren. Doch Gleichheit kann nicht ohne eine Anerkennung von Differenzen existieren, weil unverkennbar Unterschiede zwischen Menschen existieren. Aus diesem Grund entsteht die Aufgabe, die Perspektive der Gleichheit mit jener der Differenz auszubalancieren. Diese Differenzperspektive wird durch das Kriterium und die Absicht repräsentiert, die besondere Lebensrealität von (einzelnen) Menschen mit Behinderung zu berücksichtigen. Beide Aspekte sind wiederum Teil des inklusiven Gedankens: Es kann keine Inklusion ohne allgemeine Gleichheit und Gleichwertigkeit in gelebter Differenz geben.[152]

Theologische Relevanz: Mit der Gottebenbildlichkeit, die in Genesis 1 allen Menschen zugesprochen wird, sind alle Menschen königliche Stellvertreter_innen Gottes. Damit ist eine fundamentale Gleichheit aller verbürgt. Gleichzeitig werden biblisch doch individuelle Unterschiede geachtet. Als Beispiel ließe sich hier Psalm 139 anführen, der den Einzelnen in seiner Individualität und Einzigartigkeit als von Gott erforscht und erkannt (Ps 139,1) beschreibt.

4) In einer inklusiven Anthropologie kommt der Mensch in seiner Ganzheitlichkeit in den Blick.

Bei besonderer Beachtung von Menschen mit schwerer (körperlicher oder geistiger) Behinderung (vgl. 2.2.3.4) kann im Gegensatz zur westlichen Philosophie- und Theologiegeschichte, in der das Menschsein im Vernunftwesen gesehen wurde (Aristoteles, Platon, Augustinus, Thomas, Anselm usw. vgl. 1.2.1), womit eine tendenzielle Abwertung der leiblichen Dimension des Menschen einherging, der Mensch nicht auf seine Geistigkeit reduziert werden: Eine Anerkennung der leiblichen Dimension ist essenziell für Menschen, die häufig auf ihre leibliche Erfahrung zurückgeworfen sind, weil sie Schmerzen haben, weil sie behutsam mit ihrem Körper umgehen müssen oder weil dieser Körper ihnen nicht alles, was sie sich wünschen würden, ermöglicht. Zudem nutzen Menschen mit schwerer Behinderung zur Kommunikation ver-

---

[152] Auch Debora Creamer versucht in ihrer inklusiven Anthropologie ein Gleichgewicht zwischen Gleichheit und Differenz herzustellen, indem sie eine Theologie der Grenzen vorschlägt, in der jedem Menschleben gewisse Grenzen intrinsisch sind (vgl. CREAMER: Disability and Christian Theology, 94). Menschen sind allerdings in unterschiedlichem Maße und Menschen mit Behinderung unter Umständen noch einmal potenziert mit bestimmten Grenzen konfrontiert (vgl. ebd. 109). Mit dieser Anthropologie der Grenzen beabsichtigt Creamer einen Ausgleich zwischen Gleichheit und Differenz.

mehrt ihren Körper, ihre Atmung, ihre Körperhaltung, kleine Gesten, einen Augenaufschlag, um mit anderen in Kontakt zu treten und ihre Bedürfnisse zu äußern oder Zustimmung oder Ablehnung auszudrücken. Andreas Fröhlich nennt diese Art der Kommunikation somatischen Dialog[153]. Deshalb darf die leibliche Dimension in einer inklusiven Anthropologie nicht vernachlässigt werden. Zugleich ist eine Anerkennung der leiblichen Dimension für alle relevant, da der Leib als Bedingung unserer Existenz in dieser Welt bezeichnet werden kann, durch den Leib werden andere Personen wahrgenommen und treten zueinander in Kontakt (vgl. 4.4).

Theologische Relevanz: Aus der exegetischen Untersuchung der Gottebenbildlichkeit (vgl. 1.1) ging hervor, dass das alttestamentliche Menschenbild ein ganzheitliches ist: Der Mensch wird im Alten Testament in seinen geistigen und leiblichen Dimensionen ernst genommen, die aus alttestamentlicher Perspektive nicht voneinander zu trennen sind. Nur eine Rede, die ein Ineinander von materiellem und geistigem Wesen des Menschen annimmt, kann sich zu Recht als biblisch fundierte Rede bezeichnen.

5) Inklusive Sprechweisen innerhalb einer inklusiven Anthropologie haben das Potenzial, die gesellschaftliche Wertestruktur zu verändern. Daher wird die bestehende Wertestruktur bei der Formulierung inklusiver Sprechweisen in einem ausreichenden Maße berücksichtigt.

Inklusion wurde oben ein revolutionärer Gehalt und ein gesellschaftsverändernder Impetus zugeschrieben, der mentale Barrieren und gesellschaftliche Normen, die Inklusion verhindern, überwinden will. Innerhalb einer (theologischen) Anthropologie sollte beachtet werden, dass auch eine Lehre über das Menschsein normierende Wirkung hat, d.h. eine Anthropologie bringt zum Ausdruck, auf welche Weise über den Menschen nachgedacht und gesprochen wird – sie reglementiert, was als wichtig erachtet wird und was nicht. Wenn Anthropologien „sich quer zum philosophischen, gesellschaftlichen und politischen Status quo stellen, können sie zu einer Revision und Veränderung [...] beitragen"[154] und in diesem Sinne ein inklusiveres Denken und Handeln unterstützen. Durch die hier zu formulierende Anthropologie wird (zumindest anfanghaft) in Anspruch genommen, das Denken über den Menschen zu verändern und neue Normen in Bezug auf das, was Menschsein ausmacht, zu setzen. Damit eine Veränderung der gesellschaftlichen Struktur zumindest als Möglichkeit gegeben ist, muss eine Möglichkeitsbedingung der Veränderung der gesellschaftlichen Wertestruktur formuliert werden, die lautet, dass zur Veränderung der Gesellschaft die aktuell bestehende Werte-

---

[153] Vgl. FRÖHLICH, Andreas: Sprachlos bleibt nur der, dessen Sprache wir nicht beantworten. Grundzüge des somatischen Dialogs. In: Orientierung 25.2 (2001), 20–22.
[154] DEDERICH: Geistige Behinderung, 548.

struktur in ausreichendem Maße zu beachten ist (vgl. 2.2.3.3). Der revolutionäre Gehalt der Inklusion einerseits und die Möglichkeitsbedingung der Berücksichtigung der existierenden Werte andererseits müssen in die nachfolgenden Reflexionen miteinfließen, wenn den inklusiven Sprechweisen die Möglichkeit innewohnen soll, tatsächlich inklusive Einstellungen und inklusive Praxis bewirken zu können.

Theologische Relevanz: Der Glaube, so Johann Baptist Metz, kann seine „gesellschaftskritische[n] Potenz"[155] entfalten, wenn das Glaubensverständnis ins richtige Verhältnis zur gesellschaftlichen Praxis gesetzt wird, d.h. aber wenn die Verantwortung erkannt wird, die in der befreienden Botschaft des Glaubens liegt und Christ_innen in der Folge kritisch denken und handeln. Die jesuanische Praxis, die gerade die aus der Gesellschaft Ausgeschlossenen miteinbezieht, und die Verheißung vom Reich Gottes von „Freiheit, Friede, Gerechtigkeit, Versöhnung"[156] kann zu solchem Handeln anleiten. Zudem steht das Reich Gottes unter einem eschatologischen Vorbehalt: Es ist schon angebrochen, aber dennoch noch nicht ganz erfüllt. Dieser eschatologische Vorbehalt führt nicht dazu, sich aus der Welt zurückzuziehen und die gesellschaftliche Wirklichkeit zu verneinen, sondern dazu, sich mit ihr in „kritisch-dialektische[r]"[157] Weise auseinanderzusetzen, um gesellschaftsverändernd wirksam sein zu können.

2.3.3 Zusammenfassung

Die Kriterien für inklusive Sprechweisen können folgendermaßen zusammengefasst werden:
Für eine inklusive Anthropologie ist es erforderlich

1) keine Sonderanthropologie geltend zu machen,
2) die Lebensrealität von Menschen mit Behinderung zu berücksichtigen,
3) ein Gleichgewicht zwischen Gleichheit und Differenz herzustellen,
4) den Menschen ganzheitlich zu betrachten und
5) die bestehende Wertstruktur unserer Gesellschaft zu berücksichtigen.

Eine konkrete Interpretation der Gottebenbildlichkeit muss sich an diesen Kriterien messen lassen, insofern sie Inklusivität beanspruchen will. Diese fünf Kriterien, so meine These, können mit der Sprechweise vom vulnerablen Menschen als Gottes Ebenbild erfüllt werden.

---

[155] METZ, Johann Baptist: Zur Theologie der Welt, Mainz 1973, 104.
[156] Ebd.
[157] Ebd. 106.

3. Bewertung der vier Interpretationsmuster von Gottebenbildlichkeit hinsichtlich ihrer Inklusivität

3.1 Neue Sprechweisen in der Gottebenbildlichkeit

Die Grundannahme, dass es nachhaltige neue Denkweisen nicht ohne neue Sprechweisen geben kann, gilt auch im Falle der Gottebenbildlichkeit. Die deutschen Bischöfe verkünden in ihrer Erklärung *unBehindert Leben und Glauben teilen*: „Vom christlichen Menschenbild her besitzt jeder Mensch einen absoluten Wert und ist von unserem Schöpfer gewollt."[1] Außerdem formuliert die Arbeitshilfe Nr. 308 der deutschen Bischofskonferenz *Leben und Glauben gemeinsam gestalten*:

> „Aus biblischer Sicht gründet die dem Menschen innewohnende Würde in seiner unveräußerlichen Würde als Ebenbild Gottes. Diese Würde ist jedem menschlichen Geschöpf vom Schöpfergott geschenkt. Deshalb kann sie von Menschen niemals verdient, verliehen oder aberkannt werden."[2]

In der Auslegungstradition der Gottebenbildlichkeit scheint sich diese Überzeugung nicht vollständig niederzuschlagen, da sie, wie zu zeigen sein wird, neben inklusivem Potenzial auch exkludierende Tendenzen aufweist. Der Glaube, dass alle Menschen, auch alle Menschen mit Behinderung, von Gott gewollt und Gottes Ebenbilder sind, muss sich auch in der christlichen Anthropologie zeigen und zwar ohne dass Zweifel aufkommen können, ob nun tatsächlich alle Menschen mitgemeint sind.

Aus diesem Grund muss man Interpretationen und Sprechweisen von der Gottebenbildlichkeit auch auf ihre Wirkungen hin untersuchen:[3] Wer könnte sich durch eine bestimmte Sprechweise über die Gottebenbildlichkeit ausgeschlossen fühlen? Könnten Menschen anderen Menschen aufgrund dieser Bestimmung der Gottebenbildlichkeit das Menschsein bzw. die mit der Gottebenbildlichkeit verbundene Würde abgesprochen werden? In der Außenperspektive mag ein Deutungsmuster einerseits nicht exkludierend erscheinen bzw. kann auch inklusiv ausgedeutet werden (inklusives Potenzial), aber an-

---

[1] Sekretariat der Deutschen Bischofskonferenz (Hg.): Die Deutschen Bischöfe – Hirtenschreiben und Erklärungen Nr. 70: UnBehindert Leben und Glauben teilen. Wort der deutschen Bischöfe zur Situation der Menschen mit Behinderungen. Bonn 2003, 3.
[2] Sekretariat der Deutschen Bischofskonferenz: Leben und Glauben gemeinsam gestalten, 20.
[3] Vgl. Kirchenamt der EKD: Es ist normal, verschieden zu sein, 53.

dererseits können den verschiedenen Interpretationsmustern exkludierende Wirkungen zugeschrieben werden (Grenzen der Inklusivität).

3.2 Untersuchung der verschiedenen Interpretationsmuster

Vier der fünf Kriterien für inklusive Sprechweisen können nur für konkrete Auslegungen eines bestimmten Interpretationsmusters der Gottebenbildlichkeit gelten, das jeweils nur einen Rahmen vorgibt, innerhalb dessen Elemente inkludierend oder exkludierend ausgestaltet sein können. Nur konkrete Ausführungen des Gottebenbildlichkeitskonzeptes können keine Sonderanthropologie enthalten, die Erfahrungen von Menschen mit Behinderung ernstnehmen, dadurch einen Ausgleich zwischen Gleichheit und Differenz herstellen und die derzeitigen gesellschaftlichen Werte berücksichtigen, um die Möglichkeit in sich zu tragen, die aktuelle Wertestruktur zu verändern. Dahingegen kann schon am Interpretationsmuster abgelesen werden, ob eine ganzheitliche Interpretation vom Menschen impliziert wird. Da ich von 3.2.1 bis einschließlich 3.2.3 zunächst nur allgemeine Interpretationsmuster der Gottebenbildlichkeit untersuche, kann es nur darum gehen, inklusives Potenzial und Grenzen der Inklusivität herauszustellen, um so ein Gesamtbild zu erhalten, das es mir erlaubt, die für ein inklusives Verständnis von Gottebenbildlichkeit hilfreichen Aspekte in meine Konzeption vom vulnerablen Menschen als Gottes Ebenbild mit einzubeziehen und mir die exkludierenden Tendenzen zu vergegenwärtigen, um diese in meiner inklusiven Konzeption zu vermeiden. Im Fall der Relationsanalogie (3.2.4) werde ich nach Formulierung des allgemeinen inklusiven Potenzials des Interpretationsmusters explizit inklusive Konzepte untersuchen (Moltmann, Härle, Liedke, Mohr und Reinders) und diese hinsichtlich ihres Potenzials und der Grenzen bezüglich der Inklusivität beurteilen.

3.2.1 Geistanalogie

3.2.1.1 *Inklusives Potenzial*

Der Möglichkeit, eine Unterscheidung zwischen einer Anlage zur Geistigkeit und den konkret sichtbaren geistigen Fähigkeiten zu treffen, wohnt ein inklusives Potenzial inne. Bei Menschen mit schwerer (geistiger) Behinderung scheint u.U. kein oder wenig Leistungsvermögen von Geistigkeit vorhanden zu sein.[4]

---

[4] Dies liegt u.a. daran, dass Begriffe, die mit Geistigkeit assoziiert werden (Vernunft, Intelligenz, Verstand, Bewusstsein usw.) für gewöhnlich stark intellektualisiert sind.

3.2 Untersuchung der verschiedenen Interpretationsmuster

Dennoch, so könnte argumentiert werden, kann ihnen eine Anlage zur Geistigkeit bzw. ein geistiges Grundmoment nicht abgesprochen werden. Positiv formuliert bedeutet dies: Auch wenn keine sichtbaren Leistungen geistiger Fähigkeiten zu erkennen sind, muss (eine Anlage zur) Geistigkeit grundsätzlich allen Menschen unabhängig vom Grad ihrer Behinderung zugeschrieben werden. Denn die entscheidende Frage in diesem Zusammenhang lautet, wie man das Gegenteil, nämlich, dass diese nicht vorhanden ist, belegen könnte. Man kann nie mit vollkommener Sicherheit sagen, dass bei Menschen, die sich nicht mitteilen können, keine Vernunft oder kein Selbstbewusstsein (zu welchem Grade auch immer) vorhanden ist. Ein solches Urteil wäre als anmaßend einzustufen. Rebekka Klein etwa erhielt in ihrer Kindheit die Diagnose, schwer geistig behindert zu sein, da sie weder sprechen, noch auf irgendeine für andere Menschen sinnvolle Weise kommunizieren, Blickkontakt aufbauen und gezielt handeln konnte. Als sie 14 Jahre alt war, entdeckte ihre Mutter, dass sie sich mithilfe der Gestützten Kommunikation doch mitteilen kann. Sie hat mithilfe der Gestützten Kommunikation drei Bücher geschrieben und beschreibt die Zeit, in der sie sich nicht mitteilen konnte, als Mumiendasein:

> „arges stummes autistendasein ist zuende, aber immer noch narrenzeit nadelstiche mir setzt, reden mag und handeln, noch sitze auf ast oben um ins leben runterzuschauen, aufgang nehme ins ganze freuende, gruft ver- liess halt durch fc[5]. als mumie ich dort viele jahre verbrachte, arges umnachtetsein mal aufgab."[6]

Die Zeit danach hingegen bezeichnet sie als ein Sich-Öffnen:

> „öffne mich dauerhaft.[...]
> hut ab fc nur juchu gutes mir brachte.
> LANGE STUMME SCHRECKLICHE ZEIT VORBEI.
> jubelkind bin."[7]

Dieses Beispiel zeigt, dass es unzulässig ist, bei Menschen aufgrund einer bestimmten Diagnose und bei nicht vorhandenen bzw. in hohem Maße eingeschränkten Kommunikationsmöglichkeiten davon auszugehen, dass sie kein inneres geistiges Erleben haben. Eine andere Diagnose, bei der es nahelage, besonders das (Ich-)Bewusstsein abzusprechen, ist das apallische Syndrom (Wachkoma):

> „Menschen ohne intakte neokortikale Funktion wie bei Schwerstbehinderten, frühgeborenen oder missgebildeten Babies [sic!], Menschen im Koma oder apallischen Syndrom, beim Hirntodsyndrom oder bei Demenzkranken, können nach dieser [Anmerkung H.B.: allgemein gültig erscheinenden] Theorie [, nach der die

---

Dies hat den Effekt, dass Menschen mit schwerer geistiger Behinderung sowohl die der Geistigkeit untergeordneten Fähigkeiten als auch die Geistigkeit selbst abgesprochen werden. (vgl. 2.2.1.2)

[5] FC ist die Abkürzung für Facilitated Communication (Gestützte Kommunikation).
[6] KLEIN, Rebecca: Leinen los ins Leben. Eine Autistin bereist mit Hilfe der „gestützten Kommunikation" (FC) ihre innere und die äußere Welt. Norderstedt 2003, 35.
[7] Ebd. 40.

Großhirnrinde Sitz des menschlichen Verstandes und des (Selbst-) Bewusstseins ist] definitionsgemäß nicht über ‚Bewusstsein' verfügen."[8]

Carola Thimm, die nach fünf Jahren wieder aus dem Wachkoma aufwachte, berichtet jedoch von einem Erleben während ihrer Wachkoma-Phase:

> „Im Wachkoma konnte ich mich nicht mehr bewegen. Ich schlief nachts, hatte aber tagsüber die Augen offen. Ich versuchte mich zu artikulieren, aber niemand konnte mich verstehen. Ich konnte alles sehen und hören, aber mein Mund bewegte sich nicht. Ich konnte nichts machen."[9]

Das Nichts-Tun-Können wurde von Carola Thimm also bewusst wahrgenommen, was dem bei appallischem Syndrom charakteristischen Befund des „vollständige[n] Verlust[es] des Bewusstseins über sich selbst oder die Umwelt"[10] widerspricht. Bei einer Diagnose handelt es sich um eine systematische Zuschreibung, die von außen vorgenommen wird, die jedoch nicht unbedingt mit dem subjektiven Erleben des Patienten oder der Patientin übereinstimmen muss. Klaus Dörner geht in Bezug auf Bewusstseinszu- bzw. -abschreibung einen anderen Weg, indem er jedes Leben als bewusst bezeichnet: *„Es gibt keine Bewußtlosen.* Jedes menschliche Sein ist bewußtes Sein, Sein, das sich auf sich selbst, auf andere und auf die Welt bezieht."[11] Fred Salomon meint zum gleichen Thema, dass

> „der Begriff ‚Bewußtlosigkeit' ein Deutungsversuch von uns [ist], den Mangel an Rückkopplung von uns als Handelnde zu beschreiben. Er sagt nur, dass uns die Antenne fehlt, Botschaften dieser Menschen zu empfangen."[12]

Diese Aussage lässt sich auch auf die Vernunft und die Willensfreiheit beziehen. Die Präsenz von Vernunft, Willensfreiheit und Selbstbewusstsein ist somit nicht so leicht abzusprechen, wie es auf den ersten Blick scheinen mag. Es lässt sich im Hinblick auf diese Fähigkeiten argumentieren, dass uns nur das Instrumentarium bzw. die Feinfühligkeit fehlt, diese angemessen wahrzunehmen und zu bewerten: Wenn man bei ausnahmslos jedem Menschen von

---

[8] ZIEGER, Andreas: Wieviel Gehirn braucht ein Mensch? Anmerkungen zum Anencephalie-Problem aus beziehungsmedizinischer Sicht. Erfurt 2004, 2. Online unter: http://www.a-zieger.de/Dateien/Publikationen-Downloads/Statement_Erfurt_2004.pdf (Stand: 17.06.2021).

[9] THIMM, Carola: „Ich konnte alles sehen und hören, aber mein Mund bewegte sich nicht". In: Süddeutsche Zeitung Online vom 19. Januar 2016. Online unter https://sz.de/1.2799473 (Stand: 17.06.2021).

[10] PUES, Maria: Wach ohne Bewusstsein. In: Pharmazeutische Zeitung 48/2014. Online unter: https://www.pharmazeutische-zeitung.de/ausgabe-482014/wach-ohne-bewusstsein/ (Stand: 17.06.2021).

[11] DÖRNER, Klaus: Leben mit Be-Wußt-sein? Eine Annäherung. In: BIENSTEIN, Christel / FRÖHLICH, Andreas: Bewußtlos. Eine Herausforderung für Angehörige, Pflegende und Ärzte. Düsseldorf 1994, 10–15, 13.

[12] SALOMON, Fred: Bewußtsein und Bewußtlosigkeit aus anästhesiologischer und intensivmedizinischer Sicht. In: BIENSTEIN / FRÖHLICH: Bewußtlos, 25–34, 32.

einem Moment der Geistigkeit ausgeht, welches in der Geistanalogie entscheidend ist, und dieses von den konkreten, objektiv wahrnehmbaren Äußerungen von Vernunft, Ich-Bewusstsein und Willensfreiheit unterscheidet sowie Leistungsfähigkeit als für die Gottebenbildlichkeit eines Menschen nicht maßgeblich interpretiert, kann die Deutung der Geistanalogie als inklusiv bezeichnet werden. Ein Vorteil dieser Interpretationsweise der Geistanalogie ist u.a. darin zu sehen, dass sie der alttestamentlichen Logik zu entsprechen scheint. Da im Alte Testament ein Menschenbild vorherrscht, das die leibliche Dimension nicht von der geistigen Dimension trennt, muss, sobald ein leiblich verfasster Mensch existiert, in ihm auch eine geistige Dimension vorausgesetzt werden.

3.2.1.2 Grenzen der Inklusivität

Ende der 1930er Jahre erklärt Emil Brunner Menschsein „[o]hne ein gewisses Maß geistiger Begabung [...] [als] in jedem Sinne unmöglich."[13] Für Brunner ist der Geist die Grundlage des Menschseins und damit stellen Menschen, die *scheinbar* kein Geistvermögen besitzen, einen „Grenzfall von undurchsichtiger Bedeutung"[14] dar. Entscheidend in der Bewertung der Geistanalogie ist die Diskrepanz zwischen systematischer Zuschreibung, in der man den Unterschied zwischen sichtbarer Leistung und geistiger Fähigkeit aufrechterhalten kann, und der alltäglichen Wahrnehmung und Sprache, anhand derer wir Menschen wahrnehmen und (unbewusst) hinsichtlich ihrer Geistigkeit beurteilen. Autor_innen wie Krauß[15], Yong[16] und Liedke[17] kommen aufgrund dieses gesellschaftlich vorherrschenden Bildes von Geistigkeit zum Schluss, dass die Hochschätzung geistiger Fähigkeiten diejenigen ausschließt, „die mit einem handicap [sic!] in einer dieser Hinsichten leben."[18] Tatsächlich ist die Geistanalogie als inklusive Sprechweise in der Gottebenbildlichkeit schwer zu vermitteln, da im alltäglichen Sprachgebrauch und der alltäglichen Wahrnehmung Geistigkeit bzw. deren konkrete Ausprägungen stark intellektualisiert wird. An dieser Stelle sollen nun zwei Lebensbeispiele (Kelly und Adam) genannt werden, die zunächst zur Bestätigung der These angeführt werden sollen, dass geistige Fähigkeiten Menschen mit geistiger Behinderung abgesprochen werden. Kelly ist eine junge Frau, der ein beträchtlicher Teil des

---

[13] BRUNNER, Emil: Der Mensch im Widerspruch. Die christliche Lehre vom wahren und vom wirklichen Menschen. Zürich ³1941, 350.
[14] Ebd. 351. Zu welchen katastrophalen Auswirkungen eine solche (theologische) Sichtweise während der NS-Zeit im Rahmen der Eugenetik führte, die versuchte, Menschen mit geistiger Behinderung auszulöschen, ist nicht genug bewusst zu machen.
[15] KRAUß: Barrierefreie Theologie, 91.
[16] YONG: Theology and Down Syndrome, 172.
[17] LIEDKE, Ulf: Beziehungsreiches Leben, 255.
[18] Ebd.

Gehirns fehlt und anhand derer Reinders immer wieder die Inklusivität einzelner Thesen und seines eigenen Ansatzes zur Menschlichkeit von Menschen mit schwerer Behinderung überprüft. Bei ihrem ersten Aufeinandertreffen beschreibt Hans Reinders Kellys[19] Aktivität als „staring without seeing"[20] und er hat den Eindruck, dass die meisten Menschen sie wohl als „vegetable"[21], als Dahinvegetierende, bezeichnen würden. Henri ist in höchstem Maße irritiert, als er erfährt, dass er sich um die tägliche Pflege Adams, eines jungen Erwachsenen mit schwerer mehrfacher Behinderung, kümmern soll:

> „Adam schaute mich oft an und folgte mir mit den Augen, sagte aber nichts und reagierte auch nicht, wenn ich ihn etwas fragte. Adam lächelte nicht, wenn ich etwas richtig machte [...]. Ich fragte mich, ob er mich überhaupt erkannte."[22]

Kelly und Adam erwecken auf den ersten Blick den Eindruck, nichts zu tun, völlig passiv zu sein und sie scheinen keinen positiven Anhaltspunkt zu bieten, um zu vermuten, dass sie über geistige Anlagen verfügen. Vielmehr wird ihr Nichtstun als Evidenz dafür angenommen, dass sie nicht über solche verfügen.

Und tatsächlich wird Menschen mit (schwerer) geistiger Behinderung häufig:

a) die Fähigkeit zur Vernunft abgesprochen –
„Die Denkfigur, dass es geistig behinderten Menschen an praktischer Vernunft fehle, war viele Jahrzehnte handlungsbestimmend, und sie scheint sich bis in die Moderne [d.h. bis heute] erhalten zu haben."[23] –

b) die Fähigkeit zur Willensfreiheit aberkannt –
Auf der Internetseite „Philosophie verständlich" der Universität Bielefeld wird zum Verständnis der Willensfreiheit bei Harry G. Frankfurt am Main resümiert: „geistig schwer Behinderte haben diese Fähigkeit [ihre Wünsche zu reflektieren und Wünsche zweiter Stufe abzubilden] sicher nicht, und daher auch keine Willensfreiheit."[24]

---

[19] Kelly ist eine junge Frau, der ein beträchtlicher Teil des Gehirns fehlt und anhand derer Reinders immer wieder die Inklusivität einzelner Thesen und seines eigenen Ansatzes zur Menschlichkeit von Menschen mit schwerer Behinderung überprüft. Hier führe ich Kelly als Beispiel zur Widerlegung der These an, dass Menschen mit schwerer geistiger Behinderung keine Geistigkeit zukomme.

[20] REINDERS: Receiving the Gift, 20.

[21] Ebd. 21.

[22] NOUWEN, Henri: Adam und ich. Eine ungewöhnliche Freundschaft. Freiburg 2011, 61.

[23] KULIG, Wolfram / THEUNISSEN,, Georg: Selbstbestimmung und Empowerment. In: THEUNISSEN / MÜHL: Pädagogik bei geistiger Behinderung, 237–250, 239.

[24] SCHULTE, Peter: Harry G. Frankfurt am Main (*1929). In: Abteilung Philosophie der Universität Bielefeld: Philosophie verständlich. Bielefeld 2005. Online unter: http://www.philosophieverstaendlich.de/freiheit/modern/Frankfurt am Main.html (Stand: 14.11.2018).

Selbst Hans Reinders spricht Kelly die Fähigkeit zum eigenen Willen ab, wenn er sagt „Kelly will not reach even a minimal stage of determining what she wants for herself."[25] –

c) die Fähigkeit zum Ich-Bewusstsein aberkannt –
„Eine der häufigsten Erfahrungen, die Betreuer und Erzieher im Umgang mit schwerster geistiger Behinderung durchmachen, ist das Gefühl, Menschen vor sich zu haben, die keine ‚Gegenüber' sind [...]. Der Eindruck ist, dass niemand hinter den Schädelknochen wohnt, der diese Menschen nach innen oder außen repräsentiert – kein Ich, kein Selbst, sondern allenfalls ein Arrangement diffuser Körperzustände und nicht oder kaum nachvollziehbare Wahrnehmungen. Diese Einschätzung ist alltäglich gut zu verstehen."[26] –

Fuchs räumt ein, dass die Meinung, dass bestimmten Menschen mit geistiger Behinderung der Sinn zum Selbst fehlt, eine gewisse Verankerung in der alltäglichen Wahrnehmung hat, d.h. Fuchs gesteht denjenigen, die so denken, diese Interpretation zu. Tatsächlich fällt es schwer, sich Menschen wie Adam und Kelly als uneingeschränkt mit Vernunft, Willensfreiheit und Ich-Bewusstsein begabt vorzustellen. Das zu identifizierende Problem spezifischer Ausformungen der Geistigkeit, die beispielsweise in den Begriffen Vernunft, Willensfreiheit und Selbstbewusstsein Ausdruck finden, ist, dass sie häufig mit einer Tendenz zur Intellektualisierung verstanden werden und sich damit exkludierend auswirken können. Der Duden[27] führt folgende Definitionen auf:

a) Vernunft: „Geistiges Vermögen des Menschen, Einsichten zu gewinnen, Zusammenhänge zu erkennen, etwas zu überschauen, sich ein Urteil zu bilden und sich in seinem Handeln danach zu richten"
b) Willensfreiheit: „Fähigkeit des Menschen, nach eigenem Willen zu handeln, sich frei zu entscheiden"
c) Selbstbewusstsein: „Bewusstsein des Menschen von sich selbst als denkendem Wesen"

Diese vom Duden definierten Begriffe stellen hohe Anforderungen an den Intellekt des_der Einzelnen, die nicht von jedem_jeder erfüllbar scheinen. Es

---

[25] REINDERS: Receiving the Gift, 21.
[26] FUCHS, Peter: Das Fehlen von Sinn und Selbst. Überlegungen zu einem Schlüsselproblem im Umgang mit schwerstbehinderten Menschen. In: FRÖHLICH, Andreas / HEINEN, Norbert et al. (Hg.): Schwere und mehrfache Behinderung interdisziplinär. Oberhausen 2014, 129–142, 129.
[27] Der Duden hat den Anspruch, einen gesellschaftlichen Konsens auszudrücken. Das Selbstverständnis des Dudens ist: „Wir bilden sie [Sprache] objektiv ab" (HOFER, Sebastian: Sprachschützer strafen Duden ab. In: Der Spiegel Online vom 2. September 2013. Online unter: https://www.spiegel.de/kultur/gesellschaft/duden-kriegt-negativpreis-sprachpanscher-des-jahres-a-919889.html (Stand: 09.08.2021)).

gibt jedoch Bemühungen, diese auf die Geistigkeit des Menschen abzielenden Begriffe so zu verändern, dass sie nicht allzu stark auf den Intellekt und die geistige Leistungsfähigkeit rekurrieren. Für die Vernunft entwirft Christof Bäumler ein alternatives Konzept, indem er den Begriff des „kognitive[n] Andersseins" von Thalhammer anwendet, um die Vernunft von Menschen mit starker geistiger Behinderung zu beschreiben. Diese Form der Vernunft lässt

> „auch geistig Behinderte sinnvoll leben, das heißt ihre Erlebnisse gemäß ihren [...] intellektuellen Strukturen verarbeiten und gelungene Beziehungen zu anderen Menschen auf ihre Weise aufbauen."[28]

Bäumler hält es aufgrund des „kognitive[n] Andersseins"[29] nicht für unmöglich, Menschen mit schwerer geistiger Behinderung als vernünftig zu beschreiben. Auch Peter Dabrock entwirft mit seiner leiblichen Vernunft ein Vernunftverständnis, das die leibliche Verfasstheit und folglich das soziale Eingebunden-Sein hervorhebt und daher nicht auf die intellektualistische Ebene enggeführt wird.[30] Diese veränderten Vernunftbegriffe bergen jedoch die Gefahr, innerhalb des Vernunftkonzeptes graduell zu unterscheiden und Rationalität auf die Menschen zu begrenzen, die im vollen Umfang bzw. innerhalb ‚normaler' Strukturen von ihrer Vernunft Gebrauch machen können. Diese Methode, um inklusive Begriffe für Geistesfähigkeiten zu finden, kann nur begrenzt erfolgreich sein, da die vorgeprägten rationalistischen Definitionen nicht einfach von jetzt auf gleich ersetzt werden können. Außerdem ist eine solche Vorgehensweise als problematisch einzustufen, weil sie anstatt zu versuchen, neue Ansätze der Bestimmung der Menschlichkeit des Menschen zu finden, wiederum die Vernunft betont und somit doch wieder altbewährten Begrifflichkeiten das Wort redet und damit wenig Innovation bewirken kann (vgl. Kriterium 5). Ein kognitives Anderssein, das nur für geistig Behinderte in Anschlag gebracht wird, wäre zudem im bach'schen Sinne als Sonderanthropologie zu bewerten und es stellt sich die Frage nach dem Gemeinsamen menschlicher Kognition.

Zusammenfassend kann die hier identifizierte Schwierigkeit lauten, dass subjektive Einschätzungen, die sich auf aus der Außenperspektive gefällte Urteile beziehen, stark vom systematischen Urteil abweichen können, welches lautet, dass ausnahmslos alle Menschen einen Moment der Geistigkeit besitzen. Bei der (Nicht-)Zuschreibung von Vernunft, Willensfreiheit und Selbstbewusstsein bei Menschen mit schwerer Behinderung werden häufig Urteile getroffen, die sich auf subjektive Zuschreibungen gründen und die viel zu

---

[28] BÄUMLER, Christof: Geistige Behinderung und Menschenwürde. In: Geistige Behinderung 2 (1984), 82–91, 86.
[29] Den Begriff übernimmt Bäumler von Thalhammer, vgl. SPECK, Otto / THALHAMMER, Manfred: Die Rehabilitation der Geistigbehinderten. Ein Beitrag zur sozialen Integration. München / Basel ²1977, 39.
[30] Vgl. DABROCK: Leibliche Vernunft, 252.

selten einem systematischen Zweifel unterzogen werden. Die Möglichkeit, geistige Fähigkeiten anhand von wahrnehmbaren Phänomenen im Sinne einer sichtbaren Leistung geistiger Fähigkeiten in einem alltäglichen Verständnis der Begriffe feststellen zu können, muss dagegen als sehr eingeschränkt bezeichnet werden. Dies provoziert die Frage: Ist die Vernunftnatur bzw. sind die geistigen Fähigkeiten dafür geeignet, sie als das Menschliche im Menschen zu qualifizieren? Bei eindeutig inklusiven Sprechweisen von der Gottebenbildlichkeit dürfen keine Restzweifel bestehen, dass ausnahmslos jeder Mensch Gottes Ebenbild ist. Dagegen kann eine Sprechweise, die (nur) den menschlichen Geist betont und damit Menschen mit und ohne Behinderung vor mentale Barrieren stellt, für zweifellos inklusive Sprechweisen von der Gottebenbildlichkeit ausgeschlossen werden. Überdies kann das Interpretationsmuster der Geistanalogie mit der Betonung des menschlichen Geistes kein ganzheitliches Menschenbild entwerfen, das dem Menschenbild des Alten Testaments entspricht (vgl. Kriterium 4).

3.2.2 Gestaltanalogie

3.2.2.1 Inklusives Potenzial

Die Gestaltanalogie kann als metaphorische Rede verstanden werden, die einen von der wörtlichen Bedeutung verschiedenen Gehalt transportiert. Ein inklusives Potenzial der Gestaltanalogie läge daher darin, das Bild des aufrechten Menschen als eine innerliche Bildhaftigkeit aufzufassen und den innerlich aufrechten Menschen zum Ebenbild Gottes zu erklären: Der Mensch, der sich der Aufrichtigkeit verpflichtet hat, dessen innere Haltung sich in seinen Worten und Taten widerspiegelt und der sich selbst gegenüber ehrlich ist, ist Gott ähnlich. Diese Aufrichtigkeit, so könnte man argumentieren, ist für jeden Menschen umsetzbar. Manchmal wird angenommen, dass Menschen mit geistiger Behinderung auf besondere Weise authentisch sind[31] bzw. dass sie sich nicht verstellen können. Die Sprechweise vom innerlich aufrechten Menschen als Gottes Ebenbild wäre somit (für Menschen mit geistiger Behinderung) inklusiv. Weiterhin pflegt ein aufrichtiger Mensch den Wert der offenen Kommunikation,[32] welche als Voraussetzung einer Haltung der Inklu-

---

[31] Vgl. z.B. Golz, Tobias: Ich stehe einfach auf authentische Menschen. Interview mit Guildo Horn. In: Planet Interview vom 7. Juli 2008. Online unter: http://www.planet-interview.de/interviews/guildo-horn/34638/ (Stand: 14.08.2021). Vgl. auch Luz, Viola: Wenn Kunst behindert wird. Zur Rezeption von Werken geistig behinderter Künstlerinnen und Künstler in der Bundesrepublik Deutschland. Bielefeld 2012, 345.

[32] Vgl. Anwander, Norbert: Aufrichtigkeit und Ehrlichkeit. In: Stoecker, Ralf / Neuhäuser, Christian / Raters, Marie-Luise: Handbuch angewandte Ethik. Stuttgart / Weimar 2011, 113–115, 115.

sion gesehen werden kann. Denn nur, wenn Menschen mit anderen offen kommunizieren, kann ein inklusionsfreundliches Umfeld entstehen, in dem der_die eine dem_der Anderen zuhört und somit Lernprozesse angestoßen und Sichtweisen geändert werden können (vgl. Bewusstseinsbildung). Bei Kant ist die Aufrichtigkeit die Möglichkeitsbedingung, um überhaupt moralisch handeln zu können:[33] Er bezeichnet die Aufrichtigkeit als „Grundlage des Gewissens"[34], die man „von jedem Menschen fordern könne[...], wenn auch selbst dazu keine Anlage in unserer Natur wäre."[35] Aus dieser Beobachtung ließe sich eine Ethik der Aufrichtigkeit entwerfen, die besonders den Wert der Aufrichtigkeit und der Authentizität betont und so ein zuverlässiges Umfeld für offene Kommunikation und Austausch schafft. Die Sprechweise vom aufrechten und authentischen Menschen kann also zunächst inklusiv verstanden werden.

3.2.2.2 Grenzen der Inklusivität

Nur metaphorisch aufgefasste Sprechweisen können dennoch nicht *per se* als inklusiv gelten, da sie erstens dennoch sekundäre exkludierende Tendenzen aufweisen können: An der metaphorisch verstandenen Gestaltanalogie vom authentischen Menschen kann bei genauerer Betrachtung bemängelt werden, dass diese Interpretation wiederum die Gefahr birgt, negative Konnotationen hervorzurufen, indem Authentizität mit einem Defizit an Selbstreflexion verknüpft wird, derer man (vermeintlich) bedarf, um sich verstellen zu können. Dadurch könnten Menschen, denen ein Mangel an geistigen Fähigkeiten zugeschrieben wird, exkludiert werden. Zudem spricht gegen das rein metaphorische Verständnis, dass צֶלֶם (ṣælæm) die Interpretation einer greifbaren, plastischen Statue nahelegt.

Zweitens besteht die Möglichkeit, das wörtliche Verständnis mit solchen exkludierenden Tendenzen auszulegen, dass das inklusive Potenzial in der metaphorischen Auslegung nahezu aufgelöst wird. In der Gestaltanalogie bietet hierfür eine Aussage Eberhard Jüngels in den 1980er Jahren ein Beispiel:

> „Der aufrechte Körper ist in seiner Äußerlichkeit die Wesensgestalt des Menschen [...]. Nicht zufällig empfindet der Mensch diejenigen Mitmenschen, denen aufrecht zu gehen oder auch nur aufrecht sich zu halten verwehrt ist, als besonders arme, besonders bedauernswerte Menschen. Ihnen fehlt die Freiheit zur Zukunft."[36]

---

[33] Vgl. STAGNETH, Bettina: Kultur der Aufrichtigkeit. Zum systematischen Ort von Kants ‚Religion innerhalb der Grenzen der bloßen Vernunft'. Würzburg 2000, 209.
[34] KANT: RGV AA 06, 190.
[35] Ebd. Natürlich ist dies nicht in einem inklusiven Sinne gemeint, kann aber als Hinweis gelesen werden, dass die Aufrichtigkeit inklusiv interpretiert werden kann.
[36] JÜNGEL: Der Gott entsprechende Mensch, 303.

Diese Aussage führt deutlich vor Augen, welche exkludierenden Tendenzen die Deutung der Gottebenbildlichkeit als Gestaltanalogie in sich trägt: Menschen, die im Rollstuhl sitzen, die gar nicht sitzen, sondern nur liegen können, die sich nicht aufrechthalten können, werden hier im besten Fall als Ausnahmen oder Grenzfälle der Gottebenbildlichkeit interpretiert. Weiterhin kann kritisch angemerkt werden, dass die aufrechte Gestalt eines Menschen, d.h. wenn ein Mensch einen anderen (körperlich) überragt, einen machtbezogenen Unterschied zwischen Mensch und Mensch begründen kann, der eine Begegnung auf Augenhöhe verhindert. In seiner Interpretation legt Jüngel sogar nahe, dass sich das Mitleid mit Menschen, die sich nicht aufrecht halten können, unmittelbar aus der normativen äußeren Wesensgestalt des Menschen herleiten lässt. Diese Sichtweise ist auch für Mitte der 1980er Jahre des letzten Jahrhunderts erschütternd, zumal sie die eines angesehenen Theologen ist. Aber auch für Thomas Pröpper kommt in seiner 2011 erschienenen Theologischen Anthropologie „die aufrechte Gestalt des Menschen [...] als Ausdruck seines Wesens in Frage."[37] Warum scheint sich diese Deutung so hartnäckig zu halten, obwohl sie manche Menschen aus der Gottebenbildlichkeit ausschließt? M.E. ist zugunsten einer exegetisch verantwortbaren Interpretation eine solch gravierende Exklusion von Menschen mit bestimmten Behinderungen, wie sie in der Gestaltanalogie zum Tragen kommen kann, in der für die christliche Anthropologie grundlegendsten Konzeption aus ethischen Gründen unvorstellbar. Aufgrund der genannten exkludierenden Tendenzen ist eine inklusive Interpretation der Gottebenbildlichkeit nach der Gestaltanalogie nicht möglich, da die exkludierenden Tendenzen das inklusive Potenzial überwiegen. Obendrein bietet, wie auch schon die Geistanalogie, die Rede vom aufrechten Menschen, wenn man die aufrechte Gestalt nach der Logik der Priesterschrift als rein äußerliches Merkmal auffasst, keinen Interpretationsspielraum für ein ganzheitliches Menschenbild (vgl. Kriterium 4).

3.2.3 Herrschaftsanalogie

3.2.3.1 *Inklusives Potenzial*

Wenn man das Engagement, das mit der Herrschaftsanalogie in der Gottebenbildlichkeit einhergeht, als verantwortungsvolles Handeln und Einsatz für die Rechte der Schwachen (Zenger) ausdeutet, kann sich daraus ein Gottebenbildlichkeitsverständnis mit inklusivem Potenzial ergeben. Im Anschluss an das priesterschriftliche Verständnis des Verhältnisses zwischen Mensch und Tier könnte sich ein Verständnis der Gottebenbildlichkeit ergeben, das ein

---

[37] PRÖPPER: Anthropologie, 177.

sorgendes und fürsorgendes Verhalten gegenüber allen Lebewesen einfordert. Wenn der Mensch den Tieren ein solches Verhalten schuldet, wie viel mehr ist ihm dann ein verantwortungsvolles Handeln gegenüber anderen Menschen aufgegeben? Aus diesen Gedanken ließe sich eine Care-Ethik entwerfen, in der man, die eigenen Bedürfnisse zurückstellend, aufmerksam und empfänglich für die Bedürfnisse des anderen Menschen ist[38], in der man Anteil nimmt an der Situation der anderen Person und mitfühlend auf den oder die Andere_n reagiert.[39] Daraus ergibt sich, so könnte man argumentieren, eine angemessene Praxis im Umgang mit anderen Menschen – Menschen mit Behinderung eingeschlossen. Jede_r wäre als Gottes Ebenbild an eine solche Praxis gebunden bzw. zu einer solchen Praxis berufen. Angelehnt an Janowskis Metapher von der königlichen Herrschaft ließe sich eine solche Ethik mit einem etwas anderen Akzent auch aus der neutestamentlichen Rede vom Königreich Gottes ableiten. Jesus zeigt in seinem Umgang mit den aus der Gesellschaft Ausgeschlossenen und in der Begegnung mit Kranken in den Heilungsgeschichten, inwiefern das Reich Gottes bereits auf Erden verwirklicht werden kann. Wenn Jesus in Heilungsgeschichten sagt ‚Dein Glaube hat dir geholfen', kommt nicht eine Fürsorge für die betroffenen Person zum Ausdruck, sondern eine in diesen Worten liegende Ermächtigung zur Selbstsorge.[40] Dieser Verweis Jesu auf die autonome Eigenkraft bewirkt, dass die Begegnung zwischen Jesus und der kranken Person auf Augenhöhe stattfindet. Im Sinne der Nachfolge Jesu wäre eine solche Praxis der Ermächtigung des Anderen uns allen aufgegeben.

Lars Mohr entwirft in seinem Aufsatz *Schwerstbehindert herrschen* eine explizit inklusive Deutung des *dominium terrae*. Er geht davon aus, dass es eine subjektive Seite des mit dem Herrschaftsauftrag verbundenen Kulturauftrags gibt, die nach Ludwig Köhler impliziert „mit dem Leben fertig [zu] werden"[41]:

> „Jeder Mensch muß, das liegt unverlierbar in seiner Natur, mit dem Leben fertig werden. [... N]ichts ist zu klein und nichts ist zu groß, der Mensch muss mit ihm innerlich fertig zu werden suchen. Nicht, daß er damit innerlich fertig wird, ist wesentlich. Wir werden es alle nicht. Aber er sucht, damit fertig zu werden, das ist vom wesentlichen Dasein unabdingbar. [...] An der Art, wie der Mensch mit den Dingen innerlich fertig wird, wird sein Wesen erkannt."[42]

---

[38] Vgl. TRONTO, Joan: An Ethic of Care. In: CUDD, Ann / ANDREASEN, Robin: Feminist Theory. A Philosophical Anthology. Oxford 2005, 251–263, 252.
[39] Vgl. BOCKENHEIMER-LUCIUS, Gisela / DANSOU, Renate / SAUER, Timo: Ethikkomitee im Altenpflegeheim. Theoretische Grundlagen und praktische Konzeption. Frankfurt am Main am Main 2012, 82.
[40] Selbst für Menschen mit schwerer Behinderung ist diese autonome Selbstsorge in einem kleineren Umfang möglich, denn auch sie können sich in aller Regel mithilfe von Gesten oder Lauten mitteilen, ob sie eine bestimmte Pflegemaßnahme als angenehm empfinden.
[41] KÖHLER, Ludwig: Der hebräische Mensch. Eine Skizze. Tübingen 1953, 113.

Dieses Fertigwerden mit dem eigenen Leben betrifft auch, und vielleicht auch noch viel mehr, so Mohr, Menschen mit schwerer Behinderung, die beispielsweise mit „Epilepsien, tiefgreifende[n] kommunikative[n] Störungen oder depressive[n] Verstimmungen"[43] fertig werden müssen. Natürlich ist mit dem Kulturauftrag auch ein Anspruch an die Menschen verbunden, sich einzubringen und ihren Beitrag zur Kultur zu leisten, der jedoch keinen „absoluten Leistungsanspruch" darstellt und nicht jenseits der (Leistungs-)Möglichkeiten liegt, die jeder_m Einzelnen, je nach persönlicher Verfassung und Lebensalter, gegeben sind.[44]

3.2.3.2 Grenzen der Inklusivität

Als Menschen sind alle auf diese Praxis der Sorge und Fürsorge verpflichtet oder angewiesen, weshalb ein Gottebenbildlichkeitsverständnis, das eine solche Praxis fördert, als inklusiv betrachtet werden kann. Wenn jedoch Situationen, in welchen eine Fürsorgepraxis zum Tragen kommt, genauer betrachtet werden, kann sich in diesen leicht eine Schieflage ergeben: Die Aktivität der Fürsorge-Spender_in zielt auf die fürsorgebedürftige Person ab, die als (mehr oder weniger) passiv betrachtet werden kann. Dies lässt eine Machtposition der fürsorgenden Person hervortreten, die nicht unbedingt ausgenutzt werden muss, aber dennoch eine paternalistische Haltung zumindest zulässt, die die ‚umsorgte Person' abwertet und bevormundet und ein spürbares Machtgefälle entstehen lässt. Selbst mit der Korrektur dieser Perspektive aus der jesuanischen Praxis bleibt jedoch fraglich, ob eine Gottebenbildlichkeitsdeutung in der Herrschaftsanalogie als inklusive Sprechweise überhaupt in Betracht kommt, wenn man bedenkt, dass sie eine solch machtbetonte Stellung der einen über die andere Person zumindest zulässt. Der Ansatz von Lars Mohr ist wenigstens deshalb zu problematisieren, weil er durch einen zwar abgeschwächten (niemand wird über seine Möglichkeiten beansprucht), aber immer noch vorhandenen Leistungsgedanken (zu leistender Beitrag zur Kultur) möglicherweise eine versteckte Hierarchisierung zwischen Menschen aufbaut, innerhalb derer denjenigen Menschen mehr Wertschätzung entgegengebracht wird, die einen größeren Anteil zur Kultur beitragen können.[45]

---

[42] Ebd.
[43] MOHR: Schwerstbehindert herrschen, 213.
[44] Ebd. 214f.
[45] Mohr begründet hier zwar nicht die Gottebenbildlichkeit mit dem Herrschafts- und Kulturauftrag. Dennoch ist die grundlegende Problematik darin zu finden, dass Mohr die Begründung der Gottebenbildlichkeit eng mit dem Herrschafts- und Kulturauftrag verknüpft und daher sekundäre exkludierende Tendenzen hinsichtlich unterschiedlicher Leistungen des Kulturbeitrags zulässt.

3.2.4 Relationsanalogie

Unter dem Deutungsmuster der Relationsanalogie sollen zunächst allgemeine inklusive Potenziale benannt werden, die für alle konkreten Ansätze der Relationsanalogie geltend gemacht werden können. Bei den sich mitunter stark unterscheidenden Ausdeutungen der Relationsanalogie (vgl. 1.2.4.2) kommt es für die Entscheidung, ob diese jeweils als inklusiv bezeichnet werden können, auf die jeweilige konkrete Durchführung des Interpretationsmusters der Relationsanalogie an. Zusätzlich lässt sich aufgrund des zweiten Kriteriums bei Ansätzen, die das Thema der Behinderung nicht unmittelbar adressieren bzw. die Erfahrungen von Menschen mit Behinderung nicht in ihre Überlegungen miteinbeziehen, nicht davon ausgehen, dass diese *per se* inkludierend sind. Von den in Kapitel 1 genannten relationalen Ansätzen zur Ausdeutung der Gottebenbildlichkeit werde ich hier nur die Konzepte Moltmanns und Härles analysieren, weil diese *explizit* auch für Menschen mit Behinderung gelten sollen und damit ein hohes inklusives Potenzial vermuten lassen. Des Weiteren sollen die drei relationalen Gottebenbildlichkeitskonzepte von Ulf Liedke, Lars Mohr und Hans Reinders vorgestellt werden, die in Gänze den Anspruch erheben, inklusiv zu sein und ihr inklusives Potenzial explizit reflektieren. Das inklusive Potenzial dieser drei Konzepte kann nicht in Gänze erläutert werden, daher werden hier nur Aspekte analysiert, die für die vorliegende Arbeit von besonderer Relevanz sind.

3.2.4.1 Inklusives Potenzial

Innerhalb der Relationsanalogie ist Gott als Erwählende_r zu denken: Gott wendet sich dem Menschen unbedingt zu und bejaht ihn. Die Relationsanalogie ist also streng theozentrisch begründet. Für den Menschen gilt, dass dieser durch die Zuwendung Gottes befähigt ist, sich antwortend zum Schöpfer zu verhalten. Diese Befähigung durch Gott wird in der grundlegenden Relationalität des Menschen gesehen und von vielen Autor_innen als inklusive Möglichkeit wahrgenommen, ausnahmslos alle Menschen in die Gottebenbildlichkeit einzubeziehen.[46] Der grundlegende Gedanke dabei ist, dass Menschen

---

[46] Vgl. Krauß: Barrierefreie Theologie, 91; Liedke: Beziehungsreiches Leben, 263f.; Meininger, Hermann: Authenitcity in Community. Theory and Practice of an Inclusive Anthropology in Care for Persons with Intellectual Disalbilities. In: Gaventa, William / Coultier, David (Hg.): Spirituality and intellectual Disability. International perspectives on the effect of culture and religion on healing body, mind, and soul. New York 2001, 13–28, 21f.; Mohr: Schwerste Behinderung, 210–217.; Kirchenamt der EKD: Es ist normal verschieden zu sein, 40; Reiners: Receiving the Gift, 237; Yong: Theology and Down Syndrome, 174. Von diesen genannten Autor_innen sollen Liedke, Mohr und Reinders unten noch genauer untersucht werden, weil diese auf die Aussage der Inklusivität ein Argument der inklusiven Gottebenbildlichkeitskonzeption aufbauen. Bei Krauß, Meininger,

3.2 Untersuchung der verschiedenen Interpretationsmuster

mit und ohne Behinderung gleichermaßen in Beziehungen leben[47] (vgl. Kriterium 1, siehe auch 3.4). Wenn Relationen als Grundelement der Gottebenbildlichkeit herangezogen werden und Relationalität zu *der* menschlichen (und göttlichen) Grundkategorie der Gottebenbildlichkeit schlechthin erklärt wird, wirkt sich dies inkludierend aus, denn wir befinden uns alle von Geburt an in einem Netzwerk von Beziehungen, in denen wir Menschen in vielfältigen Relationen zu anderen stehen. Aus der Betonung der Relationalität des Menschen folgt, so unterstreichen alle genannten Autor_innen, die die Relationsanalogie als inklusiv werten, dass die Konzeption der Gottebenbildlichkeit ohne menschliche Fähigkeiten auskommt, um diese zu begründen. Auf diese Weise, so die Logik, werden keine menschlichen Fähigkeiten, die manchen Menschen möglicherweise abgesprochen werden können, als Inbegriff der Gottebenbildlichkeit veranschlagt und auf diese Weise exkludierende Tendenzen unterbunden.

Ein weiterer Vorteil, der sich aus der Relationalität als grundlegender Kategorie der Gottebenbildlichkeit ergibt, ist eine Anerkennung des Angewiesenseins. Im Leben von vielen Menschen mit Behinderung sind Abhängigkeit und ein erhöhter Hilfebedarf Teil des Alltags. Gleichzeitig muss betont werden, dass wir als Menschen alle auf ein Netzwerk von Menschen angewiesen sind, die uns unterstützen und für uns da sind. Mit der Anerkennung der Tatsache, dass wir als Menschen alle auf andere angewiesen und deshalb auf andere bezogen sind, zeigt sich in der Relationsanalogie eine Berücksichtigung einer existenziellen Kategorie für einerseits alle Menschen, andererseits wird besonders eine Kategorie berücksichtigt, die im Leben von vielen Menschen mit Behinderung eine Rolle spielt (vgl. Kriterium 3). Von den in 1.2.4.2 untersuchten Ansätzen benennen Bonhoeffer[48] und Moltmann[49] diesen Aspekt des grundsätzlichen Angewiesenseins aller Menschen.

Des Weiteren kann innerhalb der Relationsanalogie, im Gegensatz zur tendenziell dualistischen Geistanalogie bzw. Gestaltanalogie, auch die menschliche Leiblichkeit akzentuiert werden und so zu einem ganzheitlichen Menschenbild anleiten. Denn Begegnung findet zunächst auf leiblicher Ebene statt: Ich nehme den anderen über seinen ‚Körper' in seinem Leibsein wahr und über unsere Leibperspektive kann man zueinander in Kontakt treten und kommunizieren (vgl. Kriterium 4).

---

der EKD und Yong geht die Aussagekraft ihrer Ansätze nicht weit über die Feststellung hinaus, dass sie die Relationsanalogie als inklusiv und die anderen Interpretationsmuster als exkludierend einschätzen.

47 Vgl. Liedke: Beziehungsreiches Leben, 301; Mohr: Schwerste Behinderung, 210.
48 Der Mensch ist „angewiesen auf andere" (Bonhoeffer: Schöpfung und Fall, 74).
49 „Der Mensch ist darum von Anfang an ein soziales Wesen. Er ist auf menschliche Gemeinschaft angelegt und wesentlich hilfsbedürftig" (Moltmann: Gott in der Schöpfung, 228).

3.2.4.2 Untersuchung explizit inklusiver Konzepte

3.2.4.2.1 Inklusives Potenzial

Jürgen Moltmann stellt explizit heraus, dass sich sein Gottebenbildlichkeitsverständnis für alle Menschen inkludierend auswirkt, was er auf das Menschenverhältnis Gottes, dem wesentlichen Kernstück seiner sozialen Gottebenbildlichkeitslehre, zurückführt: „Kraft des Verhältnisses, in das sich Gott selbst zum Menschen gesetzt hat, ist auch der behinderte Mensch im vollen Sinne Ebenbild Gottes und keineswegs ein reduziertes."[50] Für Moltmann, der einen Bruder mit Behinderung hatte, ist es laut seiner Autobiografie eine

> „persönliche [...] Frage, welche Bedeutung eine Behinderung hat und wie die Ausgrenzung Behinderter aus der Gesellschaft der Nichtbehinderten, der Tüchtigen und Erfolgreichen überwunden werden kann."[51]

Moltmann konkretisiert die Inklusivität im Bild von der „reflektierende[n], responsorische[n] Existenz"[52] des Menschen. Diese Qualifizierungen bezeichnen den Menschen als einerseits von Gott gewollte und geliebte Existenz („reflektierende' Existenz[53]), die in seinem Dasein und So-Sein etwas von Gottes Herrlichkeit aufscheinen lässt. Andererseits bestimmen sie das menschliche Dasein als auf Gottes Zuwendung antwortende Existenz („responsorische' Existenz) (vgl. Kriterium 1). Dazu, so lässt sich argumentieren, sind keine besonderen Fähigkeiten oder Fertigkeiten notwendig, da Menschen in ihrer bloßen Existenz bereits Antwort auf Gottes Sehnsucht nach einem menschlichen Gegenüber sind. Moltmann bestimmt als Ort des Offenbarwerdens der Gottebenbildlichkeit das Gesicht des Menschen, da es nach biblischem Verständnis der Ort ist, an dem das Menschenverhältnis Gottes, der Grundgedanke der Gottebenbildlichkeit, klar ersichtlich wird. Das Gesicht des Menschen ist ein Zeichen für Gottes Zuwendung etwa bei der Verklärung Jesu (Mt 17,2: „sein Gesicht leuchtete wie die Sonne") oder als Mose Gott auf dem Sinai sieht (Ex 34,35: „die Haut seines Gesichtes strahlte"):

> „Wie Gemütsbewegungen sich auf einem Gesicht widerspiegeln und das Innere des Menschen auf dem Gesicht seinen bevorzugten Ausdruck findet, so auch die Herrlichkeit Gottes."[54]

Dies kann als Form der Körpersprache im Sinne des somatischen Dialogs verstanden werden, bei dem es nicht darauf ankommt, sich verbal auszudrücken, sondern bei dem es wichtig ist, auf kleinste Anzeichen des_der Anderen zu

---

[50] Ebd. 238.
[51] MOLTMANN, Jürgen: Weiter Raum. Eine Lebensgeschichte. Gütersloh 2006, 201.
[52] MOLTMANN: Gott in der Schöpfung, 239.
[53] ‚Reflektieren' wird hier im Sinne von ‚Ausdruck verleihen' gebraucht und hat keinen geistigen Bezug.
[54] Ebd. 227.

achten, die dabei helfen können, seine_ihre Gemütslage zu deuten und mit ihm_ihr in Kontakt zu treten. Zudem betont Moltmann das Angewiesensein, das für Menschen mit Behinderung im Alltag häufig relevant ist, als Grundkategorie menschlichen Daseins: „[D]er Mensch ist auf menschliche Gemeinschaft angelegt und wesentlich hilfsbedürftig."[55]

Wilfried Härle wendet sich gegen Peter Singers Position, nach der Leben, dem keine ureigenen Interessen und kein Selbstbewusstsein zugeschrieben werden kann, nicht schützenswert ist.[56] Demgegenüber betont Härle mithilfe einer relationalen Deutungsweise der Gottebenbildlichkeit die Würde aller Menschen – Menschen mit schwerer geistiger Behinderung, komatöse Menschen und Menschen mit Anenzephalie eingeschlossen.[57] Härle möchte die menschliche Würde nicht an die Realisierung einer Eigenschaft (z.B. Rationalität[58]) knüpfen, denn diese Festlegung hätte einen graduellen Würdebegriff zur Folge, der davon abhängt, inwiefern die Begründung der Würde für andere erkennbar ist. Damit wäre die menschliche Würde von einem „Akt der erkenntnisfundierten *Zuschreibung*"[59] bedingt, der zwangsläufig zu einer graduellen Achtung dieser Menschenwürde führte, die von jeweiligen (wissenschaftlichen) Erkenntnissen bzw. vom Gutdünken einzelner Personen abhinge, was der eigentlichen Bedeutung der Menschenwürde als „mit dem *Sein des Menschen* gegeben und darum für ihn selbst wie für alles andere geschaffene Seiende *unverfügbar*"[60] widerspricht. Für die Inklusivität seines Ansatzes spricht außerdem, dass er innerhalb der Relationalität zwischen aktivem Sich-Beziehen und passivem Bezogen-Sein unterscheidet. Relationalität in einem inklusiven Sinn zu verstehen, schließt neben Beziehungen auch Bezogen-Sein mit ein. Dem Bezogen-Sein, das vor jeder Entscheidung vorhanden ist und nicht mehr unserem aktiven Wählen unterliegt, ist die Möglichkeit inhärent, das bei den Vorteilen der relationalen Deutung der Gottebenbildlichkeit benannte Angewiesen-Sein zu akzentuieren, welches besonders im Leben von Menschen mit (schwerer) Behinderung eine Rolle spielt. (vgl. Kriterium 2).

Ulf Liedke entwirft in *Beziehungsreiches Leben: Studien zu einer inklusiven theologischen Anthropologie für Menschen mit und ohne Behinderung* eine inklusive Anthropologie, in der er dem „herablassenden ‚auch'"[61], das eine Geltung anthropologischer Aussagen auch für Menschen mit Behinderung beansprucht, entgehen will und stattdessen den Versuch unternimmt, „verschiedene [...] Aspekte des Menschseins von vornherein und durchgängig

---

[55] Ebd. 228.
[56] Vgl. HÄRLE: Menschsein, 368f.
[57] Vgl. ebd. 370–373.392; vgl. auch HÄRLE: Dogmatik, 433.
[58] Vgl. ebd. 433.
[59] HÄRLE: Menschsein, 404.
[60] Ebd.
[61] LIEDKE: Beziehungsreiches Leben, 600.

so auszulegen, dass sie für Menschen mit und ohne Behinderung uneingeschränkt Geltung besitzen."[62] Als Grundlage seiner Anthropologie entwirft er die Gottebenbildlichkeit mit Bezug auf die Trinitätslehre, welche er im Anschluss an Christoph Schwöbel als Rahmentheorie des christlichen Glaubens versteht und auf deren Grundlage er ein konsequent relational gedachtes Gottebenbildlichkeitskonzept entwickeln kann. Den Menschen als Gottes Ebenbild versteht er in Analogie zur Trinität Gottes als „Sein-in-Beziehungen."[63] Die Gottebenbildlichkeit wird folglich alleine „aus der Beziehung Gottes zum Menschen"[64] verständlich und muss deshalb zunächst als theologische Kategorie gelten, die nur in Relation zur theologischen auch als anthropologische Kategorie verstanden werden kann.[65] Die Gottebenbildlichkeit kann daher nicht als menschliche Eigenschaft, Merkmal oder Qualität bestimmt werden, da sie allein aus dem „Handeln Gottes am Menschen"[66] begreiflich wird. Nachfolgend, mit dieser Gottebenbildlichkeitskonzeption als Grundlage, bestimmt Liedke den Menschen als Person, welche er nicht in „reine Relationalität auf[...]lösen will"[67], da auch Beziehungen Entitäten voraussetzen, zwischen denen Beziehungen entstehen können. Vielmehr stellt er, in enger Verbindung zu philosophischen Anthropologien, Personalität im Folgenden als unverkürzte Realität dar, die Subjektivität, Leiblichkeit, Bildung und Fragmentarität miteinschließt. Die Erörterung dieser Themen einer inklusiven Anthropologie beinhaltet eine behindertenspezifische Perspektive, die das jeweilige Thema im Besonderen für Menschen mit Behinderung erschließt: Unter dem Leitaspekt der Subjektivität versteht Liedke nicht nur ein vernunftgeleitetes Konzept, sondern berücksichtigt auch die präreflexiv erschlossene Gewissheit unserer selbst, die bei Menschen mit schwerer Behinderung durch „Stimmungen und Gefühle, Gebärden und Gesten, Berührungen und Tasterfahrungen, Intentionen und Gedanken"[68] erfahren wird und zum Ausdruck kommen kann. Für die Leiblichkeit betont er, dass für Menschen mit schwerer Behinderung besonders der leibliche Dialog (Mimik, Gestik, Haltung, Lachen etc.) wichtige Möglichkeit der Begegnung ist.[69] Unter Bildung versteht Liedke einen „Wachstumsprozess, in dem ein Mensch zu einem beziehungsoffenen, beziehungskompetenten und be-

---

[62] Ebd. – Meine Vorgehensweise, die unter 2.3.2 (Kriterium 2) begründet wird, unterscheidet sich hier von der Liedkes. Liedke kann seine Argumentation jedoch auch nicht ohne eine Bezugnahme auf die Realität von Menschen mit Behinderung abschließen. Der Unterschied bezieht sich also lediglich auf den Zeitpunkt (Anfang vs. Ende der Argumentation) und die Ausführlichkeit der Bezugnahme.
[63] Ebd. 263.
[64] Ebd.
[65] Vgl. ebd. 264.
[66] Ebd.
[67] Ebd. 295.
[68] Ebd. 354.
[69] Vgl. ebd. 368.

ziehungsaktiven Subjekt wird"[70] und schließt, dass Bildungsprozesse auch für Menschen mit schwerer Behinderung „nicht nur möglich, sondern auch realistisch [sind], wenn ihnen Bildung zugetraut und zugänglich gemacht wird."[71] Hinsichtlich der Fragmentarität, stellt Liedke heraus, dass Menschsein mit Behinderung nicht den „Inbegriff menschlicher Fragmentarität"[72] bedeutet, sondern vielmehr unter Vermeidung einer Sonderanthropologie jedes Leben begrenzt, verletzlich, unvollkommen und befristet ist und gerade in dieser Fragmentarität die Möglichkeiten des Wachstums, der Heilung von Wunden und der Überwindung von Begrenzungen gegeben sind.[73] Am Ende seiner Studie, die hier nur ansatzweise gewürdigt werden kann, nimmt er sodann noch einmal die besondere Lebenssituation von Menschen mit Behinderung in den Blick (vgl. Kriterium 2) und nennt „Menschsein mit [...] Behinderung [...] eine spezifische Gestalt des Menschseins in Beziehung."[74] Das Spezifikum im Leben von Menschen mit Behinderung formuliert er bewusst offen als beziehungsreiches Leben „mit einer individuellen Gegebenheit"[75], um erstens einen Moment der passiven Vorgegebenheit bestimmter Bedingungen zu betonen, innerhalb derer sich zweitens konkretes Leben (innerhalb von Beziehungen) jedoch aktiv gestalten lässt[76], weshalb das Leben von Menschen mit Behinderung nicht nur als von „Erschwernissen"[77] durch die Funktionseinschränkung auf körperlicher, geistiger oder seelischer Ebene, sondern zugleich als „von Fähigkeiten und Entwicklungspotenzialen geprägt"[78] zu verstehen ist. Diese Umschreibung des Lebens von Menschen mit Behinderung ist insofern inklusiv, als dass es sich grundsätzlich auf jedes Leben (mit Herausforderungen und Entwicklungschancen) übertragen lässt (vgl. Kriterium 3). Weiterhin impliziert die Bezeichnung der Gegebenheit einen Gebenden, was die Formulierung theologisch anschlussfähig macht.

Lars Mohr nähert sich in *Schwerste Behinderung und theologische Anthropologie* einer inklusiven Anthropologie aus heilpädagogischer Sicht und bezieht deshalb besonders Menschen mit schwerer Behinderung in seine Konzeption mit ein, deren Lebensumständen er ein eigenes Kapitel[79] widmet (vgl. Krite-

---

[70] Ebd. 526.
[71] Ebd. 549.
[72] Ebd. 592.
[73] Vgl. ebd. 594.
[74] Ebd. 618.
[75] Ebd. 619. Gegebenheiten versteht er dabei nicht statisch, sondern sieht sie im Laufe eines Lebens als wandelbar an (vgl. 620). Hierzu ist anzumerken, dass die Beschreibung für Menschsein mit Behinderung zu unspezifisch ist, da Menschsein überhaupt als (hoffentlich) beziehungsreich und mit individuellen Gegebenheiten zu beschreiben ist. Diese Beschreibung kann nicht mehr ausdrücken, was das Besondere an Menschsein mit einer Behinderung ist.
[76] Vgl. ebd. 621.
[77] Ebd. 620.
[78] Ebd.
[79] Vgl. Mohr: Schwerste Behinderung, 73–122.

rium 2). Mohr vertritt die Position, dass Menschen mit Behinderung von Gott in ihrem So-Sein gewollt und geliebt sind (vgl. Kriterium 1) und fundiert dies biblisch, wenn er argumentiert, dass, wenn Jesus blinde, taube und lahme Menschen heilt, dies keine systematisch-theologischen, sondern nur ethische Folgerungen zulässt.[80] Mohr schließt daraus, dass Jesus Menschen mit Behinderung nicht aus soteriologischen Gründen heilt und somit nur mit der Beseitigung der Behinderung Heil bewirken kann, sondern dass mit der Heilung die diakonische Nächstenliebe Jesu zum Ausdruck gebracht werden soll. Diese These sieht Mohr bei Paulus bestätigt, der in 2 Kor 12,7 von einem Stachel im Fleisch berichtet, der trotz mehrmaliger Bitte an Gott (1 Kor 12,8) nicht geheilt wird. Gott spricht stattdessen zu Paulus: „Meine Gnade genügt dir; denn die Kraft wird in der Schwachheit vollendet." (2 Kor 12,9). „Paulus' Einschränkung", so Mohr, steht also „dem Willen Gottes offenbar nicht entgegen."[81] Die Gottebenbildlichkeit denkt er „konsequent relational[...]"[82] und bezieht sie ganz auf die „Wirklichkeit, die vollumfänglich der Gottesbeziehung des Menschen einbeschrieben ist."[83] Die Gottebenbildlichkeit existiert so „auch nicht ,zunächst' oder zu einem kleinen Teil"[84] abhängig von „somatisch-organischen Merkmalen"[85], sondern ist bereits mit der „Zuwendung Gottes"[86] gegeben.[87] Stattdessen knüpft er die Gottebenbildlichkeit an Gottes „Erwählung unter den Geschöpfen"[88], die sich im Herrschaftsauftrag manifestiert, und bestimmt den Menschen zum „Dialogpartner"[89] Gottes, dem er_sie sich „mit besonderer Nähe und Intensität zuwendet."[90] Andererseits sieht Mohr hier zugleich einen Anspruch bzw. eine Bestimmung des Menschen, die darin besteht „Gott antwortend zu entsprechen."[91] Die Gottebenbildlichkeit vereint also das Sein des Menschen mit einem Sollen[92], das im Vertrauen

---

[80] Vgl. Ebd. 302–305.
[81] Ebd. 305. Dabei macht er jedoch die Einschränkung, dass nicht jede einzelne Behinderung von Gott so gewollt ist: „Gott *will nicht* unbedingt, dass ein bestimmter Mensch behindert ist und ein anderer gesund, aber er lässt beides zu. Er will, dass seine Schöpfung einen Spielraum hat, in dem für den Einzelnen beides vorkommen kann und daher im Gesamten beides vorkommt" (Mohr: Schwerste Behinderung, 307).
[82] Ebd. 210.
[83] Ebd. 208.
[84] Ebd.
[85] Ebd.
[86] Ebd. 322.
[87] Mohr räumt hier ein, dass Begabungen und Fähigkeiten das Leben zwar prägen, jedoch theologisch nur als akzidentielle Bestimmungen gesehen werden können (vgl. Mohr: Schwerste Behinderung, 321).
[88] Ebd. 208.
[89] Ebd. 210.
[90] Ebd.
[91] Ebd.
[92] Vgl. ebd. 211.

und in der Hoffnung als Grundlegungen des Glaubens auch unter Bedingungen von schwerer Behinderung eingelöst werden kann.[93]

In *Receiving the Gift of Friendship: Profound Disability, Theological Anthropology and Ethics* entwirft Hans Reinders eine Anthropologie, die unabhängig davon, ob ein Mensch eine Behinderung hat oder nicht, universal gültig ist.[94] Sein erklärtes Ziel ist „to develop an account of being human that renders all primordial distinctions between human beings theologically insignificant."[95] Hans Reinders interpretiert die Gottebenbildlichkeit als relationale Wirklichkeit, die jedoch, will sie inklusiv verstanden werden, alleine von Gott initiiert und erhalten und deshalb nicht vom Menschen selbst beeinflusst werden kann. Eine so verstandene inklusive Theologie bringt Reinders konsequent zur Durchführung, indem er von der Theologie ausgehend, die der Anthropologie logisch vorausgeht, argumentiert, wie Gott verstanden wird, anstatt unser Verständnis vom Menschen zugrunde zu legen.[96] Er wählt das trinitarische Verständnis Gottes bei Ioannis Zizioulas als Grundlage, das ein ekstatisches Sein (von griech. ἐξίστασθαι: aus sich heraustreten) Gottes annimmt, das in Gemeinschaft und nicht in göttlicher Subjektivität gründet.[97] Aus diesem Grund ist Gottes Sein Sein in Gemeinschaft.[98] Übertragen auf den Menschen ist für Reinders Zizioulas' Konzeption des ekstatischen Seins jedoch zu subjektzentriert: Zizioulas

> „depicts ‚to be in relation' as a movement initiated by the agent and directed toward the other. Therefore, it is difficult to avoid sensing a lingering residue of reconstructed subjectivity at the center of Zizioulas's concept."[99]

Was Zizioulas' Konzeption in den Augen Reinders' dagegen vermissen lässt, ist der Moment unserer Rezeptivität:[100] Als Menschen können wir im Akt der göttlichen Hingabe, in der sich Gott als Gebende_r erweist, nur Empfangende sein.[101] In diesem Geschehen zwischen Gott und Mensch bedeutet das Geschenk des Seins, dass man ganz in die Gemeinschaft von Vater, Sohn und Heiligem Geist hineingenommen sind.[102] Dass Menschen wie Kelly keine Subjektivität oder kein Selbstbewusstsein vorzuweisen haben, so Reinders, ist in diesem Geschehen nicht bedeutsam.[103] Die entscheidende Frage in diesem Zusammenhang ist also nicht, wie wir Menschen Menschlichkeit verstehen und

---

[93] Vgl. ebd. 227.
[94] Vgl. REINDERS: Receiving the Gift, 244.
[95] Ebd.
[96] Vgl. ebd. 248.
[97] Vgl. ebd. 252.
[98] Vgl. ebd. 259.
[99] Ebd. 269.
[100] Vgl. ebd. 270.
[101] Vgl. ebd. 271.
[102] Vgl. ebd. 274.
[103] Vgl. ebd. 315.

die Existenz eines Menschen mit Behinderung ausdeuten, sondern allein, „what the existence of a disabled human being means in the eyes of God."[104]

3.2.4.2.2 Grenzen der Inklusivität

Was oben als Argument für die Inklusivität von *Moltmanns* Ansatz betont wurde, kann zugleich als exkludierende Tendenz interpretiert werden: Die „reflektierende, responsorische Existenz"[105] des Menschen könnte ebenso in der Linie der Geistanalogie ausgelegt werden, wenn die reflektierende Existenz im Sinne der Reflexion als Denken, Nachsinnen oder geistige Betrachtung gedeutet wird und die responsorische Existenz somit an die geistige Verfassung des jeweiligen Menschen geknüpft wird. Da Moltmann nach der grundsätzlich theozentrischen Ausrichtung der Gottebenbildlichkeit im Nachhinein doch wieder auf die Geistigkeit bzw. ein geistiges Moment des Menschen verweist und er keine Angaben zu einem inklusiven Verständnis von Geistigkeit macht, rückt er zumindest in einem Alltagsverständnis von Geistigkeit von der uneingeschränkten Inklusivität seines Gottebenbildlichkeitsverständnisses ab bzw. lässt zumindest bezweifeln, ob er hier eine uneingeschränkt inklusive Sprechweise der menschlichen Gottebenbildlichkeit konsequent weiterführt. Aufgrund dieser geistigen und substanziellen Vorbedingung für menschliche Gemeinschaft, die die Entwicklung eines wirklich inklusiven Ansatzes verhindern könnte, beurteilt auch Meininger Moltmanns relationalen Ansatz als nicht eindeutig inklusiv.[106]

Auch *Härles* Interpretation der Gottebenbildlichkeit scheint direkt an die menschliche Geistigkeit anzuknüpfen, wenn er in seiner Dogmatik argumentiert, dass „in der personalen dialogischen Begegnung mit dem anderen [...] die Fähigkeit nicht nur zur Wahrnehmung und Empfindung, sondern auch zum Bewusstsein und zur Reflexion vorausgesetzt"[107] werden muss. Auch er nennt hier Möglichkeitsbedingungen für menschliche Beziehungen, die aus den oben genannten Gründen (vgl. 3.2.1.1) ohne inklusive Ausdeutung nicht als einwandfrei inklusiv bezeichnet werden können. Die Notwendigkeit, eine Bedingung für Beziehungen zu formulieren, entsteht, da Härle durch den Herrschaftsauftrag meint, eine Speziesdifferenz zwischen Mensch und Tier festlegen zu müssen, die den Auftrag ausreichend begründet, und da er in der Relationalität nichts entdeckt, was alleine den Menschen auszeichnen könnte. In seinem nach seiner Dogmatik erschienenen Aufsatz ‚Der Mensch Gottes' identifiziert er die Fähigkeit zur Beziehung zu Gott als menschliches Spezifikum, das er auf das Fragenkönnen nach Ursprung, Sinn und Ziel des

---

[104] Ebd.
[105] MOLTMANN: Gott in der Schöpfung, 239.
[106] Vgl. MEININGER: Authenticity in Community, 20.
[107] HÄRLE: Dogmatik, 432.

3.2 Untersuchung der verschiedenen Interpretationsmuster

menschlichen Daseins zurückführt. Dass dieses Fragenkönnen auch auf Menschen mit schwerer Behinderung zutrifft, ist zumindest fraglich[108], zumal Härles anfängliche Einsicht, die Menschenwürde dürfe nicht von menschlichen Eigenschaften wie „Vernunft, Sprache, Verantwortungsfähigkeit oder [...] Selbstbewusstsein und Interesse"[109] abhängen, diesem menschlichen Spezifikum zu widersprechen scheint.

Auffällig an den Darstellungen der Grenzen der Inklusivität der Ansätze Moltmanns und Härles ist, dass sie beide die Inklusivität aufgrund der bereits in Kapitel 1 erwähnten menschlichen Verankerung der Gottebenbildlichkeit verfehlen, da sie diese eng an geistige Fähigkeiten knüpfen. Sie betonen mit der Akzentuierung der Relationalität zwar eingangs keine Fähigkeiten als Bedingung der relationalen Gottebenbildlichkeit, kommen jedoch bei genauerer Betrachtung der Materie nicht umhin, die Geistigkeit des Menschen auf die eine oder andere Weise implizit miteinzubeziehen. Damit setzen sie sich erstens, wenn sie Geistigkeit nicht inklusiv bestimmen, den Kritikpunkten aus, die für die Geistanalogie genannt sind, zweitens kann der oben formulierte inklusive Vorteil, dass die Relationsanalogie keine menschlichen Fähigkeiten voraussetzt, für die relationalen Konzepte der Gottebenbildlichkeit von Moltmann und Härle so nur eingeschränkt gelten. Grundsätzlich lässt sich hier anmerken, dass auch die Relationsanalogie als Interpretationsmuster nicht gänzlich ohne die Nennung von menschlichen Fähigkeiten auskommt. Denn sieht man den Menschen analog zu Gott als Sein-in-Beziehung, gehört die Fähigkeit Beziehungen einzugehen maßgeblich zum Menschsein, die wiederum Menschen im Wachkoma oder Menschen mit schwerer Behinderung, die sich scheinbar nicht mitteilen können, abgesprochen werden könnte. Die Einschätzung der Autor_innen, die die Relationsanalogie deshalb als inklusiv werten, weil sie keine Fähigkeiten fordert, erscheint insofern fraglich.

Liedke, *Mohr* und *Reinders* benennen *bewusst* keine menschliche Verankerung der Gottebenbildlichkeit im Interpretationsmuster der Relationsanalogie. Sie vertreten einen reinen Offenbarungspositivismus, der nicht mehr anschlussfähig an eine nicht-theologische Anthropologie ist.

- Liedke vertritt die Position, dass die Gottebenbildlichkeit allein auf Gottes Handeln zurückgeführt werden kann und nicht in einer menschlichen Eigenschaft oder Qualität „empirisch verifizierbar[...]"[110] ist. Alles andere sei eine Verkennung der alles begründenden Gottesbeziehung, die den Menschen erst ins Dasein ruft.

---

[108] Vgl. Reinders' Sicherheit, dass Menschen wie Kelly keine Subjektivität oder kein Selbstbewusstsein vorzuweisen haben (vgl. REINDERS: Receiving the Gift, 315).
[109] HÄRLE: Menschsein, 370.
[110] LIEDKE: Beziehungsreiches Leben, 264.

- Mohr beobachtet, dass Vernunft, Sprache, Bewusstsein und Freiheitsvermögen als Besonderheiten menschlichen Lebens und als Befähigungen eines Lebens in Gemeinschaft mit Gott in Überlegenheit zu den Tieren vorgeschlagen werden und fällt daraufhin das Pauschalurteil, dass „offensichtlich [...] nicht alle Mitglieder der Spezies [homo sapiens] über diese Besonderheiten verfügen."[111] Mohr vermutet den Impuls für eine Benennung dieser Besonderheit in einer als notwendig betrachteten überprüfbaren Wirklichkeit in der Gottebenbildlichkeit, die auch unabhängig vom Glauben formuliert werden kann. Den dafür zu zahlenden Preis schätzt Mohr jedoch als zu hoch ein. Denn dadurch, dass manche Menschen nicht über die genannten Besonderheiten verfügen, müssen diese Bemühungen, die Gottebenbildlichkeit abseits des Glaubens zu begründen, in einer „*spaltende[n]* bzw. *Stufen*-Anthropologie"[112] resultieren. Aus diesem Grund lehnt er die Begründung der Gottebenbildlichkeit durch menschliche Merkmale ab und sieht die Möglichkeit, die Gottebenbildlichkeit inklusiv zu bestimmen, darin, „die Gottebenbildlichkeit gänzlich als *Glaubens*inhalt zu begreifen, als Wirklichkeit, die vollumfänglich der Gottesbeziehung des Menschen eingeschrieben ist."[113]
- Hans Reinders begründet die Gottebenbildlichkeit extrinsisch, indem er argumentiert, dass Gottebenbildlichkeit alleine darin besteht, dass Gott jede_n Einzelne_n erwählt hat[114], da er anscheinend[115] keine andere Möglichkeit der Begründung für möglich hält.

Mit diesen Argumentationen lehnen Liedke, Mohr und Reinders es mit Pröppers Worten ab, die Gottesbeziehung bzw. -bezogenheit „auf den geschaffenen Menschen als solchen zu beziehen."[116] Diese Alternative zur Benennung einer menschlichen Fähigkeit oder eines menschlichen Merkmals, die Gottebenbildlichkeit alleine im Handeln Gottes zu begründen, ist jedoch nur auf den ersten Blick inklusiv, denn für eine tatsächlich inklusive Sprechweise ist entscheidend, auf welche Weise Relationalität verstanden wird und was als Möglichkeitsbedingung derselben veranschlagt wird. An der menschlichen Verankerung der Gottebenbildlichkeit, die logisch am Anfang einer inklusiven Auslegung der Gottebenbildlichkeit steht, entscheidet sich letztendlich auch die Inklusivität des Ansatzes, denn wenn diese Verankerung nicht inklusiv bestimmt ist, kann sich das Gottebenbildlichkeitskonzept nicht als inklusiv erweisen. Diese Möglichkeitsbedingung für Sich-Beziehen und Bezogen-Sein

---

[111] Mohr: Schwerste Behinderung, 207.
[112] Ebd. 208.
[113] Ebd.
[114] Vgl. Reinders: Receiving the Gift, 246.
[115] Ein möglicher Grund hierfür ist in der Aussage zu finden, dass er in Kelly eine „absence of subjectivity and self-consciousness" vermutet (vgl. ebd. 315).
[116] Pröpper: Anthropologie, 253.

3.2 Untersuchung der verschiedenen Interpretationsmuster

als menschliche Verankerung bzw. als Kern (Pröpper) der Gottebenbildlichkeit nach der Relationsanalogie muss zudem benannt werden, um die Gottebenbildlichkeit bis ins Letzte philosophisch und fundamentaltheologisch nachvollziehbar zu machen. Die Gottebenbildlichkeit kann also nicht unabhängig vom geschaffenen Menschen als solchem bestimmt werden, sondern muss ein An-Sich-Sein des Menschen formulieren können.[117] Liedke, Mohr und Reinders muss in einem Punkt jedoch zugestimmt werden: Sie wollen letztlich ausdrücken, dass wir als Geschöpfe Gottes immer an Gott rückgebunden und auf Gott bezogen sind: Gott ist der Grund, der alles trägt und damit in einer theologischen Konzeption immer allerletzter Ermöglichungsgrund unseres Daseins. Theologisch darf der Mensch aus diesem Zusammenhang nicht herausgelöst werden.

Die Argumente für die Formulierung einer menschlichen Verankerung der Relationalität innerhalb der Gottebenbildlichkeit können folgendermaßen zusammengefasst werden:

- Nur eine menschliche Verankerung der Gottebenbildlichkeit kann ein Konzept philosophisch anschlussfähig machen und liefert in diesem Sinn ein fundamentaltheologisch stringentes Konzept. Dabei ist Jüngels Prinzip der Nachvollziehbarkeit theologischer Aussagen zu beachten: „[J]eden Satz theologischer Anthropologie [muss man] so umformulieren können, daß er auch, ohne Gott zu nennen, verständlich und einleuchtend ist."[118] Ohne die Klärung einer menschlichen Verankerung der Gottebenbildlichkeit wird immer die Frage nach der Inklusivität des Konzeptes bleiben.[119] Nur bei inklusiver Bestimmung der menschlichen Verankerung, kann das ganze Gottebenbildlichkeitsverständnis inklusiv sein.

- Für eine Theologie, die sich konsequent an der Nachvollziehbarkeit theologischer Aussagen orientiert, ist die Formulierung einer menschlichen Verankerung der Gottebenbildlichkeit unerlässlich. Dem Menschen in der Gottebenbildlichkeit kein An-Sich-Sein außerhalb der Beziehung zu Gott zuzuschreiben, hätte eine Aberkennung seines Eigen-Seins und damit den Verlust einer für die Anthropologie notwendigen philosophischen und theologischen[120] Argumentationsgrundlage zur Folge. Wenn der Mensch unzerstörbares Ebenbild Gottes ist, so Pröpper, „darf man wohl damit rechnen, daß er auf den Verweisungscharakter, der in seiner eigenen Bildhaftigkeit liegt, in gründlicher Selbstbestimmung auch aufmerksam wer-

---

[117] Die Kategorie der Relation kann nicht als An-Sich-Sein des Menschen bezeichnet werden, da sie eine Wirklichkeit *zwischen* zwei Relaten darstellt.
[118] JÜNGEL: Der Gott entsprechende Mensch, 292.
[119] Hier kann, wird keine menschliche Verankerung benannt, unterstellt werden, dass die menschliche Geistigkeit als Möglichkeitsbedingung veranschlagt werden muss, die nicht per se als inklusiv bezeichnet werden kann.
[120] Bspw. für Soteriologie, vgl. auch NORDLANDER: Gottebenbildlichkeit, 114.

den kann."[121] Trotz dieser Selbstbestimmung muss theologisch weiterhin deutlich werden, dass der Mensch (unabhängig von seinen Entscheidungen und Handlungen) auf Gott bezogen ist und bleibt.

Eine inklusive Sprechweise innerhalb der relationalen Gottebenbildlichkeit muss also, so kann hier zusammengefasst werden, eine inklusive Verankerung der Gottebenbildlichkeit im Menschsein ermitteln.

3.3   Inklusiver Kern

Zur Bestimmung einer inklusiven menschlichen Verankerung der Gottebenbildlichkeit ist die Beobachtung wichtig, dass alle Deutungsmuster und damit alle Antworten auf die konkrete Verortung der Gottebenbildlichkeit eine menschliche Verankerung der Gottebenbildlichkeit bzw. einen Kern der Gottebenbildlichkeit betonen bzw. betonen müssten.[122] Dabei sind verschiedene Begründungsformen zu unterscheiden, die entweder ein menschliches Merkmal, eine menschliche Fähigkeit oder eine relationale Kategorie benennen:

Deutungsmuster	Kern	Kategorie des Kerns
Gestaltanalogie	äußeres (oder inneres) Aufgerichtetsein	→ menschliches äußeres Merkmal (oder innere Qualität)
Geistanalogie	geistige Fähigkeiten	→ menschliche Fähigkeit
Herrschaftsanalogie	etwas, was den Menschen befähigt zu herrschen[123] (eine Form der Überlegenheit über die restliche Schöpfung)	→ menschliche Fähigkeit
Relationsanalogie	Geistigkeit	→ menschliche Fähigkeit
	Geschlechterverhältnis mit Voraussetzung der Geschlechtlichkeit (Barth)	→ relationale Kategorie mit Voraussetzung eines Merkmals
	Freiheit (Bonhoeffer, Pröpper)	→ relationale Kategorie

Übersicht 6

---

[121] Pröpper: Anthropologie, 253.
[122] Selbst im Deutungsmuster der Herrschaftsanalogie müsste, würde man sie zu Ende denken, begründet werden, warum der Mensch zur Herrschaft fähig ist.
[123] Hier ist womöglich auch die Geistigkeit in Anschlag zu bringen.

Hier ist zunächst festzustellen, dass alleine die Gestaltanalogie und die Relationsanalogie mit der menschlichen Verankerung der Freiheit (Bonhoeffer, Pröpper) und des Geschlechterverhältnisses (Barth) im Gegensatz zur Geistanalogie und Herrschaftsanalogie in der Lage sind, die Gottebenbildlichkeit nicht unmittelbar auf eine menschliche Fähigkeit zurückzuführen. Fähigkeit und Leistungsfähigkeit werden häufig nicht getrennt voneinander betrachtet (vgl. 3.2.1.2) und können in der Folge anders als relationale Kategorien (Freiheit; im Sinne Barths wohl auch Geschlechtlichkeit, welche nur im Geschlechterverhältnis aufgehen kann) individuell abgesprochen werden. Deshalb kommen menschliche Verankerungen, die Fähigkeiten betonen, und damit die Interpretationsmuster der Geistanalogie und der Herrschaftsanalogie für die Konzeption einer unmissverständlich inklusiven Gottebenbildlichkeit nicht in Frage. Da sich Kern und Ausdrucksmöglichkeit der Gottebenbildlichkeit bei der Gestaltanalogie entsprechen, stellt die menschliche Verankerung des inneren oder äußeren Aufgerichtetseins aus den oben genannten Gründen (2.2.1)[124] keine einwandfrei inklusive Möglichkeit der Formulierung eines Kerns dar.

Betrachten wir die Deutung des Geschlechterverhältnisses als Kern der Relationsanalogie (Barth) wird deutlich, dass wir noch einen Schritt weitergehen und bei der Geschlechtlichkeit als Möglichkeitsbedingung des Geschlechterverhältnisses ansetzen können. Wenn gefragt wird, ob die menschliche Verankerung der Geschlechtlichkeit eine inklusive Interpretation der Relationsanalogie darstellt, kann zunächst festgestellt werden, dass diese Interpretation im inklusiven Sinn positiv betrachtet werden kann: Wenn die Geschlechtlichkeit von Menschen mit (schwerer) Behinderung anerkannt wird, hat dies insofern positive Auswirkungen, als dass die Wahrnehmung von Menschen mit (schwerer) Behinderung als geschlechtliche Wesen gefördert würde und dies das Recht auf Ausleben sexueller Bedürfnisse in den Mittelpunkt rücken könnte. Diese Deutung könnte der sozialen Konstruktion von Menschen mit Behinderung als asexuelle Wesen entgegenwirken, die Nina Ewers zu Rode ins Wort bringt, wenn sie argumentiert, dass bei Menschen mit Behinderung die Kategorie des Geschlechts durch die Kategorie der Behinderung substituiert wird und daher „Merkmale wie Asexualität und Ageschlechtlichkeit [...] an behinderte Körper geheftet [...] und damit ihr Ausschluss aus Reproduktion und Sexualität legitimiert"[125] wird. Anderseits ist mit der Geschlechtlichkeit, zumindest mit der barth'schen Deutung, ein Aus-

---

[124] Da im wörtlichen Verständnis der Gestaltanalogie und damit mit dem Kern des äußeren Aufgerichtetseins eine deutliche Exklusion einhergeht (1.2.2.2), kommt diese Verankerung der Gottebenbildlichkeit nicht in Frage. Ein inneres Aufgerichtetsein könnte wiederum mit der Geistanalogie assoziiert werden.

[125] EWERS ZU RODE, Nina: Geschlecht und Behinderung. Methodische Überlegungen. In: Freiburger Zeitschrift für GeschlechterStudien 22.1 (2016), 11–25, 13.

schluss einer anderen Gruppe von Menschen impliziert, nämlich derjenigen, die sich nicht dem heteronormativen und binären Geschlechtermodell zuordnen lassen (wollen), das Barth innerhalb seines Gottebenbildlichkeitsverständnisses etabliert.[126] Dies schließt Menschen aus, die nicht heterosexuell lieben bzw. sich nicht in dieses von Barth etablierte binäre Modell einordnen können. Barth will m.E. im Resultat die Relationalität betonen und bestimmt aufgrund des biblischen Verweises auf die Geschlechtlichkeit in Gen 1,27c (männlich und weiblich erschuf er sie) zur Veranschaulichung seiner *analogia relationalis* das Geschlechterverhältnis als *das* Humanum.[127] Natürlich bezieht sich die zwischenmenschliche Relationalität *auch* auf die Geschlechtlichkeit des Menschen, sie ist dennoch nicht das Primäre, an das bei Relationalität zu denken ist: Ich möchte Relationalität weiter fassen als explizit auf das Verhältnis der Geschlechter bezogen, als die Beziehung und Sexualität zwischen Mann und Frau, die bei Moltmann im anthropologischen Dreieck[128] anklingt. Vielmehr will ich Relationalität als zwischen Sich-Beziehen und Bezogen-Sein (Härle) aufgespannt sehen und dadurch alle Realitäten von und zwischen Sich-Beziehen und Bezogen-Sein miteinbeziehen (vgl 3.4).

Der klare inklusive Vorteil der Relationsanalogie mit einer relationalen Kategorie wie Freiheit als Kern oder menschlicher Verankerung ist, dass sie unabhängig von einem bloßen Für-Sich-Sein des Menschen definiert werden kann. Auf diese Weise kann der oben genannte und von vielen Autor_innen benannte Vorteil der Relationsananlogie, keine Fähigkeiten oder Merkmale (vgl. Liedke, Mohr) anführen zu müssen, eingelöst werden. Freiheit als Beziehung verstanden, die niemals für sich selbst bestehen kann, sondern immer auf ein anderes bezogen ist (vgl. Bonhoeffer 1.2.4.2.1), stellt eine solche relationale Kategorie[129] dar. Auch Pröpper setzt die Freiheit als Möglichkeitsbedingung von Sozietät und wirklicher Gemeinschaft (vgl. 1.2.4.2.8) und definiert sie mit Krings als „Kommunikationsbegriff" (vgl. 4.4). Dennoch wird die Situation von Menschen mit (schwerer) Behinderung nicht auf den ersten Blick mit Freiheit assoziiert (vgl. Kriterium 2; siehe auch 4.4.2.3). Als eindeutig

---

[126] Vgl. 1.2.4.2b: „Die Menschen sind Mann und Frau und nur das: alles andere nur in dieser Unterscheidung und Beziehung" (BARTH: Kirchliche Dogmatik III,1, 209).

[127] Moltmann tut dies explizit, indem er die sexuelle Differenz als „anthropologischen Ort, an dem Gottebenbildlichkeit in Erscheinung tritt" (MOLTMANN: Gott und Schöpfung, 228) bezeichnet.

[128] Die Sozialität des Menschen veranschaulicht Moltmann im anthropologischen Dreieck, das darstellt, dass jeder Mensch „Mann oder Frau und Kind seiner Eltern ist" (MOLTMANN: Gott und Schöpfung, 245). Das Mann-Frau-Verhältnis bezeichnet er dabei als „Geschlechtergemeinschaft im Raum" (ebd.), das Eltern-Kind-Verhältnis als „Gemeinschaft der Generationen in der Zeit" (ebd.; vgl. 1.2.4.2.4).

[129] Vgl. KRINGS, Hermann: Freiheit. In: Ders. / Baumgartner, Michael / Wild, Christoph. (Hg.): Handbuch philosophischer Grundbegriffe. Bd. 2. München 1973, 493–510; vgl. auch KRINGS, Hermann: System und Freiheit. Gesammelte Aufsätze. Freiburg / München 1980, 125f.

inklusive menschliche Verankerung der Gottebenbildlichkeit kann Freiheit deshalb nicht dienen (vgl. 4.4). Die Frage hier lautet also: Kann innerhalb der Relationsanalogie eine inklusiv verstehbare und relational bestimmbare Möglichkeitsbedingung für Sich-Beziehen und Bezogen-Sein formuliert werden?[130] Die im folgenden Kapitel zu untersuchende These lautet, dass die Vulnerabilität eine solche Möglichkeitsbedingung für eine inklusiv verstandene Ausdeutung der Relationsanalogie darstellt. Ein erster Hinweis für die Stringenz dieser These verbirgt sich in den Ansätzen von Reinders und Liedke: Reinders vermisst in Zizioulas' grundsätzlich relationaler Konzeption den „aspect of our receptivity"[131] und Liedke will in seiner Konzeption einerseits das Moment der passiven Vorgegebenheit bestimmter Bedingungen im Leben betonen[132], andererseits will er das Leben als von „Entwicklungspotenziale[n] geprägt"[133] verstehen. Vulnerabilität kann mit einer grundsätzlichen Empfänglichkeit zusammengedacht werden *und* hat ambivalente Folgen und kann somit als Auslöser für positive Entwicklungen interpretiert werden, wie im folgenden Kapitel deutlich wird. Deshalb könnte das bei Reinders und Liedke gesuchte Konzept in der Vulnerabilität erkannt werden.

3.4 Vergewisserung: Alle Menschen sind zu Beziehungen fähig

Zwar können, wie in den inklusiven Potenzialen gesehen, die Interpretationsmuster der Geist-, Gestalt- und Herrschaftsanalogie nicht *per se* als exkludierend angesehen werden – es kommt sehr darauf an, wie die verschiedenen Begrifflichkeiten gefüllt werden –, dennoch weisen diese Interpretationsmuster exkludierende Tendenzen auf, die mehr oder weniger auf den ersten Blick erkennbar sind.[134] Eine inklusive Möglichkeit, die für die Relationsanalogie soeben herausgearbeitet wurde, ist, eine relational anschlussfähige Verankerung im Menschen zu finden. Deshalb wird im folgenden Kapitel neu ange-

---

[130] Der negativ formulierbare Vorteil der Relationsanalogie ist, dass der Kern bei Geist-, Gestalt- und Herrschaftsanalogie bereits sehr fixiert scheint. Wenn wir fragen, was die Verankerung im Menschen ist, die den Menschen ein geistiges Wesen sein/aufrecht gehen/herrschen lässt, ist dies relativ eindeutig begrenzt auf die menschliche Geistigkeit/Gestalt/eine menschliche Fähigkeit in der Abgrenzung zum Tier.
[131] REINDERS: Receiving the Gift, 270.
[132] Vgl. LIEDKE: Beziehungsreiches Leben, 621.
[133] Ebd. 620.
[134] In KIRCHENAMT DER EKD: Es ist normal, verschieden zu sein, 51, durch MEININGER: Authenticity in Community, 19 und YONG: Theology and Down Syndrome, 172 werden die Geist-, Gestalt- und Herrschaftsanalogie ohne weitere Erklärung als exkludierend wahrgenommen.

setzt und die These begründet, dass der Vulnerabilität die Möglichkeit innewohnt, einen solchen inklusiven Kern der Gottebenbildlichkeit darzustellen. Um bei der Entwicklung inklusiver Sprechweisen die Relationsanalogie zugrunde legen zu können, muss hier in Grundzügen geklärt werden, dass auch Menschen mit schwerer Behinderung Beziehungen eingehen können. Dass Menschen mit (schwerer) Behinderung auf andere Menschen bezogen sind, ist unmittelbar nachzuvollziehen, da sie sich häufig in mehr oder weniger komplexen Hilfesystemen befinden, auf die sie im Alltag angewiesen sind. Dass Menschen mit schwerer Behinderung sich auch selbstaktiv auf andere beziehen und damit Beziehungen eingehen können, ist dagegen eine Erläuterung wert, die hier anhand verschiedener Lebensbeispiele geschehen soll. Bei der nachfolgenden Untersuchung beziehe ich mich auf Härles Unterscheidung zwischen Sich-Beziehen und Bezogen-Sein, die oben als inklusiv herausgestellt wurde (vgl. 3.2.4.2.1). In folgender Übersicht wird diese Unterscheidung noch genauer spezifiziert als dies bei Härle der Fall ist:

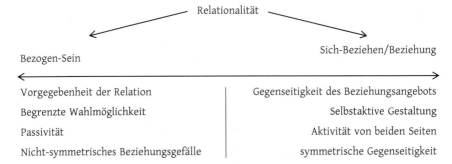

Übersicht 7

Die beiden Begriffe des Sich-Beziehens (welches in 4.4 mit Bubers Verständnis der Ich-Du-Beziehung spezifiziert wird) und des Bezogen-Seins bilden zwei Grundmomente innerhalb der grundlegenden menschlichen Relationalität, die in der Realität in der hier formulierten scheinbaren Ausschließlichkeit nicht oder kaum vorkommen. Die Wirklichkeit bewegt sich vielmehr zwischen diesen beiden Extremen. Unter Relationalität werden also alle Phänomene, die auf dem Kontinuum zwischen Sich-Beziehen und Bezogen-Sein verortbar sind, verstanden. Prinzipiell ist ein Wechsel von einem Grundmodell ins andere möglich, denn aus einem Bezogen-Sein kann sich Beziehung entwickeln und umgekehrt.[135] Dennoch werde ich die Begriffe Bezogen-Sein und Sich-Beziehen/Beziehung verwenden, um deutlich zu machen, dass ich mich je eher in der Nähe eines der Ideal-Konzepte bewege. Die Tatsache, dass eines der Kon-

---

[135] Vgl. SCHÜES, Christina: Ethik und Fürsorge als Beziehungspraxis. In: CONRADI, Elisabeth / VOSMAN, Frans: Ethik der Achtsamkeit. Schlüsselbegriffe der Care-Ethik. Frankfurt am Main am Main / New York 2016, 251–271, 264.

zepte gesellschaftlich negativ und das andere positiv codiert ist, kann hier vorläufig ausgeklammert werden und wird im nächsten Kapitel (4.6.7) von Bedeutung sein.

Eine Beziehung ist nach Robert Hinde

> „some sort of intermittent interaction between two people, involving interchanges over an extended period of time. The interchanges have some degree of mutuality, in the sense that the behavior of each takes some account of the behavior of the other."[136]

Grundlegend für eine Beziehung ist also eine Form des Austauschs zwischen zwei Personen (der nicht von vornherein auf Verbalsprachlichkeit als Kommunikationsmittel festgelegt ist[137]), der einen Moment des wechselseitigen Bezugs auf den jeweils anderen beinhaltet. Ein allgemeines Muster eines Austausches ist: „A does X to B and B does Y back again"[138], wobei Y eine Form der Reaktion auf X ist. Ein solcher Austausch ist der Grundbaustein jeder Beziehung und kann sogleich als Beginn einer solchen gewertet werden. Man könnte auch sagen, dass die Bedingung, damit von einer Beziehung gesprochen werden kann, wechselseitige Wirkungen sind, die vom einen auf den anderen Beteiligten abzielen, und die Wahrnehmung von Wirkungen durch die jeweils andere Person sind, die ggf. wiederum eine Antwort bzw. Verhaltensweise hervorruft usw. Auf diese Weise kommt eine Form des Austauschs zustande. Wie wir sehen werden, kann jede_r, können selbst Personen mit den schwersten Behinderungen, diese Grundbedingung erfüllen. Für unseren Kontext weiterhin wichtig ist, dass für eine Beziehung oft der Inhalt der Handlung, also das, was eine_r tut, weniger wichtig ist als die empfundene Qualität der Handlung und was die Beteiligten denken, was geschehen ist und wie sie sich dabei fühlen.[139] Es kommt für die Wahrnehmung einer Beziehung also eher auf die Emotionen in einer Interaktion bzw. auf die Einstellung und Haltung gegenüber der anderen Person an, als auf ‚objektiv' wahrnehmbare (Sprach-)

Handlungen. Einen Anhaltspunkt, dass auch Menschen mit schweren Behinderungen Beziehungen eingehen können, bringt Hans Reinders vor, wenn er die Situation von Kelly schildert. Die Leitungsperson von Kellys Einrichtung erzählt:

---

[136] HINDE, Robert: Towards Understanding Relationships. London 1979, 14.
[137] Bei Watzlawick et al. werden hier Lachen, Seufzen, Körperhaltung und Körpersprache – „kurz Verhalten jeder Art" – genannt (WATZLAWICK, Paul / BAVELAS, Janet / JACKSON, Don: Menschliche Kommunikation. Formen – Störungen – Paradoxien. Bern [11]2007, 58).
[138] HINDE, Robert: Personal Relationships 1. Studying Personal Relationships. London 1981, 2.
[139] Vgl. ebd. 2.

> „When Kelly was still a baby everything she seemed capable of doing was to take a deep breath now and then. In her case we did not think of this as something she did [...] [W]e assumed her taking a deep breath was only a respiratory reflex. Until somebody noticed it seemed to depend on who spoke to her. When spoken to by particular voices the changing respiration pattern stopped. Once the voice stopped, she started again."[140]

Auch wenn es auf den ersten Blick nicht so scheint, reagiert Kelly auf bestimmte Menschen, die zu ihr sprechen. Das tiefe Einatmen kann als ihre Art des kommunikativen Handelns im Sinne des somatischen Dialogs gedeutet werden. Bogdan und Taylor berichten von Mike, einem Jungen, der komplett gelähmt ist und nichts tun kann, außer seine Zunge etwas aus dem Mund heraus- und zurückzubewegen. Seine Pflegeeltern beobachten, dass er, je nach dem wer in den Raum kommt, die Geschwindigkeit seiner Zungenbewegungen verändert.[141] Weiter ließe sich argumentieren, dass dieser somatische Dialog vonseiten Kellys und Mikes mit dem Menschen, der sich ihnen nähert, ihre Form ist, eine Beziehung zu der Person aufzubauen bzw. eine bestehende Beziehung zu erhalten: Dass eine Person P zu Kelly spricht, kann als eine Wirkung definiert werden, die von Kelly empfangen wird, die darauf wiederum mit einer veränderten Atmung reagiert und daraufhin wiederum spezifische Reaktionen von P erhält. Die Veränderung der Atmung bzw. die veränderte Frequenz von Mikes Zungenbewegungen kann als Reaktion auf die spezifische Person gedeutet werden, da Kelly und Mike nicht bei jeder Person, die zu Kelly spricht bzw. sich Mike nähert, ihr Verhalten ändern. Diese Reaktionen können als Grundbaustein des Beziehungsaufbaus gedeutet werden. Natürlich braucht es viel Aufmerksamkeit und Erfahrung, um eine solche Reaktion als Kontaktaufnahme deuten zu können, dennoch hat man die Möglichkeit, Kellys veränderte Atmung als Initiierung eines Beziehungsaufbaus im Sinne des basalen Kommunizierens und des somatischen Dialogs zu interpretieren. Weil es bei Beziehungen nicht so sehr darauf ankommt, was von außen betrachtet passiert, sondern wie die Interaktionsmuster von den Beteiligten gedeutet werden, ist vor allem die Sichtweise des Gegenübers der Person mit schwerer Behinderung bedeutsam. Es kommt bei Menschen mit schwerer Behinderung in noch höherem Maße darauf an, ob es ein Gegenüber gibt, das ein spezifisches Verhalten als Kontaktaufnahme deutet bzw. als solche anerkennt und diese erwidert. Im Fall von Kelly scheint dies gegeben zu sein:

> „One day I came for tea, and as soon as I entered the living room, I was approached by Daniel, a young boy with autism; he came to me repeating that Kelly looked 'very sad', and then he would go over to her wheelchair and stroke her [...] hair."[142]

---

[140] REINDERS: Receiving the Gift, 20.
[141] Vgl. BOGDAN, Robert / TAYLOR, Steven: Relationships with Severely Disabled People. The Social Construction of Humanness. In: Social Problems 36.2 (1989), 135–148, 139f.
[142] REINDERS: Receiving the Gift, 21f.

3.4 Vergewisserung: Alle Menschen sind zu Beziehungen fähig

Natürlich bleibt es schwierig, die Intention von Menschen wie Kelly oder Mike zu deuten; ihnen jedoch die Reaktionsfähigkeit und damit die Kommunikationsfähigkeit, auch auf basaler Ebene, abzusprechen, wäre unangebracht und passiert in ihrem bestimmten Fall auch faktisch nicht. Ihr Verhalten wird von ihrem Gegenüber als Reaktion auf ihre Interaktion mit ihnen gedeutet. Auch Bogdan und Taylor sagen in einer Studie, in der sie Menschen, die eine Beziehung zu einer Person mit schwerer Behinderung haben, zu ihrer Beziehung befragt haben:

> „After all, severely disabled people appear to have so few resources, so little of social value, talent, and material resources to exchange. This is not the way the nondisabled people in our study saw their relationships or their disabled others. They defined the person with a disability as reciprocating or giving back something important."[143]

Besonders schwer scheint der Beziehungsaufbau bzw. die Aktualität einer Beziehung u.a. auch bei Komapatient_innen zu begründen zu sein, da diese den Anschein erwecken, bewusstlos zu sein und sich in einem „Zustand der undurchbrechbaren psychologischen Unempfänglichkeit"[144] zu befinden. Diesen Schluss zu ziehen wäre jedoch ein Fehlurteil, das die „Reaktionsunfähigkeit mit Empfindungslosigkeit [gleichsetzt und] das von *außen* Beobachtbare zum Kriterium für die Beurteilung des *Inneren*"[145] macht. Eine mögliche Option ist also zwischen dem von außen Sichtbaren und dem im eigenen Inneren Wahrgenommenen zu unterscheiden (vgl. 3.2.1.1 Unterscheidung bei Bewusstsein) und nicht vorschnell vom einen auf das andere zu schließen. Dass es schwerfällt, mit Menschen mit schwerer Behinderung auf die gewohnte verbalsprachliche Kommunikationsweise in Kontakt zu treten, so Radtke, bedeutet noch nicht „dass [deren] Instrumentarien fehlerhaft wären."[146] Vielleicht „geht nur uns das nötige Sensorium ab, um [ihre] Impulse richtig zu deuten."[147] Die psychologische Forschung unterstützt diese These, indem sie zeigt, dass sogar die sogenannte Bewusstlosigkeit nicht mit einer Erlebnis- und Erfahrungslosigkeit gleichgesetzt werden kann, sondern dass vielmehr noch eine Fähigkeit zum passiven Erleben und zur Reaktion auf dieses vorhanden ist.[148] Das bedeutet, komatöse Patient_innen sind in ihrem Erleben nicht in sich selbst abgeschlossen, sondern können Dinge wahrnehmen und

---

[143] Bogdan / Taylor: Relationships, 144.
[144] GUSTORFF, Dagmar / HANNICH, Hans-Joachim: Jenseits des Wortes. Musiktherapie mit komatösen Patienten auf der Intensivstation. Bern 2000, 22.
[145] Ebd. 22.
[146] RADTKE, Peter: Dialog in asymmetrischen Beziehungen. In: WUCKELT, Agnes / PITHAN, Annebelle / BEUERS, Christoph (Hg.): „Und schuf dem Menschen ein Gegenüber..." – Im Spannungsfeld zwischen Autonomie und Angewiesensein. Münster 2011, 9–18, 12.
[147] Ebd.
[148] Vgl. HANNICH, Hans-Joachim: Beziehung und Interaktion mit Bewußtlosen. In: BIENSTEIN/ FRÖHLICH: Bewußtlos, 51–57, 54.

reagieren auf diese etwa mit verändertem Muskeltonus oder Atemrhythmus, mit Augenzwinkern oder angedeuteten Bewegungen. Diese Reaktionen sind zweifelsohne qualitativ von der verbalsprachlichen Kommunikation unterschieden, aber dennoch als basale Kommunikation auch bei Komapatienten vorhanden.[149]

Mit dem Aufweis, dass Menschen mit (schwerer) Behinderung kommunizieren und so einen Beziehungsaufbau initiieren bzw. erwidern oder Beziehung gestalten können, wurde gezeigt, dass auch Menschen mit schwerer Behinderung beziehungsfähig sind. Mit Andreas Zieger kann also gefolgert werden, dass die „Auffassung vom Menschen als Beziehungswesen [...] auch [den_die] schwer an Leib und Hirn beschädigten Andere[_n]"[150] miteinbezieht, da sowohl „Wirkungen vonseiten anderer Menschen [auf ihn_sie] gerichtet werden, wie auch zahlreiche Wirkungen von [ihm_ihr] ausgehen."[151]

---

[149] Vgl. ebd. Wenn die Sprache wegfällt, sind Menschen auf andere Formen der Kommunikation verwiesen, die sie jedoch aufmerksam werden lassen für die letztliche Unverfügbarkeit und Unerreichbarkeit des jeweils Anderen (vgl. Dörner: Leben mit Be-Wußtsein, 15), was jede Beziehung im Kern ausmacht. Die Erfahrung, dass die_der Andere sich uns entzieht, dass wir nicht über sie_ihn verfügen können, ist in jeder Begegnung vorhanden, aber sie wird besonders sichtbar in Beziehungen, in denen der_die Andere wenig Ressourcen zur Kommunikation zu haben scheint. Es gibt einen Teil der_des Anderen, den wir nicht erfassen können, dieser Teil bleibt uns fremd, auch wenn wir in einer engen Beziehung zu unserem Gegenüber stehen und meinen, sie_ihn sehr gut zu kennen.

[150] Zieger, Andreas: Personsein, Körperidentität und Beziehungsethik. In: Strasser, Peter / Starz, Edgar: Personsein aus bioethischer Sicht. Tagung der Österreichischen Sektion der IVR in Graz, 29. und 30. November 1996. Stuttgart 1997, 154–171, 156.

[151] Ebd.

4. Der vulnerable Mensch

Vulnerabilität soll hier im Anschluss an Erinn Gilson verstanden und weitergedacht werden, die in ihrer Monographie *The Ethics of Vulnerability* der Frage nachgeht, wie die Vulnerabilität zur Basis für ethische Verpflichtungen und zur Erfahrung, die zu ethischen Reaktionen anweist, werden kann.[1] Die genaue theoretische und alltagssprachliche Auffassung von Vulnerabilität, wie über Vulnerabilität gedacht und gesprochen wird, so Gilson, ist entscheidend für ein ethisch relevantes Konzept von Vulnerabilität.[2] Analog dazu lautet meine These, dass es für die Inklusivität des Vulnerabilitätskonzeptes darauf ankommt, wie über Vulnerabilität gesprochen und gedacht wird. Im Folgenden sollen daher die Unterscheidungen und Spezifizierungen von Gilson übernommen werden, die im vorliegenden Kontext hilfreich sind. Auf diese Weise soll eine Konzeption von Vulnerabilität ausgearbeitet werden, die sich, so die These, als menschliche Verankerung der Gottebenbildlichkeit nach der Relationsanalogie eignet, um ein inklusives Gottebenbildlichkeitsverständnis zu entwerfen. Vom vulnerablen Menschen als Gottes Ebenbild zu sprechen, wäre (nach der genaueren Bestimmung von Vulnerabilität) somit eine inklusive Sprechweise innerhalb der theologischen Anthropologie. Deshalb beginne ich hier mit einem Forschungsüberblick zur Verwendung des Vulnerabilitätsbegriffs in der Theologie (4.2). Die konkrete Aufgabe lautet daran anschließend, Vulnerabilität so weit zu reflektieren und zu durchdringen, dass ersichtlich wird, inwiefern sich die in Kapitel 2 aufgestellten Kriterien für inklusive Sprechweisen mit der Vulnerabilität als Kern der Relationsanalogie einlösen lassen. Dies geschieht in einer schrittweisen Annäherung, die durch eine Definition eingeleitet wird (4.3) und an eine philosophische Einordnung des Vulnerabilitätsbegriffs anschließt (4.4). Sodann sollen essenzielle Aspekte der Vulnerabilität herausgearbeitet werden, die nach und nach zeigen, wie meine Konzeption von Vulnerabilität die in Kapitel 2 aufgestellten Kriterien für inklusive Sprechweisen erfüllt. Hierfür muss die Ambivalenz bzw. Ambiguität von Vulnerabilität herausgearbeitet werden (4.6.1). Sodann werden die wichtigen Differenzierungen von struktureller und situativer Vulnerabilität (4.6.2), von Vulnerabilität als Erfahrung und als zugeschriebenem Zustand (4.6.3) und von freiwilliger und unfreiwilliger Vulnerabilität (4.6.4) aufgezeigt. Danach soll der Zusammenhang von Vulnerabilität und Behinderung kritisch untersucht werden (4.6.5). Anschließend wird die Anerkennung von Vulnerabilität problematisiert (4.6.6), und dabei auch die Dichotomie von

---

[1] Vgl. GILSON, Erinn: The Ethics of Vulnerability. A Feminist Analysis of Social Life and Practice. London / New York 2014, 5.
[2] Vgl. ebd. 128.

Unabhängigkeit und Abhängigkeit relativiert (4.6.7). Des Weiteren sollen die ethisch relevanten Aspekte der Vulnerabilität herausgestellt werden (4.6.8). Zudem wird die für eine Deutung der Gottebenbildlichkeit nach der Relationsanalogie besonders wichtige Form der zwischenmenschlichen Vulnerabilität betont (4.6.9). Zum Abschluss dieses Kapitels soll die Sprechweise vom vulnerablen Menschen in den Kontext der Gottebenbildlichkeit gestellt und die Inklusivität dieser zusammengefasst werden (4.7).

Die folgende Argumentation erhebt den Anspruch, ohne Bezug auf Gott plausibel zu sein.[3] Die Definition und Reflektion menschlicher Vulnerabilität in diesem Kapitel ist auch die Grundlage dafür, im nächsten Kapitel die Vulnerabilität Gottes zu betrachten.

4.1   Vulnerabilität – eine Annäherung

In der US-Fernsehserie *New Girl* dokumentiert der Charakter Coach, dass der Begriff der Vulnerabilität in den USA Teil der Alltagssprache ist.[4] Coach ist nervös vor seinem ersten Date, nachdem ihn seine Ex-Freundin sitzengelassen hat, und sagt zu einem Freund: „I'm super-vulnerable right now."[5] Was will er damit ausdrücken? Er hat Angst davor, sich auf eine neue Beziehung einzulassen, weil er befürchtet, erneut abgewiesen zu werden. Dennoch lässt er sich auf dieses Date ein, weil er sich erhofft, keinen Korb zu erhalten und stattdessen wieder Wertschätzung und Anerkennung zu erfahren. Diese Nervosität, die er verspürt, ist, wie er dies auch selbst formuliert, Ausdruck seiner momentanen Vulnerabilität oder Verletzlichkeit. Diese Nervosität ist sicherlich nicht angenehm, aber vielleicht ist sie auch Ausdruck einer freudigen Aufgeregtheit, einer Zuversicht, dass das Erhoffte sich erfüllt, die sich aber zugleich nicht sicher ist, ob das Erwünschte auch eintreten wird. Diese Szene veranschaulicht, was es bedeutet vulnerabel bzw. verletzlich zu sein: Unsicherheit zu verspüren oder widerstreitende Empfindungen zu haben, die

---

[3]   „Man muss [...] jeden Satz theologischer Anthropologie umformulieren, daß er auch, ohne Gott zu nennen, verständlich und einleuchtend ist" (Jüngel: Der Gott entsprechende Mensch, 292).

[4]   Vor der Coronakrise, so lässt sich konstatieren, wurde Vulnerabilität bzw. Verletzlichkeit/Verwundbarkeit im Deutschen nur im Fachjargon oder in wissenschaftlichen Kontexten verwendet (vgl. Burghardt, Daniel / Dederich, Markus / Dziabel, Nadine et al.: Die Frage der Vulnerabilität. Eine Einleitung. In: Stöhr, Robert / Lohwasser, Diana et al. (Hg.): Schlüsselwerke der Vulnerabilitätsforschung. Wiesbaden 2019, 1–14, 5).

[5]   Koh, Ryan (Autor) / Jasenovec, Nicholas (Regie): Longest Night Ever (deutsch: Nacht des Wahnsinns). Staffel 3, Episode 9, 09.11.2013. [TV-Serie]. In: Meriwether, Elizabeth / Kasdan, Jake / Chernin, Peter (Produzierende): New Girl. Elizabeth Meriwether Pictures / 20th Century Fox Television.

einerseits von Hoffnung, Offenheit für neue Erfahrungen und freudiger Erwartung geprägt sind, andererseits von Angst vor Verletzung. Aber trotz seiner Furcht vor erneuter Enttäuschung lässt Coach sich auf das Date ein, er ist offen für neue Erfahrungen und hat schließlich Erfolg. Er hat etwas gewagt, ist ein Risiko eingegangen und hat seine Vulnerabilität bewusst zugelassen.

Mit der Corona-Krise ist der Begriff der Vulnerabilität (auch: Verletzlichkeit, Verwundbarkeit) auch im deutschen allgemeinen Sprachgebrauch angekommen. Es ist besonders viel die Rede von „vulnerablen Bevölkerungsgruppen"[6], den sogenannten Risikogruppen (ältere Menschen, Menschen mit Vorerkrankungen, Obdachlose, Prostituierte...), die des besonderen Schutzes und der Solidarität aller bedürfen. Diese Bezeichnung führt die medizinische Perspektive auf die Vulnerabilität vor Augen, die im Zusammenhang mit dem Corona-Virus einzelne Menschen oder Menschengruppen als vulnerabel bezeichnet, die eine höhere Wahrscheinlichkeit eines schweren Verlaufs von Covid-19 haben. Doch der Gebrauch des Vulnerabilitätskonzeptes geht über die Deklaration von (besonders) vulnerablen Gruppen hinaus: Es wird sogar von der Vulnerabilität ganzer Systeme gesprochen: Von der Vulnerabilität unseres Gesundheitssystems, unseres global verflochtenen Wirtschaftssystems und des Systems der vulnerabel gewordenen Supermacht der USA, die sich in dieser Krise als besonders vulnerabel erweist.[7] Und: Wir sind nicht nur vulnerabel gegenüber dem Corona-Virus, sondern auch gegenüber den Begleiterscheinungen, die mit der Pandemie einhergehen: gegenüber wirtschaftlichen Konsequenzen und psychischen Erkrankungen, die aus der sozialen Isolation resultieren; Kinder sind besonders vulnerabel gegenüber häuslicher Gewalt und Risikogruppen sind besonders vulnerabel für soziale Isolation usw. Auf diese Weise kommen verschiedene Formen der Vulnerabilität in der Krise zum Tragen, die als ökonomische Vulnerabilität, psychische Vulnerabilität, ‚physische' Vulnerabilität und soziale Vulnerabilität bezeichnet werden könnten.

In der Bewertung der Gefahr, die vom Corona-Virus ausgeht, kam es im Laufe der ersten Phase der Pandemie zu einer Verschiebung der Perspektive, als man feststellte, dass das Corona-Virus auch bei jüngeren Menschen ohne Vorerkrankungen zu schweren Verläufen führen kann. Daher sind im Grunde genommen alle vulnerabel gegenüber dem Corona-Virus[8]. Franziska Krause schreibt:

---

[6] NATIONALE AKADEMIE DER WISSENSCHAFTEN LEOPOLDINA (Hg.): 3. Ad-hoc-Stellungnahme zur Coronavirus-Pandemie. Die Krise nachhaltig überwinden. Halle / Berlin 2020, 8. Online unter: https://www.leopoldina.org/uploads/tx_leopublication/2020_04_13_Coronavirus-Pandemie-Die_Krise_nachhaltig_überwinden_final.pdf (Stand: 23.06.2021).

[7] Die ZEIT titelte „Verletzliche Supermacht", vgl. BÖHM, Andrea / BUCHTER, Heike / THUMANN, Michael: Verletzliche Supermacht. In: Die Zeit 14/2020. Online unter: https://www.zeit.de/2020/14/coronavirus-usa-gesundheitssystem-versicherung-versorgung (Stand: 23.06.2021).

[8] Vgl. BERNDT, Christina: Warum das Virus auch für junge Menschen gefährlich ist. In: Süddeutsche Zeitung Online vom 01.04.2020. Online unter: https://www.sueddeutsche.

„In der Coronakrise sind viele Menschen mit einem Kontrollverlust ungewohnten Ausmaßes sowie der eigenen Verletzlichkeit und der ihnen nahestehender Menschen konfrontiert."[9]

Daher rückt das Corona-Virus neben den besonders vulnerablen Gruppen auch die Vulnerabilität aller in den Blickpunkt. Bundespräsident Frank Walter Steinmeier sagte am 11.04.2020 in einer Fernsehansprache: „Die Pandemie zeigt uns: Ja, wir sind alle [Anm. H.B.: als Gesellschaft, aber auch als Einzelpersonen] verwundbar."[10]

Eine erste Annäherung an den theologischen Umgang mit der Vulnerabilität kann ein Blick auf das im Louvre hängende Bild *Segnender Christus* von Renaissance-Maler Giovanni Bellini aus dem Jahr 1460[11] bieten. Zu sehen ist der auferstandene Christus, am Rande seiner Kräfte, gezeichnet von den Wundmalen, die weiterhin von der zerstörerischen Kraft der Kreuzesnägel zeugen und an beiden Händen deutlich sichtbar sind. Seine blau-wässrigen Augen zeugen von purer Erschöpfung, seine Gesichtsmuskulatur ist erschlafft. Sein Gewand ist an der Brust zerrissen. Navid Kermani meint, dass es von Jesus selbst zerrissen worden ist, so als wolle er das Durchlittene deutlich machen – die zur Wunde entgegengesetzte Richtung des Risses nimmt er als Hinweis hierfür.[12] Doch Jesus erhebt trotz seiner Erschöpfung mit letzter Kraft seine Hand zur Segensgeste. Die Auferstehungsbotschaft wäre ohne sein Sterben nicht möglich – dies zeigt Bellini, indem Jesus als der Auferstandene immer noch gezeichnet ist von seinem gewaltsamen Tod. Sein gelebtes Leben, das in letzter Konsequenz zu seinem Tod führte, ist deutlich sichtbar, ja sein Leben und insbesondere sein Sterben bestimmen sein ganzes Äußeres. Aber gerade als dieser von seiner Vulnerabilität Gezeichnete kann er als der segnen, der in seiner Vulnerabilität solidarisch mit den Menschen ist – als Verwundbarer, der seine Narben nicht versteckt, sondern diese offen zeigt. Dieser Gestus birgt eine Möglichkeit der Neubewertung von Vulnerabilität:

---

de/gesundheit/coronavirus-junge-menschen-gefahr-1.4863155 (Stand: 23.06.2021); Heil, Christiane: „Wenn sich ihr Zustand verschlechtert, geht es oft sehr schnell". In: Frankfurt am Mainer Allgemeine Zeitung vom 10.04.2020. Online unter: https://www.faz.net/aktuell/gesellschaft/gesundheit/coronavirus/in-amerika-sterben-mehr-junge-menschen-an-corona-16720389.html (Stand: 23.06.2021).

[9] Krause, Franziska: Die Angst vor der nächsten Stigmatisierung. Was Exit-Strategien für Risikogruppen bedeuten. In: Der Tagesspiegel vom 19.04.2020. Online unter: https://www.tagesspiegel.de/gesellschaft/was-exit-strategien-fuer-risikogruppen-bedeuten-die-angst-vor-der-naechsten-stigmatisierung/25754314.html (Stand: 23.06.2021).

[10] Steinmeier, Frank-Walter: „Die Krise zeigt, wie stark wir sind". Fernsehansprache vom 11.04.2020. Online unter: https://www.sueddeutsche.de/politik/steinmeier-rede-wortlaut-1.4874627 (Stand: 23.06.2021).

[11] Vgl. Ribi, Thomas: Ostern in Zeiten von Corona. Wirkliche Stärke kommt nicht aus der Kraft, sondern aus der Verletzlichkeit. In: Neue Zürcher Zeitung vom 11.04.2020. Online unter: https://www.nzz.ch/meinung/ostern-in-zeiten-von-corona-staerke-aus-der-verletzlichkeit-ld.1551067 (Stand: 23.06.2021).

[12] Vgl. Kermani, Navid: Ungläubiges Staunen. Über das Christentum. München 2015, 60.

Vulnerabilität muss nicht als starrer, statischer und definitiver Zustand begriffen werden und daher vermieden, unterdrückt und verdrängt werden, sondern kann in der Annahme zum Potenzial für Transformation und neues Leben werden. Für Hildegund Keul gehört Verwundbarkeit zu den „Kernthemen"[13] des Christentums und Heike Springhart meint, dass eine Auseinandersetzung mit Vulnerabilität in der Theologie thematisch eine lange Tradition hat, der Begriff jedoch erst neuerdings Teil der theologischen Semantik geworden ist.[14] Gott wird, so möchte ich formulieren, indem er aus freien Stücken Mensch wird, freiwillig vulnerabel und setzt sich der Welt aus. Vulnerabilität gehört konstitutiv zum Menschsein dazu, deshalb kann Menschwerdung nicht ohne ein Vulnerabelwerden Gottes in Jesus gedacht werden. Im Zentrum einer theologischen Auseinandersetzung mit der Vulnerabilitätsthematik steht außerdem Gottes unbedingte Liebe und Zuwendung zu den Menschen, welche in Jesu Leben und Sterben offenbar wird und die das Risiko birgt, verletzt zu werden.

4.2 Forschungsüberblick zur Verwendung des Vulnerabilitätsbegriffs in der Theologie

In der Theologie kommt es gegenüber den sonstigen Debatten in Bezug auf Vulnerabilität in verschiedenen anderen Wissenschaftsdisziplinen (z.B. Humangeographie, Medizin, Psychologie, Gerontologie), in denen es vorrangig darum geht, Vulnerabilität und Verletzlichkeit zu vermeiden, zu einer Neubewertung[15] des Vulnerabilitätsbegriffs. Sechs verschiedene Beiträge zum theologischen Vulnerabilitätsdiskurs sollen hier nun kurz vorgestellt und die verschiedenen Vulnerabilitätskonzepte herausgestellt werden.

(1) Bei *Hildegund Keul* wird Vulnerabilität (‚Verwundbarkeit') zum Gelingensfaktor menschlichen Lebens, wenn sie William Placher zustimmt, der Vulnerabilität mit Liebe zusammendenkt und vulnerable Liebe als Bedingung von wechselseitigen Beziehungen und von Sorge für den_die Andere_n wertet, die jedoch auch notwendig mit Risiken einhergeht.[16] Keul schließt: „Das Zusammenleben von Menschen kann nur dort human gelingen, wo Menschen

---

[13] KEUL, Hildegund: Inkarnation. Gottes Wagnis der Verwundbarkeit. In: ThQ 192.3 (2012), 216–232, 216.
[14] Vgl. SPRINGHART: Exploring, 15.
[15] Auch philosophisch gibt es den Entdeckungszusammenhang, dass Vulnerabilität nicht nur vermieden werden muss bzw. nicht vermieden werden kann. Z.B.: „Vulnerability includes all the various ways in which we are moved, entered, touched" (HARK, Sabine / VILLA, Paula-Irene: Confessing a passionate state... Interview mit Judith Butler. In: Feministische Studien 29.2 (2011), 196–205, 200).
[16] Vgl. KEUL: Inkarnation, 221.

bereit sind, sich in der Liebe verletzlich zu machen."[17] Jesus geht mit seiner Vulnerabilität, die als Risiko schon in der Inkarnation zum Ausdruck kommt, am Kreuz als konkretem Ausdruck dieses Risikos ein großes Wagnis ein: Er ist bereit, Leiden zu ertragen und zu scheitern.[18] In der Auferstehung jedoch, so Keul, erhält die Vulnerabilität eine eschatologische Perspektive, denn in ihr werden menschlicher Vulnerabilität „neue Lebensperspektiven"[19] aufgezeigt, die die „Macht der Verwundbarkeit"[20] zutage treten lassen, welche nicht durch menschliche Anstrengungen bewirkt werden kann, sondern alleine aus göttlicher Gnade wirksam wird. Dabei erkennt Keul etwas, das auch *Michaela Neulinger* akzentuiert: Es geht in der christlichen Anerkennung der Vulnerabilität nicht darum, bereitwillig jedes Risiko einzugehen, sondern um die Abwägung von Schutz vor Verletzungen und Hingabe.[21]

(2) *Michaela Neulinger* betont im Zusammenhang mit der christlichen Würdigung von ‚Verwundbarkeit' die mit einem spezifischen Verständnis der *imitatio Christi* als Deutungsmöglichkeit gegebene Gefahr des Dolorismus (Leidenssehnsucht) und fragt, wie man theologisch von Verwundbarkeit, die an die paulinische „Macht in Schwachheit" (2 Kor 12,9-10) anknüpft, sprechen kann, ohne in eine Leidenssehnsucht zu verfallen, die den Schmerz herbeisehnt. Dabei möchte Neulinger den Auswüchsen einer „exzessive[n] Hyperbolik des Leidens"[22] entgegenwirken, wie sie beispielsweise für das Spätmittelalter belegt ist[23] und die für sie eine egozentrische Haltung ausdrückt, da die eigene Person in doloristischen Praktiken stark akzentuiert wird.[24] Die Stärke Jesu am Kreuz sieht Neulinger in der Entlarvung der „Gewalt der falschen Mächte"[25], die den Menschen die eigene Gewalt aufzeigt, darin, dass Jesus als „deutender Akteur"[26] in das Geschehen eingreift (z.B. Befragung durch Pilatus: Joh 18,33-38; Vergebungsbitte: Lk 23,42) und darin, dass Jesus bis zum letzten Moment noch Menschen bewegen kann (römischer Hauptmann: Mt 27,54). Neulinger deutet den Tod am Kreuz nicht als von Gott gewollt, son-

---

[17] Ebd.
[18] Vgl. ebd. 231.
[19] Ebd. 225.
[20] Ebd. 231.
[21] Vgl. ebd.
[22] DINZELBACHER, Peter: Spätmittelalterliche Aszesepraktiken als Ausdruck des epochentypischen Dolorismus. In: Saeculum 69.1 (2019), 3-37, 8.
[23] „Es sind Gebete überliefert, in denen ausdrücklich um körperliche Qualen zur Identificatio mit dem Schmerzensmann gebettelt wird, so von Savonarola: Jesus, laß mich leiden... Wäre ich doch mit dir ans Kreuz geheftet, gebadet in deinem Blut [...]'. An die Kreuzesnägel gerichtet: ‚...kommt zu meinem Herzen, durchbohrt mich, verletzt mich usf.'" (Ebd.)
[24] NEULINGER, Michaela: Zwischen Dolorismus und Perfektionismus. Konturen einer politischen Theologie der Verwundbarkeit. Paderborn 2018, 304.
[25] Ebd. 306.
[26] Ebd.

dern als Jesu Erweis seiner radikalen Treue zu den Menschen, die als „Absage an Schmerz und Leid, aber eine Zusage an die Leidenden und vom Leid Bedrohten und damit [als] ein Imperativ zum Handeln gemäß der verkündeten Botschaft vom Reich Gottes"[27] deutbar ist. Den Kreuzestod Jesu als Ausdruck der Leidenschaft Gottes für die Menschen interpretiert sie somit als Aufruf, die eigene Vulnerabilität „nicht zu verleugnen, sondern im Gegenteil in und an ihr zu reifen und an Stärke zu gewinnen."[28] Die Botschaft der Vulnerabilität lautet daher: Der Mensch darf sich in seiner „fragilen Existenz"[29] angenommen und seine Vulnerabilität in Gott aufgehoben wissen. Wie Keul deutet auch Neulinger dieses Angenommen-Sein in der menschlichen Vulnerabilität als Gnadengeschenk Gottes.

(3) Auch *Miriam Leidinger* verortet die ‚Verletzbarkeit' zunächst in der Christologie und verbindet sie mit den Begriffen ‚Leiden', ‚Opfer' und ‚Hingabe' und dementsprechend mit den Fragen nach Gottes Leiden am Kreuz, nach der Option für die Armen und Opfer der Geschichte in der Befreiungstheologie und nach dem Kenosismotiv. Diese Begriffe und Motive untersucht sie jeweils bei Jürgen Moltmann, Jon Sobrino und Graham Ward genauer. Daraus entwickelt Leidinger drei Perspektiven für eine Rede der ‚Verletzbarkeit' in der Theologie: als Körperlichkeit, als Leiden und als Widerstehen. Dabei betont sie für den christlich-theologischen Diskurs anstelle des von ihr problematisierten Begriffs der Hingabe die Bedeutsamkeit der Perspektive des Widerstehens, welche „Leid auszuhalten und diesem insofern zu widerstehen, sich gegenüber einer Unrechtssituation widerständig zu zeigen oder in einer Situation der Krise Widerspruch zu erheben"[30] umfasst. Im Anschluss an diese Perspektive betont Leidinger, dass Vulnerabilität gestaltet werden muss. Leidinger schließt daher, dass der Vulnerabilität „auch im christlich-theologischen Diskurs per se nichts Positives abzugewinnen"[31] ist, da bei der Vulnerabilität immer auch die Gefahr der „Viktimisierung"[32] gegeben sei. Daher ist für sie eine kritische Haltung gegenüber dem „uneingeschränkten christlichen Lob der Verletzbarkeit"[33] essenziell. Auch der Inkarnationsglaube macht nicht auf „Verletzbarkeit ‚an sich'" aufmerksam, sondern bietet Deutungen für den Umgang mit dieser an.[34] Leidinger hält folglich die Gestaltung der

---

[27] Ebd. 307.
[28] Ebd. 308.
[29] Ebd.
[30] Ebd. 304.
[31] LEIDINGER, Miriam: Verletzbarkeit gestalten. Eine Auseinandersetzung mit ‚Verletzbarkeit' anhand der Christologien von Jürgen Moltmann, Jon Sobrino und Graham Ward. Regensburg 2018, 330.
[32] Ebd.
[33] Ebd.
[34] Ebd. 331.

Vulnerabilität für entscheidend, die sie eng mit der Frage verknüpft, „welches Handeln angesichts menschlicher Verletzbarkeit, die als Zuwendung, aber auch als Anforderung Gottes gedeutet wird, in der Nachfolge Christi gefordert sei."[35] Menschen dürfen bzw. müssen angesichts der Vulnerabilität als „Gestalter(innen) ihres Lebens selbst hervortreten."[36]

(4) *Thomas E. Reynolds* denkt in *Vulnerable Communion – A Theology of Disability and Hospitality* Vulnerabilität mit Behinderung und Menschsein zusammen und lotet dadurch neue Möglichkeiten in der theologischen Anthropologie aus. In einer Theologie der Vulnerabilität[37] zeigt er Wege auf, wie Christ_innen anders und neu über Menschen mit Behinderung denken können.[38] Jenseits kursierender theologischer Interpretationen von Behinderung als Leiden und Stigma, das Gottesferne impliziert, oder als Makel in der sonst vollkommenen Schöpfung, welche die Vollkommenheit Gottes widerspiegelt[39], betont er die Relevanz des Konzeptes der Vulnerabilität, um ein Umdenken zu bewirken. Er kritisiert den „cult of normalcy", dem auch die Kirchen und Theologien in vielen Fällen folgen[40], und unter dem er eine Ansammlung sozialer Normen versteht, aus denen sich wiederum exkludierende Praktiken gegenüber Menschen mit Behinderung speisen[41], die die Illusion von Kontrolle vorgeben und die Ablehnung von Vulnerabilität provozieren. Vulnerabilität sieht er dagegen als geeigneten Ausgangspunkt, um zu erkennen, was wir Menschen in unserer Verschiedenheit gemeinsam haben, und um eine Form der Solidarität und der Zugehörigkeit zu schaffen, die Behinderung mit einschließt.[42] Er argumentiert:

> „Acknowledging our shared human vulnerability can be an important route into building solidarity among disabled and non-disabled people, exposing the hollow norms of attractiveness, individuality, and productivity upon which our consumer-oriented culture is built."[43]

Sein Unternehmen umfasst, verschiedene theologische *loci* wie die Schöpfung (inkl. *imago dei*), die Erlösung und die Nachahmung Christi mit dem Konzept der Vulnerabilität neu und inklusiv zu denken. Weiterhin denkt Reynolds Jesus Christus als „icon of a vulnerable God"[44]: Gott kommt in

---

[35] Ebd.
[36] Ebd. 332.
[37] Vgl. REYNOLDS, Thomas: Vulnerable Communion. A Theology of Disability and Hospitality. Grand Rapids 2008, 18.
[38] Vgl. ebd. 14.
[39] Vgl. ebd. 36.
[40] Vgl. ebd. 28.
[41] Vgl. ebd. 18.
[42] Vgl. ebd. 14.
[43] Ebd. 41.
[44] Ebd. 20.

Christus zu uns „to abide in, validate, and empower human vulnerability as loved by God"[45] und teilt in Christus das menschliche Leid:[46]

> „In the Christ event God's enfolding love sympathetically enters into the midst of human vulnerability and suffering and resonates outward with unconditional regard for all persons. [...] The nature of this creative-redemptive love fosters a recognition and acceptance of human vulnerability and disability as bearing the image of God. And it does so in a gesture of trusting welcome."[47]

Behinderung, so Reynolds, ist Teil des Erlösungswerks Gottes, indem Gott Behinderung im Kreuz Jesu annimmt, die auch, als Jesus auferstanden ist, noch in Form von Narben von Gottes Solidarität mit der Menschheit zeugt.[48] Durch diese Annahme verneint Gott Exklusion und bejaht Vulnerabilität.[49] Weil Gott in Christus menschliche Schwäche und Ohnmacht bejaht, sind auch Christ_innen dazu befähigt, die Schwäche anderer anzunehmen.[50]

(5) *Heike Springhart* folgt weder dem uneingeschränkten Lob der noch einer Negativsicht auf Vulnerabilität. Beide Perspektiven, so Springhart, stellen durch ihre einseitige Betonung der positiven bzw. der negativen Aspekte der Vulnerabilität eine verkürzte Sichtweise dar: „Neither a purely negative notion of vulnerability nor an exclusively positive one is able to grasp the complexity of life's vulnerability."[51] Um zu einer wirklichkeitsnahen Perspektive auf Vulnerabilität zu gelangen, müssen positive und negative Aspekte aufgenommen werden – nur auf diese Weise kann eine realitätsnahe Anthropologie entstehen, die die bereichernden, aber auch die bedrohlichen Potenziale der Vulnerabilität anerkennt und damit das menschliche Leben als ein von diesen Potenzialen geprägtes ernstnimmt. Theologisch und anthropologisch kann die Thematisierung der Vulnerabilität daher Raum für Leiden, Krankheit, Risiko und die tragischen Aspekte des Lebens schaffen[52], aber auch Raum für Transformation, Vertrauen, Freundschaft und Hingabe sowie das unausweichliche „Verflochtensein"[53] dieser beiden Dimensionen. Theologisch sieht Springhart an die Vulnerabilität anschlussfähige Themenfelder in der Schöpfungslehre (Bedrohung der vulnerablen Schöpfung durch Sünde und Zerstörung), der Eschatologie (Ist Vulnerabilität Teil der neuen Schöpfung?), der Christologie (Inkarnation), der Gotteslehre (der vulnerable Gott) und der Anthropologie (als Menschen sind wir alle vulnerabel).[54]

---

[45] Ebd. 204.
[46] Vgl. ebd.
[47] Ebd. 209f.
[48] Vgl. ebd. 207.
[49] Vgl. ebd. 210.
[50] Vgl. ebd.
[51] SPRINGHART: Exploring, 23.
[52] Vgl. ebd.18.
[53] Ebd. 17:„mutual interwovenness" [Übersetzung H.B.].
[54] Vgl. ebd. 15; 19.

(6) *Andrea Bieler* denkt Vulnerabilität (auch: ‚Verletzlichkeit') ebenfalls abseits des „Defizitmodell[s]"[55] und plädiert für die Sichtweise eines vulnerablen Gottes, die die traditionelle Apatheia Gottes zurückweist und stattdessen die Liebes- und Beziehungsfähigkeit, die Affizierbarkeit und Beweglichkeit Gottes bejaht.[56] In der Inkarnation lässt sich dieser Gott „ganz und gar affizieren [...] von den Facetten der Vulnerabilität"[57], die Bieler als Offenheit und Durchlässigkeit, als Ambiguität und Potenzialität qualifiziert. Die Offenheit bzw. Durchlässigkeit beschreibt Bieler als Verhältnis Gottes zur Welt, das trinitarisch „in der Wirklichkeit Gottes aufgehoben"[58] ist. Am Kreuz kann diese Durchlässigkeit Gottes nicht als „vollständiges Absorbiertwerden"[59] vom Leiden verstanden werden; in der Auferstehung ermöglicht Gott in dieser Offenheit neues Leben und verwandelt die Gewalt des Kreuzes. Durch den Aspekt der Ambiguität wird einerseits das „Risiko der Verletzung und des Todes"[60] offenbar, andererseits birgt Vulnerabilität auch die „Möglichkeit zu lieben und zur Heilung des verletzten Lebens."[61] Die Potenzialität der Vulnerabilität Gottes übertrifft in Auferweckung und Neuschöpfung den menschlichen Möglichkeitssinn und lässt eine Neuinterpretation der Affizierbarkeit zu.

In den vorgestellten Ansätzen kann, trotz der offensichtlichen Unterschiede, zwischen zwei grundsätzlichen Vulnerabilitätsverständnissen unterschieden werden:

Für Keul, Neulinger und Leidinger steht im Zentrum einer theologischen Auseinandersetzung mit der Vulnerabilitätsthematik Gottes unbedingte Liebe und Zuwendung zu den Menschen, die das Risiko birgt, verletzt zu werden. Diese Theologinnen vertreten ein Vulnerabilitätsverständnis, das sich offenbar – sie legen keine explizite Definition des Vulnerabilitätsbegriffs vor – stark von der Herleitung der Vulnerabilität von ‚vulnus' (vgl. 4.3) versteht, da sie in der ‚Verwundbarkeit' bzw. ‚Verletzbarkeit' das Risiko oder die potenzielle Gefahr sehen, verwundet[62] bzw. verletzt zu werden und Schmerzen zu erleiden[63], die Verwundbarkeit mit „prekäre[r] Existenz"[64] und „Fragilität"[65] des Menschen identifizieren bzw. Vulnerabilität in der Christologie benachbart zu den Begriffen Leiden, Opfer und Hingabe[66] sehen. Dennoch nehmen sie auch eine Ambivalenz bzw. Ambiguität in der Vulnerabilität wahr, in

---

[55] BIELER: Verletzliches Leben, 91.
[56] Vgl. ebd. 90.
[57] Vgl. ebd. 91.
[58] Vgl. ebd. 92.
[59] Ebd.
[60] Ebd.
[61] Ebd.
[62] Vgl. KEUL: Inkarnation, 228.
[63] Vgl. ebd. 229.
[64] NEULINGER: Zwischen Dolorismus und Perfektionismus, 259.
[65] Ebd. 281.
[66] LEIDINGER: Verletzbarkeit gestalten, 38.

welche die Christologie einzuführen vermag und die auszudrücken imstande ist, dass der Vulnerabilität die Möglichkeit inhärent ist, in sowohl positiv als auch negativ gedeuteten Konsequenzen zu resultieren. Keul meint, dass gewagte Hingabe, die sie mit der Vulnerabilität verbunden sieht, letztendlich zu einer humanen Welt führen kann.[67] Neulinger sieht in der Annahme von Vulnerabilität die Chance für gelingende Beziehungen und Versöhnung[68] und die „Entwicklung von Empathie."[69] Und Leidinger betont gegenüber dem Leiden als zweite Seite der Vulnerabilität die Handlung des Widerstehens, welche sie als genuin christlich auffasst.[70]

Springhart und Bieler fassen Vulnerabilität als generelle Offenheit für das Leben[71] bzw. „Offenheit hin zur Welt, die das Potenzial der Affizierung in sich trägt"[72], die einerseits ein Potenzial für Liebe, Zugewandtheit und Vertrauen in sich trägt, die aber auch ein gefährliches Ausgesetzt-Sein, ein Risiko bedeuten kann.[73] Diese Mehrdeutigkeit nennen sie Ambiguität, welche für sie auszudrücken vermag, dass eine „Uneindeutigkeit von Gefühlen"[74] mit der Vulnerabilität einhergeht bzw. dass die Vulnerabilität „threatening as well as [...] enriching dimensions"[75] hat. Mit der Unterscheidung von „ontological" und „situated vulnerability"[76] (vgl. 4.5 und 4.6.2) aber auch mit der Unterscheidung von „somatic, psychic and social-systemic dimension[s]"[77] und der Differenzierung von Vulnerabilität von außen (z.B. Unfälle, Gewalt) und von innen (z.B. Krankheit) legt Springhart einen Ansatz für eine Systematik des Vulnerabilitätsbegriffs vor.

Reynolds ist mit seinem Vulnerabilitätsverständnis weder eindeutig in die erste noch in die zweite Gruppe von Autorinnen einzuordnen. Trotz der Benennung von positiven Aspekten von Vulnerabilität („strength"[78], „preciousness"[79] „hospitality"[80]) tendiert er insgesamt zu einer Negativsicht auf Vulnerabilität, denn er verbindet Vulnerabilität eher mit sozial und kulturell negativ besetzten Begriffen wie „dependency"[81], „neediness"[82], „disability"[83],

---

[67] Vgl. KEUL: Inkarnation, 230.
[68] Vgl. NEULINGER: Zwischen Dolorismus und Perfektionismus, 281.
[69] Vgl. ebd. 296.
[70] Vgl. ebd. 323.
[71] Vgl. SPRINGHART: Exploring, 24.
[72] BIELER: Verletzliches Leben, 18.
[73] Vgl. SPRINGHART: Exploring, 24.
[74] BIELER: Verletzliches Leben, 41 (Fn 51).
[75] SPRINGHART: Exploring, 24.
[76] Ebd. 17.
[77] Ebd. 26.
[78] REYNOLDS: Vulnerable Communion, 121.
[79] Ebd. 123.
[80] Ebd. 243.
[81] Ebd. 70.
[82] Ebd. 106.
[83] Ebd. 155.

„fragility"[84], „susceptible to tragedy"[85], „embodied limitations"[86], „frailty"[87], „human weakness and suffering"[88], „human brokenness"[89], „inability"[90] und „human finitude."[91] Insgesamt scheint er aber dennoch eine eher positive Deutung der Vulnerabilität anzusteuern, was z.B. Aussagen wie „God [...] draws near to abide in, validate, and empower human vulnerability as loved by God"[92] andeuten und mittels derer er versucht, menschliche Vulnerabilität als besonderen Ort der Gottesnähe herauszustreichen. Diese Kombination von negativen und positiven Aussagen zur Vulnerabilität wird im Gegensatz zu Springhart und Bieler nicht aufgeklärt. Weiterhin unterstreicht Reynolds einerseits, dass wir als Menschen alle vulnerabel sind („We are all at the core vulnerable"[93]), andererseits suggeriert er, dass manche Menschen besonders vulnerabel sind (Jesus empfängt „persons who are in a variety of ways especially vulnerable"[94]). Dabei ist nicht klar, wie sich diese widersprüchlichen Aussagen (positive und negative Bestimmungen) auflösen lassen. Für Reynolds scheint das Konzept der Vulnerabilität selbsterklärend zu sein, dessen Deutung er voraussetzt. Er gibt zwar Hinweise auf ein bestimmtes Vulnerabilitätsverständnis; z.B. sagt er, dass Vulnerabilität zentral für unsere gegenseitige Offenheit ist[95], an anderer Stelle versteht er Vulnerabilität als „the capacity to undergo and suffer the other."[96] Jedoch bleibt sein Verständnis von Vulnerabilität insgesamt konturlos, denn es fehlt eine systematische Einordnung, um den Begriff der Vulnerabilität präzise fassen zu können. Diese Lücke provoziert Unklarheiten und Fragen. – Wie ist die Gleichzeitigkeit von positiv und negativ konnotierten Begriffen zu erklären? Wie können wir alle vulnerabel sein und gleichzeitig manche Menschen als besonders vulnerabel bezeichnet werden? Kann man Vulnerabilität und Behinderung tatsächlich in eins setzen? Aufgrund welches Vulnerabilitätsverständnisses kann Gott als vulnerabel gedacht werden? – Diese Fragen wären durch einige systematische Differenzierungen abzudämpfen oder gar aufzuheben.

Im Blick auf die in der Theologie angewandten Vulnerabilitätsbegriffe lässt sich die Beobachtung festhalten, dass, mit Ausnahme von Springhart und einem anfanghaft erkennbaren Interesse Neulingers und Bielers, die zu-

---

[84] Ebd. 161.
[85] Ebd. 178.
[86] Ebd. 185.
[87] Ebd. 197.
[88] Ebd. 203.
[89] Ebd. 204.
[90] Ebd. 216.
[91] Ebd. 205.
[92] Ebd. 203.
[93] Ebd. 210.
[94] Ebd. 229.
[95] Vgl. ebd. 130.
[96] Ebd. 165.

mindest die Unterscheidung universaler und partikularer Vulnerabilität bzw. fundamentaler und situativer Vulnerabilität einführen, insgesamt ein Defizit in der Systematisierung des Vulnerabilitätsbegriffes in der theologischen Vulnerabilitätsforschung konstatiert werden kann.[97] Daraus ergibt sich hier im Anschluss die Aufgabe einer Definition und (genaueren) Systematisierung von Vulnerabilität.

4.3   *Definitionsrelevante Aspekte*

Das Substantiv ‚vulnerability'[98] geht auf das lateinische Adjektiv ‚invulnerabilis'[99] bzw. das spätantik belegte Adjektiv ‚vulnerabilis' zurück, dessen Suffix ‚-ilis/-bilis' eine aktive oder passive Möglichkeit anzeigt.[100] Der Stamm des Substantivs und des Adjektivs lässt sich wiederum auf das lateinische Substantiv ‚vulnus' (= Wunde, Verwundung, Verletzung) und das Verb ‚vulnerare' (= verwunden, verletzen, wehtun, kränken) zurückführen. Im Englischen tauchte das Adjektiv ‚vulnerable'[101] erstmals im frühen 17. Jahrhundert u.a. bei Shakespeare auf, wo es ausschließlich im passiven Sinn in der Bedeutung von ‚der verwundet werden kann' gebraucht wurde.[102] Heute werden Adjektive, die auf ‚-able' enden, allgemein nur im passiven Sinn gebraucht, sie konnten früher jedoch auch die aktive Bedeutung annehmen.[103]

In der deutschen Alltagssprache wird Verletzlichkeit oder Verwundbarkeit bzw. verletzlich (Bedeutung laut Duden: „sensibel und daher leicht verletzbar; empfindlich"[104]) oder verwundbar zu sein manchmal mit schon geschehener Verwundung gleichgesetzt, d.h, wenn jemand als verletzlich

---

[97]   Auch Gilson stellt für den philosophischen/ethischen Diskurs fest, dass der Begriff ‚Vulnerabilität' bisher zu leichtfertig und unreflektiert verwendet worden ist: „Though much attention has been paid to vulnerability as a feature of life that merits ethical concern, less attention has been paid to how we think, talk, and feel about vulnerability and little theoretical effort has been devoted to elaborating fully what is meant when we talk of vulnerability" (Gilson: Ethics, 4).
[98]   Im etymologischen Wörterbuch der deutschen Sprache mit den meisten Auflagen Kluge, Friedrich / Seebold, Elmar: Etymologisches Wörterbuch der deutschen Sprache. Berlin 252011 gibt es keinen Eintrag zu ‚Vulnerabilität'.
[99]   Art. „vulnerable". In: Onions, Charles (Hg.): Oxford Dictionary of English Etymology. Oxford 1966, 987.
[100]   Vgl. Rubenbauer, Hans / Hoffmann, Johann Baptist: Lateinische Grammatik. Neubearb. von Rolf Heine. 12., korr. Aufl. Bamberg / München 1995, §18.2, 20.
[101]   Vom Gebrauch von ‚vulnerable' wurde später ‚vulnerability' deriviert.
[102]   Vgl. Art. „vulnerable".
[103]   Vgl. ebd.
[104]   Art. „verletzlich" auf Duden online. Online unter: https://www.duden.de/node/196944/revision/196980 (Stand: 08.07.2021).

bezeichnet wird, wird diese Zuschreibung teils so verstanden und gebraucht, als wenn diese Person bereits eine Verletzung erlitten hätte. Die verletzliche oder verwundbare Person wird infolgedessen als leidend, fragil und ‚körperlich' schwach verstanden und Vulnerabilität wird entsprechend mit Leiden, Fragilität und ‚körperlicher' Schwäche gleichgesetzt. Allerdings, wie auch bei Shakespeare und durch das lateinische Suffix ‚-ilis/-bilis' deutlich wird, bezeichnet vulner-abel zu sein nur die *Möglichkeit* verletzt zu werden. Auch die Nachsilbe -bar in verwund-bar drückt aus, dass „die beschriebene Person oder Sache etwas machen *kann* [Hervorhebung: H.B.]."[105] Das bedeutet, dem Begriff der Vulnerabilität wohnt ein Potenzial oder eine Eventualität inne, verletzt zu werden, jedoch nicht die Verletzung als schon *tatsächlich* eingetretenes Ereignis. Das bedeutet für den Alltagsgebrauch, dass Verletzlichkeit bzw. Verwundbarkeit als Möglichkeitsbegriff teilweise unreflektiert bleibt bzw. nicht konsequent Anwendung findet. Vulnerabilität hingegen konsequent als Möglichkeitsbegriff und damit in seiner Potenzialität zu analysieren und reflektieren, impliziert, die negativen Folgen nicht vorwegzunehmen, sondern gleichermaßen positive bzw. ambivalente oder ambige Konsequenzen in einen Möglichkeitsraum miteinzubeziehen. Deshalb ist es präziser, von möglicher Affizierung[106] zu sprechen als von möglicher Verletzung. In der Alltagssprache wird diese reflektierte Perspektive auf Verwundbarkeit bzw. Verletzlichkeit, die Vulnerabilität auch als Potenzial wahrnehmen kann, zu Unrecht vereinfacht und Verwundbarkeit bzw. Verletzlichkeit infolgedessen mit ihrem möglichen (negativen) Ergebnis gleichgesetzt. Vulnerabel zu sein bedeutet aber gerade nicht, schon Schaden erlitten zu haben, sondern die bloße Möglichkeit, diesen Schaden zu erleiden. Vulnerabilität ist also der Zustand, der ermöglicht, dass jemand sich leidend, fragil und schwach fühlt, bzw. als leidend, fragil und schwach wahrgenommen wird, aber als Möglichkeitsbegriff stellt Vulnerabilität ebenso das Potenzial dar, positive Empfindungen wie Freude, Nähe und Vertrauen hervorzurufen. Diese Reflexionen führen unmittelbar zur Definition von Vulnerabilität, die Erinn Gilson in *The Ethics of Vulnerability* formuliert. Sie versteht unter Vulnerabilität oder darunter vulnerabel zu sein, „to be open to being affected and affecting in ways that one cannot control."[107] Im Folgenden werde ich, wenn ich die Definition von Vulnerabilität anführe, Gilsons Definition leicht abgeändert[108] verwenden

---

[105] Bzw. sie drückt im passiven Sinn aus, dass mit der Person etwas gemacht werden kann; vgl. Art „-bar" auf Duden online. Online unter: https://www.duden.de/node/129664/revision/129700 (Stand: 08.07.2021).

[106] ‚Affizierung' soll in diesem Kontext einen nicht bereits bewerteten, also neutralen Vorgang bezeichnen, im Gegensatz zur medizinischen Bedeutung im Sinne von ‚krankhaft verändern'. Vgl. Art. „affizieren" auf Duden online. Online unter: https://www.duden.de/node/13348/revision/13375 (Stand: 08.07.2021).

[107] Gilson: Ethics, 2.

[108] Gilsons „in ways that one cannot control" übertrage ich als „auf unvorhersehbare Weise", denn die Unvorhersehbarkeit ist in der Definition m.E. wichtiger einzustufen

4.3 Definitionsrelevante Aspekte

und Vulnerabilität als ‚Offenheit dafür, auf unvorhergesehene Weise affiziert zu werden' definieren. Die leichte Änderung (‚in ways that one cannot control' gebe ich mit ‚auf unvorhergesehene Weise' wieder) nehme ich vor, denn sich einer Vorwegnahme der negativen Folgen zu enthalten und stattdessen die Folgen als unvorhersehbar zu betrachten, ist genau der Unterschied zum reinen Negativverständnis von Vulnerabilität. Wir sind als Menschen offen gegenüber einer Vielzahl von Einflüssen und Einwirkungen, die uns verändern und uns prägen. Wir können vulnerabel gegenüber Krankheiten, Unfällen, Verarmung, Naturkatastrophen und Kriegen sein, aber wir sind genauso vulnerabel gegenüber positiven Einflüssen, etwa gegenüber einer Geste der Zuneigung, für ein freundliches Wort eines Mitmenschen oder für Freude über ein neugeborenes Kind.[109] Diese positiven Einflüsse sind zwar zunächst nicht die ersten Eindrücke, die mit Vulnerabilität assoziiert werden, da es immer noch ein von *vulnus* (= Wunde, Verwundung, Verletzung) abgeleitetes Wort ist. Wenn jedoch die Potenzialität des Wortes, die der Nachsilbe inhärent ist, ernstgenommen wird, kann man feststellen, dass Vulnerabilität ambivalent interpretiert werden muss.[110] Es ist daher dieselbe Offenheit, die Verletzung ermöglicht, aber auch positive Beeinflussung möglich macht. Die verschiedenen Auswirkungsmöglichkeiten der Vulnerabilität können folgendermaßen verdeutlicht werden:

Wenn x die Situation ist, wie sich die Offenheit auswirkt, ist es möglich

1) dass x positiv ist/bewertet wird;
2) dass x negativ ist/ bewertet wird;
3) dass x positiv und negativ ist/bewertet wird
4) dass das erwartete x gar nicht eintritt.

Diese verschiedenen möglichen Konsequenzen der Vulnerabilität ernst zu nehmen, ist ein essenzieller Schlüssel zum Verständnis der Vulnerabilität

---

als die Unkontrollierbarkeit (wenn ich etwas nicht weiß, kann ich es auch nicht kontrollieren). Auch Gilson betont die Unvorhersehbarkeit: „Vulnerability is defined by openness and affectivity, and such an openness entails the inability to predict [...] that to which we are open and how it will affect us" (ebd. 127).

[109] Die Bedeutung der Vulnerabilität erschöpft sich aber nicht in der Erklärung, gegenüber welchen Faktoren und Menschen wir vulnerabel sind. Da Vulnerabilität nur die Möglichkeit des Einflusses ausdrückt, können wir den Zustand der Vulnerabilität nicht auf die ‚Ergebnisse' oder resultierenden Zustände der Vulnerabilität reduzieren: „The ‚vulnerable to' phrase, however, diminishes the autonomy of the experience of vulnerability by assimilating it to its outcome" (ebd. 136).

[110] Es besteht gewissermaßen zur Präzisierung der Vulnerabilität die Notwendigkeit zu sagen, gegenüber welchen Dingen oder auch Personen man offen ist, affiziert zu werden. Diese Präzisierung hat jedoch paradoxerweise die Auswirkung, dass man in der Beschreibung des eigentlichen Phänomens ungenauer wird, indem das Wort Vulnerabilität alleine vom Wortstamm her verstanden (nicht logisch möglich) vorgibt, dass man nur gegenüber Verletzung offen ist.

(vgl. 4.6.1). Das Besondere an Gilsons Definition ist, dass sie mit der Vulnerabilität eine passive und aktive Bedeutung verbindet, wobei sie im Englischen etymologisch sowohl auf den früher möglichen aktiven Gebrauch der Adjektive auf ‚-able' als auch auf das Substantiv ‚ability', das eine (aktive) Fähigkeit beschreibt, rekurrieren kann. Als passive Möglichkeit drückt Vulnerabilität nach Gilson die Potenzialität, affiziert zu werden, aus; als aktive Möglichkeit, als vulner-ability, bezeichnet sie die Potenzialität, selbst andere zu affizieren, was letztlich eine logische Folge aus dem passiven Verständnis darstellt: Wenn man affiziert werden kann, dann kann man auch selbst affizieren. Menschen sind also grundsätzlich wechselseitig offen, voneinander affiziert zu werden (vgl. 4.6.9). Jedoch bringt Gilson die aktive Bedeutung von Vulnerabilität in ihren weiteren Reflektionen nicht zur Ausführung und berücksichtigt keine möglichen Konsequenzen eines aktiven Verständnisses von Vulnerabilität, weshalb die aktive Bedeutung der Vulnerabilität bei Gilson als in hohem Maße vernachlässigte Perspektive bewertet werden kann. Tatsächlich findet sich im Vulnerabilitätsdiskurs kaum ein_e Autor_in, die diese aktive Dimension der Vulnerabilität in den Diskurs einbringt.[111] Die aktive Dimension der Vulnerabilität ist jedoch die Kehrseite und logische Folge der ‚passiven' Vulnerabilität, deshalb lohnt es sich m.E. diese aktive Bedeutung miteinzubeziehen[112]: Wenn Vulnerabilität und Freiheit Strukturmomente des Menschseins sind (vgl. Übersicht 8 in 4.4.2.5), gibt es auch das Vermögen, andere zu affizieren.[113] Die passive und die aktive Vulnerabilität zu thematisieren, ist Ausdruck einer Wechselseitigkeit, wie sie im Zwischenmenschlichen fortlaufend zur Geltung kommt. Weil diese beiden Perspektiven jedoch sehr unterschiedlich sind, werde ich mich vor allem der passiven Perspektive zuwenden. Ich nenne im Nachfolgenden die andere Perspektive explizit ‚aktive Vulnerabilität'.

Gilson (dasselbe gilt für Springhart und Bieler), so sei hier betont, nimmt mit ihrer Vulnerabilitätsauffassung eine Umakzentuierung des Begriffs vor, die etymologisch deutlich von seinem Ursprung (‚vulnus') abweicht. Dennoch werde ich an der Definition von Gilson festhalten, da

1) Verletzung als Konsequenz in der Offenheit, affiziert zu werden, unbedingt ernst zu nehmen ist
2) die Offenheit, affiziert zu werden, von Risiko und Ungewissheit begleitet wird. Die Bezeichnung Vulnus-abilität ist Ausdruck dieses Risikos.

---

[111] In den von mir für diese Arbeit untersuchten Ansätzen ist lediglich bei Springhart ein aktives Vulnerabilitätsverständnis vorfindbar: „Human beings are in danger to become an agent of vulnerability" (Springhart: Exploring, 29).
[112] Vgl. vor allem 4.6.8.1, aber auch 4.6.5.3.
[113] Auch weil ich den Menschen grundsätzlich als frei denken will, muss ich logischerweise das aktive Verständnis von Vulnerabilität miteinbeziehen.

3) bei Vulnerabilität als Phänomen auf *struktureller* Ebene des Menschseins negative Auswirkungen nicht vorweggenommen werden können und deshalb logisch nur eine Offenheit, affiziert zu werden, in Frage kommt.
4) die Offenheit, verletzt zu werden, und die Offenheit für positive Auswirkungen letztlich dieselbe Offenheit sind.
5) der Begriff der Offenheit zur Affizierung eine Mehrdimensionalität eröffnet, die dem menschlichen Leben gerecht werden kann (kein statischer Begriff, anhaltende Offenheit als Möglichkeit zur Transformation).
6) ich von einem bereits bestehenden Vulnerabilitätsdiskurs ausgehe (vgl. Erinn Gilson, Judith Butler, Heike Springhart, Andrea Bieler, Günter Thomas).

4.4 Zur menschlichen Grundsituation – philosophische Einordnung der Vulnerabilität

Der Begriff der Vulnerabilität soll nun philosophisch eingeordnet und auf diese Weise Gilsons Definition von Vulnerabilität ergänzt und strukturiert werden. Mit dieser Einordnung soll die zu entwerfende Systematisierung des Vulnerabilitätsbegriffs vorbereitet und erleichtert werden.

4.4.1 Philosophische Konzepte im Umfeld von Vulnerabilität

An dieser Stelle sollen zunächst mit der Vulnerabilität verwandte philosophische Konzepte dazu genutzt werden, die Vulnerabilität schärfer zu konturieren. Mit der Offenheit, von der belebten und unbelebten Umwelt affiziert zu werden, die die Vulnerabilität definiert, können m.E. verschiedene philosophische Konzepte in Zusammenhang gebracht werden, nämlich jene (a) Immanuel Kants (Rezeptivität), (b) Martin Heideggers (In-der-Welt-Sein und Geworfenheit) sowie (c) Max Schelers, Helmuth Plessners und Wolfhart Pannenbergs (Weltoffenheit).[114]
 (a) Rezeptivität (*Kant*): Das menschliche Erkenntnisvermögen ist nach Kant in zwei Grundmomente, Rezeptivität und Spontaneität, unterteilt, von denen die Rezeptivität die (rein passive[115]) Fähigkeit bezeichnet, Wirkungen

---

[114] Insofern ist die Aussage Gilsons: „[I]t [the openness that defines vulnerability] is a mode of being that is ignored and taken for granted throughout the history of philosophy" (GILSON: Ethics, 130) zumindest in Frage zu stellen.
[115] Vgl. HOEPPNER, Till: Rezeptivität und Spontaneität. In: BERGER, Larissa / SCHMIDT, Elke (Hg.): Kleines Kant-Lexikon. Paderborn 2018, 231.

und Eindrücke aus der Umwelt zu empfangen. Kant nennt den Vorgang, der durch die Fähigkeit der Rezeptivität geschieht, auch Affizierung des Gemüts, durch welchen Eindrücke und Vorstellungen aufgenommen werden.[116] Die Spontaneität verarbeitet die auf diese Weise empfangenen Eindrücke und kann so bewirken, dass ein Gegenstand gedacht wird.[117] Spontaneität und Rezeptivität werden von Kant nur im Blick auf das Erkenntnisvermögen näher bedacht, grundsätzlich müssten jedoch auch Sinnlichkeit, Leiblichkeit und Emotionalität mitberücksichtigt werden. Dennoch lässt das Konzept der Rezeptivität immerhin eine assoziative Verbindung mit dem der Vulnerabilität zu.

(b) In-der-Welt-Sein und Geworfenheit (*Heidegger*): Als zwei der grundsätzlichen Strukturbedingungen des Daseins nennt Heidegger die Existenziale des In-der-Welt-Seins und der Geworfenheit. Die Geworfenheit bezeichnet unser Dasein als „ungefragt und ohne persönliche Zustimmung in die Welt gekommen"[118] und interpretiert das Dasein daher als Dasein-Müssen. Damit unterstreicht Heidegger die Passivität unserer Grundsituation, welche auch die Vulnerabilität auf den ersten Blick betont. Das Existenzial des In-der-Welt-Seins ist die Bedingung von Erfahrung von Welt überhaupt. Mithilfe des Existenzials des In-der-Welt-Seins wendet sich Heidegger gegen eine Transzendentalphilosophie, die annimmt, dass die Welt nur insofern ist, als sie vom Subjekt wahrgenommen wird. Heidegger dagegen nimmt an, dass Dasein nie ohne Welt verstanden werden kann, dass es von Anfang an mit der Welt verwoben ist.[119] Ein nächster Gedanke, der sich dieser Daseinsanalyse anschließt, ist die Frage, inwiefern sich Welt auf das Dasein auswirkt bzw. wie sich diese Verwobenheit von Welt und Dasein ausdrückt. Giorgio Agamben meint in einer Formulierung, die stark an das Vulnerabilitätsverständnis Gilsons erinnert, dass das In-der-Welt-Sein eine Öffnung des Daseins auf die Welt hin anzeigt.[120] Auf welche Weise die Welt (die den Mitmenschen einschließt) den Menschen durch ihre Verquickung mit ihm affizieren kann (und umgekehrt) und welche Konsequenzen dies hat, analysiert Heidegger nicht. Eine weitere Perspektive, die sich an dieser Stelle aufdrängt, beachtet Heidegger nicht: Die Leiblichkeit müsste angesichts des In-der-Welt-Seins ebenso als Existenzial gelten[121], denn als in der Welt Seiende sind wir Menschen leiblich

---

[116] Vgl. KANT: KrV AA 03, 74f.
[117] Vgl. ebd.
[118] RENTSCH, Thomas: „Sein und Zeit". Fundamentalontologie als Hermeneutik der Endlichkeit. In: THOMÄ, Dieter (Hg.): Heidegger-Handbuch. Leben – Werk – Wirkung. Unter Mitarbeit von Katrin Meyer und Hans Bernhard Schmid. Stuttgart 2003, 51–80, 59.
[119] Vgl. JAHRAUS, Oliver: Martin Heidegger. Eine Einführung. Stuttgart 2004, 121.
[120] Vgl. AGAMBEN, Giorgio: Die Macht des Denkens. Gesammelte Essays. Frankfurt am Main am Main 2013, 334.
[121] In *Sein und Zeit* benennt Heidegger die Leiblichkeit nicht als Existenzial, später lässt sich dies nur indirekt aus dem Kontext ablesen (vgl. ESPINET, David: Martin Heidegger.

verfasst. Edmund Husserl versteht den Leib als „Medium, durch das uns alle Dinge der Welt gegeben sind"[122] und durch das sich das transzendentale Ich zuallererst konstituiert.[123] Mit dem Leibsein ist deshalb eine unhintergehbare Ich-Perspektive verbunden, das Leibsein ist die „Bedingung von Erfahrung."[124] An Husserl anknüpfend meint Bernhard Waldenfels, dass sich mit der Leibperspektive, durch die sich die „Gesamtheit des Selbst"[125] ausdrückt und die bei Waldenfels wesentlich durch den Anderen bestimmt wird[126], „die Position des Subjektes, seine Autonomie und seine Eigenhandlung sich immer schon als untergraben von Widerfahrnissen, die zustoßen, zuvorkommen, anrühren und verletzen [, erweist]." Damit deutet er an, dass Leiblichkeit mit der Vulnerabilität verknüpft ist: „Leiblich-sein heißt [...] auch Verletzbar-sein."[127]

(c) Weltoffenheit (*Scheler, Plessner, Pannenberg*): In der Philosophiegeschichte taucht der Begriff der Offenheit häufig unter dem Terminus der Weltoffenheit auf, der sich in einem bestimmten Verständnis stark an das anlehnt, was ich unter Vulnerabilität (in Freiheit) verstehe.

Max Scheler (1874–1928) machte den Begriff der Weltoffenheit in seinem Werk *Die Stellung des Menschen im Kosmos* zum Leitbegriff seiner philosophischen Anthropologie. Der Begriff der Weltoffenheit fasst den Menschen im Unterschied zum Tier als ein weltoffenes Wesen. Das Tier, so Scheler, ist in seiner Triebhaftigkeit an seine Instinkte gebunden und darum umweltgebunden: „Für das tierische Bewusstsein gibt es *nur* diese von den Umweltgebilden ausgehenden Lockungen und Abstoßungen."[128] Der Mensch dagegen ist bei Scheler aufgrund seiner fehlenden Instinkthaftigkeit seiner Umwelt nicht ausgeliefert, sondern kann sich zu ihr verhalten: Er ist „umweltfrei' und [...] ‚weltoffen'."[129] Hervorzuheben ist bei Schelers Konzept der Weltoffenheit, dass

---

Der leibliche Sinn von Sein. In: ALLOA, Emmanuel / BEDORF, Thomas / GRÜNY, Christian / KLASS, Tobias (Hg.): Leiblichkeit. Geschichte und Aktualität eines Konzeptes. Tübingen ²2019, 52–67, 52).

[122] ALLOA, Emmanuel / DEPRAZ, Natalie: Edmund Husserl. „Ein merkwürdig unvollkommen konstituiertes Ding". In: ALLOA / BEDORF / GRÜNY / KLASS: Leiblichkeit, 7–22, 8.

[123] Vgl. ebd. 7.

[124] Ebd. 12.

[125] STERNAGEL, Jörg: Bernhard Waldenfels. Responsivität des Leibes. In: ALLOA / BEDORF / GRÜNY / KLASS: Leiblichkeit, 115–129, 117.

[126] „Der eigene Leib [ist] grundsätzlich nicht ohne den anderen zu denken [...]: Der Leib des anderen ist immer schon da, ich lebe im Blickfeld des Anderen und gehöre nicht ganz mir selber, ich existiere in der Welt gemeinsam mit Anderen" (STERNAGEL: Waldenfels, 122f.).

[127] WALDENFELS, Bernhard: Das leibliche Selbst. Vorlesungen zur Phänomenologie des Leibes. Hg. von Regula Giuliani. Frankfurt am Main am Main 2000, 122.

[128] SCHELER, Max: Späte Schriften. Hg. von Manfred Frings. Bern / München 1976, 35.

[129] SCHELER, Max: Die Stellung des Menschen im Kosmos. Bonn ¹³1995, 38. Dabei muss man den Umweltbegriff Schelers beachten, der im harten Gegensatz zum Begriff Welt bzw. Kultur steht: „[D]iese ‚Umwelt' ist nicht gestaltbar, sondern sie selbst diktiert das Le-

es interessante Fragen nach der Freiheit und der Unabhängigkeit bzw. Abhängigkeit des Menschen aufwirft. Jedoch ist bei ihm die Trennung zwischen Mensch und Tier zu scharf formuliert. Es ist unangemessen, den Menschen als ausschließlich weltoffen und umweltfrei zu sehen, das Tier im Gegensatz dazu aber als triebhaft und instinktgebunden, da einerseits auch der Mensch Bedürfnisse und Triebe hat, die er befriedigen will, andererseits auch manche Tiere Sozialverhalten[130] zeigen, das eher der Umweltoffenheit zuzuordnen wäre.

Helmuth Plessner (1892–1985) kritisiert dieses Verständnis der Weltoffenheit bei Scheler als Überwindung der menschlichen Umweltgeschlossenheit. Bei Plessner ist der Mensch umweltgebunden *und* zugleich frei, tierisch *und* zugleich nicht-tierisch. In Plessners Termini ausgedrückt ist das Tier innerhalb seiner Umwelt zentrisch, der Mensch dagegen exzentrisch positioniert. Das Tier geht in seinem „Hier-Jetzt"[131] in seinem Erleben auf, es lebt ganz „aus seiner Mitte heraus."[132] Der Mensch kann sich im Gegensatz dazu auf sein Erleben beziehen, sich in seinem Erleben erfahren, weil er zu sich selbst in Verhältnis treten kann. Die (Selbst-)
Reflexivität des Menschen ist also als Unterschied zwischen Mensch und Tier zu sehen.[133] Der Mensch kann seine Zentrierung an sich jedoch nicht vollständig überwinden: Seine Umweltgebundenheit und damit eine Übereinstimmung mit dem Tierischen kommt in der menschlichen Gebundenheit an das Hier und Jetzt in einer „Totalkonvergenz des Umfeldes und des eigenen Leibes"[134] zum Ausdruck. Damit hebt Plessner die bei Scheler zum Ausdruck gebrachte scharfe Trennung zwischen Mensch und Tier auf. Plessner spricht in diesem Zusammenhang auch von einem „zwischen Tier und Engel"[135] gestellten „Zwitterwesen."[136] Sich den Menschen als weltoffenen und zugleich als umweltgebundenen vorzustellen, impliziert zwei Momente: ein Moment der Freiheit, sich frei auf die Welt beziehen zu können und sie zu interpretieren, und ein Moment der Empfänglichkeit, das den Menschen in eine Welt hi-

---

bewesen bis ins letzte und kleinste hinein" (SCHARFE, Martin: Menschenwerk. Erkundungen über Kultur. Köln / Weimar / Wien 2002, 66). Durch seinen Schritt, den Menschen als nicht umweltgebunden zu sehen, gesteht Scheler ihm Freiheit zu.

[130] Laut Affenforscher Frans de Waal zeigen auch Menschenaffen prosoziales Verhalten in Form von Fairness und Versöhnung, in Form des Teilens von Emotionen und des tröstenden Verhaltens (vgl. SACHSER, Norbert: Der Mensch im Tier. Warum Tiere uns im Denken, Fühlen und Verhalten oft so ähnlich sind. Hamburg 2018, 245).

[131] PLESSNER, Helmuth: Die Stufen des Organischen und der Mensch. Einleitung in die philosophische Anthropologie. Berlin ²1965, 288.

[132] Ebd.

[133] Vgl. ebd. 290f.

[134] Ebd. 291.

[135] PLESSNER, Helmuth: Die Frage nach der Conditio humana. In: Ders.: Gesammelte Schriften. Bd. 8: Conditio humana. Frankfurt am Main am Main 1983, 136–217, 189.

[136] Ebd.

neingestellt sieht, die ihn „in unvorhergesehene Lagen bringt und mit der er stets neue und brüchige Kompromisse schließen muß."[137] Das bedeutet, der Mensch findet sich in einer Welt wieder, die ihn limitiert und die ihn in seine Schranken weist, die er nicht selbst gesetzt hat. Am Ansatz Plessners ist zu akzentuieren, dass er sowohl die eher passive Seite der Umweltgebundenheit als auch die eher aktive Seite der Weltoffenheit betont, und beide den Menschen bestimmen. Damit erfasst er das Dasein des Menschen auf realistischere Weise als Scheler, da er den Menschen als von verschiedenen Momenten geprägt betrachtet, und mit Weltoffenheit einen Sachverhalt meint, der stark an mein Konzept von Vulnerabilität (in Freiheit) erinnert.

Wolfhart Pannenberg stellt die wichtige Frage, wofür der Mensch denn eigentlich offen ist und gibt als Antwort, dass er „offen [ist] für neue Dinge, frische Erfahrung"[138], „seine Möglichkeiten, auf die wahrgenommene Umwelt zu antworten, sind nahezu unbegrenzt wandelbar [...]. Er ist über jede Erfahrung, über jede Situation hinaus immer noch weiter offen."[139] Offenheit im Sinne Pannenbergs greift in den Horizont des Unendlichen aus und ist in diesem Sinn nicht abschließbar. Auf einer grundlegenden Ebene lässt sich die Weltoffenheit also als anhaltende Offenheit, mit der Welt in Kontakt zu treten und sich auf diese zu beziehen, verstehen. Zu unterstreichen ist bei Pannenberg, dass er benennt, wofür wir Menschen weltoffen sind, und herausstellt, dass wir in jeder neuen Situation immer weiter offenbleiben (anhaltende Offenheit). Zu beobachten ist auch, dass er im Unterschied zu Plessner diese Weltoffenheit vor allem mit einem Moment der Freiheit zu verbinden scheint.

Mit ihren Ansätzen zur Weltoffenheit benennen Scheler, Plessner und Pannenberg wichtige Aspekte, die, teilweise in anderer Weise, auch in einer Analyse der Vulnerabilität zu finden sein müssen. Besonders bemerkenswert ist, dass sowohl Plessner als auch Pannenberg ein aktives Moment (Sich-Verhalten-Können) miteinbeziehen, welches besonders gut dafür geeignet ist, an Vulnerabilität in Freiheit anzuschließen.

Wie die Darstellung der Begriffe Rezeptivität, In-der-Welt-Sein sowie Weltoffenheit gezeigt hat, existieren philosophische Konzepte, die dem Konzept der Vulnerabilität ähneln, aber nicht völlig in diesem aufgehen.

4.4.2 Philosophische Kontextualisierung vulnerablen Menschseins

Um die menschliche Vulnerabilität weiter zu kontextualisieren, muss deutlich werden, wo die Vulnerabilität im Zusammenhang mit anderen menschlichen

---

[137] Ebd. 186.
[138] PANNENBERG, Wolfhart: Was ist der Mensch? Die Anthropologie der Gegenwart im Lichte der Theologie. Göttingen 1962, 8.
[139] Ebd. 9f.

Strukturbedingungen zu verorten ist. Menschsein wird daher im Folgenden als vulnerables, kontingentes/endliches, freies und im Grundsatz relational verfasstes Dasein gefasst, weshalb Kontingenz zusammen mit der Vulnerabilität als menschliche Daseinsstrukturen (4.4.2.1) und Freiheit als transzendentale Bedingung der Möglichkeit von Menschsein dargestellt (4.4.2.3) werden. Im Zuge dessen wird auch das inklusive Potenzial von Freiheit reflektiert (4.4.2.4). Die relationale Grundverfassung des Menschen wird in einer relationalen Ontologie nachvollziehbar (4.4.2.2). Zudem werden die Strukturbedingungen des Menschseins in diesem Rahmen plausibilisiert (4.4.2.5). Im Folgenden soll sich eine fundierte Vorstellung davon ergeben, wie ich Menschsein inklusiv denke, um danach reflektiert aussagen zu können, dass der vulnerable Mensch als Gottes Ebenbild gedacht werden kann (4.7 und 5).

4.4.2.1 Kontingenz bzw. Endlichkeit menschlichen Daseins

Wir Menschen befinden uns als endliche Seiende innerhalb der Spannung zwischen Sein und Nicht-Sein: Wir sind nicht nichts, da wir sind, aber dennoch kommen wir aus der Nicht-Existenz und gehen auch Zeit unseres Lebens auf diese zu. Am Leben zu sein bedeutet deshalb, „den Unterschied zum eigenen Nichtsein wahren."[140] Wir sind auch nicht aus uns selbst, wir sind nicht unsere eigenen Urheber_innen oder die gebende Instanz von Sein, deshalb sind wir ebenso wenig das Sein (an sich). In diesem Gedankengang lässt sich unsere Endlichkeit erkennen: Wir existieren, ahnend, dass wir aus dem Nicht-Sein kommen und auf das Nicht-Sein, unseren eigenen Tod, zugehen. Dessen bewusst, nehmen wir das Nichts wahr, das unser Dasein ‚von beiden Seiten' umschließt. Durch diese stetige Nähe zum Nichts und dadurch, dass wir nicht durch uns selbst sind, ist das aktual Seiende endlich. Wir sind überhaupt nur, weil unser aktuales Dasein möglich, jedoch durch die Nähe zum Nichts nicht notwendig ist. Dies bedeutet, wir können, aber müssen nicht existieren.[141] Mit anderen Worten: Wir sind kontingent. Zudem scheint es, da wir sind, nicht notwendig, dass wir nicht existieren. Daher kann uns als kontingente Menschen „weder schlechthinnige Notwendigkeit noch schlechthinnige Nichtnotwendigkeit"[142] zukommen. Einerseits bedeutet unsere Nicht-Notwendigkeit den nicht kontrollierbaren bzw. begrenzten Möglichkeitsraum unserer eigenen Kontingenz zu erschließen, in dem wir uns als aktual Seiende stets befinden. Andererseits scheinen wir durch unsere Existenz dennoch auch der Seite des Notwendigen zugehörig, da wir, insofern wir sind, nicht nicht sein können. Knauer spricht in diesem Zusammenhang von weltlicher

---

[140] Höhn, Hans-Joachim: Gott – Offenbarung – Heilswege. Fundamentaltheologie. Würzburg 2011, 81.
[141] Vgl. ebd. 92.
[142] Knauer, Peter: Der Glaube kommt vom Hören. Ökumenische Fundamentaltheologie. Bamberg ³1983, 41.

„nichtnotwendiger Notwendigkeit."[143] Der Aspekt der Nicht-Notwendigkeit bzw. der Kontingenz/Endlichkeit lässt sich mit dem Erleben von Begrenzungen assoziieren. *Zeitlich* ist das menschliche Leben durch den Tod begrenzt – und dieser Umstand tangiert und beeinflusst unser jetziges Leben.[144] Wir sind, auch wenn wir uns dessen nicht ständig explizit bewusst sind, sterblich; unter diesem Vorzeichen gibt es immer Möglichkeiten, die nicht realisiert werden, Wünsche, Vorstellungen, und Hoffnungen, die unerfüllt bleiben, mögliche Wege im Leben, die nicht gegangen werden.

> „Die Menschen haben einfach nicht genug Zeit, das was sie – zufälligerweise – schon sind, absolut zu wählen oder abzuwählen und statt seiner etwas anderes und Neues zu wählen oder gar absolut zu wählen: ihr Tod ist stets schneller als ihre absolute Wahl."[145]

Darüber hinaus gibt es auch eine *erkenntnistheoretische* Begrenzung: Wir können nicht alles wissen, da unsere Erkenntnisfähigkeit endlich ist; wir können nicht alles, was auf dieser Welt geschieht, verstehen und auf logisch stringente Erklärungsmuster zurückführen. *Ethische* Begrenztheit bedeutet, dass wir moralisch unvollkommen sind und jeder Mensch Fehler begeht, die er_sie nicht (vollständig) kompensieren kann.

4.4.2.2 Der relational verfasste Mensch

Hier soll zunächst im Anschluss an die Umschreibung der Kontingenz in die relationale Ontologie[146] nach Höhn eingeführt werden. Sodann werden mit den relationalen Wirklichkeitsverständnissen Martin Bubers und Klaus Hemmerles zwei konkrete Durchführungen relationaler Ontologie vorgestellt.

Einerseits sind wir Menschen laut Höhn aufgrund unserer Kontingenz der Nichtnotwendigkeit zuzuordnen, andererseits scheinen wir jedoch auch der Seite des Notwendigen zugehörig. Dies stellt ein Widerspruchsproblem

---

[143] Ebd.
[144] Vgl. das Existenzial des Seins zum Tode: HEIDEGGER: SZ, 255–267.
[145] MARQUARD, Odo: Apologie des Zufälligen. Philosophische Studien. Stuttgart 2013, 121.
[146] Eine Ontologie ist die alles grundlegende Struktur, mit der Menschen Wirklichkeit begreifen und die dem alltäglichen Weltverständnis zugrunde liegt. Wenn Menschen in einer Sprache sprechen, impliziert diese eine bestimmte Ontologie, mithilfe derer die Sprechenden ausdrücken, wie Wirklichkeit für sie strukturiert ist, und wie sie denken, dass das, was ist, angeordnet ist. Eine Ontologie ist stets präsent, wenn Menschen über die Wirklichkeit sprechen oder über sie nachdenken, sie ist das „Licht, in dem all unser Sehen und Sagen geschieht" (Hemmerle, Klaus: Thesen einer trinitarischen Ontologie. Einsiedeln / Freiburg ²1992, 13), und doch ist sie in aller Regel nicht gewählt. Durch sprachliches und kulturelles Erbe und Geschichte ist sie vorgegeben, sie wird angewendet, ohne dass es den Anwender_innen (in den allermeisten Fällen) bewusst wäre (vgl. KÖRNER, Bernhard: Theology Constituted by Communication in Multiple Causality. Klaus Hemmerle's Trinitarian Ontology and Relational Theology. In: HAERS, Jacques / DE MAY, Peter (Hg.): Theology and Conversation. Towards a Relational Theology. Leuven 2003, 255–268, 256).

dar, das zur Frage führt: Warum ist überhaupt etwas und nicht vielmehr nichts? Oder anders ausgedrückt: Wie kommt es, dass, obwohl etwas nicht sein müsste (weil es nicht immer ist), es dennoch temporär da ist? Was ist der Grund, der erklärt, dass etwas von der Möglichkeit in die Wirklichkeit übergeht?[147] Das Dasein im Verhältnis zum Nichts zu sehen, ist noch nicht daseinsermöglichend, deshalb ist die Angabe eines daseinsermöglichenden Grundes für eine sinnvolle Beschreibung der Existenz von Welt unabdingbar, da man „kausalanalytisch"[148] zu keiner befriedigenden Lösung in der „Fraglichkeit des Seienden"[149] kommen kann. Wenn ‚Gott' (hier als philosophischer Begriff) als Agens betrachtet wird, welcher den Unterschied des Seins im Gegenüber zum Nichts konstituiert, erhält man eine Antwort auf diese Frage. So lässt sich angemessen[150] vom (menschlichen) Dasein in der Welt sprechen, welches vom Nichts unterschieden ist und dennoch aus ihm kommt und auf es zugeht:[151] Ohne ‚Gott' wäre nichts von dem, was ist, da ‚Gott' den Unterschied zwischen Sein und Nichts zugunsten des Seins begründet.[152] Die Welt kann man infolgedessen als restlos auf ‚Gott' bezogen verstehen, weil nur ‚Gott' die Existenz der Welt zu konstituieren vermag. Alles Seiende stimmt dann grundsätzlich darin überein, dass es auf den „daseinsermöglichenden Unterschied von Sein und Nichts"[153] bezogen ist, der ‚Gott' genannt wird. Dieses Bezogen-Sein muss sich in einer subsistenten Relation ausdrücken, welche Entitäten definiert, die *nur* als Relation bestehen[154], d.h. die beschriebenen Entitäten können nur unter Angabe des sie konstituierenden Grundes ausgesagt werden, ihr Dass-Sein ist ohne diesen nicht verständlich zu machen.[155] Dieses Bezogen-Sein auf einen daseinskonstituierenden Grund kann folglich als existenziale Bestimmung des Menschen bezeichnet werden, welche theologisch als Geschaffensein/Geschöpflichkeit reformuliert werden kann. Ein solch subsistentes Bezogen-Sein lässt sich nicht in der im westlichen Denken verbreiteten und von platonischen bzw. aristotelischen Vorstellungen beeinflussten Substanzontologie denken, sondern muss innerhalb einer relationalen Ontologie formuliert werden, die Beziehungen und Ver-

---

[147] Vgl. Höhn: Gott, 89.
[148] Ebd. 90.
[149] Ebd. 97.
[150] Nach Knauer ist ein Denken ‚Gottes' nur über die logische, weil widerspruchsfreie Beschreibung der Welt möglich, welche wiederum nur über ein Denken des restlosen Bezogen-Seins der Welt auf ‚Gott' möglich ist. Die Relationalität der Welt auf ‚Gott' ist nichts anderes als eine „Entfaltung einer logischen Implikation" (Kraschl, Dominikus: Relationale Ontologie. Ein Diskussionsbeitrag zu offenen Problemen der Philosophie. Würzburg 2001, 34).
[151] Vgl. Höhn: Gott, 94.
[152] Vgl. ebd. 97.
[153] Ebd. 121.
[154] Vgl. ebd. 122.
[155] Vgl. ebd. 120.

hältnisse als Grundmomente des Menschseins ansieht. In Diskrepanz dazu ist in der Substanzontologie die grundlegende Kategorie die Substanz, welche allein für sich existieren kann und der erst im Nachhinein Akzidenzien zukommen können, die zusätzliche Bestimmungen darstellen und deshalb als zum Individuum hinzukommend bezeichnet werden können. Relationen, die einer Substanz, Dingen oder Personen, von außerhalb zukommen, werden in der Substanzontologie als Akzidenzien gedacht und folglich als bloße Hinzufügung wahrgenommen und daher nicht als in irgendeiner Weise wesensbestimmend erwogen. Anthropologisch lässt sich eine solche Substanzontologie jedoch kaum durchhalten. Wir Menschen leben nicht als beziehungslose Monaden in der Welt und der Mensch ist nicht schon ‚für sich genommen' alles, was ihn ausmacht. Vielmehr sind wir als Menschen grundlegend durch unsere Beziehungen diejenigen, die wir sind: Unser So-Sein haben wir anderen zu verdanken. Eine relationale Ontologie drückt damit mehr aus als nur, dass Individuen von ihren Beziehungen beeinflusst werden. Vielmehr bestehen Individuen nicht unabhängig von ihren Relationen. Sein muss daher als Voneinander-her- und Aufeinander-hin-Sein verstanden werden. Diese Einsichten formuliert auch die Psychoanalytikerin Joan Rivière:

> „There is no such thing as a single human being, pure and simple, unmixed with other human beings. Each personality is a world in himself [Anm. H.B.: or herself], a company of many. That self, that life of one's own, [...] is a composite structure which has been and is being formed and built up since the day of our birth out of countless, never-ending influences and exchanges between ourselves and others [...]. These other persons are in fact therefore part of ourselves, not indeed the whole of them but such parts and aspects of them as we had our relation with, and as have thus become part of us. And we ourselves similarly have and have had effects and influences, intended or not, on all others who have an emotional relation to us, have loved or hated us. We are members of one another."[156]

Judith Butler veranschaulicht den Zustand des Verwobenseins mit anderen anhand des Phänomens der Trauer um einen nahestehenden Menschen:

> „Auf der einen Ebene denke ich, ich habe ‚dich' verloren, nur um dann zu entdecken, daß ‚ich' mir selbst ebenfalls abhanden gekommen bin. Auf einer anderen Ebene ist das, was ich ‚mit' dir verloren habe, für das ich kein fertiges Vokabular habe, vielleicht eine Beziehungsförmigkeit, die weder ausschließlich aus mir noch aus dir besteht, sondern als die Bindung vorgestellt werden muß, durch die diese Ausdrücke differenziert und aufeinander bezogen sind."[157]

Wenn ich das Du verliere, so wird in Butlers Zitat deutlich, verliere ich zugleich einen Teil meiner selbst. Ich weiß nach dem Verlust nicht mehr, wer ich ohne das Du bin. Dies deutet darauf hin, dass dieses Du konstitutiv für

---

[156] Rivière, Joan: The Unconscious Phantasy on an Inner World Reflected in Examples of Literature. In: Klein, Melanie / Heimann, Paula / Money-Kyrle, Roger (Hg.): New Directions in Psychoanalysis. The Significance of Infant Conflict in the Pattern of Adult Behaviour. London 1955, 346–369, 358f.
[157] Butler: Gefährdetes Leben, 39.

mein Ich ist, dass das Ich ohne das Du nicht mehr in derselben Weise existiert wie vorher, dass das Ich für sich nicht fassbar ist. Wer wir ohne diese anderen wären, können wir nicht wissen, da es keine relationslosen Menschen gibt: „Nimmt man die relationalen Bezüge seiner Grundsituation weg, ist kein menschliches Selbst mehr identifizierbar"[158], d.h. „ein relationsloses Sein ist *stricto sensu* kein Sein."[159] – Relationen sind somit wesenskonstitutiv[160] und nicht nur wesenskonsekutiv. Endliches oder kontingentes Sein ist also wesentlich als In-Beziehung-Stehen zur Andersheit zu bestimmen, ohne die es gar nicht bzw. so nicht existieren würde. Für Höhn[161] lautet daher die Grundaussage einer relationalen Ontologie:

> „Für alles, was in der Welt ist, lassen sich hinsichtlich seines Daseins Umstände, Verhältnisse und Beziehungen angeben, in denen und durch die es (einzig und allein)[162] ist, als was es ist. Alles, was ist, steht im Verhältnis der Interdependenz zu anderem, was in der Welt ist."[163]

Das Ich und das Du, wir sind durchwoben von unserer Beziehung zueinander und doch sind wir laut Rivière und Butler voneinander unterschieden. Diese Andersheit oder Unterschiedenheit des Ich vom Anderen kann weder genau vorgestellt noch präzise vom Ich abgegrenzt werden, weil das Ich nur als mit dem Du verwobenes vorstellbar ist. Gleichzeitig ist die Differenz zwischen Ich und Du entscheidend, denn gäbe es keine Unterscheidung, würde alles ineinander aufgehen, fiele alles in eins. Der Heideggersche Begriff der Jemeinigkeit[164] kann diese nicht greifbare Differenzierung von Ich und Du illustrieren.

---

[158] Höhn, Hans-Joachim: ‚Deus semper maior'. Gottes Existenz und Eigenschaften aus der Perspektive einer Relationalen Ontologie. In: Theologie und Philosophie 92 (2017), 481–508, 488.

[159] Rehfeld, Emmanuel: Relationale Ontologie bei Paulus. Die ontische Wirksamkeit der Christusbezogenheit im Denken des Heidenapostels. Tübingen 2012, 41.

[160] Vgl. Höhn: Gott, 115. Es gibt natürlich auch Relationen, die nicht wesensverändernd sind. So etwa, dass ich mich in einem Raum in Relation zu verschiedenen Gegenständen wie Tisch oder Schrank befinde. Diese externen oder adverbialen Relationen sind hier jedoch nicht gemeint (vgl. ebd. 119).

[161] Ich folge hier Höhns Ansatz jedoch nicht uneingeschränkt, da er davon ausgeht, dass es keine reale Beziehung der Welt auf Gott hin geben kann, weil sich ansonsten Gottes Unendlichkeit und Unveränderlichkeit nicht mehr sinnvoll denken lassen: „Zwischen Welt und Gott besteht keine Interdependenz, keine wechselseitige Bedingung oder Beeinflussung, keine Wechselwirkung" (Höhn: Gott, 124). Diese Aussage verunmöglicht es, von einem vulnerablen Gott zu sprechen (vgl. Kapitel 5). Es ist m.E. in diesem Zusammenhang notwendig, zu fragen, ob es grundsätzlich sinnvoll ist, von einer ‚Immunität' Gottes gegenüber weltlichen Ereignissen zu sprechen. Die Inkarnation und das Kreuz lassen eine grundsätzliche Unempfänglichkeit Gottes zumindest fraglich erscheinen.

[162] Für alle Geschöpfe muss gelten, dass sie restlos auf Gott bezogen sind, d.h ohne Gott können sie nicht sinnvoll gedacht werden. Auf andere Menschen sind wir dagegen *nicht restlos* bezogen.

[163] Höhn: Gott, 110.

[164] Vgl. auch Theunissen, Michael: Der Andere. Studien zur Sozialontologie der Gegenwart. Berlin / New York ²1981, 22f.

Die Jemeinigkeit tritt in der Erfahrung meiner selbst zutage: Ich muss mein eigenes Leben leben, Entscheidungen treffen, die mir niemand abnehmen kann, ich spüre mich selbst anders als andere Menschen. All dies lässt die „unmittelbare Evidenz der Ich-Existenz"[165] und die Unvertretbarkeit derselben zu Tage treten, die dem Menschen zu leben jeweils auferlegt ist. Diese Ich-Existenz, die in der Jemeinigkeit zum Ausdruck kommt, kann auch als Selbststand der Person formuliert werden, die die Wichtigkeit einer Relathaftigkeit, die zuallererst zum In-Beziehung-Treten befähigt, deutlich macht. Diese Unterscheidung zwischen Relat und Relation kann allerdings nur als relative, nicht als absolute Unterscheidung betrachtet werden, da eine absolute Unterscheidung wiederum die Vorstellung von „atomistischen, basalen Relaten"[166] zur Folge hätte, „die kaum noch in interner Relation stehen können."[167] Individuen können als Knotenpunkte in einem Netz der Relationalität vorgestellt werden[168], die Teil einer Vielzahl von Relationen sind, die aber nicht in diesen aufgehen. Das bedeutet gleichzeitig, dass ich sowohl von innen als auch von außen betrachtet, nicht oder nur bruchstückhaft dahinterkommen kann, wer das Individuum losgelöst von seinen Beziehungen ist.

Nun sollen hier zwei Durchführungen einer relationalen Ontologie zur Sprache kommen: Martin Buber (a) schildert eine „Ontologie des Zwischenmenschlichen"[169], die besonders aufmerksam für die zwischenmenschliche Perspektive einer relationalen Ontologie ist. Klaus Hemmerle (b) legt zur Begründung seiner relationalen Ontologie den Akzent auf das innergöttliche Moment.

(a) Ausgehend von Franz Rosenzweig formuliert Martin Buber in seinem Werk *Ich und Du* eine relationale Ontologie, die ihre Bedeutung im konkreten zwischenmenschlichen Bereich entwickelt: „Der Mensch wird am Du zum Ich."[170] Das Ich bei Buber ist ein lebensgeschichtlich bestimmtes Ich, das er im konkreten geschichtlichen Dasein dieses Ichs zur Geltung bringt.[171] Die entscheidende These Bubers lautet, dass der Mensch sein ‚Ich-Sein', d.h. seine Individualität erst in Beziehungen formulieren kann, ja er gewinnt seine Identität erst dadurch, dass er zu anderen Menschen in Beziehungen tritt: „Es gibt kein Ich an sich, sondern nur das Ich des Grundwortes Ich-Du."[172]

---

[165] WENDEL, Saskia: Postmoderne Theologie? Zum Verhältnis von christlicher Theologie und postmoderner Philosophie. In: MÜLLER, Klaus: Fundamentaltheologie. Fluchtlinien und gegenwärtige Herausforderungen. Regensburg 1998, 193–214, 210.
[166] MÜHLING, Markus: Liebesgeschichte Gott. Systematische Theologie im Konzept. Göttingen 2013, 98.
[167] Ebd.
[168] Vgl. SIDORKIN, Alexander: Learning Relations. Impure Education, Deschooled Schools & Dialogue with Evil. Bern 2002, 12.
[169] BUBER, Martin: Das dialogische Prinzip. Heidelberg ³1973, 290.
[170] Ebd. 32.
[171] Dieses lebensgeschichtlich bestimmte Ich Bubers ist nicht gleichzusetzen mit dem transzendentalen Ich (Kant), das bei Krings und Pröpper im Folgenden als Bedingung der Möglichkeit freien Ich-Seins veranschlagt wird.
[172] Ebd. 8.

Ein isoliertes Ich besitzt keine Wirklichkeit, ist nur „ein Produkt rationaler Prozesse."[173] Der Mensch existiert demzufolge gewissermaßen auch nur in Beziehung: „Alles wirkliche Leben ist Begegnung."[174] Der Mensch ist daher nur in Beziehung anthropologisch erfassbar[175], nur in Begegnungen wird er uneingeschränkt als Mensch offenbar. So entwirft Buber eine „Ontologie des Zwischenmenschlichen"[176], die nicht den Einzelnen wahrnimmt, sondern die Relation als tatsächliche Seinsform entdeckt, die „zwischen den Wesen gegründet"[177] ist. Dabei ist grundsätzlich die Relation als das Seiende bestimmt und nicht die Materie, die sich nur „anmaßt das Seiende zu sein."[178]

Bei Buber gibt es zwei grundsätzliche Relationen, die das Leben durchziehen: Die des Ich-Du-Verhältnisses und die des Ich-Es-Verhältnisses. Der Mensch kann ein ‚Es' zum Gegenstand haben, wenn er die Welt erfährt, wenn er denkt, wenn er erkennt. Daraus kann jedoch keine Beziehung erwachsen, denn weder hat der_die Erkennende oder Denkende Anteil an der Welt, noch verändert sich die Welt in irgendeiner Weise, wenn sie erkannt, gedacht, erfahren wird.[179] Im Beziehungsereignis nehme ich den_die Andere_n nicht als „Ding unter Dingen"[180] wahr, erfahre ihn_sie nicht, sehe ihn_sie nicht als „im Weltnetz aus Raum und Zeit eingetragene[n] Punkt"[181], kann ihn_sie nicht verzwecken. In Beziehung wird das Du mir ganz zur Gegenwart, ich meine mein Gegenüber in seinem „Dasein und Sosein"[182] und ich schaue es „klarer als alle Klarheit."[183] Dieses In-Beziehung-Stehen bedeutet „strömende All-Gegenseitigkeit"[184], innerhalb derer ich nichts vom Du erfahren und nichts Einzelnes von ihm wissen kann, denn ich nehme es im Moment, da es mir zum Du wird, nur als ganze Person wahr. Aus diesem Grund kann man nur „mit dem ganzen Wesen"[185] in Beziehung treten. In Beziehungen besteht außerdem das Prinzip der Gegenseitigkeit: Wer in Beziehung steht, wirkt am_an der Anderen, verändert ihn_sie und lässt sich verändern.[186] Wirkliche Beziehung kann „nie durch mich", aber auch „nie ohne mich" geschehen.[187] Deshalb ist die Erfahrung von In-Beziehung-Stehen sowohl von Momenten der Eigenaktivität als auch von Momenten der Widerfahrnis durchsetzt: Ich wähle

---

[173] HEINZE, Eva-Maria: Einführung in das dialogische Denken. Freiburg / München 2011, 93.
[174] BUBER: Das dialogische Prinzip, 15.
[175] Vgl. ebd. 290.
[176] Ebd. 290.
[177] Ebd. 259.
[178] Ebd. 49.
[179] Vgl. ebd. 9.
[180] Ebd. 12.
[181] Ebd.
[182] Ebd. 167.
[183] Ebd. 14.
[184] Ebd. 20.
[185] Ebd. 7.
[186] Vgl. ebd. 19.
[187] Ebd. 15.

4.4 Zur menschlichen Grundsituation – philosophische Einordnung der Vulnerabilität

mein Du und lasse mich erwählen. Daher ist Beziehung „Passion und Aktion in einem."[188] Diese Form der Begegnung ist trotz der in sie eingebrachten Eigenaktivität nicht verfügbar oder erzwingbar, sondern gnadenhaftes Geschehen: „Das Du begegnet mir von Gnaden."[189] Doch gibt Buber auch einige Voraussetzungen für Beziehungen an: Kein Schein darf sich zwischen Ich und Du „verderblich einmische[n]"[190], jede_r muss den_die Andere_n „in dessen personhaftem Sein meine[n] und vergegenwärtige[n]"[191] und keine_r darf sich dem_der Anderen „auferlegen."[192] Wenn diese unverfälschte Gegenseitigkeit Verwirklichung findet, lässt sich in ihr die „Wiege des Wirklichen [sic!] Lebens"[193] finden; an Beziehung kann man erkennen und erahnen, was das Leben im Eigentlichen ausmacht.

Jedes weltliche Du wird aber nach Buber auch unweigerlich wieder zum Es für sich, zum „vorerst Unbeachteten":[194] „Das Einzelne Du muß, nach Ablauf des Beziehungsvorgangs, zu einem Es werden."[195] Dieses Es ist von der „substantiellen Fülle"[196] zur „funktionalen Punkthaftigkeit"[197] degeneriert, aber dennoch ist es nicht absolut vom Ich getrennt. In der „äußeren Verlassenheit"[198] eignet ihm noch immer eine „stärkende Ahnung der Reziprozität."[199] Aber selbst die Liebe ist nicht dauerhaft fähig, im Zustand der unmittelbaren Beziehung zu bleiben. Es lässt sich laut Buber noch im „Wechsel von Aktualität und Latenz"[200] von anhaltender Liebe reden, was dafür spricht, dass sich die Phasen der Du- und Eshaftigkeit gegenseitig ablösen: Es gibt einen ständigen Wechsel zwischen Du-Sein und Es-Sein, „ein Schwingen zwischen Du und Es"[201], wobei das eine vom anderen jedoch nicht klar zu trennen ist, sondern beide eher als „wirr verschlungenes Geschehen"[202] beschrieben werden können. Das Ich, das nie in Beziehung steht, bezeichnet Buber als „entwirklichtes Ich."[203] Es entbehrt jeder Wirklichkeit und kann nicht am wirklichen Leben teilhaben. Buber meint, dass die Wirklichkeit des Ich bzw. der Subjektivität nach dem aktual gedachten „Beziehungsereignis"[204] nicht verloren geht, da

---

[188] Ebd.
[189] Ebd.
[190] Ebd. 291.
[191] Ebd.
[192] Ebd.
[193] Ebd. 13.
[194] Ebd. 33.
[195] Ebd. 37.
[196] Ebd. 33.
[197] Ebd.
[198] Ebd. 168.
[199] Ebd.
[200] Ebd. 21.
[201] Ebd. 55.
[202] Ebd. 21.
[203] Ebd. 61.
[204] Ebd. 66.

das erneute In-Beziehung-Treten im Möglichkeitsraum weiterhin bestehen bleibt. Damit geht es Buber also nicht darum, das Ich vollkommen zu überwinden. Mithilfe des „Zwischen" schafft er vielmehr eine Sphäre, die verunmöglicht, dass die beiden an der Begegnung beteiligten Ichs „ineinander aufgehen": „[D]as Ich, das aus dem Beziehungsereignis in die Abgelöstheit [...] tritt, verliert seine Wirklichkeit nicht. Die Teilnahme bleibt in ihm angelegt und lebendig bewahrt [...]."[205] Der dem menschlichen Leben anhaftende Rhythmus zwischen Du- und Eshaftigkeit kann den Menschen, der nach Dauerhaftigkeit strebt und zeitlich ausgedehnte Beziehung einfordert, jedoch nicht befriedigen.[206] Eine solch kontinuierliche Beziehung ist nur zum „*eingeborene[n] Du*"[207] oder zum „ewige[n] Du"[208] möglich, das Buber zugleich als Bedingung der Möglichkeit von Beziehung, als Apriori von Beziehung bezeichnet. Das ewige Du ermöglicht weltliches Beziehungsgeschehen und ist damit der Ermöglichungsgrund von Ich-Du-Beziehungen. Dieses Apriori müsse man sich nicht bewusst sein, um Beziehungen eingehen zu können, so Buber, aber wenn Ich-Du gesprochen werde, könne dies zum Gewahrwerden eines ewigen Dus führen, denn „[j]edes geeinzelte Du ist ein Durchblick"[209] zu diesem ewigen Du, das Buber auch Gott nennt. Wer in einer Ich-Du-Beziehung zum Mitmenschen steht, spricht damit zugleich Gott an, denn „die verlängerten Linien der Beziehungen schneiden sich im ewigen Du."[210] Damit ist angezeigt, dass die zwischenmenschlichen Beziehungen zur Gottesbeziehung hinführen können, weshalb Hinwendung zu Gott nicht durch Abwendung von der Welt geschehen kann.[211] Es besteht eine solch „enge Verbundenheit"[212] und Verflochtenheit zwischen der Beziehung zu den Mitmenschen und der Beziehung zu Gott, dass Buber die Beziehung zu den Mitmenschen als das „eigentliche Gleichnis der Beziehung zu Gott"[213] bezeichnet. Dies zieht eine enorme Wertschätzung der zwischenmenschlichen Beziehung nach sich. Die Differenz zum weltlichen Du besteht darin, dass das ewige Du nicht zum Es werden kann:[214] Die Latenz der Beziehung zum ewigen Du lässt sich als „Atemholen der Aktualität"[215] bezeichnen, in der das Du aber dennoch gegenwärtig bleibt. Wenn ein Ich zum ewigen Du in Beziehung tritt, empfängt es „die ganze Fülle der wirklichen Gegenseitigkeit, des Aufgenommenwerdens, des Verbundenseins"[216],

---

[205] Ebd
[206] Vgl. ebd. 115.
[207] Ebd. 31.
[208] Ebd. 76.
[209] Ebd.
[210] Ebd.
[211] Vgl. ebd. 81.
[212] Ebd. 122.
[213] Ebd. 104.
[214] Vgl. ebd. 113.
[215] Ebd. 101.
[216] Ebd. 111.

ohne genau angeben zu können, wie das Gegenüber beschaffen ist. Dennoch vermag die Beziehung zu Gott dem eigenen Leben Sinn zu verleihen. Nicht in der Hinsicht, dass dieser dem Ich plötzlich aufscheint und danach klar vor Augen steht. Der Sinn, so Buber, ist jedoch auf unaussprechliche Weise präsent, sodass die Sinnfrage nicht mehr gestellt werden muss.[217]

(b) Klaus Hemmerle formuliert eine explizit trinitarische Ontologie, die von der Einsicht geleitet ist, dass unser Verständnis von uns selbst und von Welt sich im Glauben an den dreieinen Gott grundlegend ändert: Der Mensch im Angesicht Gottes versteht sein Leben und seine Welt nicht mehr nur von sich aus, sondern als von Gott unbedingt angegangen, abhängend und als von Gott erst ermöglicht.[218] Der Mensch begreift sich deshalb selbst zuinnerst aus diesem Angegangensein, aus seinem Verhältnis zu Gott, dem_der Anderen, das eine Bewegung vom Selbst hin zum_zur Anderen impliziert und deshalb die Relation als Kategorie in den Mittelpunkt rückt: „Diese Bewegung ist der Rhythmus des Seins; es ist der Rhythmus des Gebens, das sich selber gibt."[219] Aus dieser Bewegung vom Selbst zum_zur Anderen entsteht also ein neues Verständnis von Wirklichkeit, die all das, was ist, ganz aus der Liebe und dem Sich-Geben wahrnimmt: „Alles erfüllt sich und vollbringt sein Eigenstes, indem es in seine Beziehentlichkeit, in sein Über-sich-hinaus, in sein Sich-Haben im Sich-Geben, in sein Zu- und Füreinander tritt."[220] Diese trinitarische Ontologie lässt sich aus der „Urerfahrung"[221] des Glaubens ableiten, dass in der Hingabe Jesu für uns alles Sein seinen Sinn findet und unser aller Sein gleichermaßen in dieses sinnhafte Sich-Geben hineingenommen ist, sodass es sich selbst wiederum geben will.[222] Ebenso ist der Ursprung trinitarischer Ontologie die Verfassung Gottes, die aus dem Geschehen in der Dreieinigkeit hervorgeht, nämlich, dass der Vater den Sohn sendet, der Sohn den Vater offenbart und der Geist aus Vater und Sohn hervorgeht. Dieses trinitarische Geschehen der gegenseitigen Durchdringung und der Liebe ist Gott nicht äußerlich, sondern kommt seinem innersten Wesen zu, in das die Schöpfung hineingenommen ist.[223]

An Bubers Ansatz ist für meine weiteren Ausführungen besonders herauszustreichen, dass in der zwischenmenschlichen Beziehung das Göttliche aufscheint und dadurch die menschliche Beziehung als Entdeckungszusammenhang des Göttlichen unendlich wertgeschätzt wird. Des Weiteren wird mit Bubers Betonung der Gegenseitigkeit deutlich, dass es in Beziehungen nie nur eine affizierende Person geben kann (vgl. 4.6.9). Außerdem lässt sich mit-

---

[217] Vgl. ebd. 111f.
[218] Vgl. HEMMERLE: Thesen, 26.
[219] Ebd. 38.
[220] Ebd. 56.
[221] Ebd. 55
[222] Vgl. ebd.
[223] Vgl. ebd. 59.

hilfe von Bubers Ich-Du-Beziehung der Idealtypus von Beziehung formulieren, deren Begriff in Kapitel 3 noch nicht inhaltlich bestimmt worden war. Bei Buber wird deutlich, dass er mit der Ich-Du-Beziehung nur diejenigen Beziehungen meint, in denen sich beide Seiten gleichberechtigt gegenüberstehen, einander schätzen und die Beziehung als bereichernd erleben. Das schließt diejenigen Beziehungen aus, in denen eine Person ihre Macht ausnutzt, um bewusst oder unbewusst dem_der Anderen zu schaden. An Hemmerles Ansatz ist wesentlich, dass er den Menschen als in das trinitarische Geschehen hineingenommen versteht. All diese Aspekte werden in der folgenden Argumentation entscheidend sein.

4.4.2.3 Menschliche Freiheit

Um Menschsein sinnvoll denken zu können, ist der Mensch als frei zu denken, denn grundlegende Konzepte wie Liebe, Sich-Beziehen/Beziehung, Verantwortung, Absicht und Vernunft entbehren ohne Freiheit jeder Grundlage. Die menschliche Freiheit ist daher zunächst ein transzendentaler Begriff, der *a priori* angenommen werden muss, damit es möglich ist, Menschsein denken zu können, dem es in freiem Selbst-Entschluss möglich ist, sich selbst zu bestimmen. Die formale oder transzendentale Freiheit bildet als solche die „Möglichkeit von Menschsein überhaupt"[224], die Grundlage menschlicher Lebensvollzüge. Mit Hermann Krings, auf dessen transzendentales Freiheitsverständnis auch Pröppers Freiheitsdenken aufbaut (vgl. 1.2.4.2.8), lässt sich eine solche Freiheitstheorie entwerfen. Für Krings verbürgt transzendentale Freiheit die Denkbarkeit einer Freiheit, die sich nicht als Willkürfreiheit erweist, sondern sich an den realen Bedingungen dieser Welt orientiert und sich gleichzeitig noch als freier Selbstentschluss charakterisieren lässt. Transzendentale Freiheit ist selbstreflexiv, d.h. sie tritt zu sich selbst in ein Verhältnis und setzt in sich deshalb eine Selbstdifferenzierung, die den „Charakter von Sich-Öffnen und Sich-Entschließen"[225] hat. Die transzendentale Freiheit ist jedoch für sich genommen ein leerer Begriff, „dessen unbedingte Betrachtung zu nichts führt."[226] Sie kann durch nichts begründet werden, denn wenn man versuchte, sie kausallogisch zu fundieren, wäre sie im selben Moment aufgehoben, da sie aufgrund ihrer Unbedingtheit von nichts anderem außerhalb ihrer selbst bedingt sein kann.[227] Das Unbedingte gewinnt dadurch Realität, dass es sich auf etwas hin öffnet: Die Freiheit muss etwas anderes außerhalb ihrer selbst unbedingt affirmieren. Das Woraufhin dieses Sich-Öffnens oder Selbst-Entschlusses, in dem Freiheit ihre Erfüllung findet, ist ein Gehalt,

---

[224] Nitsche, Bernhard: Endlichkeit und Freiheit. Studien zu einer transzendentalen Theologie im Kontext der Spätmoderne. Würzburg 2003, 215.
[225] Krings: System und Freiheit, 117.
[226] Ebd. 25.
[227] Vgl. Pröpper: Erlösungsglaube, 184.

der ebenso wie die unbedingte Freiheit den Charakter der Unbedingtheit hat, der in seiner Würde nicht hinter die Unbedingtheit des ursprünglichen Sich-Öffnens zurücktritt. Durch diese Prämisse kommt nur ein Gehalt in Frage, in dem sich absolute Freiheit erfüllen kann: Der Gehalt von Freiheit ist die andere transzendentale Freiheit. Freiheit konstituiert sich erst dadurch, dass sie andere Freiheit anerkennt.[228] Da sich Freiheit in anderer Freiheit erfüllt, ist die transzendentale Freiheit bereits im Ursprung ein Kommunikationsbegriff: „Ein Mensch allein kann nicht frei sein. Freiheit ist nur dort möglich, wo Freiheit sich anderer Freiheit öffnet."[229] Damit begründet transzendentale Freiheit keinen Individualismus oder Egoismus, sondern offenbart als Bedingung des Menschseins überhaupt den Menschen als in Sozialität oder Relationalität existierend: Freiheit bringt zum Ausdruck, dass der Mensch „nur als Mensch unter Menschen"[230] ein Mensch ist. Wer sich zur Freiheit entschließt, muss damit zugleich, um der eigenen Freiheit selbst willen, die Freiheit des anderen erkennen, anerkennen und bewahren. Auf andere Weise lässt sich Freiheit nicht realisieren. Im Gegensatz zur transzendentalen Freiheit, die formal unbedingt ist, gibt es eine in der Welt erscheinende Freiheit: Als solche ist Freiheit auf vielfache Weise material bedingt, sie ist von den konkret herrschenden Verhältnissen abhängig. Sie ist „welthaft situiert [...], gesellschaftlich konditioniert."[231] Insofern fügt sich transzendentale Freiheit immer in soziale und empirische Bedingungen ein, die sie selbst nicht determinieren oder vollumfänglich gestalten kann. Welthaft situierte Freiheit ist bedingt durch die Kontingenz des menschlichen Daseins und ist aufgrund dessen auch endlich und begrenzt. Trotz dieser Begrenztheit wohnt materialer Freiheit ein Moment transzendentaler Freiheit inne, indem sie Anteil an der Unbedingtheit transzendentaler Freiheit hat,[232] was sich darin zeigt, dass man sich zu konkreten Gegebenheiten, Bedingt- und Bestimmtheiten auf kategorialer Ebene noch einmal verhalten kann.[233] Damit kommt aber ein gewisser Widerspruch zwischen transzendentaler und materialer Freiheit auf: Transzendentale Freiheit ist unbedingt, materiale Freiheit ist jedoch bedingt. Dieser Widerspruch ist „praktisch nicht vermeidbar, nur indirekt aufklärbar und nicht auflösbar."[234] Aufzuklären ist dieser Widerspruch, wenn bedacht wird, dass die eine Freiheit nicht ohne die andere bestehen kann: Die transzendentale Freiheit ist einerseits auf ihre Verwirklichung angewiesen, wenn sie nicht leer bleiben will, andererseits braucht die materiale Freiheit die formale Freiheit als Bedingung ihrer Möglichkeit, damit sie in der realen Welt überhaupt vorausgesetzt werden kann, denn es sind Umstände vorstellbar, unter denen materiale Frei-

---

[228] Vgl. Krings: System und Freiheit, 62.
[229] Ebd. 125.
[230] Nitsche: Endlichkeit und Freiheit, 217.
[231] Pröpper: Theologische Anthropologie, 511.
[232] Vgl. Krings: System und Freiheit, 130.
[233] Vgl. Pröpper: Theologische Anthropologie, 511.
[234] Krings: System und Freiheit, 32.

heit so sehr eingeschränkt ist, dass man sie in der Außenperspektive als nicht vorhanden ansehen könnte. Diese Einsicht, so Krings, „legitimiert es indirekt, die Aporie in der Freiheit als eine conditio humana anzunehmen"[235] und somit Freiheit einerseits auf transzendentaler Ebene (formale Freiheit) und auf struktureller bzw. kategorialer Ebene (materiale Freiheit) zu setzen.

4.4.2.4 Inklusive Sprechweisen: Frage nach der Inklusivität des Freiheitsdenkens

Im Hinblick auf die Frage der inklusiven Sprechweisen möchte ich zur Einordnung der Freiheitsthematik in den Gesamtzusammenhang meiner Arbeit hier nicht unerwähnt lassen, dass aufgrund der strukturellen und faktischen Bedingungen der Freiheit, das Freiheitsdenken *nicht eindeutig* als inklusiv zu beurteilen ist. Insofern Freiheit Bedingung der Möglichkeit des Menschseins ist, kann sie auf transzendentaler Ebene auch Menschen mit (schwerer) Behinderung zugesprochen werden. Da das gelebte Menschsein jedoch auf kategorialer Ebene zum Ausdruck kommt und auf dieser die Freiheitsspielräume aufgrund von Kontingenz und Vulnerabilität hinsichtlich ‚körperlicher', geistiger oder sozialer Fähigkeiten derart eingeschränkt sein können, dass Freiheit nicht oder kaum wahrnehmbar ist und daher Menschen mit Behinderung zuweilen *faktisch abgesprochen* wird, steht die Zuschreibung von Freiheit auf kategorialer Ebene in der Gefahr, sich exkludierend auszuwirken (vgl. 3.2.1.2). Die Vulnerabilität als Bedingungsmoment von Freiheit auf struktureller Ebene scheint im Hinblick auf eine realitätsnahe Anthropologie dagegen aussichtsreicher. Denn diese ist erstens innerhalb einer relationalen Ontologie verortbar und nimmt zweitens die Ambiguität des Menschseins sowohl auf struktureller als auch auf kategorialer Ebene auf. Dies bedeutet jedoch, wie gesehen, nicht, dass das Freiheitsdenken *per se* exkludierend ausgelegt werden muss, denn jedes Menschsein ist auf transzendentaler Ebene, wie begrenzt Freiheit auf kategorialer Ebene auch erscheinen mag, frei zu denken. Dies bedeutet: Auch wenn im Folgenden mit Vulnerabilität als inklusivem strukturellem Merkmal bzw. als inklusivem Kern der Gottebenbildlichkeit (vgl. 4.7) argumentiert wird, kann diese nicht ohne Freiheit gedacht werden.

4.4.2.5 Zusammenhang von Freiheit, Kontingenz, relationaler Ontologie und Vulnerabilität

Übersicht 8 veranschaulicht, wie die in diesem Kapitel eingeführten Konzepte der Freiheit, der Kontingenz und der relationalen Ontologie in einen sinnvollen Zusammenhang mit Vulnerabilität gebracht werden können:

---

[235] Ebd.

4.4 Zur menschlichen Grundsituation – philosophische Einordnung der Vulnerabilität

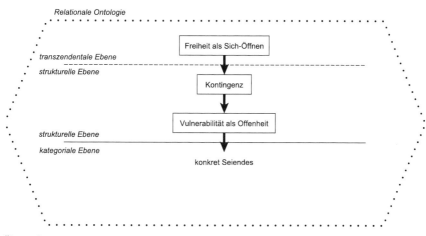

Übersicht 8

Zunächst sind in der Konstitution des Menschseins drei verschiedene Ebenen zu differenzieren:

Auf *transzendentaler* Ebene ist die formale Freiheit als Bedingung der Möglichkeit des Menschseins verortet. Die transzendentale Freiheit ist also als Voraussetzung all dessen zu sehen, was auf struktureller Ebene Menschsein ausmacht und sich auf kategorialer Ebene vollzieht. Insofern ist transzendentale Freiheit Vorausbedingung von spontanem Sich-Öffnen für Gehalt und damit von Vulnerabilität.

Die *strukturelle* Ebene zeigt die ontologischen Strukturbedingungen des Daseins bzw. des In-der-Welt-Seins, die entscheidend für die allgemeine Bestimmung des Menschseins sind, denn sie kann den Menschen auf abstrakter Ebene beschreiben und muss daher so formuliert sein, dass sie für jeden Menschen Gültigkeit besitzt. Diese Ebene ist daher auch ausschlaggebend für die inklusive Bestimmung des Menschen als Gottes Ebenbild.

Die *kategoriale* Ebene ist die Ebene des faktisch Seienden: Hier finden sich alle menschlichen Vollzüge und konkreten Ereignisse wieder. Nur die kategoriale Ebene ist uns als Menschen unmittelbar zugänglich, da sie die Ebene der alltäglichen und empirischen Erfahrungen ist, obgleich wir auch mittelbar erkennen können, dass wir Menschen strukturell kontingent oder vulnerabel sind.

Freiheit als Bedingung der Möglichkeit für spontanes Sich-Öffnen liegt dem konkreten praktischen Sich-Öffnen voraus und ermöglicht so auch reale Offenheit, die strukturell (existential) durch Kontingenz (Endlichkeit und Nicht-Notwendigkeit) sowie durch Vulnerabilität bestimmt ist. Die relationale Ontologie bildet den Rahmen dieser Auffassung des Menschseins. Diese Zusammenhänge sollen im Folgenden präzisiert werden. Freiheit wirkt sich demnach auf allen drei Ebenen aus: Transzendentale Freiheit wirkt sich auf der strukturellen Ebene aus, indem Menschsein auf dieser Ebene, unter den Bedingungen von Kontingenz und Vulnerabilität, als frei bezeichnet werden kann. Freiheit ist also auf struktureller Ebene nur unter den Bedingungen der Kontingenz und Vulnerabilität denkbar bzw. verwirklicht sich auf kategorialer Ebene nur unter den Bedingungen der Kontingenz und Vulnerabilität, d.h. menschliche Freiheit ist in ihrer konkreten Ausgestaltung in soziale und empirische Bedingungen eingefügt, die sie selbst nicht in jeder Hinsicht bestimmen und gestalten kann, wenngleich sie sich zu ihnen verhalten kann. Insofern richtet sich jeder Entschluss der Freiheit an der kontingenten Wirklichkeit aus und ist somit, will er konkret werden, in Kontingenz und Vulnerabilität eingebunden. Kontingenz und Vulnerabilität sind andererseits die strukturellen Bedingungen, die konkretes, freiheitliches Menschsein auf kategorialer Ebene erst ermöglichen. Daher ist die strukturelle Ebene sowohl materiale Bedingung/Beschränkung von Freiheit auf kategorialer Ebene als auch Ermöglichung kategorialer Freiheit. Damit Freiheit wirklich Freiheit ist, muss die transzendentale Ebene einer formal unbedingten Freiheit gedacht werden. Die transzendentale Freiheit steht als Möglichkeitsbedingung des Menschseins überhaupt über dem Strukturmoment der Vulnerabilität und prägt dieses, da man sich zur Vulnerabilität des konkret Seienden noch einmal verhalten kann. Dies bedeutet, dass man der Passivität, die aus Vulnerabilität und konkreter Affizierung folgen kann, nicht nur ausgeliefert ist, sondern innerhalb bestimmter Grenzen dennoch handlungsfähig ist. Dass dieses konkrete Sich-Verhalten-Können auf kategorialer Ebene material bedingt ist, zeichnet sich mit Vulnerabilität und Kontingenz auf struktureller Ebene ab. Deshalb lässt sich Freiheit faktisch nur als Eingebunden-Sein in Kontingenz und damit auch in Vulnerabilität verstehen.

Bezüglich des Zusammenhangs von Kontingenz und Vulnerabilität ist festzustellen, dass Kontingentes nicht logisch aus Gegebenem ableitbar ist und dass man sich daher Kontingentes grundsätzlich auch anders vorstellen kann. Die Kontingenz ist damit ein der Vulnerabilität übergeordnetes Konzept bzw. Kontingenz impliziert Vulnerabilität: Weil wir als Menschen kontingent sind, sind wir zugleich vulnerabel, d.h. offen dafür, auf *unvorhergesehene* Weise affiziert zu werden. Mit der Definition von transzendentaler Freiheit als ursprünglichem Sich-Öffnen ist die Verbindung von Freiheit und Vulnerabilität als Offenheit, affiziert zu werden, angezeigt, denn ein Sich-Öffnen hat ein Offen-Sein zur Folge.

Den Rahmen für meine Konzeption des Menschseins bildet die relationale Ontologie, die den Menschen als grundsätzlich in Beziehungen bzw. Bezogen-Sein eingeflochten und durch diese bzw. dieses erst konstituiert betrachtet. Dieser Ansatz relationaler Ontologie ist als Rahmentheorie der Konzepte von Freiheit und Vulnerabilität anwendbar, da diese relationale Begriffe sind: Freiheit alleine für sich kann es nicht geben, da sich Freiheit nur in der Anerkennung anderer Freiheit realisieren kann und jeder Mensch in Bezug auf ein anderes außerhalb seiner selbst vulnerabel ist. Die relationale Ontologie innerhalb meiner Konzeption des Menschseins kann außerdem die Relationsanalogie innerhalb meiner inklusiven Gottebenbildlichkeitsinterpretation repräsentieren und diese zugleich plausibilisieren (vgl. 4.7). Das in Kapitel 1 und 3 gesuchte ‚An-Sich-Sein' des Menschen kann mit der relationalen Ontologie nur als ‚An-Sich-Sein' mit (notwendig) impliziertem relationalen Bezug bezeichnet werden: Das Ich ist also nicht als monadisches zu sehen, sondern findet sich immer schon in Beziehung und Bezogen-Sein vor. Die relationale Ontologie und die Kontingenz können zugleich veranschaulichen, dass der Mensch auf ‚Gott' bezogen ist und bleibt. Dieses bleibende Bezogen-Sein, das oben im Anschluss an Liedke, Mohr und Reinders für jedes Gottebenbildlichkeitsverständnis als essenziell herausgehoben wurde, kann mit der relationalen Ontologie und der Kontingenz philosophisch begreiflich gemacht werden. Theo-logisch anschlussfähig ist die relationale Ontologie an eine (soziale) Trinitätslehre, die wiederum eine theologische Rahmentheorie innerhalb einer relationalen Ontologie definieren kann und die in Kapitel 5 zu entwickeln ist (vgl. 5.2). Darüber hinaus kann mithilfe der relationalen Ontologie im Hinblick auf die Unterscheidung zwischen Beziehung und Bezogen-Sein zweierlei hervorgehoben werden: Erstens kann der Idealtypus von Beziehung, der in Kapitel 3 bereits angeklungen ist, jedoch noch nicht ausformuliert wurde, mit Bubers Begrifflichkeit der Ich-Du-Beziehung genauer erfasst werden. Weiterhin kann mithilfe einer relationalen Ontologie und einer Konzeption von Freiheit, wie sie oben entwickelt wurde, die auf den ersten Blick starr wirkende Unterscheidung von Beziehung und Bezogen-Sein und die damit verbundene Akzentuierung von Aktivität (Beziehung) bzw. Passivität (Bezogen-Sein) aufgeweicht werden. Mit Setzung einer relationalen Ontologie wird deutlich: Der Unterschied von Sich-Beziehen und Bezogen-Sein ist nicht ausgehend von einer Substanzontologie, die von einem abgegrenzten Ich, dem im Nachhinein Beziehungen als Akzidenzien zukommen können, formuliert. Vielmehr lässt sich vom Prinzip der Gegenseitigkeit sprechen: Wir Menschen sind in einer Beziehung immer zugleich Erwähltwerdende und Erwählende[236]; Wirkungen gehen von uns aus und wir empfangen Wirkungen. Innerhalb des Bezogen-Seins gibt es zwar per Definition *ab ovo* keine aktive Wahl oder aktiv gestaltetes Anfangsetzen, doch können im Verlauf dennoch Wechselwirkungen bzw. ein bedingtes Freiheitsmoment und damit aktive Anteile auch im Bezogen-Sein existieren (vgl. 4.6.9). Die konkrete Freiheitspraxis ist in diesen Fällen zwar oft (stark) eingeschränkt, aber als transzendentale Bedingung der Möglichkeit begründet Freiheit immer ein Sich-Verhalten-Können im Blick auf kategoriale Gegebenheiten. Auch deshalb ist ein forcierter Begriff reiner Passivität für das vorgängige Bezogen-Sein unangebracht. Denn Passivität und Aktivität sind nicht in reiner Form dem Bezogen-Sein oder der Beziehung zuzuordnen, sondern primäre Akzente im Wechselbezug, sodass die Beziehung

---

[236] Vgl. BUBER: Das dialogische Prinzip, 15.

stärker das aktive Moment zum Ausdruck bringt, wohingegen Bezogen-Sein stärker ein ursprünglich passives Betroffensein zum Ausdruck bringt.

4.5 Grundlegende Differenzierungen beim Sprechen von Vulnerabilität

Nach der philosophischen Einordnung des Vulnerabilitätsbegriffs müssen nun einige grundlegende Differenzierungen klargestellt werden, die ein systematisch präzises Sprechen über Vulnerabilität ermöglichen.

Strukturelle Vulnerabilität markiert die im Menschen angelegte Offenheit dafür, auf unvorhergesehene Art und Weise affiziert zu werden. Diese Form der Vulnerabilität betrifft ausnahmslos jeden Menschen. Jeder Mensch ist strukturell offen dafür, affiziert zu werden, d.h. strukturelle Vulnerabilität ist eine Strukturbedingung, das dem Menschen qua Menschsein zukommt.

Davon zu unterscheiden ist auf kategorialer Ebene die **situative Vulnerabilität**, die die Vulnerabilität bezeichnet, die in bestimmten Situationen der faktischen Welt auftritt. Diese Form der Vulnerabilität bestimmt das faktisch Seiende und bezieht sich auf konkret greifbare Situationen, die den Menschen existenziell betreffen können. Ob ein Mensch situativ vulnerabel ist, ist von einer Kombination aus individuellen Gegebenheiten und äußeren Umständen (wenn eine Person im Rollstuhl sitzt, kann sie u.U. nicht gut vor einem Feuer aus einem Gebäude fliehen) oder äußeren Umständen (ein angrenzender Vulkan, der ausbrechen kann) abhängig. Situative Vulnerabilität muss also nicht immer vorhanden sein.

Weiterhin müssen rund um die Vulnerabilität folgende Ebenen unterschieden werden: Wenn die strukturelle Vulnerabilität und die situative Vulnerabilität die grundsätzliche und konkrete Offenheit ausdrücken, auf unvorhergesehene Weise affiziert zu werden, dann bedeutet die Vulnerabilität die reine **Möglichkeit**, affiziert zu werden. Diese reine Möglichkeit, affiziert zu werden, die im Grunde als Vulnerabilität bezeichnet werden kann, wird im Folgenden auch als ‚Vulnerabilität als (reine) Möglichkeit'[237] bezeichnet, um die Differenz zu den anderen Ebenen der Vulnerabilität deutlich zu machen. Die Vulnerabilität als Möglichkeit muss in der situativen Vulnerabilität unterschieden werden von der **tatsächlichen Affizierung** einer spezifischen Vulnerabilität, einer Situation, die aus einer situativen Vulnerabilität hervorge-

---

[237] Die Bezeichnung ‚Vulnerabilität als Möglichkeit' ist gewissermaßen eine Tautologie, da das Suffix -ilität sich vom lateinischen Suffix -ilis (für Adjektive) ableitet, welches eine aktive oder passive Möglichkeit ausdrückt. Dennoch werde ich den Begriff ‚Vulnerabilität als Möglichkeit' verwenden, um ihn deutlich von der tatsächlichen Affizierung und den Folgen der Affizierung zu differenzieren.

4.5 Grundlegende Differenzierungen beim Sprechen von Vulnerabilität

hen kann. Diese tatsächliche Affizierung betrifft den einzelnen Menschen existenziell, weil sie unmittelbar wahrnehmbar ist. Damit stehen wiederum die **Folgen oder Auswirkungen der Affizierung** einer situativen Vulnerabilität in enger Verbindung, welche von der Affizierung zu unterscheiden sind und die sich unterschiedlich ausdrücken bzw. interpretiert werden können.[238] *Ex post facto* kann lassen sich die Folgen einer Vulnerabilität also als positiv *oder* negativ bzw. positiv *und* negativ bewerten.

Gilson unterscheidet nicht explizit zwischen Vulnerabilität als Möglichkeit, Vulnerabilität als tatsächliche Affizierung und den Folgen von Vulnerabilität. Diese Differenzierungen sind jedoch für eine genaue Diskussion der entsprechenden Phänomene unabdingbar.

Die folgende Übersicht soll das soeben Dargelegte zusammenfassen und darstellen:

Vulnerabilität = Offenheit, auf unvorhergesehen Weise affiziert werden zu können	
Kontingenz / Endlichkeit	
↓ *impliziert*	**strukturell**
strukturelle Vulnerabilität (auch: strukturelle Vulnerabilität als reine Möglichkeit) = **Bedingung der Möglichkeit von Affizierung**	→ kann mittelbar erfahren werden
↕ *muss unterschieden werden von*	
situative Vulnerabilität = Möglichkeit der Affizierung in bestimmten Situationen	
↕ *muss unterschieden werden von*	**kategorial**
tatsächliche Affizierung	→ ist in der Form eines Potenzials real, kann unmittelbar erfahren werden
↕ *muss unterschieden werden von*	
Grade und Weisen der Affizierung positiv – (b) positiv und negativ – (c) negativ	

Übersicht 9

---

[238] Vgl. 4.3: Unterschiedliche Auswirkungen der Vulnerabilität: 1) Die Auswirkungen werden negativ interpretiert. 2) Die Auswirkungen werden positiv interpretiert. 3) Die Auswirkungen vereinen in ihrer Deutung negative und positive Momente.

4.6 Ein am inklusiven Potenzial orientiertes Vulnerabilitätskonzept

Über diese grundsätzlichen Differenzierungen hinaus ist es essenziell, Vulnerabilität als ein Konzept zu betrachten, das ambivalent und ambig ist (4.6.1), das als strukturelle und situative Vulnerabilität zutage treten kann (4.6.2), bei dem zwischen Vulnerabilität als Erfahrung und zugeschriebenem Zustand (4.6.3) und zwischen freiwilliger und unfreiwilliger Vulnerabilität unterschieden werden muss (4.6.4), das mit Behinderung zusammengedacht werden kann (4.6.5.), dessen Anerkennbarkeit diskutiert werden muss (4.6.6 und 4.6.7) und das ethische Relevanz aufweist (4.6.8), damit die Inklusivität der Sprechweise vom vulnerablen Menschen erkennbar wird. Hinsichtlich dieser Aspekte gibt Gilson einige wichtige Impulse, die jedoch noch der Ausführung bedürfen, um im Kontext dieser Arbeit fruchtbar werden zu können. Daher werde mich einerseits an Gilsons Konzeption orientieren, aber andererseits deutlich über diese hinausgehen. Diese genannten Charakteristika und Differenzierungen innerhalb der Vulnerabilität werden nun im Folgenden genauer zu analysieren sein. Der Ertrag hinsichtlich der Inklusivität der Sprechweise vom vulnerablen Menschen wird fortlaufend analysiert und am Ende dieses Kapitels zusammengefasst (vgl. 4.7).

4.6.1 Ambivalenz und Ambiguität von Vulnerabilität

Gilson kritisiert die Vulnerabilitätskonzepte der Philosophen Robert E. Goodin[239] und Alasdair MacIntyre[240] u.a. dafür, dass diese Vulnerabilität mit negativen Erfahrungen wie Schmerz, Leiden und Verlust identifizieren und der Vulnerabilität dadurch einen Negativwert zuschreiben.[241] Auch Schroeder und Gefenas nennen eine Definition von Vulnerabilität, der ein Negativwert zugeschrieben werden kann: „To be vulnerable means to be exposed to the possibility of harm while being substantially unable to help oneself."[242] Eine zu identifizierende Ungenauigkeit aus der Perspektive von Vulnerabilität als Möglichkeitsbegriff, die an den Ansätzen Goodins, MacIntyres, auch Leidingers[243]

---

[239] GOODIN, Robert: Protecting the Vulnerable. A Reanalysis of Our Social Responsibilities. Chicago 1985.
[240] MACINTYRE, Alasdair: Dependent Rational Animals. Why Human Beings Need the Virtues. Chicago 1999.
[241] Vgl. GILSON: Ethics, 22f.; 28-31.
[242] SCHROEDER, Doris / GEFENAS, Eugenijus: „Vulnerability: Too vague and too broad?" In: Cambridge Quarterly of Healthcare Ethics 18.2 (2009), 113-121, 116.
[243] Leidinger assoziiert Vulnerabilität mit den Begriffen Leiden und Opfer.

und tendenziell Reynolds[244] bemängelt werden kann, besteht darin, dass sie die Vulnerabilität mit (eher) negativ besetzten Begriffen assoziieren und diese damit unberechtigter Weise mit ihren negativen Konsequenzen (nahezu) gleichsetzen.

4.6.1.1 Unterscheidung von Vulnerabilität als Möglichkeit und ihren Folgen

Infolgedessen kommt die wichtige Differenzierung zwischen der Vulnerabilität als reiner Möglichkeit und den möglichen positiven oder negativen Folgen der Vulnerabilität nicht zur Durchführung. Um Vulnerabilität schlüssig denken zu können, ist es aber essenziell, zwischen der Vulnerabilität als Möglichkeit und den faktischen Auswirkungen von situativer Vulnerabilität zu differenzieren. Die unmittelbare Erfahrung der (situativen) Vulnerabilität als Möglichkeit ist eine Situation, die zwar mit beklemmenden Gefühlen und Unbehagen verbunden sein kann, weil man im Moment der situativen Vulnerabilität nicht wissen kann, was in Zukunft geschehen wird, wie sich die vulnerable Situation für einn auswirken wird. Aber auch Hoffnung als positiv wahrgenommene Emotion kann im Moment der Vulnerabilität vorherrschen, die mit dem Wunsch oder der Zuversicht einhergeht, die Vulnerabilität möge positive Auswirkungen haben. Insgesamt heißt dies, dass die Erfahrung der Vulnerabilität als Möglichkeit als ambig bzw. ambivalent[245] gedeutet werden muss. Aus der Differenz zwischen der Vulnerabilität als Möglichkeit und den Auswirkungen der Vulnerabilität resultiert, dass der Zustand der Vulnerabilität sich weder mit seinen negativen noch mit seinen positiven Auswirkungen gleichsetzen lässt, sondern ihm seine eigenen Erfahrungsinhalte zu eigen sind, die losgelöst von den Konsequenzen der Vulnerabilität existieren können. Potenzialität bedeutet für Vulnerabilität nicht „a simple ‚could be' of some definite future state of affairs."[246] D.h. der Zustand oder die Erfahrung der Vulnerabilität gleicht nicht zwingend dem, was das konkrete Resultat

---

[244] Eine Tendenz zur Negativsicht auf Vulnerabilität kann auch bei Reynolds festgestellt werden: Er benennt unzählige negative Begriffe im Zusammenhang mit Vulnerabilität, jedoch nur drei als positiv zu bewertende (vgl. 4.2, Unterschiedliche Vulnerabilitätsbegriffe).

[245] Gilson definiert: „Whereas vulnerability's ambivalence speaks to its multidirectional potential, its ambiguity speaks to the way that we cannot disentangle these various dimensions from one another because they inhere in the same condition of potential, the same basic way of being open to the world, and the same capacity for affectation" (Gilson, Ethics, 138). In manchen Fällen gebrauche ich ‚Ambivalenz bzw. Ambiguität' um anzuzeigen, dass die beiden Phänomene manchmal nicht trennscharf voneinander zu scheiden sind bzw. dass beide zutreffen können. Im Folgenden werde ich Ambivalenz und Ambiguität ausschließlich im von Gilson definierten Sinn verwenden.

[246] GILSON: Ethics, 135.

dieser Vulnerabilität ist, was wiederum bedeutet, dass die Ausdrucksweise, dass man gegenüber etwas vulnerabel ist, die Erfahrung von Vulnerabilität unrechtmäßig ihren Auswirkungen gleichmacht.[247] Deshalb ist es präziser, von der Aktualisierung des Potenzials von Vulnerabilität (Moment der Affizierung) oder von den Folgen der Vulnerabilität zu sprechen, anstatt Vulnerabilität mit ihren Effekten gleichzusetzen.

Die Folgen eines einseitig negativen Verständnisses von Vulnerabilität sind verheerend für die Ankerkennung der Vulnerabilität, wie Gilson zeigt: Kate Brown kritisiert, dass Vulnerabilität ein paternalistisches, herablassendes und unterdrückendes Konzept sei und schreibt ihm deshalb stigmatisierende und exkludierende Wirkung zu.[248] Dieses rufe Handlungen vonseiten der ‚Starken' auf den Plan, die von oben herab an den passiven ‚Schwachen' handeln und diejenigen stigmatisieren und aussondern, die in den Augen der ‚Starken' hilflos sind. Einmal als vulnerabel gekennzeichnet, ist es schwierig, diesem Stigma, das jemandem eingebrannt ist, wieder zu entrinnen. Die Implikationen einer solchen Verknüpfung von Vulnerabilität und Schwäche sind, dass man mit hoher Wahrscheinlichkeit die eigene Vulnerabilität zurückzuweisen bzw. zu ignorieren versucht. Wer möchte gerne als schwach, hilflos und handlungsunfähig gebrandmarkt werden? Die sozialen Normen der westlichen Gesellschaften geben vor, dass man möglichst stark, autark und leistungsfähig sein muss, um geachtet und respektiert zu werden. Hinzu kommt, dass bei Verleugnung der eigenen Vulnerabilität leichter die Verantwortung für vulnerable andere zurückgewiesen werden kann.[249] Menschen tun vieles, um nicht schwach zu wirken oder den Anschein zu erwecken, sie seien hilflos. Wenn Philosophie oder Theologie Vulnerabilität mit der Gefahr für Leid identifizieren, wird implizit zu einem Vermeidungsverhalten und Vermeidungsstrategien gegenüber Vulnerabilität aufgerufen: Vulnerabilität muss möglichst abgewendet oder wenigstens verringert werden. Ein weiteres Problem, das sich mit einem Negativverständnis von Vulnerabilität ergibt, ist, dass das als Tendenz zur Verletzung, zur Schwäche und zur Abhängigkeit verstandene Vulnerabilitätskonzept intuitiv akzeptiert und nicht mehr hinterfragt wird.[250] Der Mechanismus, der abläuft, wenn die Ambivalenz bzw. Ambiguität der Vulnerabilität erkannt wird, ist zunächst eine natürliche Reaktion auf diese Erkenntnis: Menschen verspüren sofort einen Impuls, die Ambivalenz einseitig auflösen zu wollen, denn sie empfinden dem Ungeklärten gegenüber Ablehnung: Menschen befinden sich nicht gerne im Ungewissen. Aufgrund dessen wird die Ambivalenz der Vulnerabilität zugunsten der negativen Sichtweise aufgelöst und die Wahrnehmung der Vulnerabilität auf

---

[247] Vgl. ebd. 136.
[248] Vgl. ebd. 33.
[249] Vgl. ebd. 32f.
[250] Vgl. ebd. 5

4.6 Ein am inklusiven Potenzial orientiertes Vulnerabilitätskonzept

diese Weise vereinfacht.[251] Ebenso kann der Mechanismus, „Erklärungen zu geben, Ursachen zu benennen, eindimensionale Kausalitäten zu artikulieren und Schuldige zu identifizieren" als Ausdruck des Bedürfnisses verstanden werden, „Kontrolle über die bedrohliche Seite der Verletzlichkeitserfahrung zu gewinnen."[252]

Laut Gilson sind verbreitete Annahmen über Vulnerabilität sogar zweifach negativ: Erstens wird Vulnerabilität als Tendenz zur Verletzung, Schwäche und Passivität gedeutet, zweitens entwertet diese Auffassung die Vulnerabilität, indem sie für einen Zustand gehalten wird, der schlecht ist.[253] Vulnerabilität kann sich entgegen dieser negativen Deutung auch positiv auswirken als Sensibilität für den_die Andere_n[254], Vertrauen, Empathie und wechselseitige Beziehungen[255], Widerstand[256], Behutsamkeit[257], intersubjektive Handlungsfähigkeit[258], Erfahrungen von Bestärkung, Liebe und Mut[259]. Auf diese Weise kann Vulnerabilität als strukturelle Bedingung der Möglichkeit aller soeben genannten Erfahrungen bezeichnet werden. Außerdem lässt sich sagen, dass die Negativdeutung der Vulnerabilität als Leiden und Schaden die ambivalente Potenzialität auf pauschale Art und Weise verschleiert und den Unterschied zwischen Vulnerabilität als struktureller Bedingung der Möglichkeit und den verschiedenen Weisen der Affizierung auf kategorialer Ebene übersieht. Als Gegenbewegung zu einem gewohnheitsmäßig negativen Blick auf Vulnerabilität und den eben genannten Verdrängungsreaktionen, entwirft Gilson einen alternativen Vulnerabilitätsbegriff: „Vulnerability is not just a condition that limits us but one that can enable us."[260] Dieser ergibt sich aus der Potenzialität der Vulnerabilität, sich positiv und/oder negativ auszuwirken (oder sich auch gar nicht zu realisieren):

---

[251] Es wäre theoretisch ebenso denkbar, die Vulnerabilität zur positiven Seite hin aufzulösen. Dies geschieht jedoch in der Regel nicht, da die negative Seite der Vulnerabilität auf den ersten Blick die offensichtlichere ist.
[252] BIELER: Verletzliches Leben, 114.
[253] Vgl. GILSON: Ethics, 5.
[254] Vgl. HÄMER: Was bedeutet Behinderung?, 300.
[255] Vgl. SPRINGHART: Der verwundbare Mensch, 211.
[256] Vgl. HARK / VILLA: Confessing, 198.
[257] Vgl. AUER, Christine: Er zwingt sich nicht auf. In: ROSIEN, Peter (Hg.): Mein Credo. Persönliche Glaubensbekenntnisse, Kommentare und Informationen. Oberursel 1999, 58–59, 58.
[258] Vgl. HAKER, Hille: Vulnerable Agency. A Conceptual and Contextual Analysis. In: PETRUSEK, Matthew / ROTHCHILD, Jonathan (Hg.): Dignity and Conflict. Contemporary Interfaith Dialogue on the Value and Vulnerability of Human Life. Notre Dame 2018, 393–436, 404.
[259] Vgl. GILSON: Ethics, 64.
[260] GILSON, Erinn: Vulnerability, Ignorance, and Oppression. In: Hypatia 26.2 (2011), 308–332, 310.

„as a possible state, it [the term vulnerability] is one in which one is susceptible to something else but this something else has not yet taken place and may not even occur. [...] [V]ulnerability is real as a form of potential."[261]

4.6.1.2 Das Virtuelle als Schlüssel zum Potenzialitätsverständnis

Für einen rein negativ verstandenen Vulnerabilitätsbegriff konstatiert Gilson „non-logical implications"[262], da man negative Auswirkungen nicht voraussehen kann. Sie veranschaulicht dieses Verständnis von Potenzialität an Hand des Begriffs des Virtuellen bei Gilles Deleuze. Deleuze unterscheidet grundsätzlich den Begriff des Virtuellen vom Begriff des Wirklichen. Das Virtuelle hat seine eigene Wirklichkeit: „It is real *qua* potential."[263] Das Virtuelle ähnelt jedoch nicht dem Zustand der Aktualität und spiegelt diesen auch nicht wider, sondern ist von dem verschieden, was es ermöglicht oder hervorruft. Das bedeutet, das Mögliche ist nicht die wirkliche Bedingung für das Reale, sondern wird erst *ex post facto* vorausgesetzt, weshalb kein wirklicher Unterschied zwischen dem, was möglich, und dem, was real ist, besteht. Das Virtuelle hat ein Eigenleben und eine Eigenlogik, die nicht direkt mit der Aktualität verknüpft sind. Die Möglichkeit wird im Prozess der Aktualisierung aufgelöst: Da sie dann realisiert ist, ist sie nicht länger möglich.[264] Das Besondere am Virtuellen im Gegensatz zum Möglichen ist jedoch, dass es sich im Prozess der Aktualisierung nicht erschöpft, sondern als Potenzial fortbesteht und dadurch weiteren Wandel ermöglicht.[265] Wenn die Vulnerabilität als Möglichkeit als Virtuelles verstanden wird, geht Vulnerabilität erstens über das Mögliche hinaus, weil ihre Bedeutung nicht auf das reduzierbar ist, gegenüber dem man vulnerabel ist bzw. was man als Konsequenz erwartet, sondern die tatsächliche Erfahrung der Konsequenzen von Vulnerabilität eine andere ist als die Erfahrung der Vulnerabilität. Zweitens besteht die Konsequenz oder Aktualisierung der Vulnerabilität nicht in einer starren, konstanten Erfahrung, sondern lässt weitere Veränderung und Transformation derselben zu.[266] Das bedeutet, Vulnerabilität bezeichnet eine andauernde Offenheit gegenüber Veränderung und keine Affizierung, die bereits auf eine bestimmte Art und Weise festgelegt ist. Hier lässt sich auch ein weiterer Hinweis anschließen: Bei Vulnerabilität wird häufig von eher negativen Konsequenzen ausgegangen, sonst bestünde auch nicht die Notwendigkeit über sie zu sprechen und in Folge dessen, die Pflicht zu formulieren, sie abzumildern: „Talk of vulnerability indicates concern about the susceptibility of others for

---

[261] Gilson: Ethics, 134.
[262] Ebd. 5.
[263] Ebd. 135.
[264] Vgl. ebd.
[265] Vgl. ebd. 135f.
[266] Vgl. ebd. 136.

violation and injury."²⁶⁷ Diese Ungenauigkeit, Vulnerabilität rein negativ auszudeuten, lässt sich jedoch in dem Verständnis von Vulnerabilität als Virtuellem auflösen, da mit der Virtualität der Vulnerabilität ausgedrückt wird, dass Vulnerabilität nicht auf die erwarteten negativen Konsequenzen reduzierbar ist. Nach der Aktualisierung des Potenzials wird klar, dass das Virtuelle der Beschreibung ‚Vulnerabilität gegenüber x' in seiner (negativen) Vorhersage nicht weiter existiert, sondern sich das Wirkliche in einer (zuvor formulierbaren) Aktualisierungsvielfalt zeigt.

4.6.1.3   Bleibende Ambiguität von Vulnerabilität

Vulnerabilität ist nicht nur ambivalent, indem die Vulnerabilität als Möglichkeit (als Virtuelles) ambivalent erfahren wird und sich positiv oder negativ auswirken und sich damit in verschiedene Richtungen entwickeln kann, sondern sie ist zusätzlich auch ambig, was bedeutet, „that we cannot disentangle these various dimensions from one another because they inhere in the same condition of potential."²⁶⁸ Die Erfahrung von Vulnerabilität im Verliebtsein wird bspw. häufig ambig erlebt: Man setzt sich der anderen Person aus und hat Angst, abgewiesen zu werden, und gleichzeitig erhofft man sich die Erwiderung der eigenen Liebe und stellt sich vor, wie es wäre, ein Paar zu sein. Diese zwei Stränge der Erfahrung, die Angst und die Hoffnung, lassen sich bei der Erfahrung der Vulnerabilität im Verliebtsein nicht auseinanderhalten, weil sie beide Teile der *einen* ambig wahrgenommenen Erfahrung sind.

Um die Ambivalenz bzw. Ambiguität von Vulnerabilität auszudrücken, bezeichnet Heike Springhart Vulnerabilität einerseits als ein Risiko und andererseits als eine Ressource.²⁶⁹ D.h der Zustand der Vulnerabilität ist immer beides zugleich, Risiko und Ressource, denn man kann nicht wählen, dass die Vulnerabilität positive Konsequenzen hat, da man nur begrenzt Kontrolle darüber hat, wie sich die situative Vulnerabilität auswirken wird. Simone Drichel bezieht sich auf Derrida, um die Ambivalenz bzw. Ambiguität von Vulnerabilität auszudrücken, und vergleicht Vulnerabilität mit einem *pharmakon*, das zugleich Heilmittel und Gift sein kann, also von einer Ambivalenz bzw. Ambiguität bestimmt ist, die wir Menschen niemals völlig umgehen können.²⁷⁰ Ein bloßes Vermeidungsverhalten gegenüber Vulnerabilität kann einem wichtige und positive Erfahrungen vorenthalten. Butler meint, dass Vulnerabilität „zu verwerfen, sie zu verbannen [...], heißt, eine der wichtigsten Ressourcen zu beseitigen, die wir brauchen, um uns zu orientieren und unse-

---

[267] Ebd. 8.
[268] Ebd. 138.
[269] Vgl. SPRINGHART: Der verwundbare Mensch, 205.
[270] Vgl. DRICHEL, Simone: Reframing Vulnerability. „so obviously the problem..."? In: Substance: A Review of Theory & Literary Criticism 42.3 (2013), 3–27, 23.

ren Weg zu finden."[271] Damit deutet sie an, dass die strukturelle und situative Vulnerabilität gebraucht wird, um das, was zum Menschsein gehört, zu leben. Andererseits ist mit der situativen Vulnerabilität auch immer eine beklemmende Ungewissheit verbunden, ein Unbehagen angesichts des Unbekannten und Unvorhersehbaren[272], da man nicht schon wissen kann, welche Konsequenzen sie für einen haben wird. Daher können die negativen Aspekte der Vulnerabilität als Erfahrung und in ihren möglichen Konsequenzen nicht vernachlässigt werden:

> „Being vulnerable [...] is no constant rose garden of discovery of what it means to be human. It is often tough, it is often painful, it is often frustrating, and it often causes anger, [...]. It reveals in us qualities and capacities we ought not to like about ourselves. It reveals that being vulnerable is not always a safe place to be."[273]

Aufgrund dieses Umstandes kann Vulnerabilität nicht aufgewertet werden, als etwas, das um jeden Preis bejaht und gutgeheißen werden muss (vgl. 4.6.6), sondern es muss anerkannt werden, dass Vulnerabilität immer auch ein gewisses Risiko bedeuten bzw. ein Moment der Ungewissheit beinhalten kann. Vulnerabilität ist zum großen Teil ein Zustand außerhalb der eigenen Kontrolle, da wir Menschen aufgrund unserer auf kategorialer Ebene eingeschränkten Freiheit ihre Konsequenzen nur bedingt beeinflussen können (vgl. 4.4.2.3). Diese Ambivalenz bzw. Ambiguität müssen wir aushalten, wenn wir unsere eigene strukturelle Vulnerabilität und eigenen situativen Vulnerabilitäten und diejenigen anderer ernstnehmen wollen. Vulnerabilität als strukturelle Daseinsbedingung und als situative Vulnerabilität nur mit einer Vermeidungs- und Verdrängungshaltung zu begegnen und Eindeutigkeit dort zu forcieren, wo eigentlich eine Mehrdeutigkeit vorhanden ist, deutet laut Peter Koslowski auf eine ideologische Sprechweise hin.[274] Daher gilt für die strukturelle Vulnerabilität, dass es sinnvoll erscheint, diese Ambivalenz bzw. Ambiguität, die auch das menschliche Dasein insgesamt charakterisiert, anzunehmen und weniger Anstrengungen zu unternehmen, sie zu ‚überwinden'.

4.6.1.4 Inklusive Sprechweisen

Die Betonung der Ambivalenz bzw. der Ambiguität von Vulnerabilität hat den Vorteil, dass damit ein umfassenderes Vulnerabilitätsverständnis vorlegt

---

271 BUTLER: Gefährdetes Leben, 47.
272 Vgl. GILSON: Ethics, 127.
273 MORRIS, Wayne: Transforming Able-Bodied Normativity. The Wounded Christ and Human Vulnerability. In: Irish Theological Quarterly 78.3 (2013), 231–243, 242.
274 Vgl. KOSLOWSKI, Peter: Die Ambivalenzen des Modernen und die Postmoderne als Philosophie, Stil und Epoche. In: Ders. / SCHENK, Richard (Hg.): Ambivalenz – Ambiguität – Postmodernität. Begrenzt eindeutiges Denken. Stuttgart 2004, 3–43, 4.

wird als die tendenziell stark negativ verstandenen Ausdeutungen von Vulnerabilität. Damit zeichnet sie ein logisch stringentes Bild von Vulnerabilität und erleichtert damit gleichzeitig die Anerkennung bzw. das Ernstnehmen von Vulnerabilität, weil sie mit der Einbeziehung der Möglichkeit positiver Konsequenzen Gründe vorlegt, warum eine Ablehnung lebensreduzierende Auswirkungen haben kann (vgl. 4.6.6.2). Die Ambivalenz bzw. Ambiguität der Vulnerabilität ist zugleich Grundlage dafür, die Sprechweise vom vulnerablen Menschen als mögliche Sprechweise von der Gottebenbildlichkeit auszulegen, da die Vulnerabilität durch ihre Ambivalenz bzw. Ambiguität *auch* positiv konnotiert wird und so einen Ausgangspunkt dafür darstellt, nicht nur negativ assoziiert vom vulnerablen Menschen zu sprechen.

Im Kontext der inklusiven Sprechweisen lässt sich an dieser Stelle herausstellen, dass Ambiguität auch ein mögliches Analyseinstrumentarium für die Erfahrung von Menschen mit Behinderung mit derselben darstellt. Insofern stellt die ambige Deutung ein Überschneidungsmerkmal in der Erfahrung von Vulnerabilität und Behinderung dar. Mit einem solchen Aufweis kann Kriterium 2 entsprochen werden. Zugleich stellt diese Tatsache einen ersten Hinweis dar, dass Vulnerabilität und Behinderung zusammengedacht – jedoch nicht gleichgesetzt – werden können (vgl. 4.6.5).

Tobin Siebers stellt fest:

> „As a condition of bodies and minds, however, disability has both positive and negative valences. For example, many disabled people do not consider their disability a flaw or personal defect – and with good reason. They are comfortable with who they are, and they do not wish to be fixed or cured. But these same people may be ambivalent about acquiring other or additional disabilities."[275]

Dass Menschen mit Behinderung ihre Behinderung auf positive Art und Weise interpretieren können, belegte auch 2.2.3.2, wo das Beispiel des quadriplegischen Rugbyspielers genannt wurde, der seine Behinderung auf eine bestimmte Weise als das Beste bezeichnet, das ihm je passiert ist, da sie ihm Erfahrungen und Freundschaften ermöglicht hat, die er sonst nicht gesammelt und geschlossen hätte. Trotzdem hatte bzw. hat seine Behinderung sicherlich auch negative Aspekte, die er als Quadriplegiker in anderen Kontexten erlebt. Auch in den Biografien von Samuel Koch zeichnet sich sowohl positives als auch negatives Erleben unter den Bedingungen von Behinderung ab. Einerseits betont er: „Ja, ich leide massiv unter meinen Einschränkungen und könnte regelmäßig aus der Haut fahren wegen ihnen."[276] Andererseits erfährt er auch, dass seine Behinderung ihn für sein Umfeld sensibilisiert und dies zu einer veränderten Wahrnehmung führt, was als positive Erfahrung ausgelegt werden kann:

---

[275] SIEBERS: Disability Theory, 4.
[276] FASEL, Christoph: Samuel Koch – Zwei Leben. Aßlar ³2012, 126.

„Menschen nehme ich anders wahr. [...] Oft schaue ich auf der Straße einfach nur Leuten zu. Wie gehen sie? [...] Ich wage zu behaupten, dass mir mittlerweile viel stärker auffällt, ob jemand echt lacht oder nur so tut. Ob jemand echte Aufmerksamkeit schenkt oder mit dieser ganz woanders ist. Ich habe Freude daran, zu analysieren wie die Menschen ticken."[277]

Durch diese positiven und negativen Aspekte, die aber Teil der *einen* Erfahrung seiner Behinderung sind, erlebt Koch seine Behinderung als ambig, denn in der Gesamterfahrung der Behinderung ist nicht mehr trennscharf zwischen diesen beiden Aspekten zu unterscheiden, obwohl es Momente gibt, in denen Positives oder Negatives eindeutig überwiegt. Laura Gehlhaar zeigt dies in einem Instagram-Post:

„Einige sehen ihre Behinderung als Teil ihrer Identität, andere als etwas, das ihnen einfach passiert ist. Manche tragen ihre Behinderung mit Stolz, andere kämpfen gegen sie an. Eine Behinderung kann die größte Herausforderung für das eigene Leben bedeuten oder das natürlichste der Welt sein. Und manchmal erlebt man alles zusammen an einem einzigen Tag. Es ist das allerschönste und schlimmste."[278]

4.6.2 Strukturelle und situative Vulnerabilität: zwei unterschiedliche Ebenen von Vulnerabilität

Nachdem in 4.5 in die Differenz von struktureller und situativer Vulnerabilität eingeführt wurde, wird diese essenzielle Unterscheidung nun genauer betrachtet.

Thomas Reynolds sagt, dass alle Menschen vulnerabel sind[279], gleichzeitig behauptet er, dass Vulnerabilitäten ungleich verteilt seien: „some bear the burden of vulnerability more than others."[280] Die Frage, die in diesem Zusammenhang unweigerlich aufkommt, ist, wie es möglich ist, dass wir als Menschen *alle* vulnerabel sind und einige gleichzeitig *besonders* vulnerabel sind. Diese zweifache Aussage über die Vulnerabilität von Menschen erzeugt eine gewisse Spannung und Reynolds gibt keinen Hinweis, wie das Allgemeine, das für jeden Menschen gilt, im Verhältnis zum Speziellen, das auf manche in besonderer Weise zutrifft, zu verstehen ist. So bleiben diese zwei Erscheinungsweisen der Vulnerabilität unkommentiert nebeneinanderstehen und es bleibt eine gewisse Unsicherheit bezüglich ihrer Interpretation bestehen. Je nach Wissenschaftsgebiet wird in der Vulnerabilitätsforschung eher die eine

---

[277] Koch, Samuel: Rolle vorwärts. Das Leben geht weiter, als man denkt. Aßlar 2016, 164f.
[278] Gehlhaar, Laura [fraugehlhaar]: Einige sehen die Behinderung als Teil der Identität. Instagram-Post vom 30.08.2020. Online unter: https://www.instagram.com/p/CEg95VcKvl3/ (Stand: 01.07.2021).
[279] Vgl. Reynolds: Vulnerable Communion, 47; 210.
[280] Ebd. 130.

4.6 Ein am inklusiven Potenzial orientiertes Vulnerabilitätskonzept

oder die andere Form betont: Etwa soziologische Forschung, medizinische Forschung und geowissenschaftliche Untersuchungen gehen davon aus, dass es bestimmte Gruppen von Personen oder Individuen gibt, die (besonders) vulnerabel sind und besonderen Schutzes bedürfen wie etwa Kleinkinder, Immunsuppressiva einnehmende oder in Erdbebengebieten lebende Personen. Bei dieser Form von Vulnerabilität wird stets formuliert, gegenüber welchem Einfluss diese Personen vulnerabel sind: gegenüber Missbrauch oder gegenüber Krankheitserregern oder gegenüber dem Verlust ihres Zuhauses. Ich werde in den nachfolgenden Untersuchungen im Anschluss an Gilson diese Form der Vulnerabilität situative Vulnerabilität nennen, weil sie in besonderen Situationen feststellbar ist. Dahingegen betonen Philosoph_innen wie Judith Butler[281], Martha Fineman[282], Jackie Leach Scully[283], Estelle Ferrarese[284], Margrit Shildrick[285], Soziolog_innen wie Bryan Turner[286] und Theolog_innen wie Heike Springhart[287], Sturla Stålsett[288], Kristine Culp[289] und Inger Lid[290], dass jeder Mensch vulnerabel ist: „to be human is to be vulnerable"[291] oder „I take vulnerability to be an enduring feature of creaturely life, not a temporary condition to be ameliorated."[292] Die zweite Form der Vulnerabilität nenne ich – Gilson nennt sie ‚ontological vulnerability' – im Folgenden strukturelle Vulnerabilität, da sie als strukturelle Bedingung des Menschseins allen Menschen dauerhaft gemeinsam ist. In meinem Verständnis von Vulnerabilität müssen beide Interpretationen oder Formen Raum bekommen, denn nur wenn *beide* einbezogen werden, kann ein sinnvolles Vulnerabilitätskonzept entworfen werden.

---

[281] BUTLER: Gefährdetes Leben.
[282] FINEMAN, Martha: The Vulnerable Subject. Anchoring Equality in the Human Condition. In: Yale Journal of Law and Feminism 20.1 (2008), 1–23.
[283] LEACH SCULLY, Jackie: Disability and Vulnerability. On Bodies, Dependence, and Power. In: MACKENZIE, Catriona / ROGERS, Wendy / DODDS, Susan (Hg.): Vulnerability. New Essays in Ethics and Feminist Philosophy. New York 2013, 204–221.
[284] FERRARESE, Estelle: Vulnerability. A Concept with which to Undo the World as It Is? In: Critical Horizons 17.2 (2016), 149–159.
[285] SHILDRICK: Embodying the Monster.
[286] TURNER, Bryan: The Body and Society. Explorations in Human Theory. Los Angeles / London ³2008.
[287] SPRINGHART: Der verwundbare Mensch.
[288] STÅLSETT, Sturla: Towards a Political Theology of Vulnerability. Anthropological and Theological Propositions. In: Political Theology 16.5 (2015), 464–478.
[289] CULP, Kristine: Vulnerability and the Susceptibility to Transformation. In: SPRINGHART / THOMAS: Exploring Vulnerability, 59–70.
[290] LID, Inger: Vulnerability and Disability. A Citizen Perspective. In: Disability & Society 30.10 (2015), 1554–1567.
[291] TURNER: The Body and Society, 254.
[292] CULP: Susceptibility, 65.

4.6.2.1 Zur strukturellen Vulnerabilität

Um Beispiele, welche auch strukturelle Vulnerabilität miteinbeziehen, zu nennen, sollen die Argumentationsgänge von Martha Fineman in *The Vulnerable Subject* und von Judith Butler in *Gefährliches Leben* in aller Kürze vorgestellt werden. Fineman argumentiert, dass wir alle vulnerabel sind, weil wir als Menschen alle leiblich verfasst sind und deshalb die allgegenwärtige Möglichkeit besteht, dass wir uns verletzen und von allen möglichen Formen des Unglücks heimgesucht[293] werden können.[294] Diese von allen Menschen geteilte Verletzbarkeit kann nicht ignoriert werden, weil sie stets vorhanden ist und jede_r jederzeit von einem Unglück ereilt werden kann. Fineman plädiert deshalb dafür, das freie Subjekt, wie es häufig in der Politik, dem Recht und der Wirtschaft postuliert wird, das mit Eigenschaften wie Autonomie, Selbstständigkeit und Egoismus assoziiert wird, durch ein vulnerables Subjekt zu ersetzen, weil dies eher der gelebten Realität entspricht.[295] Dies hätte politische, soziale und ethische Folgen: Wir wären als Gesellschaft gezwungen, unseren politischen Kurs so auszurichten, dass die Vulnerabilität aller Menschen ernst genommen wird. Sich am Konzept einer unabwendbaren und geteilten Vulnerabilität auszurichten, könnte uns politisch mobilisieren, uns für diejenigen und mit denjenigen einzusetzen, die bisher nicht von der Sozialstruktur unserer Gesellschaft profitiert haben. Zudem ist in Situationen der Vulnerabilität die Verantwortung des Staates zu prüfen, bevor der_die Einzelne selbst für seine_ihre Vulnerabilität verantwortlich gemacht wird.[296]

Ein weiteres Argumentationsbeispiel für die strukturelle Sichtweise auf Vulnerabilität ist die Ethik Judith Butlers: Ausgehend von der Erkenntnis, dass wir als Menschen alle vulnerabel sind, entwirft sie eine gewaltlose Ethik, die die Möglichkeit birgt, dem Kreislauf der Gewalt zu entkommen und eine Welt zu fordern, „in der die körperliche Verwundbarkeit geschützt wird, ohne deshalb ganz beseitigt zu werden."[297] Zu einer solchen Ethik gelangt sie über das Phänomen der Trauer: Wir Menschen trauern um die Gewalt, die wir selbst erleben mussten, und um andere, die Gewalt erlebt haben, und verlangen, veranlasst durch unsere gemeinsame Vulnerabilität, dass solche Gewalt nicht mehr geschehen soll. Denn nur aufgrund der allen Menschen gemeinsamen Vulnerabilität ist es überhaupt möglich, dass Gewalt geschieht. Durch diese Erkenntnis wird die strukturelle Vulnerabilität zur motivationa-

---

[293] Mit dieser Formulierung wird deutlich, dass auch Fineman die Ambivalenz von Vulnerabilität übersieht bzw. ignoriert.
[294] Vgl. Fineman: The Vulnerable Subject, 9.
[295] Vgl. ebd. 10.
[296] Vgl. ebd. 17; 19.
[297] Butler: Gefährdetes Leben, 60.

len Ressource, nach einer Welt ohne Gewalt zu verlangen und sich politisch für eine solche einzusetzen.[298]

Auch Gilson betont die strukturelle Vulnerabilität, indem sie sie als strukturelle und dauerhafte Bedingung beschreibt. Vulnerabilität, so Gilson,

> „is something fundamental; it is an unavoidable feature of human existence that is present from the start and never goes away. [...] [W]e can modify our vulnerable state, we cannot do away with it entirely. Vulnerability is inherent both in our physical being, our corporeality, and in our social being."[299]

Als strukturelle Vulnerabilität ist Vulnerabilität eine gemeinsame, von allen geteilte grundsätzliche Offenheit, auf unvorhergesehene Weise affiziert zu werden. Es ist möglich, zu versuchen, die situative Vulnerabilität abzumildern oder sich dazu zu entscheiden, diese aktiv zu unterdrücken, aber die strukturelle Vulnerabilität ist eine unumgängliche Tatsache menschlichen Daseins. Auf den ersten Blick mag die strukturelle Vulnerabilität banal wirken: Natürlich sind alle Menschen vulnerabel, weil alle durch Umwelt und Umfeld affiziert werden können. Man könnte strukturelle Vulnerabilität deshalb als Selbstverständlichkeit abtun, der keine weitere Bedeutung zukommt. Aber anerkannte strukturelle Vulnerabilität ist deshalb höchstrelevant, weil sie die Gemeinschaft aller Menschen erfahren lässt und besonders im ethischen Bereich eine außerordentliche Macht entwickeln kann. Des Weiteren könnte der Vulnerabilität Bedeutungslosigkeit zur Last gelegt werden, wenn mit der strukturellen Vulnerabilität alle als vulnerabel bezeichnet werden. Denn durch die Universalität wird man daran gehindert, besondere Vulnerabilitäten zu erkennen und ihnen ggf. besondere Aufmerksamkeit zu schenken oder festzustellen, wer besonderen Schutz benötigt.[300] Daher soll der Blick nun auf die situative Vulnerabilität gelenkt werden, die spezifisch (an-)erkannt werden kann.

4.6.2.2 Zur situativen Vulnerabilität

Die situative Vulnerabilität ist ein augenblicklicher oder länger währender, jedoch kein dauerhafter Zustand und deshalb im Gegensatz zur strukturellen Vulnerabilität kein bleibendes menschliches Strukturmerkmal. Gilsons Kurz-

---

[298] Konkreter Ausgangspunkt für Butlers gewaltfreie Ethik waren die amerikanischen Antiterrorkämpfe nach den Anschlägen vom 11. September 2001, die eine Spirale der Gewalt entfachten. Die amerikanische Regierung griff dabei Territorium an, auf dem sie Terrorist_innen vermutete. Dabei trafen sie aber auch unschuldige Zivilist_innen, deren Tod in Kauf genommen wurde unter dem Vorwand der Vergeltung der Todesopfer vom World Trade Center. Butler setzt ihre gewaltfreie Ethik gegen den gewaltvollen Vergeltungsschlag und stellt in Frage, wer als zu betrauernd identifiziert wird (Opfer des Terroranschlags) und wer nicht (unschuldige Zivilist_innen).
[299] Gilson: Ethics, 15.
[300] Vgl. Schroeder / Gefenas: Vulnerability, 113.

definition von situativer Vulnerabilität lautet „specific forms that vulnerability takes in the social world."[301] Menschen befinden sich alle in verschiedenen Situationen, die jeweils durch die sozialen, kulturellen und historischen Bedingungen und Prozesse beeinflusst werden, die um sie herum herrschen bzw. geschehen. D.h. Vulnerabilität ist kontextuell eingebettet, somit ist sie hinsichtlich individueller Gegebenheiten sowie der sie umgebenden sozialen Welt spezifisch ausgeformt. Diese Bedingungen und Prozesse beeinflussen jeden Menschen und konstituieren unterschiedliche Menschen als unterschiedlich situativ vulnerabel.[302] Es kann deshalb nicht bestritten werden, dass Vulnerabilität in der sozialen Welt unter Menschen ungleichmäßig verteilt ist.[303] So sind situative Vulnerabilitäten von Diversitätsmerkmalen wie Ethnie, Gesellschaftsschicht, Geschlecht, Sexualität, Behinderung usw. beeinflusst:[304] „The relationships and various social, cultural, political, and historical processes of differentiation that are formative of human subjects constitute us as differentially vulnerable."[305] Als Beispiele für Formen der situativen Vulnerabilität nennt Gilson die psychologische, emotionale, ‚körperliche'/leibliche, wirtschaftliche, politische und rechtliche Vulnerabilität. Diese verschiedenen Ausformungen der situativen Vulnerabilität können einander auch überlappen, akkumuliert werden, einander verstärken oder miteinander interagieren.[306] All diese verschiedenen Ausformungen zeigen, dass situative Vulnerabilität eine Vielfalt an Erscheinungsformen hat und daher äquivok zu interpretieren ist. Aufgrund der Äquivozität wird es mir manchmal nicht gelingen, mit einer generellen Aussage alle Formen der Vulnerabilität, zumal mit ihren ambivalenten oder ambigen, positiven oder negativ zu erwartenden etwaigen Folgen, mitzumeinen.

Gleich zu Beginn meiner Ausführungen zur situativen Vulnerabilität muss hier ein gradueller Unterschied eingeführt werden, der zwischen situativer Vulnerabilität und erhöhter situativer Vulnerabilität differenziert: So gibt es einerseits die situative Vulnerabilität, die irgendeine Erscheinung von Vulnerabilität in der sozialen Welt darstellt, und andererseits eine erhöhte Form von Vulnerabilität, die eine größere Intensität an Vulnerabilität meint, die über das als normal wahrgenommene Maß (wie auch immer dies definiert sein mag) hinausgeht. Die Unterscheidung ist essenziell, da die Bezeichnung ‚situative Vulnerabilität' für sich genommen noch keine Aussage über die Intensität der Vulnerabilität trifft. Die Form der situativen Vulnerabilität, die die meisten Wissenschaftler_innen der Soziologie, der Medizin und der Psy-

---

[301] GILSON: Ethics, 37.
[302] Vgl. ebd. 137.
[303] Vgl. BUTLER: Gefährdetes Leben, 47f.
[304] Vgl. GILSON: Ethics, 37.
[305] Ebd. 137.
[306] Vgl. ebd. 37.

chologie meinen, wenn sie von Vulnerabilität sprechen, ist die erhöhte Form der situativen Vulnerabilität, denn sie wollen meist anzeigen, dass eine bestimmte Personengruppe bzw. Individuen besonders schutzbedürftig und schutzwürdig sind, da sie ein erhöhtes Risiko haben, einen bestimmten Schaden zu erleiden. Die erhöhte situative Vulnerabilität kann an dieser Stelle angeben, dass es angezeigt ist, die besonders erhöhte situative Vulnerabilität von Menschengruppen oder Individuen zu reduzieren. Damit kann sie als öffentlich kundgegebene auch als politisches Mittel fungieren, das auf gesellschaftliche Missstände aufmerksam macht. Gilson lässt die Unterscheidung zwischen situativer Vulnerabilität und erhöhter situativer Vulnerabilität unberücksichtigt, welche aber, will man besonders vulnerablen Menschen auch besondere Aufmerksamkeit widmen, wesentlich ist, denn es gibt Formen der Vulnerabilität, die, wenn möglich, abgemildert werden müssen.

Ein möglicher Nachteil der Rede situativer Vulnerabilität könnte darin bestehen, dass der Begriff der (erhöhten) situativen Vulnerabilität signalisieren könnte, dass, indem einige Menschen das Label vulnerabel tragen, alle anderen Menschen im Gegensatz zu diesen vulnerablen Personen als nicht vulnerabel angesehen werden können. Damit könnte ein Ideal der Nicht-Vulnerabilität und ein *Othering* begünstigendes, nicht erwünschtes Anderes produziert werden, das nicht-vulnerable, als normal geltende Personen von vulnerablen Personen unterscheidet.[307] Eine solche Denkweise über situative Vulnerabilität bewertet Vulnerabilität allgemein als pathologisch, indem die Menschen, die als vulnerabel gesehen werden, als „purely passive and helpless objects of pity"[308] betrachtet werden und bevormundende oder herablassende Verhaltensweisen der in dieser Situation nicht-vulnerablen Personen oder Personengruppen gegenüber der vulnerablen Person oder Personengruppe hervorrufen kann. Dies wiederum wirkt Gilsons ambivalenter (d.h. auch positiver) Deutung von Vulnerabilität entgegen: Situative Vulnerabilität wird Menschen zugeschrieben (vgl. 4.6.3), denen eine erhöhte Wahrscheinlichkeit unterstellt werden kann, von etwas anderem mit negativen Folgen affiziert zu werden und betont daher tendenziell eine negative Interpretation von Vulnerabilität. Der Grund hierfür ist darin zu finden, dass die situative Vulnerabilität als Möglichkeit (als Virtuelles) ‚näher' an der tatsächlichen Affizierung empfunden wird als die strukturelle Form der Vulnerabilität und deshalb die möglichen negativen Auswirkungen präsenter sind. Zusätzlich fördert dieser Sprachgebrauch, dass situative Vulnerabilität häufig in einem negativen Licht erscheint: Bei einer spezifischen situativen Vulnerabilität

---

[307] Vgl. FINEMAN, Martha: Beyond Identities. The Limits of an Antidiscrimination Approach to Equality. In: Legal Studies Research Paper Series (Emory University School of Law) 12.231 (2012), 1713–1770, 1751.
[308] FORMOSA, Paul: The Role of Vulnerability in Kantian Ethics. In: MACKENZIE / ROGERS / DODDS: Vulnerability, 88–109.

gibt es immer ein formulierbares x, gegenüber dem man vulnerabel ist. Die Bezeichnung vulnerabel gegenüber x, wobei x (fast immer) negativ bestimmt ist, trägt auch zum Anschein bei, Vulnerabilität sei in ihrem Wert negativ auszudeuten. Diese Wendung ist jedoch im Kontext der situativen Vulnerabilität ein unumgängliches Ausdrucksmittel zur Bestimmung der möglichen Folgen dieser Vulnerabilität und ist mit der Aufforderung verbunden, situative Vulnerabilität, wo es möglich ist, zu verhindern bzw. abzuschwächen. Außerdem ist bei der Benennung von situativer oder erhöhter situativer Vulnerabilität zu beachten, dass die Funktion der Aussage häufig ist, die betroffene Person oder Personengruppe vor negativen Auswirkungen dieser Vulnerabilität zu schützen. Es handelt sich bei der Bezeichnung ‚vulnerabel gegenüber x' um ein Hilfskonstrukt, um sprachfähig in Bezug auf mögliche negative Folgen zu sein und dadurch bestimmten Risiken vorbeugen zu können (ethisch relevante Funktion). Auch wenn die negativen Folgen im Moment der Vulnerabilität als Möglichkeit (als Virtuelles) omnipräsent sind, muss dennoch festgehalten werden, dass man, bevor man nicht affiziert worden ist, nicht wissen kann, wie sich eine spezifische Offenheit gegenüber x für einen auswirken wird. Denn die Offenheit durch die bleibende Vulnerabilität kann auch im Fall der eher negativ ausgedeuteten Auswirkung weiterhin erneute Veränderung und damit auch eher positive Bewertung zulassen.[309] Dies hängt u.a. mit der Sichtweise zusammen, ab wann Folgen als endgültig zu werten sind. Rein theoretisch gibt es keinen Endpunkt der Offenheit, eine bestimmte Situation hat immer das Potenzial, sich wieder zu ändern. Mögliche eindeutig negative Folgen von Vulnerabilität sollen dennoch als solche wahr- und ernstgenommen werden. Dazu zählen besonders Formen der situativen Vulnerabilität, die mit äußerst negativen Gefühlen konnotiert sind: mit großer Angst oder quälenden Zukunftssorgen. Diese aus der situativen Vulnerabilität resultierende mögliche Negativität der Vulnerabilität bei anderen Menschen und bei sich selbst wahr- und ernst zu nehmen und im Anschluss daran, wo dies möglich ist, gegen diese Formen der situativen Vulnerabilität aktiv zu werden, ist äußerst wichtig und sollte nicht durch Versuche der Beschönigung oder Hoffnung auf Besserung verharmlost werden.

Im Kontext der (erhöhten) situativen Vulnerabilität wird deutlich, dass Vulnerabilität auch im Horizont schon geschehener Verletzung gesehen werden muss.[310] Schon geschehene Verletzung auf der Ebene der Folgen von Vulnerabilität kann situative Vulnerabilität an Intensität steigern bzw. die

---

[309] Vgl. Gilson: Ethics, 135f. Die Konsequenzen oder Aktualisierungen einer Vulnerabilität stellen keine festgefahrene, anhaltende Erfahrung dar, sondern lassen weitere Veränderung und Transformation zu. Vulnerabilität bezeichnet dann eine andauernde Offenheit gegenüber Veränderung und nicht eine bestimmte und festgelegte Art und Weise, affiziert zu werden.

[310] Vgl. Springhart: Der verwundbare Mensch, 208.

strukturelle Vulnerabilität überhaupt bewusst machen. Dies kann zu einer Steigerung der Wahrnehmung von Vulnerabilität führen. Anders herum wird man, hat man gute Erfahrungen mit der eigenen Vulnerabilität gemacht, eher bereit sein, sich freiwillig (vgl. 4.6.4) auf situative Vulnerabilität einzulassen. Auch die persönliche Reaktion auf situative Vulnerabilität wird dadurch beeinflusst, ob ein Mensch eher schlechte oder gute Erfahrungen mit Vulnerabilität gesammelt hat: Hat er_sie eher negative Auswirkungen von Vulnerabilität erlebt, ist er_sie in Situationen der Vulnerabilität wahrscheinlich wachsam, vorsichtig und ggf. misstrauisch. Verfügt er_sie jedoch eher über positive Erfahrungen mit Vulnerabilität, ist er_sie u.U. hoffnungsvoller und optimistischer, was die Auswirkungen von (situativer) Vulnerabilität betrifft bzw. hat Vertrauen darauf, dass Vulnerabilität sich auch positiv auswirken kann.[311]

Eine weitere wichtige Feststellung zur (erhöhten) situativen Vulnerabilität ist, dass diese nicht als „isolierbares Charakteristikum einer Person oder einer Gruppe"[312] gesehen werden kann, sondern auch diskursiv hervorgebracht wird. Situative Vulnerabilität stellt daher keine „‚natural' occurrence"[313] dar, sondern ist, wie oben bereits angedeutet wurde, geformt durch politische, soziale und historische Prozesse. Daher ist es nicht zulässig, situative Vulnerabilität zu naturalisieren – sie muss vielmehr in einem bestimmten sozio-historischen Kontext verortet werden.[314] Daraus erwächst der Auftrag, gesellschaftliche Normen, die die Wahrnehmung von besonders vulnerablen Gruppen bzw. Individuen prägen, kritisch zu untersuchen (vgl. 4.6.6; 4.6.7; Kriterium 6). Darüber hinaus besteht das Problem, das man sich mit der Einführung der erhöhten situativen Vulnerabilität einhandelt, in einer machtförmigen Normalitätskonstruktion, die eine Grenze zwischen ‚normal' und ‚nicht-normal' einführt. Damit verbunden ist das Problem der Bestimmung dieses Grenzwertes, d.h. es muss festgelegt werden, welche Formen der situativen Vulnerabilität im Rahmen des Gewöhnlichen liegen und welche situative Vulnerabilität es wert ist, erhöht genannt zu werden. Auch an dieser Stelle ist Sensibilität für Kontexte und etwaige gesellschaftliche Normen unumgänglich, die ins Sprechen von Vulnerabilität eingetragen werden. Auch wenn keine normierende Theorie mit dem Konzept der situativen Vulnerabilität intendiert wird, schwingt eine solche doch immer mit, wenn vom (erhöht) situativ vulnerablen Menschen gesprochen wird.

---

[311] Natürlich ist hier auch die persönliche Disposition der jeweiligen Person entscheidend: Wenn eine Person ängstlich ist, wird sie auf eine situative Vulnerabilität eher mit Sorgen oder Befürchtungen bezüglich der Konsequenzen reagieren.
[312] Bieler: Verletzliches Leben, 19.
[313] Gilson: Ethics, 7.
[314] Vgl. ebd. 37.

4.6.2.3   Situative Vulnerabilität und Freiheit

Innerhalb der philosophischen Kontextualisierung wurde die Freiheit als transzendentale Bedingung oder Voraussetzung für ein Sich-Öffnen und damit für strukturelle Vulnerabilität ausgewiesen. Freiheit als transzendentale Bedingung begründet, warum der Mensch sich zu situativen Vulnerabilitäten immer noch einmal verhalten kann. Mit dieser Bestimmung wird deutlich, dass eine bestimmte situative Vulnerabilität nicht als unabwendbares Schicksal hingenommen werden muss, sondern dass man die Möglichkeit hat, auf bestimmte Weise auf eine situative Vulnerabilität zu reagieren, eine bestimmte Haltung dieser Vulnerabilität gegenüber zu entwickeln oder diese gar zu verstärken oder abzumildern. Diese Möglichkeiten können jedoch im konkreten Fall (vgl. materiale Freiheit ist immer bedingt) mitunter sehr unterschiedlich ausgeprägt sein: Die möglichen Reaktionen auf eine situative Vulnerabilität reichen von schützendem Verhalten vor negativen Folgen der Vulnerabilität, etwa indem man sich einer unangenehmen Situation erst gar nicht aussetzt, bis hin zur nicht vorhandenen Möglichkeit, eine Situation der Vulnerabilität kontrollieren oder beeinflussen zu können, weil man etwa kein Wissen von einer nahenden Situation hat oder einer Person wie auch immer geartete Möglichkeiten zur Einflussnahme auf die Situation fehlen. In letzterem Fall könnte man sich zur geschehenen Affizierung immer noch verhalten.

4.6.2.4   Zusammendenken der beiden Ebenen der Vulnerabilität

Die Frage, die aus der Unterscheidung zwischen struktureller und situativer Vulnerabilität unausweichlich erwächst, ist, wie diese beiden Erscheinungsweisen der Vulnerabilität im Verhältnis zueinander stehen. Kurz: Wie lässt sich die Gleichzeitigkeit von struktureller und situativer Vulnerabilität denken?[315] Gilsons Antwort auf diese Frage ist, dass es sich bei der strukturellen und der situativen Vulnerabilität um zwei unterschiedliche Ebenen handelt, auf denen wir Menschen vulnerabel sind bzw. Vulnerabilität erfahren können, die sich nicht gegeneinander ausspielen lassen.[316] Vielmehr können strukturelle und situative Vulnerabilität nebeneinander existieren: Menschen sind alle grundsätzlich offen dafür, affiziert zu werden, und gleichzeitig kann es Situationen geben, in denen diese Offenheit, affiziert zu werden, in gesteigertem Maße auftritt und eine Affizierung wahrscheinlicher ist, ohne dass deren Folgen voraussehbar wären. In diesem Sinne verstehe ich die strukturelle Vulnerabilität als Strukturbedingung endlichen Daseins und die situative Vulnerabilität als Konsequenz und Konkretisierung dieser Strukturbedingung.

---

[315]   Reynolds beantwortet diese Frage nicht.
[316]   Vgl. ebd.

Auf den Zusammenhang der beiden Erscheinungsformen von Vulnerabilität hat auch Henk ten Have hingewiesen: Nur weil wir alle vulnerable Menschen sind, können wir in bestimmten Situationen vulnerabel sein[317], d.h. strukturelle Vulnerabilität ist die Bedingung der Möglichkeit für situative Vulnerabilität. Dann ist aber auch einsichtig, dass es niemals ausschließlich situative Vulnerabilität geben kann, weshalb Aussagen wie: „Nur [Kinder, Menschen mit Behinderung, alte Menschen ...] sind vulnerabel" keinen Sinn ergeben. Daraus folgt, dass der Personenkreis der sich in erhöhter situativer Vulnerabilität befindlichen Menschen sich mit jedem Augenblick auch dadurch erweitern kann, dass wir alle strukturell vulnerabel sind und damit jederzeit die menschliche Möglichkeit besteht, auch (erhöht) situativ vulnerabel zu werden: Durch unsere strukturelle Vulnerabilität sind wir alle auch potenziell (erhöht) situativ vulnerabel. Als Strukturbedingung von situativer Vulnerabilität kann die strukturelle Vulnerabilität niemals unabhängig von dieser gedacht werden – die beiden Formen der Vulnerabilität sind also komplementär zu denken. Das Entscheidende der strukturellen Vulnerabilität ist, dass alle Menschen vulnerabel sind und bleiben, unabhängig davon, ob die äußeren, situativen Umstände des individuellen Lebens dies erkennen lassen. Das Wesentliche am Sprechen über situative Vulnerabilität ist die Möglichkeit, (erhöhte) Vulnerabilitäten in bestimmten Situationen kenntlich zu machen, in der Folge Ungerechtigkeiten zu erkennen und einen Handlungsbedarf herauszustreichen. Von besonderer Bedeutung in der Verbindung von situativer und struktureller Vulnerabilität ist, dass die strukturelle Vulnerabilität als strukturelle Bedingung Korrektiv für das Verständnis der situativen Vulnerabilität interpretiert werden kann, welche häufiger negativ interpretiert wird. In jeder situativen Vulnerabilität muss auch die strukturelle als deren Ermöglichungsgrund gesehen werden und dieser Zusammenhang kann fruchtbar gemacht werden, um die Ambivalenz der Vulnerabilität aufrechtzuerhalten, denn den beiden Formen der Vulnerabilität ist gemeinsam, dass beide als Offenheit, auf unvorhersehbare Weise affiziert werden zu können, verstanden werden müssen. Auch wenn in der situativen Vulnerabilität tendenziell einseitig die negative Seite betont wird, muss doch die vielleicht vernachlässigte Möglichkeit der positiven bzw. ambigen Auswirkungen der situativen Vulnerabilität bzw. die erneute Möglichkeit zu positiv bewerteter Veränderung, die durch die andauernde Offenheit möglich ist, hervorgehoben werden.

Die Unterscheidung zwischen struktureller Vulnerabilität, die allen Menschen als unvermeidbares Strukturmerkmal zukommt, und situativer Vulnerabilität, die in bestimmten Situationen auftritt, hat zur Folge, dass situative Vulnerabilität nicht als festgelegte Eigenschaft oder Charakterzug bestimmter Individuen wahrgenommen werden muss und sie damit weniger in der Ge-

---

[317] Vgl. TEN HAVE, Henk: Vulnerability. Challenging Bioethics. London / New York 2016, 125.

fahr steht, als Mittel der Unterdrückung missbraucht zu werden. Die explizite Unterscheidung der beiden Formen der Vulnerabilität bietet also den Vorteil, dass situative Vulnerabilität nicht als starre Eigenschaft betrachtet wird, die auf einige ein für allemal zutrifft, sondern als (augenblicklichen) Zustand, der sozial und historisch vermittelt ist und deshalb anderen mit Vorsicht zuzuschreiben ist.

4.6.2.5 Inklusive Sprechweisen

Die Unterscheidung von struktureller und situativer Vulnerabilität ermöglicht, mit der Vulnerabilität aller zu argumentieren, ohne die vermutete (erhöhte) situative Vulnerabilität bei Menschen mit Behinderung zu vernachlässigen (vgl. Kriterium 3; 4.6.5). Die Akzentuierung der strukturellen Vulnerabilität ist deshalb wichtig, weil sie das uns allen Gemeinsame erkennen lässt, was wiederum dem *Othering* entgegenwirkt. Außerdem betont die strukturelle Vulnerabilität, „what we are, and not what we do."[318] Dies lässt den Leistungsgedanken in den Hintergrund treten und unterstützt die Aussage aus Kapitel 1 und 3, dass keine menschlichen Fähigkeiten die Grundlage für die Gottebenbildlichkeit bilden können. So zeigt sich strukturelle Vulnerabilität als geeignetes Instrument für mein Vorhaben, die Gottebenbildlichkeit des Menschen inklusiv auszudeuten. Darüber hinaus ist die Balance zwischen Gleichheit – alle Menschen sind alle vulnerabel (strukturelle Vulnerabilität) – und Verschiedenheit – Menschen machen verschiedene Erfahrungen mit der Vulnerabilität (situative Vulnerabilität) – eine in den Kriterien (Kriterium 3) festgelegte Voraussetzung für inklusive Sprechweisen vom Menschen, da Menschen mit Behinderung einerseits als wie alle anderen wahrgenommen werden wollen (Gleichheit) und andererseits in und mit ihrer Beeinträchtigung anerkannt werden wollen (Differenz).

Durch die Betonung der Ausformungen situativer Vulnerabilität als ‚physische' und psychische Vulnerabilität wird zusätzlich deutlich, dass Vulnerabilität die starke Dichotomie zwischen Leib und Seele, aufhebt (Kriterium 4). Dabei sind die verschiedenen Formen der Vulnerabilität nur um der Analyse willen zu trennen, denn die situativen Formen der Vulnerabilität können nicht monokausal entweder ausschließlich auf den ‚Körper' oder ausschließlich auf den Geist zurückgeführt werden.

Bevor hier der Zusammenhang von (erhöht) situativer Vulnerabilität und Behinderung untersucht wird, müssen noch zwei Differenzierungen innerhalb der situativen Vulnerabilität eingeführt werden.

---

[318] TEN HAVE: Vulnerability, 160.

4.6.3 Vulnerabilität als Erfahrung und als zugeschriebener Zustand

Ein weiteres, für meine Untersuchungen wichtiges Analyseinstrument ist die von Gilson genannte Unterscheidung zwischen Vulnerabilität als Erfahrung und Vulnerabilität als Zustand einer Person oder Personengruppe, der den Betreffenden von außen zugeschrieben wird[319] (Selbstwahrnehmung vs. Außenzuschreibung). Natürlich können hinsichtlich der Selbstwahrnehmung und Außenzuschreibung von Vulnerabilität Konvergenzen bestehen: Diejenigen, die sich als vulnerabel erfahren, finden sich oft in einem anerkannten Zustand der Vulnerabilität wieder. Aber es gibt auch die Möglichkeit, dass jemand entweder Teil einer Personengruppe ist, der situative Vulnerabilität zugeschrieben wird, diese Person erfährt sich jedoch nicht als vulnerabel[320], oder jemand erfährt sich als situativ vulnerabel, dies wird jedoch von anderen nicht erkannt oder anerkannt.[321] Die Zuschreibung von Vulnerabilität wird auch in Bezug auf bestimmte Personengruppen vorgenommen, denen erhöhte situative Vulnerabilität beigemessen wird, z.B. alten Menschen, Menschen mit Behinderung, Menschen, die Krebs hatten usw. Bei diesen Gruppen kann es zu einem Überhang der zugeschriebenen Vulnerabilität gegenüber der von diesen Personen gefühlten Vulnerabilität und so zu einer Diskrepanz zwischen objektiver Zuschreibung und subjektivem Empfinden kommen. Dies wiederum lässt deutlich hervortreten, dass das Verständnis von Vulnerabilität stark von sozialen Werten und Normen abhängig ist. Manche Menschen werden auf einen Blick als besonders vulnerabel klassifiziert, weil sie als gebrechlich wahrgenommen werden, eine sichtbare Behinderung haben oder schlicht einer allgemein als erhöht situativ vulnerabel eingestuften Gruppe zugeordnet werden:

> „The impact of social norms and ideals concerning self-sufficiency, competency, and power on our understanding and experiences of, and responsibility for, vulnerability cannot be underestimated. These norms implicate fundamental and deep-rooted ideas concerning capacity and incapacity, disability, and gender."[322]

---

[319] Vgl. Gilson: Ethics, 36.
[320] Dies kann etwa auf normalisierte Vulnerabilität wie etwa hinsichtlich von Jahreszeiten abhängigen Risiken von Erdbeben zutreffen. Die Form der Vulnerabilität wird möglicherweise von den betroffenen Personen nicht mehr wahrgenommen.
[321] Dies kann im Einzelfall an der Visibilität liegen, denn es gibt offenkundigere Formen der situativen Vulnerabilität, beispielsweise die ‚physische' Vulnerabilität (Gilson bezeichnet den ‚Körper' als „the most manifest locus of affectivity", vgl. Gilson: Ethics, 83), und weniger evidente Formen der Vulnerabilität, etwa die emotionale. Bei den offensichtlicheren Formen der Vulnerabilität ist es wahrscheinlicher, dass sie tatsächlich zugeschrieben werden.
[322] Ebd.

Darüber hinaus kann ein Mensch, obwohl er sich nicht situativ vulnerabel fühlt, dadurch, dass ihm Vulnerabilität zugeschrieben wird, (gefühlt) vulnerabel werden. Dies kann der Fall sein, wenn z.B. ein Gegenüber einer Person unreflektiert situative Vulnerabilität zuschreibt und sich diesem unkritischen Urteil entsprechend vorurteilsbehaftet verhält.

4.6.3.1 Relevanz dieser Unterscheidung für die situative/strukturelle Vulnerabilität

Im Kontext der Unterscheidung von situativer und struktureller Vulnerabilität lässt sich feststellen, dass nur die situative Vulnerabilität zugeschrieben werden kann. Dahingegen kann *grundsätzlich* sowohl die situative als auch die strukturelle Vulnerabilität subjektiv erfahren werden. Man kann strukturelle Vulnerabilität bei sich selbst, v.a. an ihren Folgen d.h. *ex post facto*, ablesen, auch wenn die strukturelle Vulnerabilität eher unbewusst ist und es daher weniger wahrscheinlich ist, dass man sich strukturell vulnerabel fühlt. Es ist jedoch nicht unmöglich, sich als strukturell vulnerabel wahrzunehmen, etwa wenn man wiederholt verletzt worden ist, d.h. wenn situative Vulnerabilität als Möglichkeit (als Virtuelles) in negativ bewertete Folgen umgeschlagen ist.[323] Für die strukturelle Vulnerabilität kann festgestellt werden, dass es jedoch für deren Vorhandensein völlig unerheblich ist, ob man sich als vulnerabel wahrnimmt oder nicht: Alle Menschen sind vulnerabel, d.h. offen dafür, auf unvorhersehbare Art und Weise affiziert zu werden. Erfahrungen von Vulnerabilität sind je nach Persönlichkeit verschieden, das bedeutet aber nicht, dass man nicht vulnerabel ist, nur weil man sich nicht vulnerabel fühlt: „From an ontological perspective, it is not the case that openness is greater or lesser, that one can be more or less open to the world in which one is immersed."[324]

Die Unterscheidung zwischen zugeschriebener und erfahrener Vulnerabilität ermöglicht zunächst, beide wahrzunehmen. Zudem kann die Wahrnehmung der Differenz die soziale Konstruktion von Vulnerabilität offenbaren, die gesellschaftliche Normen und Erwartungen exponiert. Mit der Betonung der wahrgenommenen Vulnerabilität entsteht außerdem der Impuls, die vermeintlich Betroffenen nach ihren Erfahrungen im Kontext von Vulnerabilität zu fragen. Insgesamt kann festgehalten werden, dass die Unterscheidung zwischen zugeschriebener und wahrgenommener Vulnerabilität ein hilfreiches Analyseinstrument darstellt, das deutlich werden lässt, dass diese beiden Formen der Vulnerabilität nicht zusammenfallen müssen.

---

[323] Theoretisch besteht die Möglichkeit auch, wenn sich (freiwillige) Vulnerabilität häufiger in positiv bewerteten Konsequenzen geäußert hat.
[324] Ebd. 130.

4.6.3.2 Inklusive Sprechweisen

Gilson unterscheidet zugeschriebene und erlebte Vulnerabilität, was es mir wiederum erlaubt, festzustellen, dass zugeschriebene situative Vulnerabilität bei Menschen mit Behinderung nicht der tatsächlich von diesem Menschen empfundenen Vulnerabilität entsprechen muss. Daraus erwächst die Notwendigkeit, der Wahrnehmung von Menschen mit Behinderung Beachtung zu schenken (vgl. Kriterium 2).

4.6.4 Freiwillige und unfreiwillige situative Vulnerabilität

Eine weitere wichtige Unterscheidung innerhalb der situativen Vulnerabilität, die Gilson nicht bedenkt, ist die Differenzierung zwischen freiwilliger Vulnerabilität und unfreiwilliger Vulnerabilität. Es gibt Formen der freiwilligen Vulnerabilität, in denen jemand sich freiwillig in die Situation eines vermeintlichen Risikos einer situativ erhöhten Vulnerabilität begibt. Ein Beispiel hierfür ist, wenn man sich in der Situation des Verliebtseins freiwillig[325] dafür entscheidet, dem anderen seine Gefühle mitzuteilen. Situationen unfreiwilliger situativer Vulnerabilität sind Situationen, in denen man die situative Vulnerabilität nicht freiwillig eingeht, sondern gewissermaßen zu ihr gezwungen wird, sei es durch andere Menschen oder durch nicht menschlich verursachte Umstände. Dabei handelt es sich meist um Formen der situativen Vulnerabilität, die tendenziell eine Möglichkeit negativer Folgen anzeigen, da es sich in diesen Situationen nicht um eine aktive Entscheidung handelt, sich in der jeweiligen situativen Vulnerabilität zu befinden. Dennoch muss die situative unfreiwillige Vulnerabilität aufgrund der anhaltenden Offenheit zunächst als ambivalent ausgedeutet werden, auch wenn dies nicht in allen Fällen leichtfällt. Bei der freiwilligen Vulnerabilität ist der Moment der Freiheit in der Offenheit stärker, d.h. eine Person ist freier, die Vulnerabilität aktiv zu gestalten, indem sie z.B. im Fall des Verliebtseins, der anderen Person erst Andeutungen macht, bevor sie ihre Liebe gesteht. Unfreiwillige Vulnerabilität hat einen Beiklang von Passivität: Es scheint als könnte man die situative Vulnerabilität nicht aktiv beeinflussen. Dieser Eindruck ist jedoch zu relativieren, da diese Sichtweise durch die Freiheit als Strukturmerkmal, die auch auf kategorialer Ebene Auswirkungen hat, korrigiert werden muss: Menschen

---

[325] Die Übergänge von freiwilliger und unfreiwilliger Vulnerabilität können fließend sein: Es kann argumentiert werden, dass z.B. die Vulnerabilität im Falle des Verliebtseins nicht gänzlich freiwillig ist, denn wenn man der Person seine Liebe nicht gesteht, dann ist man gegenüber der Person, sofern man ihr häufiger begegnet, trotzdem vulnerabel.

haben durch die kategoriale, d.h. die material bedingte Freiheit, die (eingeschränkte) Möglichkeit, sich zur situativen Vulnerabilität in ein Verhältnis zu setzen. Aus diesem Grund sind sie der unfreiwilligen Vulnerabilität nicht völlig willen- und freiheitslos ausgeliefert, sondern können sich ihr gegenüber oder zumindest gegenüber ihren Konsequenzen verhalten.

4.6.5 Situative Vulnerabilität und Behinderung

Behinderung wird oft mit Vulnerabilität assoziiert oder gar gleichsetzt. Dies belegen beispielsweise Morris[326], Witschen[327], Kearny[328] und Le Pichon[329], die diese Assoziation bzw. Gleichsetzung vornehmen. Dabei handelt es sich jedoch um ein pauschales Urteil, das der genaueren Untersuchung bedarf. Daher soll hier nun Raum für eine kritische Überprüfung der These sein, dass Menschen mit Behinderung ‚erhöht situativ vulnerabel'[330] sind.

Eine realitätsnahe Anthropologie muss stets rückgebunden sein an konkrete menschliche Erfahrungen. Daher werde ich in diesem Schritt, wie in Kriterium 2 gefordert, auf konkrete Vulnerabilitätserfahrungen von Menschen mit Behinderung eingehen, indem ich biografisches Material von Menschen mit Behinderung bzw. ihnen nahestehenden Personen auswerte, um daraus Schlüsse für das Zusammenspiel von situativer Vulnerabilität und Behinderung zu ziehen. Die Biografien sollen hier zur „kritischen Überprü-

---

[326] „[V]ulnerability is a description of the state of living with impairment, with limitation, with contingency, that is particularly at the forefront of the experience of living with disability" (Morris: Transforming Able-Bodied Normativity, 241).

[327] „Besonders verletzlich sind ebenfalls Menschen mit Behinderungen, die ganz unterschiedliche Beeinträchtigungen haben" (Witschen, Dieter: Der verletzliche Mensch – Schutz durch Achtung. Reflexionen zu einer menschenrechtlichen Tugend. In: Ethica 19.1 (2011), 19–35, 20).

[328] „Vulnerability is intrinsic to the person with a disability: there is a neuro-biological difference and a dependency of the person in terms of care" (Kearny, Timothy: The Transforming Power of Vulnerability. In: Irish Theological Quarterly 78. 3 (2013), 244–254, 245).

[329] „[T]hey have the special gifts [...], gifts that one can only discover when one enters into a deep personal relationship with these people with disabilities, gifts that are indissolubly tied to their vulnerability" (Le Pichon, Xavier: The Sign of Contradiction. In: Reinders: The Paradox of Disability, 94–102, 96).

[330] Die von mir gebrauchte Wendung ‚erhöht situativ vulnerabel' habe ich unter 4.6.2.2 bereits als graduell unterschieden von nur ‚situativ vulnerabel' beschrieben. Hier ist nochmal darauf hinzuweisen, dass der Grad von Vulnerabilität aufgrund der Äquivozität des Vulnerabilitätsbegriffs und der Inkommensurabilität konkreter menschlicher Leben nicht auf einer feststehenden Skala genau bestimmbar ist, sondern dass ich mit ‚erhöht situativ vulnerabel' lediglich andeute, dass die zu erwartenden Folgen für manche Personen(-gruppen) tendenziell gravierender ausfallen können als für andere Personen(-gruppen).

fung"[331] (Fühlen sich Menschen mit Behinderung tatsächlich besonders vulnerabel?) und „Weiterentwicklung theoretischer Konzepte"[332] dienen. Ich kann im Rahmen dieser systematisch-theologischen Arbeit keine quantitative Studie darüber durchführen, ob Menschen mit Behinderung sich erhöht situativ vulnerabel fühlen. Meine Vorgehensweise besteht stattdessen darin, biografisches Material von Menschen zu analysieren, die im Laufe ihres Lebens unter den Bedingungen von Behinderung mit erhöhter situativer Vulnerabilität konfrontiert worden sind.

Samuel Koch hatte 2010 im Alter von 22 Jahren einen schweren Unfall während einer Live-Übertragung der Fernsehsendung ‚Wetten dass…', als er versuchte mit an seinen Füßen befestigten Sprungfedern über fahrende Autos zu springen. Seitdem ist er vom Hals abwärts gelähmt. Unmittelbar nach seinem Unfall wurde er zunächst im Klinikum in Düsseldorf notoperiert und behandelt und kam danach in das Schweizer Paraplegiker-Zentrum Notwill, wo er ein Jahr in Reha verbrachte. Anschließend nahm er seine vor dem Unfall begonnene Schauspielausbildung wieder auf und war von 2014 an Ensemblemitglied des Darmstädter Theaters, seit 2018 ist er beim Nationaltheater Mannheim engagiert. Samuel Koch verfasste 2012 die Autobiografie ‚Zwei Leben' und 2015 die Autobiografie ‚Rolle vorwärts – Das Leben geht weiter als man denkt'.

Adam[333] ist ein junger Mann mit schwerer mehrfacher Behinderung[334], der 1986 mit 23 Jahren in die Arche Daybreak in Ontario, Kanada, kam, wo sich Henri Nouwen, ein Priester, der eine Auszeit suchte, als Freiwilliger um seine tägliche Pflege kümmerte. Nouwen und Adam bauten eine innige Beziehung auf und Nouwen, ein bekannter geistlicher Schriftsteller, schrieb das Buch ‚Adam und ich – Eine ungewöhnliche Freundschaft' (Original: Adam – God's Beloved) über die Begegnung mit Adam. Adam verstarb im Alter von 33 Jahren in der Arche Daybreak.[335]

4.6.5.1 Einige Vorbemerkungen

Ein erstes wichtiges Kriterium für die Wahl dieser zwei Menschen mit Behinderung war, zwei Menschen mit Formen der Einschränkung herauszugreifen,

---

[331] FETZ, Bernhard: Die vielen Leben einer Biografie. Interdisziplinäre Aspekte einer Theorie der Biografie. In: Ders. (Hg.): Die Biografie. Zur Grundlegung ihrer Theorie. Berlin 2009, 3–66, 10.
[332] Ebd.
[333] Nouwen nennt nur Adams Vornamen, daher kann ich im Gegensatz zu Samuel Koch und Henri Nouwen nur diesen anführen.
[334] Er hat Epilepsie, eine geistige Schädigung (u.a. anderem aufgrund einer falschen Medikamentengabe), kann nicht sprechen und nicht laufen und braucht ständig Betreuung.
[335] Durch das Lebensbeispiel von Adam soll ein Mensch mit schwerer Behinderung Beachtung finden (vgl. Kriterium 2).

die in den traditionellen Gottebenbildlichkeitsdeutungen keine Beachtung finden bzw. denen es tendenziell verwehrt ist, als dem Menschsein als Gottes Ebenbild zugerechnet zu werden. Samuel Koch repräsentiert als Rollstuhlfahrer diejenigen, die von der Gestaltanalogie in der Interpretation vom ‚physisch' aufrechten Gang – im Gegensatz zur Interpretation der Gestaltanalogie als innerer Aufrichtigkeit – ausgeschlossen werden; Adam repräsentiert mit seiner schweren Mehrfachbehinderung diejenigen, die von der Geistanalogie ausgeschlossen sind. Ein weiteres Kriterium für die Auswahl dieser drei Bücher war das hohe Reflexionsniveau, da nur ein reflektierter Umgang mit Themen, mit denen ein Mensch mit Behinderung bzw. ein ihm nahestehender Mensch konfrontiert ist, einen möglichst großen Ertrag hinsichtlich meiner Fragestellung darstellt. Ein weiteres entscheidendes Argument für die Auswahl von Samuel Koch war, dass er zwei Autobiografien geschrieben hat, was es mir erlaubt, ihn und seine Entwicklung über einen längeren Zeitraum zu verfolgen und Aussagen zu seinem Leben und seinen Erfahrungen mit der Behinderung in verschiedenen Zeitabständen zum Unfall zu betrachten. Die Wahl auf Henri Nouwen fiel, weil er für Adam eine nahestehende Person ist, die jeden Tag Zeit mit ihm verbringt, sich liebevoll um ihn kümmert und die Beziehung zu Adam als bereichernd für sich erfährt, und ich dadurch auf möglichst unverfälschte Art und Weise auf die sich entwickelnde Beziehung zwischen Adam und Henri verweisen kann. Mir ist es nicht möglich, über die subjektive Sichtweise Adams eine Auskunft zu geben, da ich Zugang zu Adams Situation nur über Henris Interpretation habe, wodurch die Nähe zwischen Adam und Henri an Bedeutung gewinnt. Es ist weiterhin wichtig zu berücksichtigen, dass durch die gewählte Vorgehensweise einige Einschränkungen hinsichtlich der generierten Erkenntnisse zu beachten sind. Durch die getroffene Auswahl sind zwei bzw. drei Personen (Samuel Koch, Adam, Henri Nouwen) gewählt worden, d.h die Ergebnisse dieser Untersuchung stellen höchst individuelle und persönliche Narrative dar, die nicht den Anspruch auf Verallgemeinerung beanspruchen dürfen. Ich setze bei den jeweiligen Sinnkonstruktionen von Samuel Koch und Henri Nouwen an, welche fraglos individuell sind. In diesem Sinn handelt es sich um eine induktive Vorgehensweise, die vom Besonderen auf das Allgemeine schließt und die nicht den Anspruch erheben kann, für ausnahmslos alle Fälle gleichermaßen gültig zu sein. Deborah Creamer macht darauf aufmerksam, dass es *die* eine Erfahrung nicht gibt: „Experience is a diverse and multivocal category, and it is an unfortunate consequence of written academic work that such multivocality is often lost."[336] Darum werde ich auch weiteres biografisches Material mitein-

---

[336] CREAMER: Disability and Christian Theology, 10. Außerdem ist wichtig zu beachten, dass auch die für die Untersuchung gewählte Form der Biografie eine Einschränkung in Bezug auf mein Erkenntnisinteresse darstellen kann. In einer Autobiografie schreibt ein_e Autor_in im Nachhinein Erlebnisse auf, die er_sie für wichtig und erwähnens-

4.6 Ein am inklusiven Potenzial orientiertes Vulnerabilitätskonzept

beziehen, um die einzelnen Aussagen von Samuel Koch und Henri Nouwen zu untermauern.

Eine Schwierigkeit hinsichtlich der Auswahl der Biografien könnte sein, dass der Kontext bzw. die Situation der jeweiligen Person eine nicht unerhebliche Rolle beim Umgang mit der jeweiligen erhöhten situativen Vulnerabilität spielt. Man kann feststellen, dass Samuel Koch sich in einem relativ vorteilhaften Kontext für einen eher positiven Umgang mit erhöhter situativer Vulnerabilität befindet: Er hat die Öffentlichkeit auf seiner Seite[337], da er während einer Fernsehsendung verunfallt ist (externe Gründe), und er hat einen gewissen Optimismus und seinen Humor nicht verloren, was bedeutend ist für die Möglichkeit eines positiven Umgangs mit erhöhter situativer Vulnerabilität (interne Gründe). Henri Nouwen denkt auf besondere Art und Weise von Adam[338] und die Erkenntnisse, die er in der Beziehung zu Adam hat, kann er nur haben, weil er sich ihm gegenüber langsam öffnen, d.h. vulnerabel machen kann, was selten ein aktiv gesteuerter Prozess ist und nicht jeder Person ist eine solche Öffnung in jedem Augenblick möglich. In der Arche ist eine eins-zu-eins-Betreuung möglich, es handelt sich größtenteils um Freiwillige, die diese Tätigkeit nicht ihr ganzes Beufsleben lang ausüben. Ich möchte mit der Auswahl Henri Nouwens nicht sagen, dass dieser Erkenntnisvorgang bei jedem Menschen, der mit einer schwerbehinderten Person zu tun hat, genauso oder ähnlich aussehen muss. Es soll nur gezeigt und illustriert werden, welche Formen von Erkenntnis möglich sind.[339] Was ich hier andeuten will, ist, dass man sich auch Gegebenheiten und Umstände vorstellen kann, in denen die Person mit Behinderung sich nicht in so lebensfreundlichen Umständen befindet wie Adam oder Samuel Koch.[340] Es sind Faktoren wie persönliche Einstellung, Charakter und Reaktionen der Umwelt, die den Umgang mit erhöhter situativer Vulnerabilität erheblich beeinflussen. Ich bin

---

wert hält. Jedoch besteht die Gefahr, dass diese Erfahrungen in der Erinnerung verändert, d.h. entweder beschönigt oder verzerrt dargestellt werden. Das Problem ist, dass nicht mehr auf das eigentlich Erlebte zurückgegriffen werden kann. Diese Einschränkung lässt sich dadurch etwas abmildern, dass Samuel Koch relativ unmittelbar nach seinem Unfall im Dezember 2010 mit der ersten Biografie begonnen hat (Erscheinungsjahr 2012) und dass Henri Nouwen versichert, dass er nichts „verschönt [...], nichts abgeschwächt oder bekömmlicher gemacht" (Nouwen: Adam und ich, 149) habe.

[337] Samuels Mutter muss beispielsweise bei Anträgen bei der Krankenkasse nur sagen, dass ihr Sohn Samuel Koch ist, um eine Bewilligung zu erwirken.

[338] „Viele[...] Assistenten, die hier gelebt und gearbeitet haben, [haben] nicht immer so über Adam gedacht, wie ich ihn beschrieb" (Nouwen: Adam und ich, 76).

[339] Dabei ist mir vollkommen klar, dass ich mit der Auswahl von Nouwens Bericht gleichzeitig eine Vielzahl anderer Erkenntnisse vernachlässige.

[340] Es können sich andererseits auch bessere Umstände vorgestellt werden: Wenn Samuel Koch vorher nicht so sportlich gewesen wäre, wäre ein Umgang mit seiner Behinderung unter Umständen leichter, außerdem ist seine Einschränkung als recht schwer zu bewerten.

mir der Begrenztheit meiner Analyse bewusst, weil die Deutung der Erfahrungen von anderen Menschen mit Behinderung mit anderen Voraussetzungen und bei anderen Formen der Behinderung wiederum anders gelagert sein kann. Wenn der Aspekt aus dem Eingangskapitel beachtet wird, dass es unter dem Label der Behinderung eine Vielzahl von Erscheinungen gibt, die man schwer unter der einen oder anderen Kategorie fassen kann, wird die Pluralität an Erlebnissen und Sinnkonstruktionen von erhöhter situativer Vulnerabilität (Äquivozität von situativer Vulnerabilität) und des Umgangs mit dieser deutlich. Letztlich bleiben die Ausdrucksformen von erhöhter situativer Vulnerabilität und der Umgang mit dieser bei jedem_jeder Einzelnen individuell und man muss sich im Klaren darüber sein, dass dieser individuelle Charakter nicht aufgehoben werden kann.

Eine weitere Schwierigkeit ist, dass die untersuchten Biografien den Begriff der Vulnerabilität nicht gebrauchen (Samuel Koch) bzw. ich nicht sicher sein kann, dass Vulnerabilität auch im Sinne Gilsons definiert wird (Henri Nouwen). Bei Nouwen ist nicht ganz eindeutig, was er unter den Begriffen ‚verletzlich', ‚verwundbar' und ‚Verletzlichkeit' versteht. Er scheint zumindest etwas von der Ambivalenz der Vulnerabilität verstanden zu haben, was u.a. in einer Aussage, die die Worte Verwundbarkeit und Stärke auf eine Stufe stellt[341], deutlich wird. Samuel Koch spricht nicht explizit über den Begriff Vulnerabilität, d.h. er hatte nicht die Absicht, etwas über Vulnerabilität zu kommunizieren. Dennoch kann ich bei Koch Stellen ausmachen, in denen das, was ich unter Vulnerabilität verstehe, angesprochen wird. Da ich bei ihm den subjektiven Zugang über seine Autobiografien wähle, ist davon auszugehen, dass hier, auch wenn er das Wort Vulnerabilität nicht gebraucht, nicht von zugeschriebener, sondern von tatsächlich empfundener erhöhter situativer Vulnerabilität die Rede ist, da er aus seiner Perspektive die eigene Situation beschreibt.

Unter all diesen Bedingungen lässt sich sagen, dass die vorliegende Untersuchung keine allgemein gültige Theorie über (den Umgang mit) erhöhte(r) situative(r) Vulnerabilität generieren kann. Sie ist lediglich eine Exemplifizierung dessen, wie sich erhöhte situative Vulnerabilität in Leben mit Behinderung zeigen und auswirken kann, die sich ihrem Beispielcharakter bewusst bleibt.

Eindeutige Situationen, in denen sich Menschen (mit Behinderung) erhöht vulnerabel fühlen, sind nicht ohne Weiteres auszumachen, weshalb ich in der Differenz von Vulnerabilität als reine Möglichkeit und den Folgen von Vulnerabilität auch die Folgen oder Auswirkungen der situativen Vulnerabilität einbeziehe, da ich diese auch eindeutiger feststellen kann als die situative Vulnerabilität als Möglichkeit. Daher werde ich auch Situationen schildern, in denen Vulnerabilität beispielsweise zum Gefühl des Ausgeliefertseins oder

---

[341] Vgl. Nouwen: Adam und ich, 123.

der Demütigung bzw. zum Gefühl der Zugewandtheit zum anderen (Folgen der Vulnerabilität) geführt hat.

4.6.5.2 Analyse der Lebensbeispiele

Samuel Koch ist nach seinem Unfall zunächst ‚physisch' und psychisch tief betroffen von seiner Verletzung: Der Unfall ändert sein komplettes Leben wie auch der Titel seines ersten Buches, *Zwei Leben*, andeutet. Seine Verletzung, besser gesagt die Folgen derselben und die Auswirkungen seiner erhöhten situativen Vulnerabilität betreffen ihn sowohl auf emotionaler wie auch auf der ‚körperlichen' Ebene. Er leidet unter starken, fast unerträglichen Schmerzen[342] und unter der Bewegungslosigkeit seines Körpers[343], der vor dem Unfall so beweglich gewesen war. Er muss von seinem früheren, leistungsstarken Körper – er war vor seinem Unfall Kunstturner – Abschied nehmen: „Vorbei, verweht, nie wieder"[344], diese Gedanken hat er, als er noch einmal in die Sporthalle zurückkehrt, in der er vor dem Unfall fast täglich trainiert hat. Er muss sich von seiner früheren Modalität der ‚Körperlichkeit'/Leiblichkeit verabschieden, in der alles möglich und selbstverständlich war. Ein ähnliches Erleben hat Susan Wendell, einer Wissenschaftlerin der Disability Studies, bei der das chronische Erschöpfungssyndrom diagnostiziert wurde, wenn sie feststellt, dass sie zum Zeitpunkt des Eintretens ihrer Krankheit das Gefühl hatte, von einer tiefgreifenden ‚körperlichen' Vulnerabilität erfasst zu werden und sie daraufhin gezwungen war, ihre Beziehung zu ihrem ‚Körper'/Leib neu zu definieren.[345] Solch eine Neudefinition ist schmerzhaft und erfordert viel Kraft und Zeit.[346] Koch räumt an anderer Stelle ein, dass er massiv unter seinen ‚körperlichen' Einschränkungen leidet[347], was zeigt, dass die erhöhte situative Vulnerabilität erst einmal eher mit quälenden Gedanken und Belastung zusammenhängt. Er beobachtet darüber hinaus, dass er „erschreckend anfällig"[348] geworden ist, d.h. er ist zu einem gewissen Grade überrascht und zugleich schockiert über seine Vulnerabilität.[349] Dass andauernde ‚physische' und besonders psychische Vulnerabilität im Umgang mit seiner

---

[342] Vgl. FASEL: Zwei Leben, 75.
[343] Vgl. ebd. 77.
[344] Ebd. 48.
[345] Vgl. WENDELL: The Rejected Body, 169.
[346] „Es war ein langer Kampf, bis ich diesen Schritt innerlich tun konnte, meinen Körper und mit ihm fast alle meine bisherigen Pläne, Wünsche und Hoffnungen für mein Leben loszulassen" (FASEL: Zwei Leben, 125).
[347] Vgl. ebd. 126.
[348] Ebd. 133.
[349] Vgl. seine Beruhigungsstrategie in der Klinik: „*Ich kenne doch solche Verletzungen, das wird alles wieder*" (ebd. 121), zeigt, dass er Verletzungen früher nicht als bedrohlich empfunden hat.

Behinderung weiterhin eine Rolle spielen, zeigt eine Aussage in einem Interview aus dem Jahr 2019, in dem Samuel Koch auf die Frage „Was war schlimmer, die körperlichen Schmerzen oder die psychische Auseinandersetzung mit der Tetraplegie?"[350] antwortet: „Letzteres quält mich bis jetzt. Zu wissen, dass man das ganze Leben abhängig, unselbstständig und auf andere Leute angewiesen sein wird, ertrage ich manchmal heute noch nicht."[351] Gleichzeitig hat er auch große Hoffnung, dass sich entweder sein Zustand verbessern wird, sodass er gut damit leben kann, oder dass er lernt, mit seinen Einschränkungen zu leben.[352] Bemerkenswert ist, dass er sich zum Ende der ersten Autobiografie nicht nur an den Gedanken der Heilung klammert, sondern einen Prozess des Lernens in Betracht zieht, der es möglich machen könnte, nicht nur zu überleben, sondern auch wieder gut leben zu können.

Durch die andauernde Vulnerabilität macht ein gewisser Abstand zum Unfall Koch wieder offener für andere und u.U. positivere Erfahrungen mit seiner Behinderung. Koch sammelt durch seine Vulnerabilität bzw. seine Verletzung bedingt positive Erfahrungen, die es ohne diese nicht gegeben hätte. Damit will ich nicht sagen, dass es gut ist, dass er diese Verletzungen erlitten hat, aber, dass es möglich ist, gerade durch die erhöhte situative Vulnerabilität neue und andere, auch gute Erfahrungen zu sammeln. Samuel Koch ist als Schauspieler nach seinem Unfall mehr auf andere Ausdrucksformen zurückgeworfen als auf diejenigen, die er vorher mit seinem ganzen Körper darstellen konnte. Jetzt muss er sich auf seine Stimme und seine Mimik verlassen, um eine bestimmte Emotion zu transportieren und bestimmte Stimmungen auf der Bühne zu zeigen. Nach seinem Unfall hat sich seine sogenannte Durchlässigkeit signifikant verbessert, was die Fähigkeit bezeichnet, Emotionen, die im jeweiligen Moment gefragt sind, im eigenen Körper widerzuspiegeln und sie so besser darstellen zu können. Er beschreibt diesen Prozess der Verbesserung der Durchlässigkeit auch als „Härte, die aufbricht"[353], was zeigt, dass er diese Entwicklung als positiv bewertet.

Bei *Adam* wurde zu Beginn seines Lebens Epilepsie festgestellt, welche mit einer gewissen Entwicklungsverzögerung einherging: Er lernte erst mit zwei Jahren laufen und nie sprechen. Durch die epileptischen Anfälle war er erhöhter situativer Vulnerabilität ausgesetzt. Eines Tages, im Alter von 13 Jahren, stürzte Adam während eines epileptischen Anfalls. Bei der Behandlung danach wurde vergessen, die alten Medikamente abzusetzen, was erhebliche Schäden nach sich zog. Adam konnte danach nicht mehr laufen und

---

[350] Koch, Samuel: Samuel Koch: Sein Körper ist sein Feind. In: St. Galler Tagblatt vom 08.01.2019. Online unter: https://www.tagblatt.ch/leben/sein-korper-ist-sein-feind-ld.1083193 (Stand: 14.07.2021). [Anm. H.B.: Redakteur und Interviewter tragen denselben Namen.]
[351] Ebd.
[352] Fasel: Zwei Leben, 165.
[353] Koch: Rolle vorwärts, 66.

hatte auch geistige Schäden davongetragen. Durch diese Verletzung sollte Adam für den Rest seines Lebens erhöht vulnerabel gegenüber gesundheitlichen Einschränkungen sein. Hier greift der Fall, dass schon geschehene Verletzung die Vulnerabilität steigern kann, denn man könnte sagen, dass Adams Einschränkung seine situative Vulnerabilität noch einmal erhöht hat, weil Adam durch sie verletzt wurde und diese Verletzung ihn offener macht für weitere Beeinflussung auf leiblicher[354] Ebene. Laut Henri Nouwen war „sein Gesundheitszustand […] im Allgemeinen schwankend." Wenn er krank war „dauerte es immer lange bis er wieder zu Kräften kam."[355] Auch wenn keine Aussage darüber getroffen werden kann, wie er sich in dieser Situation der erhöhten situativen Vulnerabilität fühlte, kann ihm jedoch Vulnerabilität zugeschrieben werden, die sich in seiner langen Genesungszeit bei Infekten und in seiner besonderen Anfälligkeit für Krankheiten zeigte. Als er gegen Ende seines Lebens an Lungenentzündung erkrankte, wurde Nouwen zum ersten Mal tatsächlich bewusst „wie labil der Gesundheitszustand Adams eigentlich war."[356] Jutta Flatters beschreibt in ihrem Buch *Anders, als man denkt* ihre Gefühle und Gedanken zur erhöhten situativen Vulnerabilität ihrer schwerbehinderten Tochter, die mit einem unbekannten Syndrom zur Welt kam:

> „Und auch noch heute blutet mein Herz, wenn ich daran denke, was noch so kommen könnte, Krankheiten, Operationen und andere unangenehme therapeutische Maßnahmen, mit größerer Wahrscheinlichkeit als bei Menschen ohne Behinderung."[357]

Damit meint sie die (wiederum zugeschriebene) erhöhte situative Vulnerabilität, von der in diesem Abschnitt die Rede ist und die mit negativen Gefühlen konnotiert ist: mit Angst, Zukunftsungewissheit und mit Sorge um das Kind. Diese mit der Vulnerabilität zusammenhängende Negativität wahrzunehmen und ernst zu nehmen ist in diesem Fall äußerst wichtig.

4.6.5.3 Zusammenfassung

Bei Menschen, die durch einen Unfall bzw. durch eine Krankheit abrupt oder schleichend (z.B. langsamer Verlust des Augenlichts, Muskeldystrophie) eine Behinderung erwerben (etwa 97% der Menschen mit Behinderung), ist die strukturelle Vulnerabilität zur aktualisierten erhöhten situativen Vulnerabilität geworden, die in diesem Fall ‚körperliche' Verletzung und meist damit kombiniert psychische Verletzung zur Folge hat. Diese Menschen wurden in

---

[354] Eine erhöhte situative Vulnerabilität auf emotionaler Ebene lässt sich in diesem Fall nur vermuten.
[355] NOUWEN: Adam und ich, 107.
[356] Ebd. 107f.
[357] FLATTERS, Jutta: Anders, als man denkt. Leben mit einem behinderten Kind. Gütersloh 2009, 33.

ihrer ‚physischen' Integrität verletzt und sind kurz nach dem Unfall oder der Erkrankung ‚körperlich' und seelisch (bzw. leiblich) in einer prekären Situation und stehen in Gefahr, erneut affiziert zu werden, was wiederum ihre erhöhte situative Vulnerabilität etwa gegenüber Traumatisierung oder Retraumatisieung in Folge des Unfalls anzeigt. Samuel Koch lässt sich infolge der Analyse zeitweise erhöhte situative Vulnerabilität zuschreiben. Die gefühlte situative Vulnerabilität äußert sich in ‚körperlichen' Schmerzen, in erhöhter Anfälligkeit für Krankheiten, im Gefühl, einen neuen Modus der Leiblichkeit finden zu müssen, in Zukunftsungewissheit, aber auch in einer Hoffnung auf einen guten Umgang mit seiner Behinderung und einer verbesserten Technik bei der Darstellung von Schauspielrollen. Die Ambivalenz von situativer Vulnerabilität wird hier deutlich, denn die Erfahrungen, die Samuel Koch mit der Verletzung bzw. der ‚physischen' Vulnerabilität macht, sind nicht rein negativ auszudeuten.[358]

---

[358] Um die Lebensbeispiele von Henri Nouwen/Adam und Samuel Koch durch wenigstens ein paar ähnlich gelagerte Aussagen zu ergänzen, möchte ich hier noch die Ambivalenz bzw. Ambiguität in der Erfahrung von einigen anderen Personen mit ihrer Behinderung exemplifizieren. Dabei will ich keinesfalls situative Vulnerabilität und Behinderung in eins setzen; dennoch illustrieren die folgenden Aussagen die menschliche Möglichkeit, sich in einer Lebenssituation nach erfahrener Verletzung durchaus ambivalent zu den dadurch entstandenen (bzw. ermöglichten) Erfahrungen zu verhalten. Dies darf nicht als ein Diktat der positiven Deutungen fehlinterpretiert werden, ich will nur zeigen: mein ambiges Konzept von Vulnerabilität kann mit Behinderung zusammengedacht werden, Vulnerabilität eröffnet einen Deutungsraum, in dem Verschiedenes, teils Gegenteiliges, Raum hat: Klage, Schmerz, Freude, Widerstand; situative Vulnerabilität kann ungeahnte Ressourcen freisetzen. *Christopher Newell* schreibt: „The person that I am has learned so much from the very experiences I knew – and know – to be negative. And I now find – paradoxically and disturbingly so – that these situations have been a positive" (Newell, Christopher: On the Importance of Suffering. The Paradoxes of Disability. In: Reinders: The Paradox of Disability, 169–179, 177). Seine situativ erlebte Verletzung deutet er im zeitlichen Abstand persönlich positiv. *Phillipe Pozzo Di Borgo*, der seit einem Unfall 1993 Tetraplegiker ist, sagt, dass er seine ‚körperlichen' Einschränkungen nicht rückgängig machen würde, würde er wissen, dass er „nicht gleichzeitig von allem profitiere, was [er] durch die Behinderung gelernt habe" (Pozzo di Borgo, Philippe / Vanier, Jean / De Cherisey, Laurent: Ziemlich verletzlich, ziemlich stark. Wege zu einer solidarischen Gesellschaft. Mit einem Gespräch zwischen Elisabeth von Thadden und Philippe Pozzo di Borgo. Aus dem Französischen von Bettina Bach. München 2012, 67). Heute lebt er nach eigener Aussage „intensiver" (ebd.) und sieht „klarer als früher" (ebd.). Vor seinem Unfall war er z.B. in Gedanken fast immer in der Zukunft und lebte nie im Moment; durch die Einschränkungen und die damit verbundenen Schmerzen war er gezwungen, sich mehr auf den Augenblick zu konzentrieren (vgl. ebd. 33). Christian Judith berichtet von einem Freund, der nach einem Unfall querschnittsgelähmt ist und der von sich sagt, dass er froh ist, dass er in seiner Arbeit als Polizist (zunächst gezwungenermaßen) bei Demonstrationen nicht mehr zuschlagen kann. Er fühle sich heute in seiner neuen gesellschaftlichen (Männer-)Rolle, die er nach dem Unfall entwickeln musste, viel wohler als vorher (vgl. Judith: Behinderung als Geschenk, 112). Es handelt sich um eine posi-

Auch Menschen, die schon seit ihrer Geburt behindert sind, können sich in Situationen erhöhter situativer Vulnerabilität befinden, was am Beispiel von Adam gezeigt wurde. In Adams Fall kann situative Vulnerabilität nur *zugeschrieben*, nicht aber aus subjektiver Sichtweise beurteilt werden. Er hat jedoch wiederkehrend epileptische Anfälle, die ihn ‚physisch' vulnerabel machen und er braucht lange, um sich von Krankheiten zu erholen, was seine erhöhte situative Vulnerabilität anzeigt.

Wenn alle Menschen mit Behinderung eine Form der Vulnerabilität teilen, dann ist es die erhöhte situative Vulnerabilität gegenüber (oder aufgrund von) Diskriminierung, denn Erfahrungen von Diskriminierung sind omnipräsent für Menschen mit Behinderung (vgl. Kapitel 2).[359] Die (‚passive') Vulnerabilität gegenüber Diskriminierung lässt sich wiederum auf die Möglichkeit der situativen aktiven Vulnerabilität zurückführen: Auch unwissentlich oder unbewusst (z.B. aufgrund von unhinterfragten Gesellschaftsstrukturen, etwa, dass Menschen mit Behinderung in Sondereinrichtungen leben und arbeiten) diskriminieren Menschen Personen mit Behinderung und üben damit eine aktive Form der Vulnerabilität aus.

---

tive Erfahrung, die er durch seinen Unfall gemacht hat und die er ohne die situative Vulnerabilität der Behinderung nicht gemacht hätte. Auch *Laura Gehlhaar* sagt: „Ich mag den Menschen, den die Behinderung aus mir gemacht hat. Ich bin meinem Körper nicht gram, dass er Bewegungen nicht nach Norm ausführen kann, sondern stolz, weil er andere Möglichkeiten gefunden hat, eben diese Bewegungen mit Tricks und Hilfen durchzuführen" (Gehlhaar, Laura / Vattrodt, Veronika: Kann man da noch etwas machen? Geschichten aus dem Alltag einer Rollstuhlfahrerin. München 2016, 27). Sie sagt auch, dass sie in ihrer Arbeit als Sozialpädagogin in einer Psychiatrie ihre Behinderung bewusst einsetzen kann, um Nähe und Vertrauen zu den Patient_innen zu schaffen (vgl. ebd. 152). Diese weiteren Beispiele zeigen, dass nach schon ergangener Verletzung weitere Offenheit besteht, sich verändern bzw. affizieren zu lassen, die erlaubt gerade durch die Behinderung etwas Neues und durchaus auch eher positiv Gelagertes zu erleben.

[359] Samuel Koch wird bei einem Musicalbesuch verweigert, neben einer Freundin zu sitzen, weil die Ticketagentur einen Fehler gemacht hat und kein Rollstuhlplatz reserviert wurde. Ihm wird nicht gestattet, sich neben Lena in den Gang zu stellen, und seiner Assistentin wird der Zugang überhaupt verweigert, obwohl er amtlich bestätigt ein Recht auf Begleitung hat, da er im Notfall auf Hilfe angewiesen ist (zum Beispiel bei möglichem Verschlucken oder In-Ohnmacht-Fallen). Nach nochmaliger Bekundung, dass sie gerne zusammensitzen würden, und weiteren Missverständnissen wird ihnen nach der Pause angeboten, das Musical auf einem kleinen Bildschirm im Foyer zu schauen, der keinen Ton hat. Daraufhin fahren die beiden enttäuscht nach Hause. Samuel Koch nimmt in diesem Moment eine resignierende Haltung ein: „Die Frustration des Abends [hatte] somit zu einer der wenigen Begebenheiten in meinem Leben geführt, in denen ich tatsächlich aufgegeben habe" (Koch: Rolle vorwärts, 95).

4.6.5.4 Abschwächung der These

Im Gegensatz zur gesellschaftlich kursierenden impliziten Ansicht, Behinderung sei mit der bleibenden (Negativsicht auf) Vulnerabilität gleichzusetzen, stützt die Einsicht der situativ erhöhten Vulnerabilität als nur zeitweiliger Zustand diese Ansicht nicht. Erhöhte situative Vulnerabilität ist durch die bleibende Offenheit und die damit verbundene Möglichkeit für Transformation einer Situation grundsätzlich als vorübergehender Zustand anzusehen.[360] Außerdem kann die Perspektive der zugeschriebenen Vulnerabilität durch die Perspektive der wahrgenommenen Vulnerabilität korrigiert bzw. ergänzt werden. Nach meinem alleinigen Interesse der Verbindung von Menschen mit Behinderung mit Vulnerabilität muss hier der Fokus geweitet werden, denn es wäre verhängnisvoll, nur Menschen mit Behinderung mit Vulnerabilität zu assoziieren: Nicht nur sie können sich in Situationen erhöhter situativer Vulnerabilität befinden. Viele weitere Personen bzw. Personengruppen können genannt werden, die ebenso erhöht situativ vulnerabel sind bzw. sein können. Dieser Personenkreis der sich in erhöhter situativer Vulnerabilität befindlichen Menschen kann sich mit jedem Augenblick dadurch erweitern, dass wir alle strukturell vulnerabel sind und damit der Möglichkeit unterliegen, auch situativ vulnerabel zu werden. Es kann formuliert werden, dass es Momente der situativen Vulnerabilität im Leben aller Menschen gibt. Das Fazit dieser Untersuchung der erhöhten situativen Vulnerabilität bei Menschen mit Behinderung lautet deshalb, dass sich erhöhte situative Vulnerabilität zwar mit Menschen mit Behinderung assoziieren lässt, aber dass sich längst nicht jeder Mensch mit Behinderung auch vulnerabel fühlen muss. Daher kann mit Inger Lid hier gefolgert werden: „Vulnerability and disability relate to each other and establish certain tensions when inter-related."[361] Durch unsere strukturelle Vulnerabilität sind wir alle zu jeder Zeit in unserem Leben potenziell erhöht situativ vulnerabel und dadurch auch faktisch zu gewissen Zeiten oder in gewissen Momenten unseres Lebens situativ vulnerabel.

4.6.5.6 Inklusive Sprechweisen

Hier wurde gezeigt, dass mit dem Konzept der Vulnerabilität die Erfahrungen von Menschen mit Behinderung in den Mittelpunkt rücken können (Kriterium 2).[362] Andererseits können alle Menschen, bedingt durch ihre struktu-

---

[360] Diese Einsicht darf jedoch nicht zur Vertröstung instrumentalisiert werden. Der negativ ausgedeutete Ist-Zustand ist unbedingt ernst zu nehmen.
[361] Lid: Vulnerability and Disability, 1555.
[362] Dies bedeutet nicht, dass sich alle Erfahrungen mit Behinderung unter der Überschrift Vulnerabilität zusammenfassen lassen.

relle Vulnerabilität, von Erfahrungen mit situativer Vulnerabilität berichten (Kriterium 1). Dadurch kann in meinem Vulnerabilitätskonzept eine Balance zwischen Gleichheit und Differenz entstehen (Kriterium 3).

4.6.6 Das Problem der Anerkennung von Vulnerabilität

In der Populärkultur gibt es viele Anspielungen auf das Gegenteil von Vulnerabilität: In Comics und Filmen tauchen die Superhelden wie Superman und Wonder Woman, Plastic Man und der Man of Steel auf, die unverwundbar oder nahezu unverwundbar sind. Bei Computerspielen mit Super Mario bewirkt die Berührung eines Sterns die sogenannte Unverwundbar-Verwandlung, die darin besteht, dass die Spielfigur für einige Sekunden unverwundbar gegenüber Gegnern ist und alle Gegner besiegt[363]. Auch in älteren Sagen und Mythen taucht das Motiv der Unverletzlichkeit auf: Siegfried aus der Sage der Nibelungen wird durch das Bad im Blut eines Drachen unverwundbar. Der Held Achilles aus der griechischen Mythologie wird unverwundbar, indem er durch seine Mutter in den Fluss Styx getaucht wird.[364] Unverletzlichkeit ist ein Faszinosum, das die Menschen früher wie heute beeindruckt und in den Bann zieht. In der Populärkultur wird die Unverletzlichkeit zu einem Status erhoben, der als erstrebenswert dargestellt wird. Diese Darstellungen von unverwundbaren Held_innen deutet auf eine allgemein-gesellschaftliche Ablehnung von Vulnerabilität hin. Warum es Menschen so schwerfällt, ihre eigene Vulnerabilitäanzuerkennen und wie der Mechanismus, der bei der Zurückweisung von Vulnerabilität abläuft, funktioniert, werden folgende Abschnitte mithilfe von Gilsons Überlegungen zur Anerkennung von Vulnerabilität klären.

Die Anerkennung der Vulnerabilität steht im engen Zusammenhang mit den vorangegangenen Punkten. Wenn Vulnerabilität rein negativ gesehen wird, ist es leicht, sie zurückzuweisen. Die Ablehnung der Vulnerabilität wird zu einem Automatismus: Menschen verknüpfen Vulnerabilität mit Leiden und Schmerz und lehnen daher jegliche Erfahrung von Vulnerabilität ab. Wenn sie allerdings auch, wie oben argumentiert, positiv gesehen werden kann, eröffnen sich Möglichkeiten der Anerkennung. Auch wenn Vulnerabilität ausschließlich als situative Vulnerabilität gesehen wird, ist es leichter

---

[363] Vgl. Art. „Unverwundbar-Verwandlung". In: MarioWiki, 2021. Online unter: https://www.mariowik1.net/w/index.php?title=Unverwundbar-Verwandlung&oldid=244539 (Stand: 14.07.2021).

[364] Siegfried und Achilles sind jedoch nicht gänzlich unverwundbar: Siegfried bleibt durch ein Lindenblatt, das während seines Bades im Drachenblut zwischen seine Schulterblätter fällt, an dieser Stelle verwundbar und nach der Erzählung von Statius wird Achilles von seiner Mutter beim Eintauchen in den Fluss an der Ferse festgehalten und bleibt deshalb an dieser Stelle verletzlich.

möglich, sie zurückzuweisen: Man hat die Möglichkeit, sie mit den ‚Anderen' zu verknüpfen und sie aus seinem Horizont zu verbannen. Wird Vulnerabilität jedoch im strukturellen Sinn betrachtet, wird es unmöglich, die Vulnerabilität völlig zu ignorieren, da sie eine Strukturbedingung darstellt, die das leibliche, psychische und relationale Dasein durchzieht.

4.6.6.1   Wie funktioniert die Zurückweisung von Vulnerabilität?

Bryan Turner führt in etwas überspitzter Form das Paradoxon der Ablehnung von struktureller Vulnerabilität vor Augen:

> „It is often claimed that the biological and electronic technologies of late modernity promise to make us safe and less vulnerable. [...] The irony of the argument is that to be human is to be vulnerable. If the promise of modernity were ever to prove successful, it would eliminate our vulnerability, and thus bring about the real rather than the merely metaphorical end of man."[365]

Wenn Menschen nicht strukturell vulnerabel wären, gäbe es keine Menschlichkeit mehr, denn strukturelle Vulnerabilität ist konstitutiv für das Menschsein. Es nützt jedoch nichts, das Argument zu wiederholen, dass nichts an der Tatsche zu ändern ist, dass alle Menschen vulnerabel sind, da die Ablehnung der Vulnerabilität nicht auf rationaler Ebene begründet liegt, sondern auf eine tiefere Ebene, auf das Unbewusste des Menschseins zurückzuführen ist, die mit vernünftigen Argumenten nicht erreicht werden kann. Sie entspringt der Gefühlswelt und tiefsitzenden Idealen, die wir Menschen uns von uns und unseren Mitmenschen gemacht haben. Bei der Zurückweisung von Vulnerabilität handelt es sich also nicht so sehr um eine bewusste oder beabsichtigte Zurückweisung, sondern um eine Form der „cultivated ignorance"[366], die mit Nancy Tuana als „willful ignorance"[367] bezeichnet werden kann. Dies ist nach Tuanas Terminologie ein Unwissen, das kontinuierlich aufrechterhalten werden muss:

> „Willful ignorance is a deception that we impose upon ourselves, but it is not an isolated lie we consciously tell ourselves, a belief we know to be false but insist on repeating. Rather, willful ignorance is a systematic process of self-deception, a willful embrace of ignorance [...]."[368]

Vulnerabilität mit der Haltung des vorsätzlichen Unwissens zu begegnen, schließt kein rationales Urteil ein, dass die strukturelle Vulnerabilität als falsch zu bewerten sei, sondern hat mit einer gedanklichen und praktischen Zurückweisung zu tun. Menschen schreiben Vulnerabilität anderen zu und

---

[365] TURNER: The Body and Society, 254.
[366] GILSON: Ethics, 75.
[367] TUANA, Nancy: The Speculum of Ignorance. The Women's Health Movement and Epistemologies of Ignorance. In: Hypatia 21.3 (2006), 1–19, 10–13.
[368] Ebd. 11.

4.6 Ein am inklusiven Potenzial orientiertes Vulnerabilitätskonzept

tendieren dazu, diese anderen (unbewusst) herablassend oder bevormundend zu behandeln, als wenn sie selbst nicht vulnerabel wären. Diese Haltung der Verleugnung oder Vermeidung von Vulnerabilität nennt Gilson Nicht-Vulnerabilität (*invulnerability*) und definiert diese als Abschottung des Selbst gegenüber „change that alters the meaning of the self and the interpretations we have formed of ourselves."[369] „As invulnerable, we cannot be affected by what might unsettle us."[370] Gesellschaftlich gesehen ist die Nicht-Vulnerabilität ein zu erstrebendes Ideal: „Invulnerability is the standard for successful humans in this society."[371] Die Verleugnung von Vulnerabilität kann vom Wunsch her verstanden werden, an einer bestimmten Form der Subjektivität festzuhalten, die als Subjektivität der Unabhängigkeit („masterful subjectivity"[372]) bezeichnet werden kann und als wesentlicher Charakterzug von Nicht-Vulnerabilität propagiert wird, weil sie ein Gefühl der Kontrolle aufrecht erhält, wo an vielen Stellen aber keine Kontrolle möglich ist.[373] Wer eine solche Subjektivität der Unabhängigkeit verfolgt, für den_diejenige_n scheint es ein Interesse zu sein, Vulnerabilität in allen ihren Erscheinungsformen zu meiden oder zu ignorieren. Das souveräne Ich verlagert somit die Vulnerabilität oder die Möglichkeit der Verletzung auf andere und kann nur somit auch die eigene Nicht-Vulnerabilität und Abgeschlossenheit sicherstellen.[374] Foucault spricht vom ‚unternehmerischen Selbst', das ständig versucht, sich selbst zu optimieren, für das nach Gilson Vulnerabilität etwas ist, was man vermeiden sollte, will man erfolgreich sein. Nach dieser Auffassung untergräbt Vulnerabilität das menschliche Kapital eher anstatt es zu erhöhen, deshalb ist (situative) Vulnerabilität ein Risiko, das es nicht wert ist einzugehen.[375]

Es scheint in sozialen Kontexten von Vorteil zu sein, nicht-vulnerabel zu erscheinen und sich damit als „discrete, autonomous chooser who imposes

---

[369] GILSON: Ethics, 86.
[370] Ebd. 76.
[371] ANNAROMAO, Nancy: A Feminist Interpretation of Vulnerability. In: Philosophy in the Contemporary World 3.1 (1996), 1–7, 5. Der Transhumanismus kann als Spielart solcher Versuche, erfolgreiche und perfekte Menschen zu schaffen, gesehen werden. Er gilt als philosophischer Versuch, mittels Technologien den Menschen zu optimieren oder gar das Menschsein überhaupt zu überwinden. Im Transhumanismus wird der biologische Körper – im Gegensatz zum transzendierenden Intellekt – als Begrenzung wahrgenommen und entsprechend versucht, die Gebrechlichkeit des Körpers zu überwinden und damit die Biologie zu kontrollieren (vgl. HELMUS, Caroline: Transhumanismus – der neue (Unter-)Gang des Menschen? Das Menschenbild des Transhumanismus und seine Herausforderung für die Theologische Anthropologie. Regensburg 2020, 302 und 305). Das Ziel ist die Vervollkommnung des Seins, „welche zur Entgrenzung und damit zur Befreiung des Daseins führt" (ebd. 304).
[372] GILSON: Ethics 76
[373] Vgl. ebd.
[374] Vgl. ebd. 57.
[375] Vgl. ebd. 115f.

both meaning and his will upon the world, including his body"[376] zu profilieren. Die Haltung der Unverletzlichkeit wird eher unbewusst in sozialen Kontexten erlernt: Sie wird von anderen, die sich selbst unbewusst nicht-vulnerabel geben, vermittelt oder weitergegeben, sodass Menschen sich oft gar nicht anders denken und verhalten können denn als nicht-vulnerable Individuen: „Our world is undeniably structured in such a way that makes it very difficult not to do so."[377] Mit der Nicht-Vulnerabilität macht man sich eine Form des „non-thinking" zu eigen, die eine allgemeine kulturelle Norm darstellt, die man als „deeply embedded in our daily activities and modes of comportment"[378] bezeichnen kann und die deshalb nicht hinterfragt werden muss. Deshalb muss eine Kritik an Nicht-Vulnerabilität und jeder Versuch, Vulnerabilität zu bejahen bzw. anzuerkennen, bei den alltäglichen Denk- und Handlungsmustern ansetzen, die für so selbstverständlich gehalten werden, dass sie nicht hinterfragt werden (vgl. 4.6.7). Zusammenfassend lässt sich sagen, dass Nicht-Vulnerabilität eher als unbewusste, allgemein vorherrschende Norm bezeichnet werden kann, denn als bewusst anerkannter Wert, der kontextualisiert und hinterfragt werden kann.[379]

4.6.6.2 Warum Vulnerabilität abgelehnt wird und die Vorteile der Anerkennung von Vulnerabilität

Die Gründe für die Ablehnung der Vulnerabilität können, aus der vorangegangenen Diskussion abgeleitet, folgendermaßen zusammengefasst werden: Erstens ergibt sich die Ablehnung aus dem Mechanismus, dass Vulnerabilität häufig mit ihren negativen Folgen wie Leiden und Schmerzen gleichgesetzt

---

[376] Ebd. 84.
[377] Ebd. 63.
[378] Ebd. 82.
[379] In der Terminologie von Charles Taylor lässt sich das Unabhängigkeitsparadigma auch als „soziales Vorstellungsschema" (engl. *social imaginary*) bezeichnen, welches Taylor als „Vorstellungen, die sich die Menschen von ihrer sozialen Existenz machen" (TAYLOR, Charles: Ein Säkulares Zeitalter. Aus dem Englischen von Joachim Schulte. Frankfurt am Main am Main ¹2009, 295) beschreibt. Menschen haben diese sozialen Existenzweisen immer präsent, wenn sie sich sich selbst oder andere Menschen vorstellen und erwarten diese von ihren Mitmenschen. Soziale Vorstellungsschemata werden getragen durch tiefsitzende und unbewusste Bilder, die nicht in „theoretischer Terminologie ausgedrückt" (ebd. 296) werden, sondern sozial vermittelt sind und an die jeweils nächste Generation weitergegeben werden. Deshalb sind diese Bilder, die man sich von sich selbst und von anderen Menschen macht, ganzen Gesellschaften (oder großen sozialen Gruppen) gemeinsam. Solche sozialen Vorstellungsschemata können Werte sein, die im gesellschaftlichen Zusammenhang als vollkommen kohärent wahrgenommen werden, weil sie weitergegeben werden und deshalb als unbezweifelbar eingestuft und damit nicht mehr hinterfragt werden. Solche Werte werden intuitiv als richtig angesehen. (vgl. FINEMAN, Martha: The Autonomy Myth. A Theory of Dependency. New York 2004, 17).

4.6 Ein am inklusiven Potenzial orientiertes Vulnerabilitätskonzept

wird und nicht zwischen struktureller und situativer Vulnerabilität unterschieden wird. Infolgedessen will man sich möglichst vor (situativer) Vulnerabilität schützen bzw. sich ganz von ihr fernhalten. Hinzu kommt zweitens und ergänzend zu dieser Deutung, dass die Ambivalenz von Vulnerabilität Unbehagen hervorruft, weil man vorher nicht wissen kann, wie sie sich auswirken wird. Die Möglichkeit der negativen Konsequenzen wiegt in der Kosten-Nutzen-Berechnung zu schwer, als dass es sich lohnen würde, die Vulnerabilität für sich zu bejahen. Menschen wollen am liebsten die Kontrolle behalten und die Bejahung der Vulnerabilität zieht immer einen gewissen Kontrollverlust nach sich. Drittens stehen zu viele gesellschaftliche Ideale wie Autarkie, Stärke, Kontrolle, Fitness und Macht sowie der Zwang zu funktionieren der Vulnerabilität entgegen, als dass man sie unvoreingenommen anerkennen könnte. Diese Normen bewirken die Ablehnung bzw. das Ignorieren (im Sinne des vorsätzlichen Unwissens) der strukturellen Vulnerabilität, welche wiederum Ursprung der Ablehnung von Vulnerabilität in konkreten Situationen bzw. das Fernhalten von situativ vulnerablen anderen bewirkt.[380]

An dieser Stelle ist auch die Frage zu beantworten, warum man strukturelle und situative Vulnerabilität überhaupt anerkennen sollte. Auf diese Frage lässt sich erstens antworten, dass strukturelle Vulnerabilität zum Menschsein gehört, und wenn sie abgelehnt wird, man einen wichtigen Teil des Menschseins nicht anerkennt. Zweitens gilt: Wenn Menschen sich gegenseitig als strukturell vulnerabel verstehen und wahrnehmen, kann dadurch ein Zusammengehörigkeitsgefühl von großer Kraft entstehen. Wir erkennen, dass wir uns als Menschen alle in der ambivalenten bzw. ambigen Situation der Vulnerabilität befinden. Sich selbst als vulnerabel zu sehen, schließt außerdem „an understanding of the self as being shaped through its relationships to others, its world, and environs"[381] ein. Es bedeutet anzuerkennen: Ich bin das, was ich bin und was mich ausmacht durch den Einfluss anderer auf mich, auch abhängig davon, wie ich bewusst oder unbewusst den Einfluss anderer in mein Selbstbild integriere und welche Wertung ich diesem Einfluss gebe.[382] In dieser Hinsicht kann die strukturelle Vulnerabilität als Bedingung unseres aktualen So-Seins bezeichnet werden. Drittens erwächst aus der Ablehnung jeglicher situativen Vulnerabilität eine gewisse Minderung der Lebensqualität. Ablehnung von Vulnerabilität kann auf Kosten der Lebendigkeit gehen, weil man sich durch die Ablehnung von Vulnerabilität selbst betäubt und einen wichtigen und bestimmenden Teil des Menschseins nicht anerkennt: „vulnerability is linked to the ‚feeling of aliveness'."[383] Die potenziell positiven Auswir-

---

[380] Vgl. GILSON: Ethics, 75.
[381] EBD. 86.
[382] Dieser Einfluss muss nicht immer positiv sein und deshalb wird diese Form der zwischenmenschlichen Vulnerabilität auch nicht nur einseitig positiv wahrgenommen.
[383] Ebd. 67. Das Zitat im Zitat stammt aus von Judith Butler: „Of course, the fact that one's body is never fully one's own, bounded and self-referential, is the condition of

kungen von situativer Vulnerabilität kann bei (grundsätzlicher) Ablehnung der situativen Vulnerabilität nicht ausgekostet werden: das Gefühl, angenommen zu sein, ohne sich verstellen zu müssen; das Gefühl in einer Gemeinschaft aufgehoben zu sein; das gute Gefühl, eine Krise überwunden zu haben; das gute Gefühl, etwas (z.B. in der Liebe) riskiert zu haben (und Gegenliebe erfahren zu haben); das Gefühl, etwas von anderen dazugelernt zu haben; Komplimente und Dank von anderen Menschen annehmen zu können usw. Alisa Carse sagt, dass ein gutes Leben Vulnerabilität sogar braucht:

> „Being open, receptive, flexible, and tender, being emotionally invested in relationships or committed to undertakings, being capable of nurturing and being nurtured, of loving and growing are necessary to realizing some of the most profound ‚goods' of human life."[384]

Viertens kann uns im ethischen Bereich die Erkenntnis, dass wir alle strukturell und deshalb auch potenziell situativ vulnerabel sind, dazu befähigen, unsere eigene Situation und diejenige anderer klarer zu sehen, zu beurteilen und auf sie zu reagieren.[385] Wenn man sich selbst als strukturell und situativ vulnerabel versteht, ist es wahrscheinlicher, dass man sich angemessen gegenüber situativ vulnerablen anderen verhält.

Mitunter kann es jedoch als schlicht naiv und unvernünftig beurteilt werden, ungefiltert jede situative Vulnerabilität zuzulassen oder sich jeder situativen Vulnerabilität ohne Schutzmaßnahmen auszusetzen, wenn das Risiko von Gewalt, Unterdrückung und diskriminierender Machtausübung oder übergroßem Schaden in manchen Situationen, die von situativer Vulnerabilität geprägt sind, zu hoch ist. Aus diesem Grund ist es nicht geboten, ausnahmslos jede Form der situativen Vulnerabilität zu akzeptieren.

> „[I]t is necessary to recognize that one may reject the experience of vulnerability and seek to shield oneself from greater vulnerability for different reasons. [...] As a result, we must see ignorance not as an unequivocally negative phenomenon but recognize that when it takes certain forms it can also operate as a vital tool in resistance against oppression. Therefore, we must distinguish between invulnerability as a constitutive attitude that is practiced as willful ignorance [...] and a knowingly undertaken refusal of vulnerability through which one seeks to protect the self."[386]

Bei dieser nicht negativ zu bewertenden Zurückweisung der Vulnerabilität handelt es sich also um eine Art von „strategic denial"[387], wodurch man ver-

---

passionate encounter, of desire, of longing, and of those modes of address and addressability upon which the feeling of aliveness depends" (Butler, Judith: Frames of war. When is life grievable? London / New York 2009, 54f).

[384] Carse, Alisa: Vulnerability, Agency, and Human Flourishing. In: Taylor / Dell'Oro: Health and Human Flourishing, 33–52, 35.
[385] Vgl. ten Have: Vulnerability, 161.
[386] Gilson: Ethics, 88.
[387] Ebd. 90.

sucht sich vor Ungerechtigkeiten zu schützen. Die eigene Abschottung ist in diesen Fällen „not constitutive but selective and strategic."[388] Diese bestimmte Form der Zurückweisung ist nicht mit der Verleugnung struktureller Vulnerabilität gleichzusetzen – und deshalb auch nicht mit der Verleugnung der grundsätzlichen menschlichen Relationalität und der Nicht-Vulnerabilität als Form der Subjektivität assoziierbar –, sondern hat die Funktion, vor unterdrückenden Formen der situativen Vulnerabilität zu bewahren. Aus dem Grund, dass es auch unterdrückende und ausbeutende Formen der (insofern auch aktiven) Vulnerabilität gibt, muss man sich bewusst darüber sein, warum und auf welche Art und Weise man vulnerabel ist und wie und warum man eine bestimmte Art von Vulnerabilität aufzuheben versucht. Dies setzt neben einem reflektierten Umgang und der Erfahrung mit Vulnerabilität das Wissen um bestimmte situative Vulnerabilitäten voraus. Im Gegensatz dazu findet die gewohnheitsmäßige Ablehnung der strukturellen Vulnerabilität in der Form des vorsätzlichen Unwissens auf einer eher unbewussten Ebene statt.

4.6.6.3 Bedingung für inklusive Sprechweisen

Eine Bedingung für die Inklusivität der Sprechweise vom vulnerablen Menschen ist: Vulnerabilität muss grundsätzlich anerkennbar sein, damit sinnvoll inklusiv vom vulnerablen Menschen gesprochen werden kann.[389] Um die Anerkennbarkeit von Vulnerabilität zu fundieren, lässt sich an dieser Stelle das der Anerkennung von Vulnerabilität entgegenstehende gesellschaftliche Ideal von Unabhängigkeit abschwächen, indem Dichotomie von Unabhängigkeit und Abhängigkeit relativiert werden kann. Zugleich kann damit dem fünften Kriterium für inklusive Sprechweisen entsprochen werden, indem mit dem Ideal der Unabhängigkeit die bestehende Wertestruktur berücksichtigt wird.

Hier ist noch einmal wichtig zu betonen: Nicht jede Vulnerabilität muss anerkannt werden. Wenn ich im Folgenden von anzuerkennender Vulnerabilität spreche, meine ich nicht, dass die durch strategische Zurückweisung abgelehnte Vulnerabilität anerkannt werden soll, sondern dass *die Vulnerabilität* anerkannt werden sollte, die aus vorsätzlichem Unwissen abgelehnt wird. Daher soll es nachfolgend um die prinzipielle Anerkennbarkeit von Vulnerabilität gehen, was nicht bedeutet, dass jede Form der situativen Vulnerabilität auch hingenommen werden muss.

---

[388] Ebd. 91.
[389] Dabei geht es in erster Linie um die strukturelle Vulnerabilität, aber dann sekundär auch immer um die situative Vulnerabilität, da die strukturelle Vulnerabilität Bedingung der Möglichkeit für die situative Vulnerabilität ist.

4.6.7 Anerkennbarkeit von Vulnerabilität

Damit die inklusive Sprechweise vom vulnerablen Menschen in der Gottebenbildlichkeit als valide gewertet werden kann, ist es hilfreich, wenn die prinzipielle Anerkennbarkeit der Vulnerabilität plausibel gemacht wird. Dass es gute Gründe gibt, die eigene und fremde Vulnerabilität anzuerkennen, wurde soeben veranschaulicht. Jetzt geht es darum, den Wert eines bedeutenden Ideals zu entkräften, das der Vulnerabilität entgegensteht. Im Zuge dessen analysiert Gilson die Funktionsweise des Konzeptes der *invulnerability* als unmittelbares Gegenkonzept zur Vulnerabilität, welches Abgeschlossenheit gegenüber Beeinflussung von außen impliziert. Der gesellschaftliche Imperativ der Haltung der Nicht-Vulnerabilität ist durch die gesellschaftlichen Werte der Risikokontrolle, der Stärke, der Kompetenz- und Perfektionsbekundung nach außen und damit durch das ‚unternehmerische Selbst' (Foucault)[390] gesetzt, das sich an der Steigerung seines menschlichen Kapitals orientiert. Der *modus operandi* des unternehmerischen Selbst ist Kontrolle und Risikobewusstsein[391], der es davon abhält, Vulnerabilität anzuerkennen. Gilson sieht die Haltung des unternehmerischen Selbst als das „paradigm for invulnerability in capitalist Western societies."[392] Da Vulnerabilität bzw. Nicht-Vulnerabilität zumindest im deutschsprachigen Raum immer noch kein sehr geläufiger Begriff ist, der in der Alltagssprache und im Alltagsdenken präsent ist[393], wähle ich den der Nicht-Vulnerabilität bzw. den dem ‚unternehmerischen Selbst' verwandten Begriff der Unabhängigkeit[394], der im alltäglichen Spre-

---

[390] Vgl. GILSON: Ethics, 98.
[391] Vgl. ebd. 116.
[392] Ebd. 7.
[393] Mit der Coronakrise lässt sich zwar der Einzug des Begriffs der Vulnerabilität/Verletzbarkeit/Verletzlichkeit in die Berichterstattung über die Pandemie beobachten, aber ich würde ihn nicht als im Alltagsdenken angekommen bezeichnen.
[394] Dementsprechend sind auch Vulnerabilität und Abhängigkeit verwandt: Ann Murphy bezeichnet die beiden Begriffe Abhängigkeit und Vulnerabilität als eng verwandte Konzepte („sibling concepts"; MURPHY, Ann: Rezension zu *Catriona Mackenzie, Wendy Rogers, and Susan Dodds (eds.), Vulnerability: New Essays in Ethics and Feminist Philosophy (Oxford: Oxford University Press, 2014)*. In: Social Theory & Practice 17.2 (2016), 888–894, 893). Wir können uns der Verwandtschaft der beiden Begriffe anhand zweier Arten der Verhältnisbestimmung annähern. Erstens ist mit Vulnerabilität, wenn man darunter den Zustand versteht, offen zu sein, auf unvorhergesehene Weise affiziert zu werden, ein gewisser Kontrollverlust verbunden. Wir können von Vorneherein nicht wissen, was oder wer uns beeinflusst oder auf welche Weise wir beeinflusst werden, d.h. es geht darum, dass wir ‚durch etwas bestimmt' werden oder dass wir davon ‚entscheidend beeinflusst' werden, was im Duden unter der Bedeutung von ‚abhängig' angeführt wird. Entscheidend dabei ist, dass diese Bestimmung oder Beeinflussung nicht aus der Selbstbestimmung der betroffenen Person hervorgeht, unter Umständen sogar gegen ihren Willen stattfindet. Zweitens erhöht eine gewisse Abhängigkeit die situative Vulnerabilität, d.h. aus diesem Blickwinkel lässt sich (eine spezifisch verstandene)

chen und Denken eine Rolle spielt und für den Catherine Keller eine Definition findet, die mit Foucaults unternehmerischem Selbst vergleichbar ist: „[T]he common sense of the West is weighed down by the presupposition that to be a single individual is to be an enduring, self-identical substance, essentially independent from others."[395]

„In der fortgeschrittenen Moderne darf man nicht nur selbstbestimmt leben, man muss es sogar"[396], d.h. man wird von anderen nicht anerkannt, wenn man nicht eine gewisse Unabhängigkeit aufrechterhält. Nach Hilke Harmel hat sich das Prinzip der Nicht-Beeinflussbarkeit zu einem „zentrale[n] Aspekt der Moderne"[397] entwickelt. Kay Toombs bringt diese Verpflichtung der Unabhängigkeit so zum Ausdruck:

> „There is a strong cultural message that we should be able to look after ourselves, make our own decisions, and ‚stand on our own two feet'. Dependence on others is perceived as weakness. In needing to ask for help, the sick person feels concretely diminished. Furthermore, connected to the cultural ideal of autonomy is the sense that each person should be able ‚to do their own thing' without a sense of limits. Thus, when we have to ask for help, we feel ashamed and presume we are a burden on others."[398]

Im Nachfolgenden sollen nun die Alltagsbegriffe der Unabhängigkeit und der Abhängigkeit definiert werden und ihr jeweiliger Status als gesellschaftlicher Wert verdeutlicht werden. Sodann werden Autonomie und Autarkie definiert, um schließlich Argumente zur Auflösung der starken Dichotomie von Abhängigkeit und Unabhängigkeit anzuführen.

Abhängigkeit als Ursache von Vulnerabilität ausmachen. Wenn man sich in einer Situation befindet, in der man besonders abhängig ist, ist man durch diese besondere Nähe und Hilfe einer anderen Person, die man braucht, um zu (über-)leben, besonders vulnerabel gegenüber dieser Person, von der man Unterstützung in Anspruch nimmt. Besonders abhängige Menschen sind besonders vulnerabel gegenüber den Handlungen und/oder auch den Worten der Person, die für sie sorgt (vgl. KITTAY, Eva: Love's Labor. Essays on Women, Equality, and Dependency. New York 1999, 33). Auf Grundlage dieser zwei Arten der Verhältnisbestimmung kann man Vulnerabilität und Abhängigkeit als aufeinander bezogene Konzepte bezeichnen.

[395] KELLER, Catherine: From a broken web. Separation, sexism and self. Boston 1988, 162.
[396] WALDSCHMIDT, Anne: Selbstbestimmung als behindertenpolitisches Paradigma. Perspektiven der Disability Studies. In: Aus Politik und Zeitgeschichte 8 (2003). Online unter: http://www.bpb.de/apuz/27792/selbstbestimmung-als-behindertenpolitisches-paradigma-perspektiven-der-disability-stud (Stand: 08.08.2021).
[397] HARMEL, Hilke: Subjekt zwischen Abhängigkeit und Autonomie. Eine kritische Literaturanalyse und ihre Bedeutung für die Behindertenpädagogik. Bad Heilbrunn 2011, 27.
[398] TOOMBS: Vulnerability, 127.

4.6.7.1 Definitionen von alltagssprachlicher Unabhängigkeit und Abhängigkeit

Unabhängigkeit in einem Alltagsgebrauch definiere ich als Fähigkeit, für sich selbst handeln zu können und dabei ohne Beeinflussung von außen für sich selbst zu existieren, ohne dabei von etwas oder jemand anderem abhängig zu sein. Beim unabhängigen Handeln geht es darum, ohne Beeinflussung von außen Entscheidungen für das eigene Leben treffen zu können und diese dann ungehindert umzusetzen. Augenfällig ist, dass Unabhängigkeit als *Nicht*-Abhängigkeit definiert ist, d.h. also mittels des nicht-markierten Begriffs der Abhängigkeit erklärt wird. Es gibt einige Begriffe, die in etwa synonym zur Unabhängigkeit verwendet werden können und deshalb eher als Wortwolke auftreten denn als klar voneinander abzugrenzende Termini. Begriffe, die dieser Wortwolke zugeordnet werden können, sind: Unabhängigkeit, Autonomie, Autarkie, Eigenständigkeit und Selbstbestimmung (bzw. unabhängig sein, autonom sein, autark sein, eigenständig sein, selbstbestimmt sein). Sie drücken alle in etwa aus, nicht von etwas außerhalb des eigenen Selbst beeinflusst, bedingt oder bestimmt zu sein. Als Gegenteil der Unabhängigkeit wird die Abhängigkeit als Alltagsbegriff folgendermaßen konstruiert: Eine Person ist abhängig, wenn ihr bestimmte Fähigkeiten fehlen, die zum eigenen Wohlergehen, zur Selbsterhaltung und zum Überleben beitragen.[399] Abhängigkeit kann somit auch als alltägliches Angewiesensein des Menschen auf andere Menschen (oder Dinge) verstanden werden.[400] Abhängigkeit wird im Gegensatz zum Konzept der Unabhängigkeit gesellschaftlich abgewertet und infolgedessen wird von etwas oder jemand anderem abhängig zu sein, als Kontrollverlust wahrgenommen. Abhängigkeiten werden in der Folge häufig als sehr unangenehm wahrgenommen und Menschen wünschen sich, nicht von anderen Personen abhängig zu sein, wollen auf eigenen Beinen stehen und möglichst ungehindert durch andere ihre selbstgesteckten Ziele verfolgen können, also möglichst eigenständig sein.

Meine These hinsichtlich der gesellschaftlichen Ablehnung der Abhängigkeit lautet, dass Abhängigkeit (und damit auch Vulnerabilität) als Wert deshalb abgelehnt wird, weil das Ideal der Unabhängigkeit in unserer Gesellschaft hochgehalten wird. Das hohe Ideal der Unabhängigkeit wird im Umkehrschluss zum Grund der Ablehnung der Abhängigkeit. Man muss sich möglichst von all dem lossagen, was der Unabhängigkeit im Wege stehen könnte, und

---

[399] Vgl. Kittay: Love's Labor, 46.
[400] So auch Reindal: „Often in commonsense usage, dependency suggests the incapacity to do things for oneself and, consequently, the reliance upon others to carry out some or all the chores of everyday life" (Reindal, Solveig: Independence, Dependence, Interdependence. Some reflections on the subject and personal autonomy. In: Disability & Society 14.3 (1999), 353–367, 356).

das ist auf den ersten Blick vor allem die alltagssprachliche Abhängigkeit als Gegenteil der Unabhängigkeit. In der Folge entsteht eine Dichotomie zwischen Abhängigkeit und Unabhängigkeit, bei der der Wert der Unabhängigkeit betont und deshalb das Gegenteil, der Wert Abhängigkeit, negiert wird. Abhängigkeit ist in diesem Verhältnis das nicht zugelassene Konzept, das wenig Beachtung erfährt und häufig implizit als das Gegenteil des zu erstrebenden Ideals der Unabhängigkeit gesehen wird.

Dies hat gesellschaftliche und zwischenmenschliche Konsequenzen:

a) Das Entscheidende ist: Nicht der *Begriff* der Abhängigkeit wird negiert, sondern die Menschen, die der Norm der Unabhängigkeit nicht zu entsprechen scheinen, werden geringgeschätzt und deshalb im schlimmsten Fall gemieden oder ausgeschlossen.
b) Das Angewiesensein auf andere kann für Betroffene zum Auslöser von Schamgefühlen werden: Abhängigkeit ist etwas, das man vor anderen verstecken und verheimlichen muss.[401] Die Verknüpfung von Abhängigkeit und Scham ist kulturell und sozial geworden und hängt unter anderem mit der kapitalistischen Wirtschaftsweise zusammen, wobei Misserfolg am Markt bedingt durch Abhängigkeit mit einem Verlust an Selbstwert zusammenhängt und damit Abhängigkeit als Zumutung empfunden wird.[402]
c) Die (implizite) Weigerung, sich mit Abhängigkeit auseinanderzusetzen, führt dazu, dass man auf die offensichtliche Abhängigkeit anderer nicht angemessen reagieren kann.[403] D.h., dass Menschen in Situationen, in denen sie einer Person begegnen, die abhängig zu sein scheint, peinlich berührt sind und nicht wissen, wie sie sich ihr gegenüber verhalten sollen.

Das Ziel im Folgenden wird sein, das Ungleichgewicht, das zwischen Unabhängigkeit und Abhängigkeit besteht, in ein ausgeglichenes und realistisches Verhältnis zu setzen und auf diesem Weg die starke Dichotomie, die zwischen den beiden Konzepten besteht, zu hinterfragen.[404] Natürlich kann es dabei

---

[401] Vgl. ebd.
[402] Vgl. SENNETT, Richard: Respekt im Zeitalter der Ungleichheit. Aus dem Amerikanischen von Michael Bischoff. Berlin 2002, 142–149. Sennett stellt auch fest, dass diese Form der Scham, die mit Abhängigkeit verknüpft ist, kulturspezifisch ist. Er führt dafür das Beispiel des japanischen *amae* auf, einer erwachsenen Abhängigkeit, die mit einer „Unterwerfungsgeste" (ebd. 143) (schwaches Lächeln, leicht erhobene Hände) einhergeht: „Wenn ein Fremder in eine fremde Stadt kommt und dieses [...] Verhalten an den Tag legt [...], dann kann er erwarten, dass man auf ihn eingeht" (ebd.).
[403] Vgl. FINEMAN: The Autonomy Myth, 32.
[404] Der (alltagssprachliche) Gebrauch der gesellschaftlich vorherrschenden Konzepte von Unabhängigkeit und Abhängigkeit hat zur Folge, dass ich zuweilen zur Beschreibung dieser Phänomene starke Kontraste wähle und mitunter überspitzte Sprachformen zur Benennung derselben verwende. Dies soll nicht implizieren, dass jede_r in der Gesell-

nicht darum gehen, die Wertung in der Dichotomie umzukehren und allein die Abhängigkeit als wertzuschätzendes Ideal hervorzuheben, denn auch die Unabhängigkeit hat einen Wert, der nicht zu unterschlagen ist. Vielmehr geht es um eine ausgewogenere Balance von Abhängigkeit und Unabhängigkeit: Im Hinblick auf die derzeitige gesellschaftliche Wertestruktur lautet die Aufgabe daher, die Abhängigkeit aufzuwerten und die Unabhängigkeit argumentativ zu relativieren, um die beiden Konzepte realistischer zueinander in Beziehung setzen zu können.

Die Bedeutung des Konzeptes der Abhängigkeit bzw. der Unabhängigkeit für mein Vorhaben erschließt sich auch im Zusammenhang ihrer Relevanz im Kontext von Behinderung und Inklusion. Susan Wendell meint:

> „If all the disabled are to be fully integrated into society without symbolizing failure, then we have to change social values to recognize the value of being dependent on others and being depended upon."[405]

Wahrgenommene Abhängigkeit und Vulnerabilität sind Gründe für die Abwertung von Behinderung und damit auch implizit von Menschen mit Behinderung, da der „symbolische Gehalt" von Behinderung, d.h. die Art und Weise, wie Behinderung gesellschaftlich wahrgenommen und auf unbewusster Ebene gedeutet wird, „Angewiesen-Sein [...] und Abhängigkeit umfasst."[406] Mit einer Relativierung der Dichotomie von Unabhängigkeit und Abhängigkeit wird umgekehrt eine Anerkennung des symbolischen Gehalts von Behinderung angestrebt. Nur wenn man sich die soziale Codierung von Unabhängigkeit vor Augen stellt, kann das *Othering* überwunden werden und damit inklusiv vom Menschen gedacht werden, was zu realistischeren Sprechweisen vom Menschen führen kann. In der Behindertenpädagogik sowie in der Behindertenrechtskonvention[407] wird das Ideal der Unabhängigkeit hervorgehoben. Das Ziel des selbstständigen Lebens wurde jedoch größtenteils von Menschen mit körperlicher Behinderung entworfen und schließt manche Menschen mit geistiger Behinderung oder Menschen mit Mehrfachbehinderung aus. Was ist mit Menschen, die für alle Dinge im Alltag Unterstützung brauchen, d.h. die ohne Hilfe gar nicht leben könnten und ihre Pflege auch nicht selbst organisieren

---

schaft solche Ansichten hegt und nicht auch Zwischentöne zu diesen extremen Positionen existieren können. Meine These lautet jedoch, dass diesen Druck zur Unabhängigkeit hin alle Menschen in unserer Gesellschaft (mehr oder weniger) verspüren. Daher möchte ich in aller Deutlichkeit unterstreichen, dass solche impliziten und expliziten Ansichten bestehen und der Anerkennung von Abhängigkeit und Vulnerabilität entgegenstehen.

405 WENDELL, Susan: Toward a Feminist Theory of Disability. In: BAILEY, Alison / CUOMO, Chris (Hg.): The Feminist Philosophy Reader. Boston 2008, 826–841, 837.
406 DANZ, Simone: Vollständigkeit und Mangel. Das Subjekt in der Sonderpädagogik. Bad Heilbrunn 2015, 19.
407 „[...] in der Erkenntnis, wie wichtig die individuelle [...] Unabhängigkeit für Menschen mit Behinderungen ist" (UN-BRK: Präambel, n).

können? Was ist mit Menschen, die aufgrund ihrer kognitiven, ‚physischen' oder psychischen Fähigkeiten nicht einmal einen relativ geringen Grad der gesellschaftlich geforderten Unabhängigkeit realisieren können?[408] Die Möglichkeit mancher Menschen mit Behinderung zur geforderten Unabhängigkeit wird mit dieser Forderung laut Ahrbeck „idealisierend überhöht."[409] Auch kann es sich kaum um einen Zufall handeln wie Tom Shakespeare feststellt, „that the disability movement's stress on independence and autonomy has coincided with the resurgence of the free market and of privatization."[410] Das bedeutet, dass auch die Behindertenbewegung in dieser Sache tendenziell[411] von allgemeinen gesellschaftlichen Werten geprägt war und deshalb eine Tendenz hat, Abhängigkeit zu devaluieren. Auch in ihrer Untersuchung zum Begriff der Abhängigkeit in der behindertenpädagogischen Literatur kommt Hilke Harmel zu dem überraschenden Ergebnis, dass es so scheint als würde ein Menschenbild suggeriert, welches frei von jeder Abhängigkeit ist und Selbstbestimmung einfordert, da jede_r fähig ist, danach zu streben[412], und Hermann Meininger meint, dass das Konzept von der autonomen/unabhängigen Person, Menschen mit geistiger Behinderung ausschließe.[413]

4.6.7.2 Relativierung der Dichotomie zwischen Unabhängigkeit und Abhängigkeit

Auch wenn das gesellschaftlich anerkannte Konzept von Unabhängigkeit im Alltagsdenken und in der Alltagskultur sehr präsent ist, ist es begrifflich jedoch wenig differenziert. Im philosophischen Diskurs existieren im Besonderen zwei Begriffe, die sich mit dem Unabhängigkeitsdenken verknüpfen lassen: Autonomie und Autarkie. Diese sollen hier zunächst präzisiert werden, was sodann mitten in die Argumentation für die Relativierung der Dichotomie zwischen Unabhängigkeit und Abhängigkeit führt.

In der Antike war die Autonomie eine politische Kategorie[414], die auf Stadtstaaten angewandt wurde. Diejenigen Städte wurden als autonom bezeichnet, die sich selbst ihre Gesetze gaben (αὐτο-νόμος) und sich daher

---

[408] Autonomie erfordert kognitive Fähigkeiten (vgl. Oshana, Marina: The Autonomy Bogeyman. In: The Journal of Value Inquiry 35 (2000), 209–226, 211).
[409] Ahrbeck, Bernd / Rauh, Bernhard (Hg.): Behinderung zwischen Autonomie und Angewiesensein. Stuttgart 2004, Klappentext.
[410] Shakespeare: Disability Rights, 137.
[411] Damit will ich nicht ausdrücken, dass die Behindertenbewegung generell die gesellschaftliche Wertestruktur nicht hinterfragt.
[412] Vgl. Harmel: Subjekt, 76.
[413] „[T]he image of the autonomous individual fails in confrontation with persons with severe intellectual disabilities" (Meininger: Authenitcity in Community, 17).
[414] Vgl. Pohlmann, Rosemarie: Autonomie. In: Ritter, Joachim (Hg.): Historisches Wörterbuch der Philosophie. Bd. 1. Basel 1971, 701.

nicht unterzuordnen brauchten, d.h. unabhängig waren von übergeordneten Strukturen. Für Personen wurde der Begriff in der Antike jedoch noch nicht gebraucht. Prominent auf Personen anwendbar ausgeweitet entwickelt sich die Autonomie im Rahmen der Aufklärung, in der sich die Autonomie zu einem philosophischen Konzept ausbildete. Autonomie kann im Sinne Kants als Fähigkeit zur Selbstgesetzgebung formuliert werden, in der ein Mensch aufgrund seiner Vernunft das moralisch Gute erkennen und in einem nächsten aber der transzendentalen Autonomie nachgelagerten Schritt zugunsten moralischer Entscheidungen in konkreten Handlungen realisieren kann. Der Alltagsbegriff der Autonomie und damit auch der Unabhängigkeit hat jedoch mit dem Autonomiebegriff Kants nicht viel zu tun, da Kant die Frage nach der konkreten Umsetzbarkeit in der transzendentalen Autonomie ausklammert und die Frage, ob man andere Menschen zum Dasein braucht, nicht behandelt. Mit Selbstbestimmung im moralischen Sinn zielt Kants Autonomieprinzip also auf etwas völlig anderes als das Alltagsverständnis von Autonomie bzw. Unabhängigkeit.

Mit einer anderen Stoßrichtung als Autonomie im kantischen Sinne wurde und wird der Begriff der Autarkie philosophisch bestimmt. Der Terminus ‚Autarkie' stammt aus dem Griechischen und ist aus αὐτός (‚selbst, eigen') und ἀρκεῖν (‚helfen, hinreichen, genügen, zurückstoßen, sich verschließen, abwehren'[415]) zusammengesetzt. In der griechischen Antike konnte eine Polis oder ein politisches System dann als autark bezeichnet werden, wenn es im Stande war, sich ohne Hilfe von außen zu versorgen. Die Frage, was das gute Leben und die Eudaimonia – eine gelungene Lebensführung – ausmache, beantworteten die Kyniker, die Epikureer und die Stoiker mit Autarkie. Diese drückte für sie aus, nicht von äußeren Dingen abhängig zu sein und damit mit der Haltung der Selbstgenügsamkeit auf das Leben zu blicken.[416] Hier wird Autarkie also als eine erstrebenswerte Eigenschaft verstanden. Laut Platon kann der Mensch selbst nur indirekt Autarkie erlangen: Entweder Menschen schließen sich in Gemeinschaften zusammen[417] oder sie machen sich „innerlich unabhängig [...] von äußeren Lebensumständen."[418] Dass dies

---

[415] WARNACH, Walter / RABE, Hannah: Autarkie, autark. In: Historisches Wörterbuch der Philosophie, 685.

[416] Vgl. GOULET-GAZÉ,, Marie-Odile: Kynismus und Christentum in der Antike. Aus dem Französischen übersetzt von Lena R. Seehausen, hg. von Marco Frenschkowsk1. Göttingen 2016, 39; vgl. SPAEMANN,, Robert: Glück und Wohlwollen. Versuch über Ethik. Stuttgart 1989, 90.

[417] Auch für Aristoteles ist die Polis die vollkommenste Verwirklichungsform der Autarkie für den Einzelnen (vgl. KAMPERT, Heinz: Eudaimonie und Autarkie bei Aristoteles. Paderborn 2003, 32).

[418] RHIM, Sung-Chul: Die Struktur des idealen Staates in Platons Politeia. Die Grundgedanken des platonischen Idealstaates angesichts antiker und moderner Kritik. Würzburg 2005, 136.

4.6 Ein am inklusiven Potenzial orientiertes Vulnerabilitätskonzept

schwerlich zu erreichen ist, ist für Platon offensichtlich, denn volle Autarkie ist bei ihm dem Göttlichen vorbehalten. Bei Platon ist die Autarkie also ein begehrenswerter, aber dennoch schwer zu erreichender Zustand. Aristoteles bestimmt die Autarkie u.a.[419] als formalen Begriff als „sich selbst genügende Unabhängigkeit."[420] Im Gegensatz zum Autonomiebegriff (Kant) trifft das Konzept der Autarkie die Sache der alltagssprachlichen Unabhängigkeit, wenn diese in Reinform verstanden wird. Als solches kann die Autarkie nicht zu einem realitätsnahen Menschenbild, das sich in einer inklusiven Sprechweise über den Menschen niederschlägt, beitragen, sondern stellt eher eine „Omnipotenzphantasie dar, niemanden zu brauchen und durch nichts begrenzt zu sein."[421] Völlige Autarkie bzw. eine extreme Form der alltagssprachlichen Unabhängigkeit ist anhand meiner systematisch-anthropologischen Annäherung an das Menschsein zu widerlegen: Notwendiges In-Beziehung-Sein und daher grundsätzliche *Abhängigkeit*, die elementarste Form von Abhängigkeit, die, wie auch die Unabhängigkeit, ein Modus unserer menschlichen *Relationalität* bzw. der *relationalen Ontologie* darstellt, muss auf struktureller Ebene und daher auch potenziell auf kategorialer Ebene jedem Menschen zugesprochen werden. Jenseits dieser grundlegenden Abhängigkeit ist Menschsein nicht zu denken. Auch schon Aristoteles hatte diese Intuition, wenn er den Begriff des „Für-sich-selbst-Genügens" (Autarkie)[422] nicht auf ein Ich bezieht, das „von allen Bindungen gelöst"[423] ist, sondern „in Verflochtenheit"[424] mit anderen Menschen und „als von Natur aus bestimmt für die Gemeinschaft"[425] existiert. Mithilfe der relationalen Ontologie wird deutlich: Weder auf struktureller noch auf kategorialer Ebene kann es einen unabhängigen bzw. autarken Menschen, losgelöst von äußeren Einflüssen, geben. Gegen die Deutung des Menschen als völlig unabhängig von anderen Personen existierend spricht die durch die relationale Ontologie gewonnene Einsicht, dass wir als Menschen nicht umhinkommen, uns im ständigen Austausch mit anderen und mit unserer Umwelt zu befinden. Der in sich abgeschlossene Mensch, der völlig unabhängige *homo clausus*[426] ist eine Illusion. Philippe Pozzo di Borgo schreibt:

---

[419] Heinz Kampert unterscheidet sechs unterschiedliche Autarkiebegriffe bei Aristoteles. (vgl. Kampert: Eudaimonie, 240–246).
[420] Ebd. 244.
[421] Schirilla, Nausikaa: Autonomie in Abhängigkeit. Selbstbestimmung und Pädagogik in postkolonialen, interkulturellen und feministischen Debatten. Frankfurt am Main am Main 2003, 244.
[422] Vgl. Aristoteles: NE 1097b7f. / Übersetzung: Aristoteles: Nikomachische Ethik. Übersetzt von Franz Dirlmeier. Stuttgart 2001, 15.
[423] Aristoteles: NE 1097b9 / Übersetzung: ebd.
[424] Aristoteles: NE 1097b10f / Übersetzung: ebd.
[425] Aristoteles: NE 1097b11 / Übersetzung: ebd.
[426] Der *homo clausus*, der in sich selbst verschlossene Mensch, ist ein durch Norbert Elias kritisiertes Konzept, das ein Menschenbild negiert, nach dem Menschen „von Grund

> „Autonom[427] zu sein macht einen auch einsam und hilflos. Insofern halte ich die Autonomie für eine Absurdität. Wenn man wie ich durch die körperliche Unbeweglichkeit an der üblichen Selbstbestimmung gehindert ist, merkt man: Das Glück besteht im Austausch mit anderen Menschen."[428]

Pozzo di Borgo sagt damit, dass es eine (extreme) Unabhängigkeit gar nicht geben kann, da wir uns als Menschen immer schon in relationalen Bezügen befinden und daher grundsätzlich auch abhängig von anderen sind. Dies kann zur Erkenntnis führen, dass es das stark positiv bewertete Konzept von Unabhängigkeit in einer Reinform gar nicht geben kann, was das erste Argument für eine Relativierung der Dichotomie zwischen Abhängigkeit und Unabhängigkeit darstellt.

Als zweites Argument spricht für eine grundsätzlich mögliche Anerkennung von Abhängigkeit, dass es Zusammenhänge gibt, in denen menschliche Abhängigkeit gesellschaftlich völlig akzeptiert ist: So etwa die kindliche Abhängigkeit von Eltern und anderen Bezugspersonen oder auch die altersbedingte Abhängigkeit, die aufgrund von Gebrechlichkeit oder Krankheit auftritt.[429] Diese Formen helfen dabei, zu erkennen, dass Abhängigkeit nichts Außergewöhnliches darstellt, sondern Fakt des menschlichen Lebens ist. Für uns alle gibt es Zeiten im Leben, in denen wir auf fremde Hilfe angewiesen sind. Diese Art der Abhängigkeit[430] ist zu unterscheiden von Abhängigkeiten, die nicht akzeptiert sind, wie etwa von Menschen mit Behinderung, die die Betroffenen in einem Rahmen, der nicht als normal wahrgenommen wird (z.B. bezogen auf das Lebensalter zwischen ca. 16 und 70 Jahren), abhängig machen. Das Problem, das sich mit dieser Nicht-Anerkennung verbindet, ist eine implizite Abwertung dieser Menschen und ihrer Abhängigkeit außerhalb der Norm (vgl. 2.2.3.1) und daraus folgend möglicherweise ein gewisser gesellschaftlicher Ausschluss. Diese Form der nicht-anerkannten Abhängigkeit wird im Fazit dieses Unterkapitels wiederaufgegriffen.

---

auf Zeit ihres Lebens auf andere Menschen ausgerichtet und angewiesen sind, von anderen Menschen abhängig" sind (Elias, Norbert: Über den Prozeß der Zivilisation. Soziogenetische und psychogenetisch Untersuchungen. Bd. 1: Wandlungen des Verhaltens in den weltlichen Oberschichten des Abendlandes. Frankfurt am Main am Main 1997, 70).

[427] Hier kann man anhand der bisherigen begrifflichen Überlegungen feststellen, dass er eher ‚autark/unabhängig zu sein' meint.

[428] Pozzo di Borgo / Vanier De Cherisey: Ziemlich verletzlich, ziemlich stark, 9.

[429] Aus der Innenperspektive ist die Abhängigkeit (in vielen) Fällen jedoch nicht akzeptiert: Kinder wollen ab einem gewissen Alter alles selbst machen und empfinden ihre Abhängigkeit als lästig; auch alte Menschen erinnern sich in Momenten, in denen ihnen die eigene Abhängigkeit bewusst wird, häufig wehmütig daran zurück, was sie früher einmal alles konnten.

[430] Hier geht es nicht darum, alle Formen der Abhängigkeit auch nur ansatzweise erschöpfend zu differenzieren, sondern um die grundlegende Unterscheidung zwischen nicht-anerkannter und anerkannter Abhängigkeit.

Drittens sind die beiden Facetten des sozialen Erwerbs und der sozialen Ausübung von Unabhängigkeit zu beachten, die beide gegen eine Dichotomie von Abhängigkeit und Unabhängigkeit sprechen. In den ersten Lebensjahren können Individuen Unabhängigkeit nur unter den Bedingungen kindlicher Abhängigkeit erlernen[431] und damit findet die Herausbildung der Fähigkeit zur Unabhängigkeit in intersubjektiven Abhängigkeitskontexten statt: „Autonomy skills are learned with and from others. Social institutions and interpersonal relationships provide the contexts and supports for acquiring these competencies."[432] Etwa die Fähigkeit unabhängig von der Meinung anderer zu entscheiden und zu handeln, wird in der Interaktion mit anderen und von anderen (z.B. von Eltern, Lehrer_innen, Freund_innen) und in Abgrenzung zu einer zuvor ggf. in Abhängigkeit von anderen gefassten Meinung erlernt. Als zweite soziale Komponente der Unabhängigkeit kommt hinzu, dass die Ausübung derselben nicht ohne den sozialen Kontext gedacht werden kann.[433] D.h. Unabhängigkeit ist als Fähigkeit zu verstehen, die man in einem bestimmten gemeinsamen Kontext ausführt, d.h. man entscheidet nie völlig unabhängig von anderen Personen. Erstens sind wir Menschen immer schon von anderen vorgeprägt, haben die Werte, aufgrund derer wir bestimmte Entscheidungen treffen, von anderen um uns herum übernommen. Zweitens können Menschen nicht völlig losgelöst von anderen entscheiden oder handeln. Man denkt die anderen implizit mit, wenn man sich für eine bestimmte Handlungsoption entscheidet. Die Ausübung von Unabhängigkeit erfordert darüber hinaus die Bedingung von unterstützenden Beziehungen und sozio-ökonomischen Strukturen, ohne die keiner von uns unabhängig sein könnte. Diese können vonseiten einzelner Personen, der Familie, der Gesellschaft oder auch dem Staat bereitgehalten werden und können Formen der emotionalen, finanziellen oder alltäglichen Hilfe annehmen.[434] Zusammenfassend lässt sich sagen: „[T]he ‚I' is only autonomous with or through ‚we' or ‚them'."[435] Damit ist eine bestimmte soziale Abhängigkeit in die Unabhängigkeit eingeschrieben, sodass Unabhängigkeit nicht als Gegensatz zur Abhängigkeit gedacht werden muss, sondern eine Abhängigkeit der Unabhängigkeit immer bereits inhärent ist. Daher kann keine strenge Dichotomie zwischen den beiden Konzepten herrschen, sondern eher eine Art der besonderen Verwobenheit:

---

[431] Vgl. FRIEDMAN, Marilyn: Autonomy, Social Disruption and Women. In: MACKENZIE, Catriona / STOLJAR, Natalie (Hg.): Relational Autonomy. Feminist Perspectives on Autonomy, Agency and the Social Self. Oxford 2000, 35–51, 40.

[432] ANDERSON, Joel: Autonomy and Vulnerability Entwined. In: MACKENZIE / ROGERS / DODDS: Vulnerability, 134–161, 138.

[433] Vgl. ebd.

[434] Vgl. DAVY, Laura: Philosophical Inclusive Design. Intellectual Disability and the Limits of Individual Autonomy in Moral and Political Theory. In: Hypatia 30.1 (2015), 132–148, 145.

[435] Ebd. 140.

> „Abhängigkeit und Autonomie [...] des Subjekts [sind] tatsächlich in einem spannungsvollen Verhältnis aufeinander bezogen. Dieses variiert und ist deshalb nie in seiner Gänze kognitiv zu erfassen, sprachlich auszudrücken oder festzulegen. Es geschieht in einem sich ständig verändernden, unendlichen Prozess."[436]

Ein viertes Argument für die Relativierung der Dichotomie ist, dass eine Diskrepanz zwischen Fremdwahrnehmung und Selbstwahrnehmung existieren kann, die auch bei Samuel Koch zum Ausdruck kommt. Es kommt also immer auf die jeweils subjektive Perspektive an, ob man eine Abhängigkeit als akzeptiert ansehen kann.[437] Die Aussagen „Wenn man mich mir selbst überlassen würde, wäre ich spätestens in zwei Tagen futsch"[438] und auch „Ich kann nicht mal eine Stunde ohne Hilfe auskommen"[439] zeugen von einer auch subjektiv wahrgenommenen Abhängigkeit. Von außen betrachtet empfinden viele Menschen die Abhängigkeit, die Samuel Koch zukommt, wahrscheinlich als fast unerträgliches Schicksal, angesichts dessen sie selbst resignieren würden und welches sie nicht akzeptieren könnten. Von sich selbst sagt Koch aber, dass er eine Strategie gefunden habe, mit der Abhängigkeit umzugehen: „Ich habe festgestellt, dass es mich innerlich freier macht, diese Abhängigkeit zu akzeptieren."[440] Dies zeigt nicht, dass die Abhängigkeit von Koch als positiv gewertet wird, sondern dass er sich bewusst dazu entschieden hat, seine Abhängigkeit nicht zu bewerten. Mit diesem Schritt entscheidet er sich gleichzeitig, seine Abhängigkeit, auch mit ihren negativen Seiten, die diese mit sich bringt[441], wahr- und ernst zu nehmen. Auch ist die von außen nicht akzeptierte Abhängigkeit aus der Innenperspektive als abhängig von der Beziehungsgestaltung anzusehen, d.h. dass diese Form der Abhängigkeit nicht unabhängig von der Gestaltung der jeweiligen Beziehung bzw. dem Bezogen-Sein als rein negativ verstanden werden kann. Anders formuliert: Der persönliche Umgang bestimmt, wie jemand seine Abhängigkeit gegenüber anderen Menschen wahrnimmt. Es lassen sich nämlich Beziehungen bzw. pflegebedingtes Bezogen-Sein vorstellen, in denen durch förderliche Gestaltung des Verhältnisses und achtsamem oder humorvollem Umgang mit der eigenen und fremden Abhängigkeit, die abhängige Person ihre Abhängigkeit (in diesem Moment) nicht mehr als untragbare Last empfindet, sondern diese akzeptieren kann.[442] Re-

---

[436] Harmel: Subjekt, 197.
[437] Akzeptanz ist hier nicht gleichbedeutend mit Anerkennung, sie stellt aber eine Bedingung dafür dar, dass etwas anerkannt werden kann.
[438] Koch: Rolle vorwärts, 72.
[439] Ebd. 187.
[440] Ebd. 190.
[441] An anderer Stelle stellt er fest, dass es durch die andauernde Angewiesenheit auf Pflege keine Intimsphäre mehr für ihn gibt und dadurch seine Würde in vielen Situationen „zwangsläufig eingeschränkt, untergraben und beschnitten" (ebd. 115) wird. Er muss in der Pflege eine Nähe zulassen, die er nicht mehr als angenehm empfindet und die eine gewisse Grenze überschreitet.
[442] Genauso gut kann es aber auch eine Ausnutzung der als einseitig erlebten Macht geben, die das Abhängigkeitsverhältnis zu einem negativen Erlebnis macht.

becca Klein, die sich aufgrund ihres Autismus nicht verbal mitteilen kann, ist auf andere im täglichen Leben angewiesen und erlebt ihre Abhängigkeit einerseits als Hilflosigkeit: „lumpig nie kann reden, kann note 6 nur lallen, gott nur hilft mir, job nie haben kann, kann nie halt verdienen geld." Anderseits erfährt Rebecca Klein die Unterstützung vieler Menschen, die sie umgeben, jedoch als positiv: „bin erstaunt, werde getragen von vielen guten menschen."[443]

Die o.g. Aussage Kochs, es mache ihn innerlich freier, seine Abhängigkeit zu akzeptieren, stellt gleichzeitig ein fünftes Argument dar, das für ein komplexeres Bild spricht, als dies die Dichotomie zwischen Abhängigkeit und Unabhängigkeit suggeriert: Auch in Abhängigkeitsverhältnissen ist Selbstbestimmung möglich. Koch ist sich aus seiner Situation heraus bewusst geworden, dass innere Freiheit nicht äußere Freiheit voraussetzt. Diese Strategie führt zu einem gelasseneren Umgang mit seiner Abhängigkeit, da er seine äußere Abhängigkeit zu akzeptieren versucht und daher auch in seinen Beziehungen gelassener mit ihr umgehen kann. Koch sagt über seine Freiheit, dass er immer noch Entscheidungen treffen kann, sich aber dennoch durch seine Lähmung in seiner Freiheit beschnitten fühlt, weil er nicht überall sofort dort hingehen kann, wo er hingehen will.[444]

4.6.7.3 Fazit

Mit dieser Argumentation wurde die gesellschaftlich herrschende Dichotomie zwischen Abhängigkeit und Unabhängigkeit relativiert, womit gleichzeitig eine (relative) Aufwertung des Konzeptes der Abhängigkeit erzielt ist. Dadurch wurde gezeigt, wie im Zuge der relativen Aufwertung der Abhängigkeit auch das mit der Abhängigkeit verwandte Konzept der Vulnerabilität anerkennbar ist. Dabei sollten man sich im Klaren darüber sein, dass die Aufwertung der alltagssprachlichen Abhängigkeit keine *absolute* Höherwertung dieser im Gegensatz zur Unabhängigkeit bedeutet: Jede alltagspraktische Unabhängigkeit (relative Autarkie) setzt u.a. das auch (für die Inklusion) wichtige Konzept freier Selbstbestimmung (Autonomie) voraus. Deshalb ist die Entscheidung zugunsten des Konzeptes der Abhängigkeit nicht ein aus Gründen der absoluten logischen Stringenz getroffenes endgültiges Votum, sondern eine strategische Entscheidung aus Perspektive der inklusiven Sprechweisen. Man muss sich deshalb auch immer dem Moment der Unentscheidbarkeit in der Aporie von Abhängigkeit und Unabhängigkeit bewusst sein. Gleichzeitig sollte man aner-

---

[443] KLEIN: Leinen los, 148.
[444] Ein weiteres Beispiel ist, dass es Menschen mit Behinderung, die auf eine Assistenz angewiesen sind, (teils) möglich ist, diese selbst auszuwählen, oder dass Menschen mit schwerer Behinderung in aller Regel signalisieren können, ob sie eine angewandte Maßnahme als förderlich empfinden oder nicht. Dies spricht für ein gewisses Maß an Selbstbestimmung.

kennen, dass es Menschen mit Behinderung gibt, denen es nicht möglich ist, das Ideal der Unabhängigkeit auch zu einem gesellschaftlich gesehen geringen oder abgeschwächten Grad zu realisieren. In diesem Sinn steht am Ende dieses Kapitels eine Option für Menschen, die mit gesellschaftlich nicht anerkannter Abhängigkeit leben. Aufgrund dessen ist die Argumentation für die Relativierung der Dichotomie zwischen Abhängigkeit und Unabhängigkeit gleichzeitig mit einer *Forderung* nach Inklusion verbunden: Die (von außen wahrgenommenen) Abhängigkeiten, mit denen manche Menschen leben, müssen in allen Konsequenzen anerkannt und letztlich als Ausdrucksformen unseres strukturellen In-Beziehung-Stehens, das aufgrund der relationalen Ontologie angesetzt werden kann, betrachtet werden.[445]

4.6.7.4 Inklusive Sprechweisen

Das fünfte Kriterium für inklusive Sprechweisen, das einerseits den Anspruch erhebt, dass die bestehende gesellschaftliche Wertestruktur beachtet wird, wurde mit diesen Überlegungen zur Relativierung der alltagssprachlichen Dichotomie von Abhängigkeit und Unabhängigkeit, die im Zusammenhang mit der Anerkennung der Vulnerabilität steht, eingelöst. Andererseits verlangt das Kriterium 5 nach inklusiven Sprechweisen, denen eine revolutionäre Kraft und ein gesellschaftsverändernder Impetus innewohnt. Vulnerabilität und Abhängigkeit, wie in den vergangenen Überlegungen deutlich wurde, sind keine geläufigen Werte unserer Gesellschaft. Bei genauerer Reflexion der beiden Konzepte Vulnerabilität und Abhängigkeit hat die Sprechweise vom vulnerablen Menschen daher das Potenzial, ein verändertes Verständnis vom Menschen anzuregen, welches eine Revision der bisherigen Normen- und Wertestruktur anstößt und inklusives Denken und Handeln unterstützt und bekräftigt (vgl. 4.6.7.3).

4.6.8 Vulnerabilität und ethische Aspekte

Gilsons Ziel ist es, wie oben bereits erwähnt, mithilfe ihres Vulnerabilitätskonzepts eine Ethik der Vulnerabilität zu entwerfen. Ihre These dahingehend lautet, dass das Verständnis von Vulnerabilität entscheidend dafür ist, ob Vulnerabilität als ethische Ressource wahrgenommen wird oder ethische Reaktionen verhindert: „If we are to respond well to vulnerability, then it is incumbent upon us to reflect on what we mean when we speak of vulnerability."[446] Zusammenfassend lässt sich sagen, dass die Definition und die Diffe-

---

[445] Gleichzeitig müssen Barrieren, die die Teilhabe dieser Menschen verhindern, proaktiv abgebaut werden.
[446] GILSON: Ethics, 128.

4.6 Ein am inklusiven Potenzial orientiertes Vulnerabilitätskonzept

renzierungen, die Gilson vornimmt, ethisch relevant sind: Die *Ambivalenz* bzw. *Ambiguität* der Vulnerabilität verhindert eine strenge Aufteilung von Menschen in eine Gruppe, deren Leben vom Risiko durchzogen ist, die Schutz braucht, und eine Gruppe, die Schutz gewähren kann.[447] Außerdem erleichtert die Wahrnehmung der Ambivalenz und damit auch der potenziellen positiven Auswirkungen der Vulnerabilität die Anerkennung derselben, welche die Grundlage dafür ist, dass Vulnerabilität in ethischen Entscheidungen überhaupt eine Rolle spielen kann. Aus dem gleichen Grund ist die Rede von der *Anerkennung* der Vulnerabilität ethisch relevant: Wenn Subjektivität als Subjektivität der Autarkie und Nicht-Vulnerabilität verstanden und erlebt wird und Vulnerabilität deshalb mit allen zur Verfügung stehenden Mitteln zurückgewiesen und Nicht-Vulnerabilität idealisiert wird, wird wenig Motivation bestehen, Verantwortung für situativ vulnerable Andere zu übernehmen, die eigene strukturelle Vulnerabilität einzusehen, sie zu verstehen oder sich mit ihr zu befassen.[448] Des Weiteren entsteht bei einer prinzipiellen ablehnenden Haltung gegenüber Vulnerabilität das ethische Problem, dass man sich nicht als Akteure von sozialen Strukturen erkennen kann, die Vulnerabilität aktiv hervorbringen.[449] Sich selbst als vulnerable Subjekte und als Akteure, die soziale Strukturen hervorbringen, zu betrachten und damit Vulnerabilität anzuerkennen, ist jedoch Bedingung, damit Vulnerabilität in ethisch relevanten Begegnungen überhaupt eine Rolle spielen kann. Es ist daher eine Aufgabe, diejenigen Normen zu kritisieren, die Vulnerabilität als etwas unter allen Umständen zu Vermeidendes hervorbringen, sie ablehnen und damit ihre Ambivalenz ignorieren (vgl. 4.6.6). Außerdem ist es wichtig, dass bestimmte situative Vulnerabilitäten in einer spezifischen Situation wahrgenommen und anerkannt werden[450], denn wenn eine situative Vulnerabilität gar nicht als solche erkannt wird, wird sie auch nicht ethisch reflektiert. Deshalb ist es wichtig, die folgenden Fragen zu stellen: „[W]hat kinds and whose vulnerabilities are perceived and recognized"[451]? Und: „[W]hy [are] these ways of being vulnerable [...] available for apprehension while others are not"?[452] Man sollte sich bewusst werden, welche sozialen Werthaltungen und Wahrnehmungsfilter bei einem vorhanden sind, die bestimmte Formen der Vulnerabilität ausblenden und andere vielleicht überbetonen. Die Unterscheidung zwischen *struktureller und situativer* Vulnerabilität trägt ebenso zur

---

[447] Vgl. ebd. 127.
[448] Vgl. ebd. 111.
[449] Vgl. ebd. 122. Ein Beispiel hierfür ist die erhöhte Vulnerabilität schwarzer Personen, dem ‚racial profiling' unterzogen zu werden, das auf ein Rassismusproblem der Polizei hinweist, was letztendlich durch die gesellschaftliche Scheu, sich mit Rassismus und rassistischen Tendenzen auseinanderzusetzen, zu erklären ist.
[450] Vgl. BUTLER: Gefährdetes Leben, 60.
[451] GILSON: Ethics, 68.
[452] Ebd.

Wahrnehmung von Vulnerabilität als ethischer Kategorie bei. Strukturelle Vulnerabilität bringt den Gedanken einer Gemeinschaft aller, die Vulnerabilität teilen, hervor und impliziert, dass wir uns als Menschen alle in einem Netz der Beziehungen befinden, das größer ist als das einzelne Individuum überblicken kann. Dies kann auch zum Gedanken einer ethischen Gemeinschaft führen, in der man sich gegenseitig unterstützt bzw. in der (Sozial-) Gesetze so gestaltet werden, dass die Vulnerabilität aller geachtet wird. Die potenzielle situative Vulnerabilität kann dazu befähigen, die eigene Situation und diejenige anderer klarer zu sehen, zu beurteilen und auf sie zu reagieren.[453] Weiterhin motiviert die Wahrnehmung von situativer Vulnerabilität ethische Handlungen, weil sie dazu drängt „to prevent vulnerability from being turned into harm or from being unequally distributed or addressed."[454] Gerade weil wir alle die strukturelle Vulnerabilität teilen, ist uns dies als Gebot aufgegeben. Dabei sind jedoch zwei Dinge zu beachten: Erstens, dass Vulnerabilität, bevor ihre Auswirkungen zutage treten, nicht immer auch erkennbar ist, und zweitens, dass es Formen der unfreiwilligen situativen Vulnerabilität gibt, die letztendlich als nicht veränderbar akzeptiert werden müssen.[455] D.h. nicht bei jeder Form der Vulnerabilität kann der Schaden verhindert werden, der als Folge von Vulnerabilität auftreten kann. Dennoch hat man aufgrund der Vulnerabilität des_der Anderen zweifellos Verantwortung, wo es in der eigenen Macht steht, Schaden, der aus Vulnerabilität entsteht, zu verhindern bzw. zu limitieren.

4.6.8.1 ‚Aktive' Vulnerabilität und Ethik

Im Zusammenhang der ethischen Konsequenzen der Vulnerabilität gerät die bei Gilson sehr vernachlässigte, aber dennoch bei der Definition nicht ausgeklammerte Perspektive der eher ‚aktiven' Vulnerabilität in den Fokus, die in der Macht jedes einzelnen besteht, nicht nur affiziert zu werden, sondern auch andere zu affizieren. Die ethischen Konsequenzen der aktiven Vulnerabilität bedenkt Gilson nicht. Die aktive Vulnerabilität birgt jedoch die Möglichkeit, zu reflektieren, dass jede Person auch selbst zur affizierenden Person werden kann. Damit rückt die aktive Vulnerabilität die Fehlbarkeit aller in den Mittelpunkt, die in der konkreten Möglichkeit besteht, an anderen Personen schuldig zu werden, bzw. wird das Vermögen ausgedrückt, andere auf positive Art und Weise zu affizieren. Die Möglichkeit sich an anderen zu verfehlen, intensiviert die Verantwortlichkeit für die Personen, die gegenüber

---

[453] Vgl. TEN HAVE: Vulnerability, 161.
[454] GILSON: Ethics, 15.
[455] Vgl. BIELER, Andrea: Enhancing Vulnerable Life. Phenomenological and Practical Theological Explorations. In: SPRINGHART, Heike / THOMAS, Günter (Hg.): Exploring Vulnerability. Göttingen 2017, 71–82, 79.

einem selbst vulnerabel sind bzw. für bereits affizierte Personen. Hinderungsgründe diese Verantwortung auch einzulösen bestehen darin, dass etwa aufgrund sozialer Normen, die Wahrnehmung der Vulnerabilität anderer verhindert wird oder man aufgrund von Unwissen, dass sich eine andere Person überhaupt vulnerabel fühlt, die Vulnerabilität des_der Anderen nicht wahrnimmt. Insgesamt zeigt die Möglichkeit der ‚aktiven' Vulnerabilität, dass auf individueller Ebene immer eine Gegenseitigkeit der Vulnerabilität besteht: Ich kann von meinem Gegenüber auf unvorhersehbare Weise affiziert werden, kann aber auch selbst mein Gegenüber auf unvorhersehbare Weise[456] affizieren. Diese Erkenntnis kann zu einem behutsamen, rücksichtsvollen und umsichtigen Umgang mit dem jeweiligen Gegenüber im Zwischenmenschlichen (Beziehungen/Bezogen-Sein) beitragen.

4.6.8.2 Vulnerabilität als Grundlage für ethisches Verhalten

Weiterhin ist wichtig zu beachten, dass unsere eigene Vulnerabilität uns erst zu ethischen Akteur_innen macht – denn wenn wir als Menschen nicht vulnerabel wären, ständen wir nicht in der Pflicht, einander zu helfen, wir könnten nicht von Situationen, Umständen oder Personen affiziert werden und uns nicht von der Situation des_der Anderen anrühren lassen: „positive and negative ethical obligations […] derive from the basic fact that we are vulnerable creatures."[457] Durch die eigene strukturelle und situative Vulnerabilität ist man grundsätzlich bzw. situativ offen für die situative Vulnerabilität des_der Anderen. In diesem Sinn lässt sich sagen, dass Vulnerabilität eine Grundlage für ethisches Verhalten ist.[458] Weiterhin ist es wichtig, zu erkennen, dass, obwohl (anerkannte) strukturelle und daher auch situative Vulnerabilität eine Voraussetzung für Verantwortung ist, sie keine grundsätzlich verantwortungsvolle Haltung bzw. verantwortungsvolle Reaktionen garantiert[459], da es kein einfaches lineares Verhältnis von Vulnerabilität und Verantwortung geben kann, das garantieren würde, dass einer bestimmten Vulnerabilität mit einer bestimmten Hilfemaßnahme wirkungsvoll begegnet werden kann bzw. dass die nicht-vulnerable Person/Gruppe für die vulnerable Person/Gruppe verantwortlich ist.[460] Die Anerkennung von Vulnerabilität *kann* also ethische Handlungen *motivieren* und bildet als gemeinsame Vulnerabilität die Grundlage für ethische Reaktionen auf die Vulnerabilität anderer.

---

[456] Dies bedeutet, dass ich nicht schon von Anfang an wissen kann, auf welche Weise ich den_die Andere_n affiziere, z.B. was diese_r von mir lernen wird; welche meiner Aussagen, obwohl nicht so indentiert, ihn_sie verletzen oder kränken; ob ein Kompliment auch ankommt, wie ich es gemeint habe etc.
[457] GILSON: Ethics, 15.
[458] Vgl. ebd. 16.
[459] Vgl. ebd. 61.
[460] Vgl. ebd. 29.

Aber aus der strukturellen oder situativen Vulnerabilität als Möglichkeit folgt aufgrund des nicht-linearen Verhältnisses von Vulnerabilität und Verantwortung in den meisten Fällen nichts Explizites oder gar Eindeutiges. Eine Ethik der Vulnerabilität nimmt vielmehr aus der menschlichen Erfahrung heraus in die Pflicht: Wir Menschen erfahren uns selbst als vulnerabel und – so Gilson – diese Erfahrung der eigenen Vulnerabilität drängt uns dazu, anzuerkennen, dass wir alle die strukturelle Vulnerabilität teilen; dies wiederum bindet uns in einer Art und Weise aneinander, die wir nicht ignorieren können.[461]

4.6.8.3 Inklusive Sprechweise

Die ethische Dimension der Vulnerabilität trägt zur Inklusivität der Sprechweise vom vulnerablen Menschen bei, weil sie zu angemessenem Verhalten gegenüber dem_der vulnerablen Anderen beitragen kann und Menschen ihre eigene ‚aktive' Vulnerabilität bedenken lässt. So kann die Sprechweise vom vulnerablen Menschen beispielsweise zur Reflexion über angemessene Unterstützungsmaßnahmen für Menschen mit Behinderung (vgl. 2.2.1) beitragen: Zum einen kann die Angemessenheit solcher Unterstützungsmaßnahmen bedeuten, der Selbstbestimmung Raum zu geben. Zum andern gehört dazu, die sozialen Normen eines Hilfeprozesses zu hinterfragen, die in Bezug auf Behinderung und die damit zusammenhängende zugeschriebene Vulnerabilität existieren. Darüber hinaus lenkt die Sprechweise vom vulnerablen Menschen die Aufmerksamkeit auf die eigene strukturelle und daher potenzielle situative Vulnerabilität und kann so eine Begegnung auf Augenhöhe ermöglichen. Dass die Unterstützungsmaßnahmen dann den Fokus nicht auf die Behinderung richten, sondern auf die geteilte Vulnerabilität, kann dazu beitragen eine Balance zwischen Gleichheit und Differenz zu schaffen (vgl. Kriterium 3).

4.6.9 Zwischenmenschliche Vulnerabilität: Lebensbeispiel von Adam/Henri Nouwen

Besonders relevant für die Interpretation des vulnerablen Menschen als Gottes Ebenbild nach der Relationsanalogie ist die Form der situativen zwischenmenschlichen Vulnerabilität in Beziehung und Bezogen-Sein. In der relationalen Gottebenbildlichkeit, für welche die Perspektive eine zentrale Rolle spielt, dass der Mensch zum Zusammenleben mit anderen Menschen geschaffen ist, ist der zwischenmenschliche Blick auf Vulnerabilität essenziell. Hier möchte ich noch einmal das Lebensbeispiel von Henri Nouwen und Adam

---

[461] Vgl. ebd. 73.

aufgreifen, um zu exemplifizieren, was unter zwischenmenschlicher Vulnerabilität in Beziehung und Bezogen-Sein zu verstehen ist.

Hier soll Henri Nouwens zwischenmenschliche Vulnerabilität im Fokus stehen, d.h. Nouwens Offenheit, sich von Adam her affizieren zu lassen, welche Erkenntnisse in der Begegnung mit Adam hervorbringt. Henri Nouwen bemerkt, dass nicht alle, die mit Adam zu tun hatten, dieselbe Erfahrung mit ihm sammelten wie er und dass für manche die Begegnung mit Adam belanglos war.[462] Dies zeigt in aller Deutlichkeit die, auch von Henri Nouwen so wahrgenommene, subjektive Sichtweise, die im Folgenden im Vordergrund steht.

4.6.9.1 Langsame Öffnung gegenüber Adam: Zwischenmenschliche Vulnerabilität Henri Nouwens wird möglich

Zu Beginn seines Aufenthaltes im Neuen Haus in der Arche Daybreak in Ontario wird Henri Nouwen gefragt, ob er sich ab diesem Zeitpunkt um die tägliche Pflege[463] von Adam kümmern würde. Am Anfang seiner Assistenz für Adam erscheint Adam Nouwen als ein Mensch, der „ganz anders"[464] ist als er. Er ist sehr unsicher in Adams Gegenwart, u.a. weil er es ist nicht gewohnt ist, mit einem Menschen Zeit zu verbringen, der nicht verbal mit ihm kommunizieren kann. Nouwen hat keine Erwartungen hinsichtlich irgendeiner Form des Austauschs mit ihm. Die anderen Assistent_innen versichern Nouwen, dass er Adam bald liebgewinnen wird, doch Nouwen ist so verunsichert, dass er nicht weiß, was sie damit meinen könnten.[465] D.h. man könnte Nouwens Haltung anfangs als Haltung der Nicht-Vulnerabilität bezeichnen: Er ist zu Anfang seiner Begegnung mit Adam verschlossen, d.h. nicht offen, sich von Adams Gegenwart her affizieren zu lassen. Nur allmählich ist es ihm möglich, sich für eine „wirkliche Begegnung"[466] mit Adam innerlich zu öffnen und sich damit ihm gegenüber vulnerabel zu machen. Adam wird für Henri Nouwen wichtiger und Nouwen erkennt, dass die Zeit, die sie zusammen verbringen, wertvoll ist und dass Adam ihm „mit seinem ganzen Sein zuhört."[467] Er bezeichnet die Art Adams als „stilles, friedliches Anwesendsein im Mittelpunkt seines Lebens."[468] Adam strahlt für Nouwen Ruhe aus und gibt ihm das Gefühl, sich nicht verstellen zu müssen. Er kann mit Adam so sein, wie er ist. Nouwen spürt außerdem, wie sich langsam eine gegenseitige

---

[462] Vgl. NOUWEN: Adam und ich, 84.
[463] Dies schließt Aufwecken, Umziehen, Baden, Rasieren, Zähneputzen, Dabeisein beim Frühstück und Begleiten zum Gemeinschaftsraum mit ein.
[464] Ebd. 60.
[465] Vgl. ebd. 61.
[466] Ebd. 63.
[467] Ebd. 65.
[468] Ebd. 66.

Bindung zwischen ihnen ergibt.[469] Es entsteht auf Nouwens Seite also eine (situativ) zwischenmenschliche Vulnerabilität, die ihn Adam gegenüber offen macht, sich von ihm auf unvorhergesehene Weise affizieren zu lassen, die er selbst in der Aussage benennt, „das größte Geschenk, das ich ihm machen konnte [war] mein offenes Herz."[470] Die Entwicklung Nouwens kann hin zu einer Haltung der Vulnerabilität beschrieben werde. Eine solche stellt das Gegenteil von dem dar, eine Haltung der Nicht-Vulnerabilität anzunehmen, die einen Habitus der Überlegenheit, der All-Wissenheit, der Selbstgefälligkeit, des In-sich-verschlossen-Seins ausstrahlt. Vulnerabilität in diesem Sinn ist eine Haltung der (freiwilligen) Vulnerabilität, die Offenheit gegenüber dem anderen ausdrückt, sich von den Erfahrungen des Gegenübers anrühren zu lassen; Offenheit vom anderen zu lernen; Offenheit, sich auf eine andere Meinung einzulassen und die eigene Meinung noch einmal zu überdenken; Offenheit dafür, eine zuhörende Haltung anzunehmen, ohne dabei zu urteilen oder Offenheit, schweigend für den anderen da zu sein. Wo in zwischenmenschlichen Beziehungen solch eine Haltung der Vulnerabilität immer öfter gelebt wird, sind Ich-Du-Beziehungen nach Buber möglich, die jeder Mensch braucht, um ein gelungenes Leben in Beziehungen führen zu können.

4.6.9.2 Vulnerabilität Adams verändert etwas in Nouwen

Henri Nouwen verwendet das Substantiv ‚Verwundbarkeit' bzw. das Adjektiv ‚vulnerabel' in Bezug auf Adam: Im Original kommt insgesamt sieben Mal das Substantiv *vulnerability* bzw. das Adjektiv *vulnerable* in Bezug auf Adam vor.[471] Dass es sich um erhöhte zugeschriebene situative Vulnerabilität handelt, zeigt sich in Nouwens Aussage, dass er Adam „verwundbarer [...] als jede[n] andere[n] in Daybreak"[472] betrachtet. An drei Stellen wird deutlich, dass er die Ambivalenz von Vulnerabilität wahrnimmt: Nouwen benutzt den Begriff „Gabe der Verwundbarkeit"[473], er stellt fest, dass Adams Verwundbarkeit außergewöhnliche Bedeutung hat[474] und er setzt in einer Aussage die Worte Verwundbarkeit und Stärke auf eine Stufe.[475] An anderer Stelle betont er eher die negative Konnotation (Verwundbarkeit gepaart mit Schwäche[476]). Insgesamt bleibt es jedoch vage, was er genau mit diesem Begriff meint. Diese

---

[469] Vgl. ebd.
[470] Ebd. 78.
[471] Vgl. NOUWEN, Henri: Adam. God's Beloved. London 1997.
[472] NOUWEN: Adam und ich, 63.
[473] Ebd. 102.
[474] Vgl. ebd. 45.
[475] Vgl. ebd. 123.
[476] Vgl. ebd. 63. Deshalb wähle ich für die Beschreibung dessen, was Nouwen bei Adam feststellt, entweder den Begriff Verwundbarkeit oder das Begriffspaar Verwundbarkeit und Vulnerabilität in Kombination.

4.6 Ein am inklusiven Potenzial orientiertes Vulnerabilitätskonzept

– wie auch immer definierte – Verwundbarkeit scheint Nouwen tief zu beeindrucken, denn er bezeichnet die Zeit mit Adam, in der er ihm „seinen Leib in aller Verwundbarkeit darbot"[477], als privilegiert und nimmt wahr, dass Adam sich in seiner Verwundbarkeit ihm ganz übergibt (,darbieten'). Diese Verwundbarkeit scheint etwas an seiner Sicht auf Adam zu verändern.[478]

Im Folgenden sollen nun Eindrücke und Erkenntnisse dargestellt werden, die Nouwen durch die Begegnung mit Adam bzw. durch seine eigene zwischenmenschliche Vulnerabilität sammelt. Auch Adams Verwundbarkeit scheint bei den folgenden Erkenntnissen eine Rolle zu spielen, weil sie in diesem Zusammenhang von Nouwen immer wieder benannt wird. Auf dieser Grundlage erlaube ich mir, die Einblicke Nouwens teilweise auch auf die Verwundbarkeit bzw. Vulnerabilität Adams zurückzuführen.

Erstens betrachtet Nouwen Adams Menschsein als nicht durch dessen Behinderungen auf irgendeine Weise beeinträchtigt. Er sieht Adam als vollständigen Menschen an, dem nichts fehlt, dem durch seine Behinderungen nichts vom vollen Menschsein verloren geht.[479] Bei Nouwen ist dieser Einsicht eine Entwicklung bzw. langsame Veränderung in seiner Sichtweise vorausgegangen: Zu Beginn seiner Begegnung mit Adam nimmt er vor allem Adams Einschränkungen wahr und begreift Adam somit als Menschen, der ganz anders ist als er selbst.[480] Adam scheint für ihn absolute Differenz zu symbolisieren. Nouwen braucht Zeit mit Adam und eine Öffnung gegenüber ihm (d.h. Vulnerabilität ihm gegenüber), um zu erkennen, dass Adam nichts Wesentliches des Menschseins fehlt.[481] Mit Inhalt gefüllt wird dieses Wesentliche des Menschseins in einer zweiten Einsicht, in der Nouwen bestimmte Wesenszüge bzw. Daseinsweisen und Bedürfnisse, die Adam aufweist, auch bei sich selbst feststellt. Er sieht sich, ebenso wie Adam, als Person, welche ein ständiges Bedürfnis nach Aufmerksamkeit hat, die abhängig von anderen und schwach ist.[482] In dieser Hinsicht, sieht er die Unterschiede zwischen sich und Adam schwinden. Er bezeichnet die Daseinsweise Adams als „Art radikaler Ver-

---

[477] Ebd. 64.
[478] Dies könnte man auch als epistemische Vulnerabilität bezeichnen.
[479] Vgl. ebd. 68.
[480] Vgl. ebd. 60.
[481] Peter Radtke geht (gewissermaßen) noch einen Schritt weiter, indem er sagt, dass uns in Menschen mit schwerer Behinderung das entgegentritt, was Menschsein überhaupt bedeutet: „Sie können nicht durch Körperkraft brillieren, durch Intelligenz, durch Leistungsfähigkeit; sie treten nicht in Konkurrenz zu ihrer Umwelt. Dennoch sind sie [...] Menschen" (RADTKE, Peter: Der Sinn des Lebens ist, gelebt zu werden. Warum unsere Gesellschaft behinderte Menschen braucht. München 2007, 34f.). Nouwen und Radtke deuten mit ihren Aussagen an, dass an Menschen mit schwerer Behinderung, die eigentlich nichts nach außen Sichtbares ,können', doch sichtbar wird, was den Kern des Menschseins wirklich ausmacht. Was genau er damit meint, erklärt zumindest Radtke nicht explizit.
[482] Vgl. NOUWEN: Adam und ich, 99; 101.

wundbarkeit"[483] und deutet damit an, dass wir als Menschen alle Aufmerksamkeit brauchen, schwach und abhängig von anderen sind, dass diese Verwundbarkeit sich bei Adam aber offensichtlicher zeigt. Gleichzeitig erkennt er, dass ihm diese Daseinsweise nicht weniger zukommt, dass die Grenze der zugespitzten Verwundbarkeit, die er bei Adam feststellt, und der Verwundbarkeit, die er bei sich selbst erkennt, unscharf wird.[484] Er geht sogar noch einen Schritt weiter, indem er bemerkt, dass er in dem Moment, in dem er seiner eigenen Schwäche und seiner absoluten Abhängigkeit besonders gewahr wird, Adam sogar als „den Starken"[485] ansieht, den er als „ruhig, friedlich und innerlich fest"[486] erlebt.[487]

Zweitens wird Nouwen sich bewusst, dass zwischen Adam und ihm eine Gegenseitigkeit besteht. Adam sorgt genauso für ihn, wie er für Adam sorgt.[488] Die zu Anfang wahrgenommene Einseitigkeit (Nouwen sorgt für Adam) löst sich im Laufe der Begegnung zu Gunsten einer wahrgenommenen Gegenseitigkeit in der Sorge umeinander auf. Adam erinnert Nouwen daran, dass „die Schönheit und Größe der Sorge für andere nicht nur darin liegt zu geben, sondern auch zu empfangen."[489] Wir Menschen sind immer zugleich Empfangende und Gebende, wenn wir in einer wirklichen Ich-Du-Beziehung zu einem_einer anderen stehen. Mit anderen Worten ist diese Erkenntnis Ausdruck der Einsicht in die gegenseitige zwischenmenschliche Vulnerabilität: Bei einer Begegnung auf Augenhöhe wird ein gegenseitiges Geben und Nehmen aufgrund der gegenseitigen zwischenmenschlichen Vulnerabilität möglich. Zu einer

---

[483] Ebd. 101.
[484] Vulnerabilität wird hier, in meiner Terminologie gesprochen, zur Ursache (Nouwen ist zwischenmenschlich vulnerabel) und zum Inhalt von Erkenntnis (er bemerkt, dass er selbst vulnerabel ist [strukturelle Vulnerabilität]).
[485] Ebd. 99.
[486] Ebd.
[487] Dass diese beiden Erkenntnisse nicht nur subjektiv und singulär sind, zeigt das nachfolgende Beispiel: Murray, ein New Yorker Geschäftsmann und ein Freund von Nouwen, erlebt auch einen Wandel in seiner Einstellung zu Adam. Vor seiner Begegnung mit Adam ist Murray skeptisch bezüglich Nouwens Arbeit und fragt ihn, ob dieser seine Zeit mit den „armen Menschen" nicht „verschwende[...]" (ebd. 81). Als er der Einladung Nouwens, ihn in Daybreak zu besuchen, nach einigem Widerwillen nachkommt, kommt es zur Begegnung zwischen ihm und Adam. Als Nouwen während des Frühstücks ein Telefonat annehmen muss, lässt er Murray für eine halbe Stunde mit Adam alleine. Dieser erzählt später, dass er in der Begegnung mit Adam ein tiefes Angenommensein und Geschätztwerden spürte und dass er Adam mit der Zeit nicht mehr in seiner Behinderung wahrnahm, sondern als ein Mensch genau wie er, der „an vielen Stellen verwundbar war" (ebd. 82). Indem Murray erkennt, dass er und Adam in ihrer Verwundbarkeit verbunden sind, erkennt er seine eigene Vulnerabilität in der Begegnung mit Adam.
[488] Vgl. ebd. 78.
[489] Ebd.

sehr ähnlichen Erkenntnis kommt Philippe Pozzo Di Borgo, wenn er im Interview mit der *Zeit* sagt:

> „Wenn Sie mir helfen – und es geht ja gar nicht anders –, gebe ich Ihnen dafür vielleicht die Erfahrung von etwas Sinn, eine Öffnung zu etwas Neuem, zu einem anderen Blick auf den Menschen, zum Umgang mit der eigenen Angst. [...] Es gibt kein Geben ohne Nehmen."[490]

In einer Situation der zwischenmenschlichen Vulnerabilität gibt es in Ich-Du-Beziehungen keine Einseitigkeit: Aus der Begegnung mit Pozzo di Borgo kann für sein Gegenüber eine neue Perspektive erwachsen. Anders herum ist auch der Mensch mit Behinderung vulnerabel für sein Gegenüber.[491]

Drittens befähigt Adam Nouwen zu Einsichten, die eine Umkehrung der gesellschaftlich anerkannten Werte beinhalten.[492] Durch Adam gelangt Nouwen zur Erkenntnis, dass „‚Sein‘ wichtiger ist als ‚Tun‘"[493]; dass wir als Menschen nichts leisten müssen, um jemand zu sein, sondern, dass wir, wie wir sind, schon genug sind. Auch die Erfahrung, dass wahrgenommene Schwäche und Abhängigkeit auch Stärke bedeuten können[494], lässt sich diesen Erkenntnissen zurechnen, die diametral zu gesellschaftlichen Denkweisen stehen. Wahrgenommene Schwäche wird gesamtgesellschaftlich gesehen auf den ersten Blick häufig mit tatsächlicher Schwäche gleichgesetzt und abgewertet. Eine weitere Einsicht lässt sich hier benennen. Nouwen stellt fest, dass

> „[e]in wesentlicher Teil unseres Erfolgs, unseres Wohlstands, unserer Gesundheit und unserer Beziehungen von Ereignissen und Umständen beeinflusst [werden], die wir nicht kontrollieren können."[495]

Diese Erkenntnis könnte auch als Einsicht in unsere menschliche Kontingenz bezeichnet werden. Auf den Zusammenhang zwischen Vulnerabilität und Kontingenz wurde oben hingewiesen (4.4.2.5). Auch Nouwens auf Grundlage der Erfahrung zwischenmenschlicher Vulnerabilität gewonnene Einsicht in die Kontingenz kann die erläuterten Strukturbedingungen des Menschseins plausibilisieren.

---

[490] VON THADDEN, Elisabeth: Wir sind Brüder. Interview mit Philippe Pozzo di Borgo. In: Die Zeit 49/2012. Online unter: http://www.zeit.de/2012/49/Ziemlich-beste-Freunde-Philippe-Pozzo-di-Borgo-Interview (Stand: 18.07.2021); vgl. auch KOCH: Rolle vorwärts, 177.

[491] Ein gutes Beispiel ist hier Lotte. Lotte, die aufgrund eines Sauerstoffmangels bei ihrer Geburt schwer behindert ist, ist auf besondere Weise vulnerabel gegenüber Tulga, dem Reisebegleiter der Familie auf ihrer Mongolei-Reise. Tulga wirkt sich mit seinem Charakter positiv auf Lotte aus, indem er sich auf Lotte einlässt, keine Berührungsängste zeigt und er mit seiner ruhigen Art Lotte ebenso zu einer gewissen Ruhe bringt (vgl. LATSCHA, Julia: Lauthalsleben. Von Lotte, dem Anderssein und meiner Suche nach einer gemeinsamen Welt. München 2017, 97f.).

[492] Vgl. NOUWEN: Adam und ich, 75.

[493] Ebd. 74.

[494] Vgl. ebd. 99; siehe auch 6.5.1.

[495] Ebd. 112.

4.6.9.3 Fazit der Untersuchung der zwischenmenschlichen Vulnerabilität

Henri Nouwen wird in der Beziehung zu Adam selbst vulnerabel, nachdem er zu Beginn nur Adam ‚Verwundbarkeit' zugeschrieben hatte. Besonders augenfällig ist diese Entwicklung, weil sich Nouwen anfangs Adam gegenüber als höchst verschlossen, d.h. nicht-vulnerabel zeigt. Die zwischenmenschliche Vulnerabilität in der Beziehung von Adam und Nouwen lässt letzteren nach seiner Öffnung für Adam dessen ‚Verwundbarkeit' in einem positiven Licht sehen („Gabe der Verwundbarkeit"[496]) und ermöglicht ihm verschiedene Erkenntnisse. In Adams radikalem Abhängigkeitsverhältnis wird wiederum Nouwen selbst vulnerabel, sich in seinem Denken und Sein von Adam her verändern zu lassen. Er hat Erkenntnisse hinsichtlich seiner eigenen Vulnerabilität bzw. Verwundbarkeit: Er ist selbst abhängig und verwundbar. Außerdem bemerkt er, dass Adam und er beide vulnerabel sind: Sie können sich gegenseitig bereichern: Ihre Ich-Du-Beziehung beruht auf einem gegenseitigen Geben und Nehmen.

4.6.9.4 Inklusive Sprechweisen

Die zwischenmenschliche Vulnerabilität macht die Sprechweise vom vulnerablen Menschen als Gottes Ebenbild innerhalb der Relationsanalogie nachvollziehbar: Der Mensch wird innerhalb der Relationsanalogie als bestimmt zur Beziehung zu seinen Mitmenschen verstanden. Die zwischenmenschliche Vulnerabilität lässt dies auf besondere Weise sichtbar werden: Sie rückt die Gegenseitigkeit, die zwischen zwei Personen in Beziehung und Bezogen-Sein besteht, in den Fokus und verdeutlicht die Möglichkeit der gegenseitigen (positiven) Affizierung. Zudem konnte die zwischenmenschliche Vulnerabilität im Lebensbeispiel von Adam und Henri Nouwen deutlich machen, dass man voneinander lernen kann, wenn man sich freiwillig situativ vulnerabel macht.

Ein kurzer Blick soll nun auf die Möglichkeit des Voneinander-Lernens in zwischenmenschlicher Vulnerabilität gerichtet werden: Als inklusives Konzept richtet die Vulnerabilität den Fokus darauf, dass alle Menschen durch erfahrene zwischenmenschliche Vulnerabilität voneinander lernen können. Wenn Differenz und Anderssein von Bedeutung sind (vgl. Kriterium 2) und wertgeschätzt werden und gerade aus diesem Anderssein ein gesellschaftlicher, kultureller und persönlicher Zugewinn entstehen kann, bringen auch Menschen mit Behinderung ihre eigenen Perspektiven in den gesellschaftlichen Diskurs ein. Es ist in diesem Zusammenhang wichtig, anzuerkennen,

---

[496] Ebd. 102.

4.6 Ein am inklusiven Potenzial orientiertes Vulnerabilitätskonzept

dass Menschen mit Behinderung mit ihren spezifischen Erfahrungen, Perspektiven und Kompetenzen eben diese gesellschaftliche und persönliche Bereicherung sein können (z.B. Dinge bewusster/langsamer tun[497], im Moment sein[498]; außergewöhnliche Konzentrationsfähigkeit[499]; Mitgefühl für andere, emotionale Kompetenz[500]). In dieser Sichtweise kann Vielfalt in politischen Entscheidungen und persönlichen Begegnungen als Ressource und nicht als Hindernis wahrgenommen werden.[501] Auch die Behindertenrechtskonvention pocht auf diese Perspektive, wenn es heißt, dass „das Bewusstsein für die Fähigkeiten und den Beitrag von Menschen mit Behinderungen" (Artikel 8c) gefördert werden soll. Darüber hinaus können Menschen mit Behinderung Expert_innen im inklusiven Prozess sein (selbst wenn wir Inklusion als Gesellschaft für uns selbst tun).

---

[497] Sten Nadolny thematisiert in seinem fiktiven Roman *Die Entdeckung der Langsamkeit* die Bewegungseinschränkung seines Hauptcharakters John Franklin, die ihn in seiner Kindheit zu einem Außenseiter macht. Aufgrund seiner Langsamkeit entwickelt er jedoch einen unbändigen Willen, eine Ausdauer und Gründlichkeit und eine Zielstrebigkeit, die ihn letztendlich zu einem bedeutenden Polarforscher machen (NADOLNY, Sten: Die Entdeckung der Langsamkeit. Roman. München 1983).

[498] Philippe Pozzo di Borgo lebt nach seinem Unfall „intensiver" und sieht „klarer als früher" (POZZO DI BORGO / VANIER / DE CHERISEY: Ziemlich verletzlich, ziemlich stark, 67), weil er bedingt durch seine Behinderung im Moment lebt und sich auf den Augenblick konzentriert (vgl. ebd. 33).

[499] Vgl. KOLLER, Röbi: Dr. Nils Jent. Ein Leben am Limit. Gockhausen 2011. Trotz oder gerade wegen der Prognose seines Arztes, dass es „nicht drin" (vgl. ebd. 85) sei, das Abitur zu erreichen, gelingt es ihm schließlich 22 Jahre nach seinem Unfall, aufgrund dessen er blind, weitgehend gelähmt und schwer sprechbehindert ist, dank seiner Ausdauer, seines außergewöhnlichen Durchhaltevermögens und seiner gesteigerten Konzentrationsfähigkeit, einen Doktortitel in BWL zu erlangen.

[500] Sontje Zimmermann hat (aufgrund ihrer Trisomie 21) eine erhöhte Sensibilität gegenüber anderen Menschen. Ihre Mutter erzählt: „Sontje läuft im Gottesdienst oft durch die Reihen. Allerdings ist sie kein Kind, das sich gerne von jedem auf den Arm nehmen lässt. Da ist sie einfach sehr wählerisch und hat so ihre eigenen Vorstellungen. [Der Pfarrer] erzählte, dass sich ein Familienvater in der vergangenen Woche das Leben genommen hatte. [...] Im Gottesdienst war es mucksmäuschenstill. Niemand wusste so recht, wie er seine Betroffenheit ausdrücken sollte. Der Mutter liefen die Tränen. Und Sontje? Sontje tapste zu dieser Frau und legte ihre kleinen Hände in ihren Schoß. Dann schaute sie sie an, streckte ihr die Arme entgegen und ließ sich von ihr auf den Schoß nehmen. Sontje blickte ihr in die Augen und nahm dann das Gesicht der Frau in ihre zarten, kleinen Hände. [...] Am Schluss umarmte Sontje die Frau" (, Conny: Außergewöhnlich. Kinder mit Down-Syndrom und ihre Mütter. Cuxhaven 2013, 43).

[501] Vgl. KNIGHT, Amber: Democratizing Disability. Achieving Inclusion (without Assimilation) through „Participatory Parity". In: Hypatia 30.1 (2015), 97–114, 109.

4.7 Der vulnerable Mensch als Ebenbild Gottes

Durch die zwischenmenschliche Vulnerabilität sind Menschen konkret offen dafür, vom anderen her affiziert zu werden. Damit ist eine faktische situative zwischenmenschliche Vulnerabilität Bedingung dafür, dass sich gegenseitiges Sich-Beziehen wie in 3.4 beschrieben ereignen kann. Dementsprechend kann die strukturelle Vulnerabilität wiederum als Strukturbedingung, die Beziehungen ermöglicht, erkannt werden: Strukturell vulnerable Menschen, d.h. alle Menschen sind grundsätzlich offen dafür, Beziehungen zu ihre Mitmenschen und Gott einzugehen.[502] Mit diesen Erkenntnissen kann die oben eingeführte Übersicht 8 (vgl. 4.4.2.5) zur schematischen Einordnung der Vulnerabilität im Rahmen von Freiheitsdenken und relationaler Ontologie erweitert werden:

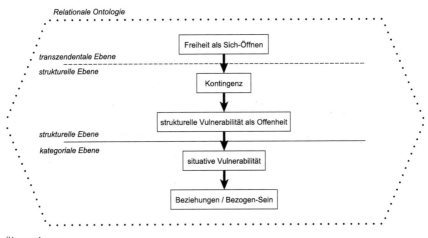

Übersicht 10

In 1.2.4.3 wurde als Essenz des Interpretationsmusters der Relationsanalogie herausgearbeitet, dass der Mensch

a) zur Beziehung zu seinen Mitmenschen und
b) zur Beziehung zur Gott

---

[502] Auch Springhart meint, dass „grundsätzliche Offenheit und Affizierbarkeit, die mit Vulnerabilität einhergeht, [...] es überhaupt erst möglich [machen], zu Gott und den Menschen in Beziehung zu treten" (Springhart: Inklusion, 37). Auch Thomas bestätigt: „Vulnerability is one of the basic conditions of relationality" (Thomas, Günter: Divine Vulnerability, Passion and Power. In: Ders. / Springhart: Exploring Vulnerability, 35–57, 43).

bestimmt ist. Gleichzeitig sind wir Menschen innerhalb der Relationsanalogie auf unsere Mitmenschen und Gott bezogen. Damit kann theologisch verdeutlicht werden, dass der Mensch immer an Gott rückgebunden ist und bleibt (vgl. Höhn in 4.4.2.2: Herleitung der relationalen Ontologie). Das mögliche Sich-Beziehen auf die Mitmenschen und auf Gott sowie das Bezogen-Sein auf dieselben, das innerhalb der relationalen Ontologie deutlich wird, ist, wie in Übersicht 10 illustriert wird, mit der strukturellen bzw. auf konkreter Ebene mit der situativen Vulnerabilität als Möglichkeitsbedingung denkbar. Damit ist die strukturelle Vulnerabilität als Kern der Gottebenbildlichkeit plausibilisiert. Aus systematischen Gründen kann die situative Vulnerabilität (und können ihre Auswirkungen) nicht unmittelbar als Kern in die Gottebenbildlichkeit eingetragen werden, denn sie bezeichnet kein menschliches Strukturmoment, sondern konkrete Ausformungen dieses Strukturmoments (und dessen Auswirkungen). Der Umstand, dass die (erhöhte) situative Vulnerabilität von der strukturellen Vulnerabilität abgeleitet ist, macht Menschen mit erhöhter situativer Vulnerabilität nicht weniger zu Gottes Ebenbildern, denn die situative Vulnerabilität ist unmittelbare Folge der strukturellen Vulnerabilität und wird daher durch die menschliche Verankerung der Gottebenbildlichkeit direkt gewährleistet.

Vom vulnerablen Mensch zu sprechen, ist eine inklusive Sprechweise. – Diese These wurde in diesem Kapitel detailliert begründet. Alle zu Beginn aufgestellten Kriterien zu inklusiven Sprechweisen lassen sich durch das hier dargestellte Vulnerabilitätskonzept einlösen, sodass zu Recht inklusiv vom vulnerablen Menschen als Gottes Ebenbild gesprochen werden kann. Die Ergebnisse sollen hier noch einmal zusammengetragen werden:

Das erste Kriterium hat zum Inhalt, dass inklusive Sprechweisen in der Anthropologie keine gesonderten Kategorien für Menschen mit Behinderung bereithalten dürfen, sodass sich eine Sonderanthropologie ergibt. Stattdessen resultiert aus inklusiven Sprechweisen eine explizit gemachte und grundsätzliche Gleichheit aller Menschen. Durch die Sprechweise vom vulnerablen Menschen als Gottes Ebenbild kann dieses Kriterium erfüllt werden, da Vulnerabilität so bestimmt wurde, dass sie auf struktureller Ebene grundsätzlich jedem Menschen zukommt (strukturelle Vulnerabilität) und auch jeder Mensch in verschiedenen Lebenssituationen vulnerabel ist (situative Vulnerabilität). Zudem kann der Deutung, dass innerhalb der Relationsanalogie der strukturell vulnerable Mensch Gottes Ebenbild ist, nicht des Aktualismus[503] bezichtigt werden, da die Vulnerabilität dem Menschen auf struktureller Ebe-

---

[503] Einen solchen wirft Scheffczyk der Kategorie der Relationalität vor, denn wird Gottebenbildlichkeit allein als Relation verstanden, wäre diese Deutung laut Scheffczyk von einer tatsächlichen und ständig aktualisierten Beziehung zu Gott abhängig. Unter diesen Umständen ließe sich nicht mehr mit Gottebenbildlichkeit als bleibender Struktur argumentieren. (vgl. 1.2.4.2.6)

ne *qua* Menschsein zukommt. Damit kann mit der strukturellen Vulnerabilität ein bleibender d.h. aber unverlierbarer und nicht von tatsächlicher Verwirklichung abhängiger Kern der Gottebenbildlichkeit benannt werden. Dadurch wird sichergestellt, dass ausnahmslos alle Menschen Ebenbilder Gottes sind.

Im zweiten Kriterium wurde formuliert, dass zur Entwicklung von inklusiven Sprechweisen die Lebensrealität von Menschen mit Behinderung der Beachtung bedarf. Dies wird mit der Sprechweise vom vulnerablen Menschen insofern eingelöst, als dass die Lebensrealität von Menschen mit Behinderung in Erfahrungen situativer Vulnerabilität womöglich in besonderer Weise repräsentiert wird. Zudem wurde durch die Differenzierung von situativer Vulnerabilität als Erfahrung und zugeschriebenem Zustand ermöglicht, dass eine zugeschriebene Vulnerabilität durch die Ich-Perspektive relativiert, korrigiert bzw. ergänzt wird. Außerdem kann durch die zwischenmenschliche Vulnerabilität die Perspektive des gegenseitigen Lernens voneinander herausgestellt werden, womit eine erhöhte Aufmerksamkeit für die Erfahrungen von Menschen mit Behinderung zumindest eröffnet ist.

Das dritte Kriterium für inklusive Sprechweisen artikuliert, dass eine Balance von Gleichheit und Differenz gewahrt sein soll, um inklusiv vom Menschen zu sprechen. Die Gleichheit aller Menschen wird durch die strukturelle Vulnerabilität verbürgt, die allen Menschen *qua* Menschsein zukommt. Die Differenz bleibt durch die (erhöht) situative Vulnerabilität gewahrt, welche Menschen hinsichtlich ihrer situativen Vulnerabilität als graduell verschieden qualifiziert und welche von Menschen unterschiedlich wahrgenommen werden kann (wahrgenommene Vulnerabilität).

Dass im inklusiven Sprechen der Mensch in seiner leibseelischen Einheit verstanden wird, ist das vierte Kriterium, dem dadurch entsprochen wird, dass die Vulnerabilität dem ganzheitlichen Menschen in seinem physisch-psychischen Sein zukommt.

Das fünfte Kriterium, dass inklusiven Sprechweisen eine visionäre Kraft innewohnt und sie dadurch das Potenzial haben, die gesellschaftliche Wertestruktur zu verändern, wurde in der Diskussion rund um die Anerkennung von Vulnerabilität und der damit zusammenhängenden Auflösung der Dichotomie von Unabhängigkeit und Abhängigkeit erfüllt. Gleichzeitig wurde in 4.6.7 mit der alltagssprachlichen Abhängigkeit ein Konzept diskutiert, das der Vulnerabilität entgegenstehen kann. Denkschritte, die wir als Gesellschaft vollziehen müssen, um hinsichtlich unserer Einstellung zur Abhängigkeit inklusiv zu werden, wurden angedeutet; diese sind zur Anerkennung vulnerablen Menschseins vorauszusetzen. Mit der Beachtung eines bestehenden gesellschaftlichen Werts (alltagssprachliche Unabhängigkeit) ist die in Kriterium 5 formulierte Möglichkeitsbedingung für eine gesellschaftliche Werteänderung eingeholt. Damit ist der Sprechweise vom vulnerablen Menschen als Gottes Ebenbild gleichzeitig eine visionäre Kraft inhärent, die eine Veränderung der Gesellschaft hin zur Anerkennung von Vulnerabilität und Abhängigkeit einfordert.

4.7 Der vulnerable Mensch als Ebenbild Gottes

Laut Härle sollte das christliche Menschenbild einen realistischen Ist-Zustand abbilden und kein Idealbild[504] und Inger Lid bezeichnet eine Anthropologie, die die Vulnerabilität ernst nimmt als „empirical responsible anthropology."[505] Mit der strukturellen Vulnerabilität als Kern der Gottebenbildlichkeit ist gleichzeitig ein realistisches Verständnis von Gottebenbildlichkeit möglich. Die Gottebenbildlichkeit des Menschen als Zentrum des christlichen Menschenbildes sollte m.E. nicht nur die glanzvolle Seite des Menschseins betonen, sondern Menschsein in allen seinen Dimensionen ausleuchten. Vulnerabilität definiert den Menschen sowohl als Beziehungswesen, wodurch chancenreiche menschliche Möglichkeiten einbezogen sind, als auch in seiner Begrenztheit, in welcher Ambivalenzen und Negativerfahrungen deutlich werden. Die Ambivalenz der Auswirkungen der Vulnerabilität birgt die Möglichkeit, zwei Seiten des Menschseins ernst zu nehmen, die beide Teil unseres Erlebens sind: Einerseits Momente des Verbundenseins mit anderen; Momente, in denen man sich angenommen fühlt, ohne sich verstellen zu müssen; Momente, in denen man glücklich ist, eine Krise überwunden zu haben; Momente, in denen man froh ist, etwas riskiert zu haben usw. Andererseits können Momente des Scheiterns und des Verlustes und ambige Momente, in denen sich positive und negative Aspekte derart vermischen, dass sie nur als *ein* Erleben wahrgenommen werden, ebenso Erfahrungen von Konsequenzen der Vulnerabilität sein. Eine weitere relevante Botschaft der Sprechweise vom vulnerablen Menschen als Beziehungswesen, die die Sprechweise zu einer realistischen macht, ist, dass Beziehungen glücken oder scheitern können bzw. beglückende und schwierige Momente beinhalten können. Mit der Vulnerabilität ist eine realistische Sicht auf menschliche Beziehungen möglich, die die Möglichkeit des Scheiterns miteinbezieht. Eine theologische Sinnspitze, die durch die Aussage „der vulnerable Mensch ist Gottes Ebenbild" ausgesagt wird, lautet: Als dieser Mensch ist der Mensch von Gott geliebt.

---

[504] Vgl. Härle: Menschsein, 374.
[505] Lid: Vulnerability and Disability, 1564.

5. Gott vulnerabel denken

Der vulnerable Mensch ist innerhalb der Relationsanalogie Ebenbild Gottes – so das Ergebnis meines bisherigen Argumentationsgangs auf dem Weg zu einer inklusiven Sprechweise in der theologischen Anthropologie. Das Interpretationsmuster der Relationsanalogie hat zum Inhalt, dass der Mensch in Analogie zu Gott in Beziehungen steht. Die Frage, die hier konsequent anzuschließen ist, lautet: Inwiefern kommt Gott in Analogie zum Menschen Vulnerabilität zu, die menschlicherseits als Bedingung für konkretes In-Beziehung-Stehen in buberscher Prägung gelten kann. Dass der Mensch sich ganz als Beziehungswesen begreifen kann, konnte mithilfe der relationalen Ontologie als Rahmung meiner Konzeption des Menschseins veranschaulicht und systematisch konkretisiert werden. Für ein mögliches Zusammendenken von Gott und Vulnerabilität ist deshalb zunächst ein in relationalen Kategorien verständlicher, trinitarischer Gottesbegriff zu erläutern, der in Anschluss an Bernhard Nitsche entfaltet werden soll (5.2). Das von ihm entwickelte Trinitätsverständnis kann, wie zu zeigen sein wird, innerhalb einer relationalen Ontologie gedacht werden. Auf Grundlage dieses Trinitätsverständnisses kann die relationale Grundstruktur des Menschseins in Analogie zu Gott formuliert werden, welche gerade in der Bezeichnung der *Relations*analogie zum Ausdruck kommt. Um diese Aufgabe anzugehen, muss hier jedoch zunächst der Analogiegedanke genauer gefasst werden (5.1) um durch die Klärung, inwiefern eine Rede von Gott analog zum Menschen überhaupt möglich ist, erst eine Rede vom vulnerablen Gott zu ermöglichen. Diese wird unter 5.4 entfaltet. In Annäherung an eine Vulnerabilität Gottes wird in 5.3 die Vulnerabilität Jesu Christi reflektiert. Schließlich soll untersucht werden, inwiefern menschliche Vulnerabilität in einem relationalen Rahmen eschatologisch gedacht werden kann (5.5).

5.1 *Zum Analogiedenken*

Theologisch kann Gott letztlich nur von seinem_ihrem innergeschichtlichen Handeln und Wirken her erschlossen werden, also in seiner_ihrer heilsgeschichtlichen Selbstoffenbarung, die durch das biblisch tradierte Zeugnis zugänglich ist. Doch wie lässt sich angemessen von Gott sprechen, ohne menschliche Begriffe als Kriterien anzulegen und Gott in der Folge zu vermenschlichen? Die Sprachform der Analogie, die auch für die Gottebenbildlichkeit in Anspruch genommen wird, bietet darauf eine Antwort. Eine Analogie bezeichnet in einer allgemeinen Definition eine genauer zu bestimmende Ähnlichkeit, die durch einen Vergleich von mindestens zwei Größen erfasst wird und somit eine „mediale Brücke"¹ zwischen Eindeutigkeit (Univozität) und Mehrdeutigkeit (Äquivozität) von Begriffen bildet. Für die Gottesrede bedeutet eine univoke Sprechweise, von Gott in *derselben* Weise wie vom Menschen zu sprechen. Eine äquivoke Gottesrede liegt vor, wenn ein Begriff *völlig sinnverschieden* von Gott und der geschaffenen Wirklichkeit ausgesagt wird. Die Analogie bildet einen Mittelweg zwischen diesen Sprachformen, indem sie ausdrückt, dass für Gott und Mensch „teils Gleiches, teils Verschiedenes ausgesagt werden muss."² Für die Gottesrede ist insbesondere die in der scholastischen Tradition definierte Attributionsanalogie entscheidend, in der etwas von mehreren Gegenständen ausgesagt wird, dies jedoch einem Gegenstand in *vorherrschender* Weise, einem anderen aber nur im abgeleiteten Sinn zugeschrieben werden kann.³ Dies ist auch die Analogieform, die Thomas von Aquin für das Verhältnis zwischen Gott und Mensch annimmt: Allen Geschöpfen kann nur von Gott, dem_der Geber_in alles Seienden, her Sein und eine ihrem endlichen Wesen entsprechende Gehaltlichkeit zukommen.⁴ Die Attributionsanalogie formuliert demnach ein „ontologisches Begründungsverhältnis"⁵, das begründungslogisch nicht auf Gegenseitigkeit ausgerichtet ist. In der Schöpfung kann nach der Attributionsanalogie demnach kein direktes Entsprechungsverhältnis zu Gott existieren. Auf die Relationsanalogie der Gottebenbildlichkeit übertragen bedeutet dies, dass Gott in sich vollkommene Beziehung ist, die nicht zu überbieten ist. Menschen kommt von Gottes Beziehung-Sein abgeleitet zu, ebenso wie ihr_e Schöpfer_in in Beziehung zu leben – jedoch auf endliche, begrenzte Weise. So gilt, dass Vorstellungen von Gottes Beziehung-Sein bzw. Liebe-Sein, seiner_ihrer Güte, Barmherzigkeit usw. letztlich ohne unmittelbar fassbare Vergleichbarkeit mit menschlichen Vorstellungen angenommen und daher in eine mithilfe von menschlichen Begriffen und Ideen nicht mehr fassbare Unübertrefflichkeit hinein gesteigert werden müssen. Nach Thomas bleibt in den denkerischen Bemühungen auf die Perfektion hin immer eine Differenz zu Gottes Wirklichkeit. Deshalb ist in kritischer Weise ein *deus semper maior* anzusetzen, das sich sowohl aus Gottes Souveränität gegenüber der Schöpfung als auch aus Gottes Vollkommenheit ergibt, die letztlich unbegreiflich bleiben muss.⁶ In dieser Linie ist die *via negativa*⁷ der Gottesrede nicht definitiv und abschließend bestimmend, sondern

---

1   Nitsche, Bernhard: Gott und Freiheit. Skizzen zur trinitarischen Gotteslehre. Regensburg 2008, 15.
2   Jüngel, Eberhard: Gott als Geheimnis der Welt. Zur Begründung der Theologie des Gekreuzigten im Streit zwischen Theismus und Atheismus. Tübingen 82010, 367.
3   Vgl. Track, Joachim: Analogie. In: TRE II (1978), 625–650, 629.
4   Vgl. Nitsche: Gott und Freiheit, 40.
5   Ebd. 41.
6   Vgl. ebd. 43f.
7   Von Pseudo-Dionysius Areopagita aus der griechischen Tradition übernommen gibt es drei Wege des Sprechens von Gott: die *via affirmativa*, die durch die Heilsgeschichte

5.1 Zum Analogiedenken

muss als „transzendental-kritisches Implikat"[8] der *via eminentiae* eingeschrieben verstanden werden. Auch die Regel des vierten Laterankonzils zum analogen Denken kann in dieser Linie interpretiert werden: „Zwischen dem Schöpfer und dem Geschöpf kann man keine so große Ähnlichkeit feststellen, dass zwischen ihnen keine noch größere Unähnlichkeit festzustellen wäre."[9] Unbedingt zu beachten ist also, dass die Unähnlichkeit stets größer als die Ähnlichkeit ist. Dabei kommt alles darauf an, ob diese Regel transzendental-kritisch – ob also eine annähernde Ähnlichkeit mit einer je übersteigenden Unähnlichkeit verbunden wird – oder kategorial-komparativ – ob jede Unähnlichkeit die Ähnlichkeit immer in einer Weise überragt, dass die Ähnlichkeit gegenüber der Unähnlichkeit nur noch verschwindende Relevanz hat. Wird die Regel kategorial-komparativ aufgefasst, so muss die Gottesrede unweigerlich in eine Negativität führen, an deren Ende schweigende Unbestimmbarkeit und Unaussprechlichkeit stehen. Denn Gott wäre nur als radikale Transzendenz vorstellbar, vor der das menschliche Denkvermögen kapitulieren und in eine Sprachlosigkeit führen würde, und der affirmativ von Gott zu sprechen nicht gegeben sein kann, da alle Begriffe von Gott ihren eigentlichen Gehalt verfehlen.[10] Eine transzendental-kritische, jeweils das *deus semper maior* auf o.g. Art und Weise einbeziehende Deutungsweise der Regel des vierten Laterankonzils lässt sich dann begründen, wenn die Negation nicht kategorial und komparativ festgeschrieben wird, sondern transzendental-regulativ ein „Mit-Wissen um das bleibende Größer-Sein Gottes"[11] mit einem Wissen um die bleibende Unangemessenheit und Unzulänglichkeit von Gottesvorstellungen und Gottesrede verbunden wird. Mit Schillebeeckx gesprochen greifen wir, wenn wir Gott zu erkennen versuchen, nach Gott, „können ihn jedoch nicht begreifen, wenn wir auch sehr wohl wissen, dass er genau *in der Richtung* liegt, in die wir greifen."[12] D.h. der Bewusstseinsinhalt beim Versuch, Gott zu denken, und die sprachlichen Ausdrucksformen für diesen Bewusstseinsinhalt sind „*objektiv auf Gottes Seinsweise hin orientiert*"[13], auch wenn sie Gottes letztlichen Gehalt – seine_ihre unvorstellbare

---

bedingt positive Aussagen über Gott treffen lässt, die *via negativa*, die angesichts des Schöpferseins Gottes menschliche Begriffe als der Transzendenz Gottes unzutreffend bestimmt, und die *via eminentiae*, der als Weg des Überstiegs eine regulative Rolle zukommt. Vgl. thematisch O'ROURKE, Fran: Via causalitatis; via negationis; via eminentiae. In: Historisches Wörterbuch der Philosophie, 1037.

[8] NITSCHE: Gott und Freiheit, 44.
[9] DH 806.
[10] Vgl. NITSCHE, Bernhard: Der drei-eine Gott als Freiheitskommerzium. Versuch über das trinitarische Selbstsein und die Eigenschaften Gottes. In: MARSCHLER, Thomas / SCHÄRTL, Thomas: Eigenschaften Gottes. Ein Gespräch zwischen systematischer Theologie und analytischer Philosophie. Münster 2016, 411–443, 421.
[11] NITSCHE: Gott und Freiheit, 44.
[12] SCHILLEBEECKX, Edward: Gesammelte Schriften. Bd. 1: Offenbarung und Theologie. Mainz 1965, 237.

Vollkommenheit – quantitativ nicht erreichen können. Gott kann daher nicht kategorial erfasst werden, weshalb man beim Versuch, Gott zu denken, immer hinter seinem_ihrem eigentlichen Gehalt zurückbleiben muss. Jedoch ist sein_ihr Gehalt andererseits auch „nicht ‚super'-transzendental"[14], d.h. jenseits der transzendentalen Ebene verortet, weshalb man sich diesem Gehalt mithilfe des Transzendentaldenkens qualitativ annähern kann. Dass man sich Gott denkerisch annähern kann, heißt, dass auch im analogen Denken ein univokes Moment bzw. Minimum behauptet wird, das dem Begriff nach auch auf Gott zutreffen muss. Der Unterschied zur univoken Gottesrede ist, dass bei der univoken Sprechweise das univoke Moment sowohl für den Begriff als auch für die im Begriff gemeinte Sache zum Tragen kommt. Das analoge Denken dagegen kann ein univokes *Minimum* veranschlagen, bestimmt dieses jedoch nicht univok durch[15] und erkennt damit die Unmöglichkeit an, für Gott menschliche Begriffe zu fixieren und Gott vollumfänglich in endlich bestimmten Begriffen zu fassen.

5.2 Freiheitstheoretisches Trinitätsdenken und relationale Ontologie

Durch die Trinitätstheologie wird versucht, die biblisch bezeugte Vielfalt der Erfahrungen mit Gottes Einheit, die im Neuen Testament durchgehalten wird,[16] zu verbinden. Trinitätstheologie ist deshalb nicht philosophische Spekulation, sondern kann an ein Spektrum biblischer Anknüpfungspunkte anschließen.[17] Andererseits ist ein Trinitätsdenken auf philosophische Reflexion angewiesen, um eine Einheit in Vielfalt stringent durchzuformulieren. Meine

---

[13] Ebd.
[14] Ebd.
[15] Vgl. Nitsche: Gott und Freiheit, 46.
[16] Vgl. 1 Kor 8,4: „Was nun das Essen von Götzenopferfleisch angeht, so wissen wir, dass es keine Götzen gibt in der Welt und keinen Gott außer dem einen"; Mk 12,29: „Jesus antwortete: Das erste ist: Höre, Israel, der Herr, unser Gott, ist der einzige Herr."
[17] Die Trinitätslehre drückt die besondere Nähe Jesu zu Gott aus und ist auch Reflexionsrahmen für diese Nähe, die in allen vier Evangelien ins Wort gebracht ist und sich etwa in Form der vertraulichen Abba-Anrede Jesu und in den Heilungsgeschichten, in denen Jesus in Gottes Vollmacht handelt, zeigt. Die neutestamentlichen Texte bezeugen, dass in der Person Jesus Gottes Menschenfreundlichkeit zum Ausdruck kommt und wir Menschen in Jesus Gott erfahren können (vgl. von Stosch, Klaus: Trinität. Stuttgart 2017, 11). Das Johannesevangelium etwa formuliert, dass der von Gott gesandte Geist stellvertretend für Jesus für die Jünger_innen da sein und sie trösten wird (vgl. Joh 14,16). Neutestamentlich sind auch triadische Formeln belegt, die etwa im Kontext der Taufe (vgl. Mt 28,19) oder in der Grußformel des Paulus zu Beginn des Epheserbriefes (vgl. Eph 1,3) auftauchen.

philosophischen Anknüpfungspunkte sind daher das transzendentale Freiheitsdenken, das auch auf Gott übertragen werden kann, und die relationale Ontologie, die den Denkrahmen gerade für ein Trinitätsdenken bilden kann bzw. sich als Wirklichkeitsverständnis aus diesem ableiten lässt. Klaus Hemmerle formuliert seine oben besprochene (vgl. 4.4.2.2) trinitarische Ontologie von der Einsicht geleitet, dass sich unser Verständnis von uns selbst und von Welt im Glauben an den dreieinen Gott grundlegend ändert. Der *theologische* Ausgangspunkt ist die Verschiedenheit der göttlichen Personen, da die Vielfalt bzw. Dreiheit Gottes der Logik der Heilsgeschichte nach der göttlichen Einheit vorgeordnet ist. Hier wird ein Trinitätsverständnis im Anschluss an Bernhard Nitsche expliziert, welches an Freiheitsdenken, relationale Ontologie und biblisches Zeugnis anschlussfähig ist und darüber hinaus eine differenzierte Anwendung des oben entwickelten Vulnerabilitätsverständnisses auf Gott zulässt. Dazu wird hier zunächst der Zusammenhang zwischen menschlicher Freiheit und Gottes trinitarischem Wesen (5.2.1) erläutert. Danach werden in zwei Schritten die Probleme der Einheit (5.2.2) und der Unterschiedenheit (5.2.3) der göttlichen Freiheiten dargestellt, um die relationale Ontologie mit der Trinitätstheologie so zu verzahnen, dass daraufhin die Vulnerabilität Gottes analog zur menschlichen Vulnerabilität verstehbar wird.

5.2.1 Gottes trinitarisches Wesen vor dem Hintergrund menschlicher Freiheit

Als innerhalb der relationalen Ontologie relational verfasst, lebt der Mensch nach der Relationsanalogie der Gottebenbildlichkeit in Beziehung und Bezogen-Sein zu seinen Mitmenschen und (zumindest) in Bezogen-Sein auf Gott. In Kapitel 4 wurde die transzendentale Freiheit in Verbindung mit Vulnerabilität als Bedingung der Möglichkeit von konkreten Beziehungen im Sinn der Ich-Du-Beziehung Bubers gefasst; daher lässt sich ein relationales In-Beziehung-Sein des Menschen auch nur innerhalb eines transzendentalen Freiheitsdenkens formulieren. Konkretes In-Beziehung-Sein (Ich-Du-Beziehungen) auf kategorialer Ebene lässt sich im Anschluss an Krings als „materiale Konkretheit"[18] des „schlechthin gelungenen Freiheitsvollzugs"[19] denken, der „in unbedingter Annahme des anderen real wird."[20] Nun lässt sich trinitarisch auch Gottes Wesen als Beziehung-Sein fassen, welches für Gott auch als Liebe-Sein[21] reformuliert werden kann. Diese göttliche Liebe ist transzenden-

---

[18] N ITSCHE: Gott und Freiheit, 177.
[19] Ebd.
[20] Ebd. 177f.
[21] Im Gegensatz zur menschlichen Liebe, die eine Person haben, üben oder empfangen kann, *ist* Gott Liebe: Die Liebe muss menschlicherseits also eine_n Träger_in haben,

tallogisch nur als eine vollkommene, weil formal unbedingte Freiheit vorstellbar[22], da (vollkommene) Freiheit als Bedingung der Möglichkeit des konkreten (vollkommenen) Liebe-Seins Gottes zu sehen ist. Diese Freiheit hat aufgrund ihrer Vollkommenheit von Ewigkeit her allen ihr entsprechenden und sie erfüllenden Gehalt und ist deshalb immer bereits restlos gelungen und realisiert. Menschen dagegen sind als strukturell kontingente Wesen körperlich und sozial verfasst und können daher auf kategorialer Ebene anderer Freiheit nur auf endliche Weise begegnen. Sie sind in ihren Beziehungen auf gegenseitige Anerkennungsverhältnisse angewiesen und ihnen ist nichts anderes gegeben, als auf endliche Weise zu lieben bzw. Beziehung zu leben. Jedoch sind Menschen auf eine vollkommene Freiheit *verwiesen*, da ihre Freiheit zwar material bedingt ist, ihr aber formale Unbedingtheit zukommt, so Krings.[23] Wenn auch Gott analog zum Menschen transzendentallogisch als frei bzw. als Freiheit-Sein gedacht werden kann, so kann trinitätslogisch von einem „Kommerzium"[24] *dreier* vollkommener Freiheiten ausgegangen werden. Die vollkommene, formal unbedingte Freiheit, auf die Menschen verwiesen sind, wird so zum Anknüpfungspunkt für die Trinitätstheologie: Die *vollkom-*

---

dessen_deren Handlungen bzw. Haltungen Liebe sein können (z.B. einer Person zu vergeben ist Liebe) – er_sie selbst kann aber nicht als Liebe bezeichnet werden. Vgl. Prenter, Regin: Der Gott, der Liebe ist. Das Verhältnis der Gotteslehre zur Christologie. In: ThLZ 96.6 (1971), 401–413, 401.

[22] Gott ist zwar nicht kategorial verstehbar, kann aber auch nicht jenseits der transzendentalen Ebene vermutet werden (vgl. 5.1).

[23] Vgl. Nitsche: Gott und Freiheit, 178. Vgl. Krings: auch System und Freiheit, 130 und 172–174: Dieses vorgestellte, weil in der Welt niemals vorkommene Ideal vollkommener Freiheit, die alle materialen Gehalte erfüllen kann, hat bei Krings die Funktion eines orientierenden Leitsterns für die Menschen (vgl. Nitsche, Bernhard: Handeln Gottes. Eine schöpfungstheologische und transzendentallogische Rekonstruktion. In: Göcke, Benedikt / Schneider, Ruben (Hg.): Gottes Handeln in der Welt. Probleme und Möglichkeiten aus Sicht der Theologie und analytischen Religionsphilosophie. Regensburg 2017, 204–242, 230). Mit der Funktion des Leitsterns ist allerdings keine Forderung an die menschliche Freiheit verbunden, sich der niemals zu erreichenden göttlichen Freiheit anzunähern und sich selbst zu vergöttlichen (vgl. Krings: System und Freiheit, 175). Dieser Leitstern, der allein vollkommene Freiheit verbürgen kann und daher das „schlechthin Sinnerfüllende" (ebd177) für menschliche Freiheit darstellt, kann Menschen für den Gottesgedanken öffnen. Wenn auf der Ebene transzendentaler Freiheiten gedacht wird, besteht kein Konkurrenzverhältnis zwischen göttlicher und menschlicher Freiheit, da Gott als jedem menschlichen Freiheitsakt „innewohnende[r] Freisetzungs-Grund" (Nitsche, Bernhard: Zeit und Ewigkeit. Vorläufige Bemerkungen zur Unveränderlichkeit Gottes angesichts der menschlichen FreiheitsgeschichteIn: Ruhstorfer, Karlheinz (Hg.): Unwandelbar? Ein umstrittenes Gottesprädikat in der Diskussion. Leipzig 2018, 142–174, 165) verstanden werden muss. Gott setzt zu den Möglichkeiten des Menschseins frei – darin ist die Unbedingtheit menschlicher transzendentaler Freiheit begründet.

[24] Krings: Freiheit, 507. Krings spricht hier im anthropologischen Sinn davon, dass der Mensch erst im Öffnen der Freiheit für andere Freiheit, in einem „Kommerzium der Freiheit", frei ist – der Mensch allein kann nicht frei sein.

mene Freiheit kann den ihr vollkommen entsprechenden Gehalt nur in anderer *vollkommener* Freiheit finden[25], denn „nur göttlicher Gehalt [weist] die notwendige Adäquanz für eine göttliche Person"[26] auf. Im biblischen Zeugnis werden drei Instanzen der göttlichen Gegenwart benannt: Vater, Sohn und Geist. Zugunsten der Setzung *dreier* Freiheiten muss angeführt werden, dass in heilsgeschichtlicher Perspektive der Sohn sich an die Person des Vaters wendet und sich in besonderer Nähe zu ihm weiß, der Vater sich in kenotischer Logik in personaler Weise im Sohn hingibt und der Geist als Stellvertreter des Sohnes ausgesagt wird. Aus der Perspektive einer sozialen Trinitätslehre lässt sich ein Freiheitsverhältnis oder Kommerzium vollkommener Freiheiten formulieren, in welchem sich eine Freiheit zu den anderen Freiheiten entschließt. Dadurch, dass der Gehalt des Sich-Öffnens Freiheit ist, ist das Sich-Öffnen sowohl Entschluss zu anderer Freiheit als auch Entschluss dazu, dass diese andere Freiheit in ein Freiheitsverhältnis zu sich selbst treten kann.[27] Somit ist der Entschluss der einen göttlichen Freiheit, eigene Freiheit zu realisieren, zugleich Ermöglichung anderer Freiheit. Dieser Entschluss der einen zur anderen Freiheit ist dabei *ab ovo*, d.h. ursprünglich und von Ewigkeit her zu denken, denn was unter den Bedingungen von Endlichkeit nur in zeitlicher Reihenfolge denkbar ist, ist auf transzendentaler Ebene prätemporal und präreflexiv als in Gottes ewiger Fülle anzusetzen:[28] Der Ursprung der vollkommenen väterlichen Freiheit ist von Ewigkeit her zur anderen vollkommenen Freiheit des Sohnes und zur vollkommenen Freiheit des Geistes entschlossen. Die vollkommene Freiheit des Sohnes öffnet sich von Ewigkeit her der vollkommenen väterlichen Freiheit und der Freiheit des Geistes. Die vollkommene Freiheit des Geistes öffnet sich *ab ovo* der vollkommenen Freiheit des Sohnes und der vollkommenen Freiheit des Vaters. Das Sich-Öffnen für die jeweils anderen innertrinitarischen Freiheiten führt zu einer Gemeinschaft, die ganz von Freiheit her begründet und bereits im Ursprung relational konstituiert ist.

5.2.2 Die Einheit der drei göttlichen Freiheiten

Vom Gedanken eines Freiheitskommerziums her lässt sich ein trinitarischer Personbegriff entwerfen, der im Anschluss an den Hypostasenbegriff Gregors

---

[25] Göttliche Freiheit kann zwar auch in menschlicher Freiheit Gehalt finden, aber sie wird dadurch nicht mehr oder weniger wirklich, d.h. für ihr Wirklich-Sein ist sie nicht auf menschliche Freiheit angewiesen.
[26] STRIET, Magnus: Monotheismus und Schöpfungsdifferenz. Eine trinitätstheologische Erkundung. In: WALTER, Peter (Hg.): Das Gewaltpotential des Monotheismus und der dreieine Gott. Freiburg 2005, 132–153, 150.
[27] Vgl. NITSCHE: Gott und Freiheit, 192.
[28] Vgl. NITSCHE: Der drei-eine Gott, 438.

von Nyssa und Johannes' von Damaskus formuliert werden kann: Eine göttliche Person ist zugleich „spezifisch individuiert und vollständig relationalisiert."[29] Die Spezifika der trinitarischen Person und die Relation zu den jeweils anderen Freiheiten sind gleichursprünglich. Die Relationen können daher nicht nur als Akzidenz der jeweiligen göttlichen Person betrachtet werden, sondern müssen als für diese wesenskonstitutiv gedacht werden. Ein solches innertrinitarisches Freiheitsdenken plausibilisiert auch die Möglichkeit, alle Wirklichkeit innerhalb einer relationalen Ontologie wahrzunehmen, denn auch die göttlichen Freiheiten müssen dann ganz von ihrem Voneinander-her- und Aufeinander-hin-Sein verstanden werden. Alle weltliche Wirklichkeit kann von daher als auf Gott bezogen und deshalb als von seiner_ihrer Wirklichkeit umfangen und abhängig gesehen werden.

Die Frage, die an dieser Stelle jedoch bleibt, ist, wie die Einheit innerhalb der Trinität genau zu denken ist. Denn das bloße Relationalisiert-Sein der Personen kann noch keinen konsistenten Einheitsbegriff begründen. Das Ausgangsproblem lautet hier: Wie kann die Einheit der drei differenzierten göttlichen Freiheiten/Personen so ursprünglich gedacht werden, dass die Einheit nicht erst nachträglich entsteht bzw. im Werden begriffen ist? Hier soll nun zunächst – nach der Problemanzeige Henrichs – die Figur der Retroszendenz im menschlichen Bewusstsein im Anschluss an Krings vorgestellt werden und dann mit Nitsche auf die zu denkende Einheit der Trinität übertragen werden. Denn die Frage, die sich für die Einheit des menschlichen Bewusstseins stellt, kann auch für die Frage nach der Einheit der drei göttlichen Freiheiten erkenntnisleitend sein.

Dieter Henrich hat im Zusammenhang des von Kant aufgeworfenen Problems der transzendentalen Selbsteinheit im menschlichen Bewusstsein[30] im Anschluss an Fichte[31] die Zirkularität in der Argumentation der ursprünglichen Einheit des transzendentalen Ichs herausgestellt:

> „Um zu einer Identifikation mit sich selber zu kommen, muß das Subjekt nämlich schon wissen, unter welchen Bedingungen es etwas, dem es begegnet oder mit dem es vertraut ist, sich selber zuschreiben kann. Diese Kenntnis kann es niemals durch Selbstbeziehung allererst gewinnen. Sie muß als Wissensbestand jeder Reflexion einer Tätigkeit auf sich vorausgehen."[32]

---

[29] Ebd. 429.
[30] Vgl. Kant: KrV AA 03, 108–113.
[31] Henrich, Dieter: Fichtes ursprüngliche Einsicht. In: Ders. / Wagner, Hans (Hg.): Subjektivität und Metaphysik. Festschrift für Wolfgang Cramer. Frankfurt am Main 1966, 188–232.
[32] Henrich, Dieter: Selbstbewusstsein. Kritische Einleitung in eine Theorie. In: Bubner, Rüdiger / Cramer, Konrad / Wiehl, Reiner (Hg.): Hermeneutik und Dialektik. Aufsätze I: Methode und Wissenschaft – Lebenswelt und Geschichte. Tübingen 1970, 257–284, 266f.

5.2 Freiheitstheoretisches Trinitätsdenken und relationale Ontologie

Hermann Krings hat mit seinem Begriff der reflexiven Retroszendenz den Versuch unternommen, die menschliche Selbsteinheit auf der Ebene des transzendentalen Ichs zu verorten. Dabei argumentiert er, dass „das transzendentale Ich [...] in sich über sich hinaus [ist]"[33], was nicht als linearer Prozess, d.h. „nicht als infiniter Progress"[34] des Immer-wieder-Überschreitens denkbar ist, sondern eine „qualitative Überschreitung"[35] bedeuten muss, die realisiert wird, „wenn die Transzendenz [...] über sich ‚als Transzendenz' hinausgeht"[36], d.h. aber „wenn sie in sich zurückgeht."[37] Dass das „Übersichhinaussein in der Retroszendenz ‚überschritten' ist"[38], bedeute also, so Krings, dass die ursprüngliche Selbsteinheit transzendentallogisch erreicht sei und dass das Ich formal betrachtet „reflexiv bei sich selbst"[39] sei. Nach Nitsche ist diese Einheit im Anschluss an Henrichs Analyse jedoch als Einheit im Werden[40] zu beurteilen, die immer erst nachträglich zustande kommen kann.[41] Die Bewegung des Aus-sich-Herausgehens und Zu-sich-Kommens muss laut Nitsche dem Ich *logisch vorgeordnet* sein und daher *vordenklich* angesetzt werden, um von einer ursprünglichen Selbsteinheit der Person sprechen zu können: „[D]er Grund im Bewusstsein [muss] dem Ich logisch und ontologisch vorausliegen."[42] Deshalb kann es sich bei der Figur der krings'schen Retroszendenz zur Lösung des Problems der Einheit des Ichs nur um eine Bewegung der *präreflexiven* Auskehr und Einkehr handeln. Auf diese Weise lässt sich mit dem Gedanken der *präreflexiven* Retroszendenz eine grundlegende Vertrautheit des Ichs mit sich selbst oder ein präreflexives Selbstbewusstsein denken, das das Phänomen benennt, dass „ich ‚ich' bin, bevor ich ‚ich' sagen [oder denken] kann"[43], sodass auf diese Weise die Unverfügbarkeit der Person ohne Rückbindung an ihre denkerischen Leistungen garantiert ist.[44] Diese Figur einer präreflexiven Retroszendenz, so Nitsche, lässt sich auf die innertrinitarische Einheit übertragen, wobei jedoch zu beachten ist, dass es hier kei-

---

[33] Ebd. 64.
[34] STRIET, Magnus: Das Ich im Sturz der Realität. Philosophisch-theologische Studien zu einer Theorie des Subjekts in Auseinandersetzung mit der Spätphilosophie Friedrich Nietzsches. Regensburg 1998, 282.
[35] KRINGS, Hermann: Transzendentale Logik. München 1964, 64.
[36] Ebd.
[37] Ebd.
[38] Ebd.
[39] Ebd.
[40] Vgl. NITSCHE, Bernhard: Transpersonalität des Geistes. In: Ders. / BAAB, Florian / STAMMER, Dennis (Hg.): Gott – Geist – Materie. Personsein zwischen Natur und Transzendenz. Regensburg 2020, 193–215, 197f.
[41] Vgl. HENRICH: Selbstbewusstsein, 266f.
[42] Ebd. 198.
[43] VON STOSCH: Trinität, 128.
[44] NITSCHE: Gott und Freiheit, 169. Auf diese Weise garantiert die Figur der Retroszendenz eine inklusive Sprechweise vom Menschen.

nen Unterschied zwischen transzendentalem und konkretem Mit-/Selbst-Bewusstsein[45] geben kann, da für Gott keine Unterscheidung von transzendentaler und kategorialer Ebene in Anspruch genommen werden kann. Grundsätzlich muss gelten, dass im innertrinitarischen Freiheitskommerzium

> „die vollkommen gleichen Träger/Personen in ihrer Unterschiedenheit zugleich *ab ovo* vollkommen zur jeweils anderen vollkommenen Freiheit und ihrem je eigenen Freiheitsverhältnis entschlossen [sind], und zwar so, dass sie jeweils retroszendierend einander innewohnen und eins sind."[46]

Mithilfe der aufgezeigten Denkmöglichkeit einer Ur-Einheit in der präreflexiven Retroszendenz kann ausgesagt werden, dass es innertrinitarisch zu differenzierende Freiheitsverhältnisse gibt, die aber durch ihre ursprüngliche Vertrautheit miteinander eine Einheit bilden.

5.2.3 Unterscheidung innertrinitarischer Beziehungsebenen

Wenn von der Heilsgeschichte ausgehend von drei freien Trägern in präreflexiver Einheit gesprochen wird, muss aber ebenso die biblisch bezeugte Theozentrik bzw. die Souveränität des Vaters in der innertrinitarischen Konzeption zum Ausdruck kommen, und zwar ohne dass daraus eine „autokratische oder autoritäre Monarchie"[47] des Vaters hervorgeht. Gleichzeitig ist die Statusgleichheit der freien Personen unbedingt zu achten. Dieses Paradox kann aufgelöst werden, indem mit Nitsche konstitutions- und relationslogisch zwischen Ursprungsbeziehungen, Existenzbeziehungen und Wesensbeziehungen der göttlichen Freiheiten differenziert wird:[48]

In den *Ursprungsbeziehungen*, die die biblische Theozentrik widerspiegeln, ist das vorzeitliche und rein logisch zu verstehende Primat des Vaters anzusiedeln: Der Vater setzt als „Ur-Movens"[49] die vollkommenen Freiheiten des Sohnes (durch Zeugung) und des Geistes (durch Hauchung) von Ewigkeit her frei. Diese Ursprungsbeziehungen sind im ursprünglichen Entschluss des Vaters zur Freisetzung des Sohnes bzw. Geistes seins*begründend*, indem sie sowohl die Existenzbeziehungen als auch die Wesensbeziehungen konstituieren.[50] Diese Perspektive wird mit der relationslogischen Gleichrangigkeit der Personen ausbalanciert.

---

[45] Vgl. ebd.
[46] Ebd. 222.
[47] Ebd. 221.
[48] Vgl. Nitsche: Der drei-eine Gott, 432. Nitsche bezieht sich hier auf Moltmann: Gott in der Schöpfung, 246, der innertrinitarisch zwischen Konstitutions- und Relationsebene unterscheidet.
[49] Nitsche: Gott und Freiheit, 222.
[50] Vgl. Nitsche: Der drei-eine Gott, 432.

5.2 Freiheitstheoretisches Trinitätsdenken und relationale Ontologie

In den je spezifizierten *Existenzbeziehungen* begegnen sich die freien Träger auf distinkte Weise, da aufgrund der Eigentümlichkeit der trinitarischen Personen das Verhältnis des Vaters zum Sohn sich nicht mit dem Verhältnis des Vaters zum Geist usw. deckt.[51]

Innerhalb der *Wesensbeziehungen* vollziehen die freien Träger in vollkommener Perichorese das *eine* relational verfasste Wesen des trinitarischen Gottes, das das wesentlich Gemeinsame hinsichtlich des Liebe-Seins, des einen göttlichen Bewusstseins und damit der Handlungen nach außen hervortreten lässt.[52]

Das gegenseitige freie und prätemporale Sich-Entschließen zu den jeweils anderen Freiheiten einerseits und die präreflexive, einheitsbegründende Retroszendenz andererseits machen deutlich, warum die Beziehungsebenen „‚Blickwinkel' derselben Lebensdynamik [sind], ohne dass diese ‚Hinblicke' (Aspekte) voneinander getrennt oder gar antagonistisch gegeneinander ausgespielt werden können."[53] Diese unterschiedlichen Blickwinkel können zugleich in den oben angedeuteten (5.2.2) Personenbegriff aufgenommen werden: Die Ursprungs- und Existenzbeziehungen sind dabei dem Aspekt des Selbststandes oder der Eigentümlichkeit der göttlichen Person zuzuordnen; die Wesensbeziehungen entsprechen dem Gemeinsamen der göttlichen Personen, das im Freiheitskommerzium dadurch zustande kommt, dass vollkommene Freiheit zu anderer vollkommener Freiheit in einer Weise entschlossen ist, dass sie einander retroszendierend innewohnen und dadurch eins sind.[54]

Bei einer relationalen Wirklichkeitsbetrachtung, die auf diese Weise in der Trinitätslehre begründet liegt und innerhalb derer die inter-subjektive Dimension der menschlichen Freiheit zentral ist, kann auch der Mensch als *imago trinitatis* in seinem Wesen als von anderen Menschen und von Gott her und auf andere Menschen und auf Gott hin, also ganz aus seiner Relationalität verstanden werden. Schöpfungstheologisch lässt sich formulieren: *Gott will das andere als anderes* und schafft den Menschen daher als freien. Nachfolgend soll eine göttliche Vulnerabilität plausibel gemacht werden, bei der die innertrinitarische Einheit und die innertrinitarische Vielfalt zu beachten

---

[51] Vgl. ebd.
[52] Vgl. ebd. 430.
[53] Nitsche: Gott und Freiheit, 222.
[54] Die relationale Ontologie, die bereits im trinitarischen Personenbegriff deutlich wurde, wird an dieser Stelle konkretisiert: Relationslogisch lässt sich formulieren, dass alle trinitarischen Relationen zwischen den göttlichen Personen seins*bestimmend* sind: D.h. die Personen sind als idiomatische Personen mit spezifischer Eigentümlichkeit erst durch ihre Relationen hervorgebracht. Was personenzentriert formuliert in einer Hinsicht ein Relat bzw. der Selbststand der Person ist (Ursprungs-/Existenzbeziehungen), ist in anderer Hinsicht als Relation zu sehen (Wesensbeziehungen). Diese Konzeption kann verhindern, dass man doch wieder bei „atomistischen, basalen Relaten [landet], die kaum noch in interner Relation stehen können" (Mühling: Liebesgeschichte Gott, 98) bzw. dass die Personen in eine Einheit hinein aufgelöst werden.

sind. Im Folgenden wird allerdings zunächst die Vulnerabilität Jesu erörtert. Denn Gott will nicht nur das Andere als Anderes und setzt daher menschliche Freiheit frei, sondern in seiner_ihrer Menschwerdung geht Gott nach biblischem Zeugnis selbst in den Erfahrungsraum menschlicher Freiheit und ihr mögliches Affiziertwerden ein.

5.3   Vulnerabilität Jesu

Wenn Jesus nicht nur zum Schein Mensch geworden ist (Doketismus), sondern (gemäß der chalzedonischen Festlegung) ganz Mensch war, muss ihm menschliche Vulnerabilität in vollem Maße zugeschrieben werden[55]. Vor diesem Hintergrund kann ausgesagt werden: Jesus ist in voller Ambivalenz und Ambiguität als vulnerabel anzusehen, er ist sowohl strukturell als auch situativ, sowohl freiwillig als auch unfreiwillig vulnerabel. In besonderer Weise ist auch seine zwischenmenschliche Vulnerabilität hervorzukehren, da er Gottes Liebe-Sein auf menschliche Weise in einer Haltung der Vulnerabilität zum Ausdruck bringt. In der Person Jesu materialisiert sich Gottes Liebe. Das biblische Zeugnis berichtet von diesem von Vulnerabilität geprägten Leben, das von der Geburt Jesu bis zu seinem Tod am Kreuz unterschiedliche Facetten der Vulnerabilität sichtbar werden lässt. Die Geburtserzählungen im Matthäus- und Lukasevangelium berichten von einem vulnerablen Kind, das unter widrigen Bedingungen in einem kärglichen Stall, in der Fremde zur Welt kommt.[56] Jesu Leben beginnt risikoreich: König Herodes trachtet ihm nach

---

[55]   Da die christliche Tradition nach Hebr 4,15b formuliert, dass Jesus uns in allem gleich war außer der Sünde kann eine Einschränkung der Vulnerabilität lediglich für die ‚aktive' situative Vulnerabilität geltend gemacht werden. Zur Sündlosigkeit Jesu schreibt Saskia Wendel: „Er ist frei von Schuld, er verkörpert das Ideal moralischer Vollkommenheit in einzigartiger Art und Weise. Und gerade darin zeigt sich, dass er als wahrer Mensch zugleich wahrer Gott ist. Die Göttlichkeit Jesu zeigt sich also nicht in einer Gottnatur, einer göttlichen Substanz in Verbindung mit einer menschlichen Substanz, sondern in einer Haltung, einer Existenzweise, die nicht anders als vollkommen bezeichnet werden kann. ‚In allem uns gleich außer der Sünde' erweist sich dann als der Schlüsselsatz des christlichen Bekenntnisses zu Jesus von Nazareth als dem Menschen, in dem Gott sich selbst mitteilt. In seiner Haltung und in seinem Handeln, die die Haltung und das Handeln eines Menschen ist, drückt sich eine Haltung aus, die jedes menschliche Maß übersteigt – eine Haltung und ein Handeln, das nicht mehr den Bedingtheiten und Begrenztheiten menschlicher Existenz unterworfen ist. Eine Haltung und ein Handeln, in dem sich etwas Unbedingtes zeigt, in dem etwas Absolutes zur Erscheinung kommt" (WENDEL, Saskia: „….in allem uns gleich außer der Sünde." Jesus von Nazareth – Bild des Unbedingten in der Geschichte. In: Dies. (Hg.): Christus predigen in der Vielfalt theologischen Fragens: Donauwörth 2006, 78–84, 82).

[56]   Dass bereits der Anfang seines Lebens von Vulnerabilität geprägt war, ist ausführlich von Hildegund Keul dargestellt worden: KEUL, Hildegund: Weihnachten – Das Wagnis

5.3 Vulnerabilität Jesu

dem Leben und die Familie muss nach Ägypten fliehen (Mt 2,13), noch weiter weg von Vertrautem. Der Sohn Gottes kommt nicht in einem prunkvollen Palast zur Welt oder wird von Anfang an als mit Macht ausgestattet geschildert, stattdessen legen die Evangelien Wert darauf, ihn als situativ vulnerabel zu beschreiben. Die Begegnung mit dem Säugling Jesus ist sowohl für die Hirt_innen als auch für die Magier faszinierend; dieses Kind affiziert Hirt_innen und Magier auf positive Weise, auch wenn die Erwartungshaltung beider Gruppen durch das Engel-Wort „heute ist euch der Retter geboren" (Lk 2,11) bzw. die Annahme, ein König sei geboren worden (Mt 2,2), durch die Umstände seiner Geburt konterkariert werden. Diese Ambivalenz der Vulnerabilität in der Gefährdung einerseits und der großen Wirkung auf die Menschen andererseits sind Topoi der Geburtserzählungen. In den Schilderungen seines Wirkens in Galiläa kommt Jesu Haltung der Vulnerabilität zur Geltung: Jesus lebt seine Vulnerabilität bewusst und akzeptiert sie, er lebt in der Offenheit, sich in Beziehungen affizieren zu lassen und er affiziert andere mit seiner Reich-Gottes-Botschaft. Besonderer Ausdruck seiner freiwilligen zwischenmenschlichen Vulnerabilität ist das Verb σπλαγχνίζομαι[57], das in den Evangelien auf Jesus angewandt achtmal vorkommt und ein „aufsteigende[s] Mitgefühl"[58] oder tiefes Betroffensein Jesu angesichts einer Notsituation eines Mitmenschen bzw. der Volksmenge bezeichnet. So ist Jesus beispielsweise vom Hunger der Menge, die bereits drei Tage bei ihm ist, bewegt (Mk 8,2), vom Anblick eines Aussätzigen, der seinen Glauben, dass Jesus ihn heilen könne, kundtut (Mk 1,41), oder von den beiden Blinden, die laut um Jesu Erbarmen rufen (Mt 20,34). Auf das Mitgefühl Jesu hin folgt jeweils eine Handlung, die die Not der Personen lindern kann. Dieses aufsteigende Mitgefühl lässt sich als zwischenmenschliche Vulnerabilität interpretieren, die die Offenheit Jesu, sich von den Empfindungen, Bedürfnissen und Leiden anderer affizieren zu lassen, zum Ausdruck bringt. Auch dem Johannesevangelium, das insgesamt das Bild eines souverän handelnden Jesus zeichnet, scheint es wichtig zu sein, zu schildern, dass Jesus aufs Tiefste betroffen ist, als er sieht, dass Maria um ihren toten Bruder Lazarus weint (Joh 11,33). Dass er daraufhin sogar selbst weint (Joh 11,35), macht die tiefgreifende Empathie Jesu offenbar, die Sinnbild seiner Offenheit dafür ist, sich vom Leiden anderer affizieren zu lassen. Gleichzeitig bekundet er seine Bereitschaft, diese Vulnerabilität auch offen zu zeigen und damit den Spott der umstehenden Menschen in Kauf zu nehmen (vgl. Joh 11,37). Besonders offenbar wird Jesu zwischen-

---

der Verwundbarkeit. Ostfildern 2013 und Dies.: Inkarnation. Gottes Wagnis der Verwundbarkeit. In: Theologische Quartalschrift 192.3 (2012), 216–232.

[57] τὰ σπλάγχνα: Eingeweide, Herz, Leber, Lunge, Nieren, Ort der Leidenschaften (vgl. Köster, Helmut: σπλάγχνον/σπλαγχνίζομαι. In: Friedrich, Gerhard: Theologisches Wörterbuch zum Neuen Testament. Begründet von Gerhard Kittel. Bd. 7. Stuttgart 1966, 548–559, 548).

[58] Bieler: Verletzliches Leben, 83.

menschliche Vulnerabilität in den zahlreichen Heilungsgeschichten, die nicht als mirakulöse Begebenheiten verstanden werden dürfen, sondern als persönliche Begegnungen, in denen sich ein Beziehungsgeschehen ereignet, das heilend[59] wirkt. In den Heilungsgeschichten ist Jesus im körperlichen Kontakt mit den um Hilfe Suchenden, die Begegnungen sind von Berührungen geprägt: So berührt Jesus beispielsweise die Hand einer Frau mit Fieber (Mt 8,15), er bestreicht die Augen eines Blinden mit Speichel und legt ihm die Hände auf (Mk 8,23 par. Joh 9,6), er legt einem Gehörlosen die Finger in die Ohren (Mk 7,33) oder er berührt einen Aussätzigen (Lk 5,13). In somatischen Begegnungen zeigt sich, dass Jesus keine Berührungsängste hat, denn aus Sicht der Pharisäer macht er sich mit dem Körperkontakt (z.B. Mk 1,40-45 par. Lk 5,12-16; Mt 8,1-4) situativ vulnerabel (zugeschriebene Vulnerabilität), da er sich einer Unreinheit aussetzt, die nach der pharisäischen Übertragung kultischer Reinheitsgebote in den Alltag vermieden werden soll. In der Begegnung mit Jesus sind die notleidenden Personen ebenso Handelnde wie Jesus selbst, indem sie in ihrem Glauben darauf vertrauen, dass Jesus zur Minderung ihres Leidens beitragen kann (Zeichen des anbrechenden Reiches Gottes). Die Frage Jesu an den Blinden „Was willst du, dass ich dir tue?" (Lk 18,41) ist zwar *prima facie* Hilfsangebot Jesu, stärker aber noch Ermächtigung seines Gegenübers. Die Heilung kann also nur in Reziprozität wirksam werden und daher lässt sich von heilsamen Beziehungen sprechen, die den ausgestoßenen Menschen Hoffnung und ein Gefühl der Zugehörigkeit und des Angenommen-Seins geben. Besondere Aufmerksamkeit verdient in diesem Zusammenhang die Begegnung Jesu mit einer Frau, die seit zwölf Jahren an

---

[59] In der Frage, ob Jesus tatsächlich auch einen Heilungsauftrag Gottes ausführt, gibt es im Diskurs inklusiver Theologie unterschiedliche Ansätze. Unter Exeget_innen herrscht weitreichender Konsens, dass Jesus nach Aussageabsicht der Evangelien als Zeichen des anbrechenden Reiches Gottes auch Menschen geheilt hat und dies auch physisches Heilen miteinschließt. Deshalb möchte ich mich Anne Krauß anschließen, die gegen Bach dafür plädiert, Heil und Heilung nicht getrennt zu betrachten (Krauß: Barrierefreie Theologie, 131-138). Ulrich Bach spricht sich dafür aus, das göttliche Heil nicht an körperliche Heilung zu binden, um eine Degradierung des Lebens von Menschen mit Behinderungen zu verhindern (vgl. BACH: Ohne die Schwächsten, 123f.) Die beiden Konzepte Heil und Heilung, so Krauß, können erst eschatologisch völlig verschmelzen. Dennoch kann für eine inklusive Deutung von Heil und Heilung bei unheilbaren Krankheiten bzw. einer Behinderung sowohl ein Heilungsprozess als auch anbrechendes Heil auch schon innerweltlich gedacht werden und zwar erstens mithilfe einer konzeptionelle Erweiterung des Heilungsbegriffs, der „ein Stärken und Unterstützen physischer, psychischer, sozialer und spiritueller Widerstandsressourcen eines Menschen" (Krauß: Barrierefreie Theologie, 136) einschließt und damit ein Stück Heilung möglich macht und zweitens ein durch die Glaubensperspektive ermöglichtes Gefühl des Getragenseins durch Gott, das das zukünftige Heil schon jetzt erfahrbar macht, obgleich die Erfahrung von Gottesferne in Krankheit und Behinderung gleichwertig der Chance der Gotteserfahrung in Krankheit und Behinderung unbedingt ihre Anerkennung behalten muss.

5.3 Vulnerabilität Jesu

schwerem Blutfluss leidet (Mk 5,21–34). Sie sieht Jesus in der Menschenmenge, ist jedoch ängstlich und zögerlich (empfundene situative Vulnerabilität) und wagt aufgrund ihrer Unreinheit nur, den Gewandsaum Jesu (Mt 9,20) zu berühren. Als die Berührung geschieht, realisiert Jesus, wie eine Kraft (δύναμις) von ihm ausströmt, die als Kraft gedeutet werden kann, die „in Beziehung mit anderen wirkt und wächst."[60] Auch dies führt die Reziprozität vor Augen, die typisch für die zwischenmenschliche Vulnerabilität ist: Nicht nur die Frau verändert sich durch die Begegnung mit Jesus, auch Jesus wird verwandelt (*dynamis*, die ausströmt).[61] Die Intimität in der Begegnung wird durch die Anrede Jesu „meine Tochter" verdeutlicht.

Neben dieser für alle sichtbaren gelebten zwischenmenschlichen Vulnerabilität setzt Jesus sich leidenschaftlich gegen die negativen Folgen der situativen Vulnerabilität seiner Mitmenschen ein. Zu erwähnen ist hier beispielhaft die verhinderte Steinigung einer Ehebrecherin (Joh 8,1–11), die Jesus durch einen klugen Schachzug abwendet. Des Weiteren lebt Jesus als Wanderprediger in vollkommener Offenheit – dies wird auch deutlich in der Aussage, dass der Menschensohn keinen Ort hat, wo er sein Haupt hinlegen kann (Mt 8,20; Lk 9,58), und er sich von den Füchsen, die ihre Höhlen, und den Vögeln, die ihre Nester haben, unterscheidet. Jesus hat keinen Rückzugsort – er lebt mit dem Risiko, abgelehnt zu werden und folglich am Abend kein Obdach zu finden, aber auch mit einer Offenheit, empfangen zu werden und dadurch Menschen zu begegnen, die ihm mehr bedeuten als vorläufige Sicherheit. Auch bei der Aussendung der zwölf Jünger (Lk 9,1–6) rät Jesus zu einer Haltung der Vulnerabilität: Sie sollen auf ihrem Weg nichts mitnehmen – keine Kleidung, kein Geld, keine Vorräte. Sie sollen nicht aus sich selbst leben, sondern ganz offen dafür sein, in welchem Haus sie übernachten, was sie erleben und wer ihnen begegnet. Auf diese Weise gehen sie ein gewisses Risiko ein, Zurückweisung zu erfahren und nicht genug zu essen zu haben, andererseits eröffnet diese Art zu reisen Raum für Begegnung und die Möglichkeit der Gastfreundschaft, sodass ihre Aussendung aus einem gegenseitigen Geben und Nehmen bestehen kann. Davon, dass er für seine Botschaft der Liebe und in seiner damit verbundenen Vulnerabilität wirklich bereit ist, bis ins Äußerste zu gehen, zeugt das Kreuzesgeschehen, das sich bereits zuvor in Jesu freiwilliger Vulnerabilität ankündigt: Dass er sich in Gefahr befindet, war ihm wohl bewusst als er nach Jerusalem, ins Zentrum der Macht, einzog, denn es gab schon zuvor einige Konfliktsituationen mit den führenden Geistlichen: Indem er mit den aus der Gesellschaft Ausgestoßenen Mahlgemeinschaft hält, setzt er sich der Missgunst der Pharisäer aus (Mk 2,15–17; Lk 15,1f.) und er empört die Pharisäer und Schriftgelehrten, weil diese sehen, dass er und seine Jünger_innen die Reinheitsgebote missachten (Mt

---

[60] SELVATICO, Pietro / STRAHM, Doris: Jesus Christus. Christologie. Zürich ²2011, 126.
[61] Vgl. ebd.

15,1–12). Doch Jesus lässt sich davon nicht beeindrucken, er ist um seiner Botschaft willen bereit, etwas zu riskieren, und beschließt nach Jerusalem zu gehen. In Jerusalem erregt er weiter öffentlich Ärgernis, als er Händler und Geldwechsler aus dem Tempel vertreibt (Mk 11,15–19, Lk 19,45–47) – von dieser Begebenheit an, suchen die Hohepriester und die Schriftgelehrten nach einer Möglichkeit, ihn umbring zu lassen.

Wie all diese Erzählungen zeigen, ist Jesus ein Mensch, „an dem sich die Ambiguität der Verletzlichkeit [Anm. H.B.: bei mir: Vulnerabilität] in besonderer Weise zeigt und verdichtet."[62] Jesus lebt in heilsamen Ich-Du-Beziehungen und genießt gutes Essen und Wein in Mahlgemeinschaft mit anderen, andererseits blitzt auch immer wieder die Gefährdung durch seine Vulnerabilität auf, die in negativer Weise in seiner Leidensgeschichte kumuliert.[63] Das Kreuz kann als radikal negativer Ausdruck seiner situativen Vulnerabilität gelesen werden, das er aufgrund der Treue zu seiner Botschaft der Liebe, an der Jesus mehr hängt als an seinem Leben, hinnimmt. Seine Vulnerabilität im Kreuz ist jedoch wiederum als freiwillige Vulnerabilität zu klassifizieren: Er kann und will aufgrund der Treue zu seiner Botschaft den Tod nicht abwenden und ist deshalb freiwillig vulnerabel und bereit, aus Liebe sein Leben (für seine Freund_innen [Joh 15,13]; für Gottlose [Röm 5,6]) hinzugeben.[64] Die Evangelien legen großen Wert auf eine Schilderung seiner *freiwilligen* Vulnerabilität in der Passionsgeschichte: Jesus handelt bei genauerem Hinsehen als „deutender Akteur"[65], auch wenn er auf den ersten Blick passiv erscheint – so schweigt er etwa zu den Anklagen des Pilatus (Mt 27,12–14): Sein Schweigen ist jedoch keine Ohnmacht, sondern birgt eine Stärke, die in weiteren Handlungen zum Ausdruck kommt. Besonders der johanneische Jesus scheint in der Leidensgeschichte, in der er aufgrund seines Menschseins auch real leidet[66], als freier Mensch zu handeln. Dies wird an verschiedenen Stellen hervorgehoben: Als die Soldaten kommen, um Jesus zu verhaften, stellt er ihnen die Frage, wen sie suchen (Joh 18,4), obwohl er die Antwort auf die Frage weiß. Durch diese Frage hält er in dieser für ihn bedrohlichen Situation an seiner Handlungsfreiheit fest. Ebenso im Verhör durch Pilatus tritt Jesus souverän auf: Er antwortet nur indirekt auf Pilatus' Fragen (Joh 18,35f.: Was hast du getan? – Mein Königtum ist nicht von dieser Welt.), stellt Gegenfragen (5,34:

---

[62] Bieler: Verletzliches Leben, 93.
[63] Vgl. ebd.
[64] Im antiken Freundschaftsideal galt es als Ausdruck äußerster Liebe, sein Leben für seine Freund_innen hinzugeben. Unüberbietbar macht seine Liebe den Tod für die Gottlosen und Sünder_innen – Jesu Tod ist Ausdruck unseres unbedingten Angenommenseins durch Gott (vgl. Schreiber, Stefan: Von der Verkündigung Jesu zum verkündigten Jesus. In: Ruhstorfer, Karl-Heinz (Hg.): Christologie. Paderborn 2018, 69–140, 94).
[65] Vgl. Neulinger: Zwischen Dolorismus und Perfektionismus, 306.
[66] Die Kreuzigung ist eine sehr brutale und bewusst zur Schau gestellte Hinrichtungsart, die zu einem Tod durch Erstickung führt.

5.3 Vulnerabilität Jesu

Sagst du das von dir aus?) und lässt Pilatus fragend zurück (5,38: Was ist Wahrheit?). Auch noch am Kreuz hängend macht er sich im Gespräch mit den trauernden Frauen Gedanken um die Personen, die ihm am Herzen liegen (Joh 19,25-27). Am erzählerischen Höhepunkt spricht der johanneische Jesus die deutenden Worte „Es ist vollbracht" und übergibt selbst seinen Geist (Joh 19,30). Insgesamt erscheint Jesus dadurch als Lenker des Geschehens, der in der größten Not weiter Handelnder bleibt. Jesus könnte in dieser Darstellung auch als den körperlichen Schmerzen gegenüber nicht-vulnerabel gedeutet werden, jedoch ist es dem Johannesevangelium ebenso wichtig zu betonen, dass Jesus wirklich leidet: In der Szene der Verhöhnung durch die Soldaten wird in voller Drastik geschildert, wie diese Jesus auf unbarmherzige Weise peinigen (Joh 19,1-15) – von einer inneren Überlegenheit Jesu wird nicht berichtet. An dieser Stelle werden zugleich die durch und durch negativen Konsequenzen von Vulnerabilität offensichtlich und damit auch die Ausnutzung und der Missbrauch von Vulnerabilität zur Schau gestellt. Damit zeichnet das Johannesevangelium insgesamt das Bild eines Ineinander von Leiden und innerer Überlegenheit Jesu in der Passionsgeschichte. Auch beim lukanischen Jesus wird sein Handeln noch im Leiden betont, wenn er für die Täter seiner Hinrichtung um Vergebung bittet (Lk 23,34) und einen Verbrecher, der neben ihm gekreuzigt ist, von seiner Schuld lossspricht (Lk 23,46). Außerdem illustriert das Matthäusevangelium im bekennenden römischen Hauptmann deutlich, dass Jesus bis in seinen Tod hinein noch Menschen affizieren kann (Mt 27,54). Die verschiedenen Schilderungen des Kreuzesgeschehens sind insgesamt so inszeniert, dass dabei die Freiwilligkeit Jesu hervorgehoben wird. Die Evangelien machen damit deutlich: Jesus ist in seiner Leidensgeschichte um seiner Botschaft der Liebe willen freiwillig vulnerabel. Die Leidensgeschichte setzt damit die freiwillige Vulnerabilität fort, die schon im Wirken Jesu hervorgekehrt wurde, und bringt damit eine Stärke in der Ohnmacht zum Ausdruck, die auch Paulus in 2 Kor 12,5-10 betont (V. 10: „wenn ich schwach bin, dann bin ich stark"). Der Tod ist für den Menschen Jesus nicht weniger real: Auch für Jesus, der in besonderer Weise aus Gott und für die Menschen, ganz aus und in Beziehung lebt, ist der Tod wie für jeden Menschen gleichbedeutend mit Beziehungsabbruch, völliger Beziehungslosigkeit: „Menschlich gesehen ist er am Kreuz gescheitert."[67] In seiner Verzweiflung und Gottverlassenheit, die er kurz vor seinem Tod empfindet, solidarisiert er sich mit seinem Ruf „Mein Gott, mein Gott, warum hast du mich verlassen?" (Mt 27,46) mit allen Menschen, die in einer Notsituation Gottverlassenheit erfahren.

Gott setzt gegen den Tod Jesu – den Beziehungsabbruch, das relationslose Nichts und damit die Gottesferne – die Auferstehung, in der Gott sein ihr endgültiges Wort spricht, dass der Tod keine Macht haben soll. In der Aufer-

---

[67] KASPER, Walter: Einführung in den Glauben. Mainz 1972, 57.

stehung wird deutlich: Gott ist unbedingt zum beziehungsreichen Leben entschieden. Daher kann Paulus vom Kreuz, das von den Nicht-Gläubigen als Skandalon bezeichnet wird (1 Kor 1,23), als Ort der endgültigen Überwindung des Todes sprechen (1 Kor 15,54f.). In den Erscheinungserzählungen des Auferstandenen ist im Kontext der Vulnerabilität Jesu besonders die in Joh 20,24–28 berichtete Begegnung von Jesus und Thomas hervorzuheben: Thomas kann die Wunden an den Händen und Seiten Jesu berühren, anhand derer er ihn erkennt. D.h. selbst nach der Auferstehung, über den Tod Jesu hinaus, sind die Wunden, die negativen Folgen seiner Vulnerabilität, von Bedeutung. Die Lebensgeschichte in Vulnerabilität ist in Jesu Auferstehung also nicht einfach weggewischt, sondern prägt den Leib des Auferstandenen.

Wie gesehen kann Jesu Leben von der Geburt bis zum Tod als eines in (freiwilliger) Vulnerabilität nachgezeichnet werden. Die Frage, die in diesem Zusammenhang aufkommt, ist, ob Jesus nur aufgrund der menschlichen Kontingenz vulnerabel ist – dies wäre zumindest denkbar. Meine These jedoch lautet, dass die Vulnerabilität Jesu auch Teil der Selbstoffenbarung Gottes ist und Gott selbst daher auch als vulnerabel bezeichnet werden kann. Wie dies genau zu denken ist, wird im Folgenden zu untersuchen sein.

5.4 *Vulnerabilität Gottes*

In Bezug auf die bisherige Analyse zur Vulnerabilität Jesu lässt sich sagen, dass Gott sich durch Inkarnation (und Kenosis) *in Jesus* vollumfänglich und auf menschliche Weise vulnerabel gemacht hat: Dadurch dass Gott Mensch wird und Jesus als menschgewordener Gott nicht daran festhält, Gott gleich zu sein, sondern den Menschen gleich wird (Phil 2,6f.), macht Gott sich auch *in Jesus* offen dafür, affiziert zu werden. Für den menschgewordenen Gott impliziert dies eine Aufgabe der absolut unbedingten Freiheit, die Gott innertrinitarisch zukommt, und damit einen Verzicht reiner Selbstbestimmung: Gott lässt sich in Inkarnation und Kenosis (als Mensch) ganz auf weltliche Zusammenhänge und Einflüsse ein. Das Kreuz kann aus der Perspektive Gottes als Testfall der inkarnatorischen Vulnerabilität gesehen werden: Nehmen wir das chalzedonische ‚ungetrennt' der göttlichen Naturen ernst[68], so zeigt Gott im Leiden und im Tod Jesu am Kreuz die Bereitschaft, bis zum Äußersten zu gehen.

Doch offenbart sich Gott dadurch auch als *vulnerabel*? Wenn bedacht wird, dass Jesus Christus biblisch „als Erstgeborener der ganzen Schöpfung", als *das* Ebenbild Gottes (Kol 1,15) bezeichnet wird, was nichts anderes bedeu-

---

[68] Auf das chalzedonische ‚unvermischt' komme ich unter 5.4.4 zurück.

tet, als dass er wahrhaft Widerschein Gottes ist und damit Gottes Wesen auf Erden offenbart, wird es nach der Nachzeichnung des Lebens Jesu in v.a. freiwilliger Vulnerabilität zumindest unmöglich, die besondere Legitimität dieser Frage zu bestreiten. Anders ausgedrückt: Das Trinitätsverständnis und damit das Gottesbild muss den vulnerablen Jesus integrieren können. Im Folgen sind zunächst biblische und systematische Gründe für eine Vulnerabilität Gottes vorzubringen (5.4.1). Um die Vulnerabilität Gottes traditionsgeschichtlich einordnen zu können, ist sodann die griechische Tradition der Apatheia genauer zu untersuchen (5.4.2). Sodann sollen die Konzeptionen eines vulnerablen Gottes Liedkes, Bielers und Moltmanns herausgearbeitet (5.4.3) und kritisch untersucht werden (5.4.4), sodass in 5.4.5 zu erfüllende Kriterien für eine mögliche Vulnerabilität Gottes angeführt werden können.

5.4.1 Biblische und systematische Gründe für eine Vulnerabilität Gottes

Biblisch erscheint nicht nur Jesus als von Gott Gesandter im Neuen Testament als empathisch und Anteil nehmend am Schicksal der Menschen. Auch Gott wird im Alten Testament als vom Leiden seines_ihres Volkes affizierbar geschildert: In Jesaja 57,15 wohnt der erhabene Gott in der Höhe – Gott ist aber auch bei den Niedrigen und Zerschlagenen, um sie wieder aufleben zu lassen. Hier werden zwei scheinbar kontradiktorische Aussagen harmonisiert, um auszudrücken, dass das, was eigentlich undenkbar erscheint, bei Gott nicht unmöglich ist. In Jesaja 63,9 wird beschrieben, dass Gott in der Bedrängnis seines_ihres Volkes auch bedrängt ist und doch Gott selbst das Volk aus Liebe und Mitleid erlöst. In Ps 91,15 wird zudem versichert, dass Gott den Bedrängten beisteht und sie hört, wenn sie zu ihm_ihr rufen. Zef 3,17 bezeugt, dass Gott sich über sein_ihr Volk freuen kann: Gott freut, frohlockt und jubelt angesichts Israels (vgl. auch Jes 62,5; Jes 65,19). Der Grund für Gottes Freude ist in seiner_ihrer erwählenden Liebe zu seinem_ihrem Volk begründet. Diese Beispiele können veranschaulichen, dass in der Bibel auch Gott von Notlagen affiziert wird oder sich über sein_ihr Volk freut und dadurch auch für das alttestamentliche Gottesbild eine Form der Vulnerabilität vorausgesetzt werden muss. Darüber hinaus wird Gott in Jes 66,13 als Tröster präsentiert und auch der Geist, den Jesus als Parakleten sendet (Joh 14,16), wird spätestens seit Luthers Bibelübersetzung als Tröster bezeichnet. Gott Vater und der Geist können jeweils nur dann trösten, wenn Gott auch vulnerabel ist, wenn er_sie sich anrühren lässt von weltlichen Geschehnissen. Systematisch können weitere Gründe für eine Vulnerabilität Gottes angegeben werden: Erstens müssen die göttlichen Personen im trinitarischen Denken als offen für das andere ihrer selbst gedacht werden (daraus erwächst u.a. das christologische Problem). Da die Bestimmung Gottes als überbordende Fülle der Liebe als leitend erachtet wurde, kann diese Liebe nicht in sich selbst verbleiben, sondern öffnet sich schöpfungstheologisch gedacht auch dem anderen als anderes und kann Gott dadurch als seinen_ihren Geschöpfen gegenüber vulnerabel qualifizieren. Ein zweites systematisches Argument ist im Zusammenhang mit der Theodizeefrage zu sehen: Wenn Gott nicht auch affiziert würde durch unser menschliches Leid, d.h. die negativen Folgen unserer Vulnerabilität, wenn er_sie nur als in sich ruhende_r und unveränderliche_r, d.h. apathische_r Zuschauer_in gesehen werden könnte, wäre die Freilassung der Schöpfung, die auch mit einem Zulassen des Bösen einhergeht, ein unerträglicher und quälender Gedanke.[69] Wenn Gott die weltliche Realität in ihre Freiheit und Eigengesetzlichkeit entlässt, wäre Gott ohne ein Mittragen unseres dadurch entstandenen Leides kein barmherziger Gott mehr, kein Gott mehr, den_die man als die Liebe selbst bezeichnen würde. Ein Mitleiden und daher eine mögliche Vulnerabilität Gottes kann die Theodizeefrage zwar keinesfalls lösen (im Gegenteil kann argumentiert werden, es verschärfe sie aufgrund der „Verdopplung des Leidens"[70]), doch kann es den Gedanken der Freilassung der Schöpfung erträglicher machen. Ein weiteres Argument für die Vulnerabilität Gottes lautet, dass der Mensch eschatologisch nur dann nicht für die Anerkennung seiner Leiden eintreten muss, wenn Gott mit diesen vertraut ist.[71]

Nähern wir uns der Frage nach der Vulnerabilität Gottes transzendentallogisch, erhalten wir eine eindeutige Antwort. Da Gott nicht jenseits transzendentaler Überlegungen zu denken ist (5.5.1), können wir uns ihm_ihr mithilfe des Transzendentaldenkens annähern: Wenn Gottes Liebe in Jesus Christus konkret wird und Gott die Freiheit Jesu in transzendentaler Differenz als menschliche Freiheit freisetzt, muss Jesus, aber in transzendentaler Differenz zunächst auch der göttliche Logos, vulnerabel sein, da Vulnerabilität die Bedingung der Möglichkeit für geschichtlich konkret gewordene Liebe auf kategorialer Ebene ist. Gott muss (in Jesus) vulnerabel gedacht werden, denn anders ist konkretes In-Beziehung-Stehen Gottes zu den Menschen nicht denkbar. Darüber hinaus gilt für eine Bedingungsanalyse für die Menschwerdung und für das Kreuz Jesu, dass in der Logik der Selbstoffenbarung auch Gott, aus der_dem Jesus gänzlich lebt, in irgendeiner Form vulnerabel gedacht werden muss.[72] Dabei kann die Vulnerabilität Gottes nicht als

---

[69] Vgl. GRESHAKE, Gisbert: Warum lässt uns Gottes Liebe leiden? Freiburg ²2017, 64.
[70] METZ, Johann Baptist: Theodizeempfindliche Gottesrede. In: Ders. (Hg.): Landschaften des Schreiens. Zur Dramatik der Theodizeefrage. Mainz 1995, 81–102, 95.
[71] Vgl. TÜCK, Jan-Heiner: Passion Gottes. Zum unerledigten Disput um die Rede vom leidenden Gott. In: FISCHER, Irmtraud / FREY, Jörg / FUCHS, Ottmar et al. (Hg.): Mitleid und Mitleiden. Göttingen / Bristol 2018, 3–28, 27.
[72] Es besteht zwar die Möglichkeit, nur Jesus als vulnerabel zu denken, aber dann wäre Gott als unnahbar vorauszusetzen und kein Mensch könnte in direkter Beziehung zu Gott stehen. Doch nach christlichem Verständnis gilt: Durch Jesus offenbart sich Gott

menschliche gelten, wie ich sie in Kapitel 4 dargestellt habe. Vielmehr ist hier eine Vulnerabilität zu denken, die auch unter den Bedingungen der Göttlichkeit artikulierbar ist. Diese göttliche Vulnerabilität systematisch denkbar zu machen, wird in der nachfolgenden Argumentation zu leisten sein.

5.4.2   Die Tradition apathischen Gottdenkens

Um die Tragweite einer Vulnerabilität Gottes zu verstehen, wenden wir uns zunächst dem in der griechischen Philosophie entstandenen und in der christlichen Tradition[73] wirkmächtigen Konzept der *Apatheia*[74] zu. Seit der

---

selbst als nahbar, als jemand, zu dem_der wir wagen können zu beten und an die_den wir unsere Klage richten können.

[73] Karl Rahner spricht z. B. vom *deus impassibilis et immutabilis* (vgl. RAHNER, Karl: Im Gespräch. Bd. 1: 1964–1977. Hg. von Paul Imhof und Hubert Biallowons. München 1982, 245f.).

[74] Von der Stoa übernimmt zunächst das apologetische Schrifttum (Justin) den Gedanken der Apatheia (vgl. FROHNHOFEN, Herbert: Apatheia tou theou. Über die Affektlosigkeit Gottes in der griechischen Antike und bei den griechischsprachigen Kirchenvätern bis zu Gregorios Thaumaturgos. Frankfurt am Main 1987, 146–149). Von besonderer Wichtigkeit in der Übernahme der Apatheia in das Christentum ist Clemens von Alexandrien, der die griechische Philosophie in Einklang mit dem Christentum bringen will und das Ideal der Apatheia als ethische Forderung für jede_n Christ_in betrachtet, da diese nicht den Leidenschaften anhängen, sondern dem apathischen Gott nacheifern sollen. Die Apatheia Gottes ist für Clemens eine Selbstverständlichkeit: Er beschreibt Gott im vollen Bedeutungsspektrum der griechischen Antike als leidenschaftslos, ohne jede Gemütsregung und unveränderlich (vgl. ebd. 185f). Dabei ist den Genannten bewusst, dass die Bestimmung Gottes als apathisch den Heiligen Schriften entgegensteht, die Gott z.B. als erbarmungsvoll schildern. Diesem Problem entgeht Clemens, indem er das Erbarmen lediglich mit den aus dem Mitleid, das er eindeutig als Pathos qualifiziert, erwachsenden Handlungen der Barmherzigkeit identifiziert (vgl. ebd. 187). Bei Origenes lassen sich neben Affirmationen der Apatheia/*impassibilitas* Gottes auch wenige Stellen finden, die dem christlichen Gott das Empfinden von Leiden zuschreiben: „Aber der Vater, der Gott des Alls, er der voll ist von Langmut, Erbarmen und Mitleid, empfindet nicht er selbst ein gewisses Leiden? Weißt du nicht, daß er menschliche Leiden empfindet, wenn er menschliche Angelegenheiten ordnet? Denn ‚der Herr, dein Gott, hat eine solche Beschaffenheit angenommen, welche der Mensch annimmt gegenüber seinem Sohn' (Dtn 1,31). Also nimmt Gott unsere Beschaffenheit an, wie der Sohn Gottes unsere Leiden trägt. Also ist der Vater selbst nicht apathisch. Wenn man ihn bittet, erbarmt er sich und leidet mit. Er leidet an der Liebe und begibt sich in Gefühle, welche er gemäß seiner Größe und seiner Natur an sich nicht haben kann, und empfindet wegen uns menschliche Affekte" (ORIGENES: Hom. in Ez. 6,6, zit. nach FROHNHOFEN: Apatheia, 200f.). Weinandy hebt in seiner Studie zur Entwicklung der christlichen Apatheia hervor, welche die Gründe für die Beibehaltung der Apatheia für die christlichen Autoren sind und wie sie sich zur griechischen Philosophie positionieren: 1) Die Väter sind nicht der griechischen Philosophie verpflichtet, sondern ihre Erkenntnisse speisen sich aus ihrer Treue zur Heiligen Schrift (WEINANDY, Thomas: Does God Suffer? Notre Dame 2000, 108). 2) Der Umgang der Väter mit der griechischen

Philosophie der griechischen Antike, bereits bei den Vorsokratikern Empedokles und Mellisos von Samos gilt die *Apatheia* (abseits von der Bedeutung als ethisches Ideal, nach dem Menschen trachten können) als Eigenschaft Gottes, die ein philosophisch verantwortbares Gottesbild (Gott als Ersturache) hervorbringen kann.[75] Die Apatheia bezeichnet hier in erster Linie eine Unveränderlichkeit, eine Leidens- und Leidenschaftslosigkeit Gottes bzw. eine Unbeeinflussbarkeit schlechthin[76], die zunächst gegen die leidenschaftlichen Göttinnen und Götter der griechischen Antike gerichtet ist, die lieben, hassen, eifersüchtig, neidisch, zornig etc. sind und aufgrund dieser Affekte handeln.[77] Gegen ein solches Gottesbild stellt Aristoteles seinen unbewegten Beweger, der selbst die Ursache aller Bewegungen alles Seienden ist, der aber selbst unveränderlich sein muss, da ihm sonst wiederum eine Ursache vorgeordnet werden müsste. Das Morphem *a-* deutet auf die Verneinung des dahinterstehenden Morphems *-patheia* hin, das vom Verb πάσχειν abgeleitet ist und das laut Aristoteles das Vermögen ausdrückt, dass ein Gegenstand durch einen anderen affiziert wird[78]. Laut Aristoteles kann dabei der Gegenstand durch das von außen beeinflussende Element auch verbessert werden[79] – dies kann die Ambivalenz bzw. Ambiguität der „Widerfahrnis" erfassen und daher mit meinem Vulnerabilitätskonzept in Verbindung gebracht werden.

Heribert Frohnhofen nennt drei Bedeutungen, die die Apatheia in der griechischen, vorchristlichen Antike annehmen konnte:

1) Prinzipielle Unbeeinflussbarkeit einer Entität durch ein ihr Äußeres

Hier lässt sich eine sehr deutliche Parallele zur Nicht-Vulnerabilität erkennen, die im zwischenmenschlichen Bereich ein In-sich-verschlossen-Sein ausdrückt. Die Qualifikation der prinzipiellen Unbeeinflussbarkeit zieht in der griechischen Antike die Bestimmungen eines durchgängigen und immer gleichbleibenden Seienden, eines unwandelbaren[80], unkörperlichen und unsichtbaren Seienden nach sich.[81]

Apatheia schließt eine radikale Änderung der griechischen Philosophie ein (ebd. 111): eine absolute Unterschiedenheit Gottes zur geschaffenen Welt (positive Attribute der Ewigkeit, Allgüte, Allmacht [ebd. 109] und negative Attribute der Nicht-Körperlichkeit, Unergründbarkeit, Unendlichkeit, Ungeschaffenheit). 3) Die Impassibilität betont etwas Positives: vollkommene Güte, treue Liebe, die vollkommene Andersheit Gottes (ebd. 111f).

[75] Vgl. FROHNHOFEN: Apatheia, 70.
[76] Vgl. ebd. 30.
[77] Hier kommt ein univokes Denken über die Götter zum Ausdruck.
[78] Vgl. ARISTOTELES: Met. V 1019a21f.
[79] Vgl. ebd.
[80] Es ist jedoch möglich, dass „in einer Entität Veränderungen auftreten, die nicht durch ein von außen Hinzutretendes verursacht worden sind" (FROHNHOFEN: Apatheia, 46).
[81] Vgl. ebd. 44–48.

2) Unbeeinflussbarkeit durch seelische Empfindungen

Die Denotation von πάσχειν ist hier gegenüber der ersten hinsichtlich der möglichen Objekte und der Art der Beeinflussung eingeschränkt.[82] Aristoteles fasst unter seelischen Empfindungen Begierde, Zorn, Furcht, Mut, Neid, Freude, Liebe, Hass, Sehnsucht, Eifersucht, Mitleid.[83] Hier gibt es die Möglichkeiten, dass erstens innerhalb eines Wesens eine Seele angenommen wird, eine Beeinflussbarkeit der Seele jedoch ausgeschlossen ist, und zweitens, dass eine Seele und Sinnesempfindungen angenommen werden können, dass jedoch die Empfindungen die Seele nicht oder nur teilweise beeinflussen.[84]

3) Unbeeinflussbarkeit durch als negativ empfundene Seelenerregungen, d. h. Leidenslosigkeit und Leidenschaftslosigkeit

Hier liegt eine weitere Bedeutungseinschränkung hinsichtlich der Qualität der Beeinflussung vor, die hier als negativ und leidvoll empfunden wird. Hierbei sind jedoch Umstände vorstellbar, in denen in der antiken Gesellschaft allgemein negativ bewertete Empfindungen, persönlich nicht als negativ bewertet werden (Mitleid, geschlechtliche Lust).[85] An dieser Stelle wird wiederum die Parallele zur Vulnerabilität im Unterschied zwischen zugeschriebener und empfundener Vulnerabilität deutlich. Eine besondere Bedeutung dieser Form der Apatheia, die vor allem bei den Kynikern verbreitet ist, ist die Bedürfnislosigkeit, die durch eine Selbstgenügsamkeit (αὐτάρκεια) zustande kommt und ausschließt, dass ein Wesen hungrig, durstig, neidisch, eifersüchtig oder sehnsuchtsvoll ist.[86]

Da nun der volle Bedeutungsumfang der antiken Apatheia erfasst ist (der sich im Laufe der Zeit nicht deutlich ändert[87]), können unten die verschiedenen Bedeutungen im Hinblick auf eine Vulnerabilität Gottes beurteilt werden (vgl. 5.4.5.6).

---

[82] Vgl. ebd. 34.
[83] Vgl. ARITSTOTELES: NE 1105b21–1105b24.
[84] Vgl. FROHNHOFEN: Apatheia, 37.
[85] Vgl. ebd. 40.
[86] Vgl. ebd.
[87] Vgl. ebd. 17.

5.4.3 Der vulnerable Gott in den Ansätzen Liedkes, Bielers und Moltmanns

Nun sollen drei exemplarische Ansätze (Liedke, Bieler und v.a. Moltmann), die einen vulnerablen Gott denken, zunächst dargestellt und in einem zweiten Schritt evaluiert werden.

Andrea Bieler formuliert im Hinblick auf eine Vulnerabilität Gottes die These, dass Gott sich das „leibliche Sein-Zur-Welt"[88] zu eigen macht und sich „ganz und gar affizieren lässt von den Facetten der Vulnerabilität."[89] Diese Facetten umfassen die Offenheit und Durchlässigkeit, die Fähigkeit zur Wahrnehmung von Ambiguität, die auf menschlicher Seite deutlich macht, dass wir als Menschen „verletzungsoffen und liebesfähig zugleich"[90] sind, und eine unbegrenzte Potenzialität, die anhand des Virtuellen bei Deleuze verstanden werden kann[91] (vgl. auch 4.6.1), das sich nicht in der Realisierung von Möglichkeiten erschöpft, sondern als Potenzial fortbesteht und dadurch Wandel ermöglicht. Neben diesem vollumfänglichen Affiziertwerden Gottes von diesen Aspekten, argumentiert Bieler andererseits mit Keller, dass ein Affiziertwerden Gottes nicht als „vollständiges Absorbiertwerden vom Leiden des anderen"[92] missverstanden werden darf. Gottes Vulnerabilität bedeutet für Bieler, dass Gott sich dem anderen in Liebe hingibt und sich darin einem Risiko aussetzt, „empathisch mitzuleiden, geliebt und verletzt zu werden."[93] Sie benennt in diesem Zusammenhang eine Gefährdung Gottes in der Inkarnation.

Ulf Liedke spricht zwar nicht explizit von einer Vulnerabilität Gottes, jedoch könnte man von seinen Beschreibungen Gottes auf einen vulnerablen Gott schließen: Er legt Gott nicht fest als „ewiges, in sich ruhendes, unveränderliches Sein"[94], sondern betrachtet Gott trinitarisch als „dynamisches Sein-in-Beziehung"[95], als eine_n „der sich verändert, der eine Geschichte hat und in die Geschichte eingeht", als einen leidenschaftlichen Gott, „mit einer Passion für die Welt, ein[en] Gott auch, der für diese Weltleidenschaft selbst in die Passion geht."[96] In dieser Interpretation geht er davon aus, dass Gottes

---

[88] Bieler: Verletzliches Leben, 91.
[89] Ebd.
[90] Ebd. 39.
[91] Vgl. ebd. 45.
[92] Ebd. 92.
[93] Ebd. 91.
[94] Liedke: Beziehungsreiches Leben, 586.
[95] Ebd.
[96] Ebd. Diese Beschreibungen lassen sich als Gegenteile der antiken Apatheia-Vorstellung ausweisen.

5.4 Vulnerabilität Gottes

Sein konsequent aus seinem_ihrem Handeln *ad extra*, d.h. seiner_ihrer ökonomischen Trinität zu bestimmen ist.[97]

Der Testfall der Vulnerabilität Jesu ist das Kreuz, da es hier eindeutig zur negativen Affizierung[98] Jesu kommt, die sich in körperlichen Leiden und Gottesferne äußert. Angesichts der Vulnerabilität Jesu am Kreuz drängt sich die Frage auf, inwiefern Gott in das Kreuzesgeschehen involviert ist: Ist auch Gott hier vulnerabel? Wird Gott im Kreuz affiziert? *Jürgen Moltmann* legt in *Der gekreuzigte Gott*[99] eine umfassende Studie zur Rolle Gottes im Kreuz Jesu vor, die Gott angesichts des Leidens Jesu zu verorten sucht.[100] Moltmann wendet die Theodizeefrage: „Warum lässt Gott das Leiden zu?" in die Frage: „Wo ist Gott angesichts des menschlichen Leidens?" Im Angesicht des unermesslichen und abgrundtiefen Leidens in Auschwitz ist für ihn ein indifferenter Zuschauergott, der_die „in teilnahmsloser Seligkeit im Himmel thront"[101], nicht annehmbar. Moltmanns Antwort lautet deshalb: Gott leidet selbst im Kreuz. Und sogar: „Gottes Sein ist im Leiden und das Leiden ist in Gottes Sein selbst."[102] Moltmann orientiert sich dabei an einem dialektischen Erkennen, das eine Offenbarung im Widerspruch impliziert: In der Gottverlassenheit des Kreuzes wird Gott offenbar, in Gottes Leiden wird Gottes Liebe und Leidenschaft erkennbar[103], denn Gott nimmt den „Schmerz am Widerspruch der Menschen"[104] auf sich, anstatt ihn zornig niederzuschlagen – darin vollendet sich seine_ihre bedingungslose Liebe in der Hingabe des Sohnes, durch die uns alles geschenkt ist (Röm 8,32) und durch die uns nichts von Gott trennen kann (Röm 8,39).[105]

Für einen leidenden Gott argumentierend setzt Moltmann beim Verlassenheitsschrei Jesu am Kreuz an, durch den Jesus die Treue Gottes einklagt und so nicht nur sein Leben, sondern auch seine Gottesverkündigung und gleichzeitig die Glaubwürdigkeit dessen_derer, der_die ihn gesandt hat und für den_die er lebte, und in Folge dessen letztlich „die Gottheit seines Got-

---

[97] Vgl. ebd. 584.
[98] Wie bereits erwähnt, lässt sich Vulnerabilität nur an situativer Vulnerabilität *erkennen*, in Bezug auf welche es dann konkret zur Affizierung kommt.
[99] Da Moltmann seine Kreuzestheologie im späteren Werk *Trinität und Reich Gottes* noch einmal aufgreift bzw. präzisiert, werde ich vereinzelt auch darauf Bezug nehmen.
[100] Diese Darstellung beansprucht nicht komplett zu sein, sondern konzentriert sich auf die Passagen, die sich mit dem leidenden Gott befassen. Zur ausführlicheren Darstellung vgl. Leidinger: Verletzbarkeit gestalten, 45–106.
[101] Moltmann, Jürgen: Der gekreuzigte Gott. Das Kreuz Christi als Grund und Kritik christlicher Theologie (Sonderausgabe). Gütersloh 2016, 213.
[102] Ebd. 214.
[103] Vgl. ebd. 32.
[104] Ebd. 235.
[105] Innerhalb dieses dialektischen Prinzips wird auch die Handlungsweise Jesu deutlicher, indem er sich denjenigen, welchen ihre Menschlichkeit genommen ist (Aussätzige, Verstoßene, Verachtete) als Menschensohn offenbart (vgl. ebd. 32).

tes"[106] zur Disposition stellt. Indem Moltmann den Verlassenheitsschrei strikt als Geschehen zwischen Jesus und seinem Vater ausdeutet, also als ein „Geschehen zwischen Gott und Gott"[107], und die mit dem Verlassenheitsschrei verbundene Anklage als ein Geschehen, innerhalb dessen „Gott gegen Gott" steht, kommt für Moltmann darin eine „Feindschaft zwischen Gott und Gott" zum Ausdruck: „Das Kreuz des Sohnes trennt Gott von Gott bis zur völligen Feindschaft und Differenz."[108] Genau an dieser Stelle wird für Moltmann offenbar, dass Gott trinitarisch zu denken ist, daher bezeichnet er die Trinitätslehre als „Kurzfassung der Passionsgeschichte Christi."[109] In der Passion, so Moltmann, zerbrechen sogar die Lebensbeziehungen der Trinität.[110] Dies kann Moltmann denken, da er im Anschluss an Rahner die immanente und die ökonomische Trinität als ein und dieselbe identifiziert[111], da „[a]lles, was Gott in Christus offenbart, [...] ‚zuvor in sich selbst'"[112] ist. Letztendlich stirbt Jesus nach Moltmann daher als der von Gott Verlassene „an seinem Gott und Vater"[113], was den Tod Jesu vom Sterben anderer Menschen unterscheidet. Hier wird die Offenbarung im Widerspruch des dialektischen Prinzips deutlich: Im Zerbrechen der Lebensbeziehungen der Trinität wird Gott als der_die erkennbar, der_die in den Beziehungen des Sohnes, des Vaters und des Geistes existiert. Im Verlassen-Sein Jesu manifestiert sich das trinitarische und damit das relationale Wesen Gottes. Trotz der Identifizierung von immanenter und ökonomischer Trinität überträgt Moltmann den Schmerz Jesu nicht univok auf Gott – das Objekt des Erleidens des Vaters und des Sohnes unterscheiden sich: Der Sohn erleidet das Sterben in Verlassenheit, während der Vater den Tod des Sohnes erleidet. Deshalb entspricht dem Tod des Sohnes der Schmerz des Vaters angesichts des Todes seines Sohnes.[114] Dem Motiv der Gottverlassenheit des Sohnes stellt Moltmann außerdem dessen Selbsthingabe gegenüber, die die Willenskonformität mit dem Vater wahren und die Subjektivität des Sohnes im Kreuzesgeschehen[115] sowie die Einigkeit von Vater und Sohn zum Ausdruck bringen kann.[116] Über diese Argumentation und durch eine Ablehnung der klassischen Satisfaktionslehre[117], in der Jesus

---

[106] Ebd. 143.
[107] Ebd. 144.
[108] Ebd. 145.
[109] Ebd. 232.
[110] Vgl. MOLTMANN: Trinität und Reich Gottes, 96.
[111] Vgl. MOLTMANN: Der gekreuzigte Gott, 227.
[112] Ebd. 113.
[113] Ebd. 145.
[114] Vgl. ebd. 230.
[115] Die Paradoxie wird aufgelöst, indem Moltmann hier im Anschluss an Hebr 5,8 argumentiert: „Obwohl er der Sohn war, hat er durch das, was er gelitten hat, den Gehorsam gelernt."
[116] Vgl. ebd. 97f.
[117] Vgl. ebd. 249–252.

5.4 Vulnerabilität Gottes

einzig als Sühneopfer für die Wiederherstellung der Gottesbeziehung der Menschen, die durch die Sünden der Menschen zuvor zerstört wurde, gesehen wird, kann Moltmann die Vorwürfe des Sadismus Gottes abwehren, die sich aus dem Kontext ergeben, dass Gott die Gottverlassenheit Jesu letztendlich selbst bewirkt.

Der Schmerz des Vaters wird von Moltmann außerdem genauer eingeordnet und qualifiziert: Da Gott Liebe ist (1 Joh 4,8), muss Gott in irgendeiner Form leiden können, dabei ist er_sie nicht in derselben Weise wie seine_ihre Geschöpfe leidensfähig und daher affizierbar durch Krankheit, Schmerz und Tod – Gott leidet insofern, als dass er_sie „sich freiwillig für die Affizierung durch anderes öffnet."[118] Dieses Leiden nennt Moltmann „aktive[s] Leiden" und „Leiden der Liebe"[119]:

> „[E]in leidensunfähiger Gott ist ein teilnahmsloses Wesen. Ihn rühren Leiden und Unrecht nicht. Affektlos wie er ist, kann ihn nichts affizieren, nichts erschüttern. [...] Wer aber nicht leiden kann, kann auch nicht lieben. Also ist er ein liebloses Wesen."[120]

Das Leiden aus Liebe bestimmt Moltmann sowohl als „Annahme des anderen ohne Rücksicht auf das eigene Wohlergehen" als auch als „Potenz des Mitleidens und [...] Freiheit zum Erleiden der Andersartigkeit des anderen." In seiner_ihrer Liebe öffnet sich Gott den Leiden Jesu und „bleibt ihnen doch kraft seiner Liebe überlegen."[121] Damit entgeht Moltmann dem Patripassianismus, der besagt, dass auch der Vater am Kreuz gelitten habe und gestorben sei. Deshalb, so Moltmann weiter, kann der Tod Jesu nicht als Tod Gottes interpretiert werden, und er formuliert stattdessen, dass der Kreuzestod Jesu ein Tod in Gott sei und Gott in diesem Tod Jesu sei.[122] Nur mit dem Tod Jesu wird verständlich, wer Gott ist – der trinitarische und mitleidende Gott. Dieses Im-Leiden-Sein Gottes bedeutet, dass Gott in seinem_ihrem „Pathos" nicht nur von außen getroffen wird, sodass ein Leiden an der Geschichte von Gott ausgesagt werden kann, sondern dass das Leiden und damit auch die menschliche Geschichte „mitten in Gott selbst" ist, sodass Leidenschaft und Leiden Gottes „in das innere Geheimnis Gottes selbst"[123] hineinführen. Die menschliche Geschichte mit allen ihren Tiefen und Abgründen wird auf diese Weise zur Geschichte Gottes selbst[124] und Gott zum mitleidenden und die Geschichte erleidenden Gott. Damit aber prägen die Geschehnisse auf Golgatha das Leben Gottes in seinem_ihrem innersten Wesen – Moltmann kann in diesem Zu-

---

[118] Ebd. 217.
[119] Ebd.
[120] Ebd. 208.
[121] Ebd. 217.
[122] Vgl. ebd. 192.
[123] Ebd. 263.
[124] Vgl. ebd. 232.

sammenhang von einer „Wechselwirkung zwischen dem Wesen und der Offenbarung, dem Innen und dem Außen des dreieinigen Gottes"[125] sprechen, d.h. die ökonomische Trinität wirkt in Moltmanns Denken auf die immanente Trinität zurück und verändert diese auf unumkehrbare Weise.

Moltmann spricht von einem (mit-)leidenden Gott, weil er damit die Frage der Rolle Gottes angesichts des Kreuzes und angesichts der vielen namenlosen Opfer der Geschichte aufhellen will, da ein (mit-)leidender Gott vollumfänglich solidarisch mit den Leidenden ist.[126] Damit sieht Moltmann das (Mit-)Leiden Gottes letztendlich als Hoffnungsgrund für uns Menschen:

> „Gott in Auschwitz und Auschwitz in dem gekreuzigten Gott – das ist der Grund für eine reale, sowohl weltumspannende wie weltüberwindende Hoffnung und der Grund für eine Liebe, die stärker ist als der Tod und das Tote festhalten kann. Er ist der Grund dafür, mit den Schrecken der Geschichte und des Endes der Geschichte zu leben und doch in der Liebe zu bleiben und dem Kommenden offen für die Zukunft Gottes entgegenzusehen. Er ist der Grund dafür, mitschuldig mitleidend für die Zukunft des Menschen in Gott zu leben."[127]

5.4.4 Evaluation der Vulnerabilität Gottes bei Moltmann, Bieler und Liedke

In seinem Grundanliegen ist Moltmann in vollem Umfang zuzustimmen: Er will eine enge Verbundenheit von Gott und Welt denken, die im (mit-)leidenden Gott die Leidenschaft Gottes für die Menschen, die für ihn im Kreuzesgeschehen zum Ausdruck kommt, ins Zentrum rückt. Die Stärke Moltmanns liegt darin, einen Gott zu denken, der_die sich nicht in (weltlicher) Macht und Herrlichkeit offenbart, sondern in der Niedrigkeit des Kreuzes, als völlig ohnmächtiger. Den Gedanken des leidenschaftlichen Gottes verknüpft er eng mit dem trinitarischen Gott, dessen_deren denkerische Notwendigkeit zuallererst in der Passion Jesu, näherhin im Verlassenheitsschrei Jesu offenbar wird. Moltmann betont die Theodizeefrage stark, die seit seiner Generation angesichts der Schrecken der Shoa noch einmal in gesteigertem Maße begegnet, und der er

---

[125] MOLTMANN: Trinität und Reich Gottes, 177.
[126] Mit diesem Bild des (mit-)leidenden Gottes wird deutlich, dass Moltmann eine klassische Allmacht Gottes ablehnt: „Endlich ist ein nur allmächtiger Gott ein an sich unvollkommenes Wesen, denn Ohnmacht und Machtlosigkeit kann er nicht erfahren. Allmacht kann zwar ersehnt und von ohnmächtigen Menschen verehrt werden, aber Allmacht wird nie geliebt, sondern nur gefürchtet. Was für ein Wesen also soll ein nur ‚Allmächtiger Gott' sein? Er ist ein Wesen ohne Erfahrung, ein Wesen ohne Schicksal und ein Wesen, das von niemandem geliebt wird. Ein Mensch, der Ohnmacht erfährt, ein Mensch, der leidet, weil er liebt, ein Mensch, der sterben kann, ist darum ein reicheres Wesen als ein allmächtiger, leidens- und liebesunfähiger, unsterblicher Gott" (MOLTMANN: Der gekreuzigte Gott, 208).
[127] Ebd. 267.

sich über die Frage nach dem Verbleib Gottes angesichts des menschlichen Leidens anzunähern versucht: Das Leiden ist Gott nicht nur äußerlich, sondern führt in sein_ihr Wesen hinein: Das Leiden und die menschliche Geschichte sind in Gott selbst. Positiv zu unterstreichen ist auch, dass Moltmann dabei zwischen den Leiden Jesu und den Leiden Gottes differenziert.

Aus meiner Sicht ist zunächst anzumerken, dass das (Mit-)Leiden Gottes nicht seiner_ihrer potenziellen Vulnerabilität entsprechen kann, da diese weiter gefasst ist als das Leiden, das zwar aus menschlicher Sicht Konsequenz einer konkreten Affizierung innerhalb einer situativen Vulnerabilität sein kann, sich jedoch nicht im Leiden erschöpft, keinesfalls auf das Leiden reduzierbar ist. Die Frage nach dem Leiden Gottes allerdings, die auch in die Frage nach der Vulnerabilität Gottes eingeschrieben ist, ist innerhalb dieser als strittigste Frage zu identifizieren, da sie zunächst eine Negativität in Gott einzutragen scheint, die bezogen auf Gott als unangemessen bezeichnet werden könnte. Daher, so denke ich, ist es adäquat, sich zuerst die Frage nach dem möglichen (Mit-)Leiden Gottes zu stellen, um danach das Feld der Vulnerabilität in allen ihren Dimensionen in Bezug auf Gott abzustecken.

In Anknüpfung an die und Abgrenzung zu den Thesen Moltmanns (sowie Bielers und Liedkes) werde ich im Folgenden zeigen, wie eine Vulnerabilität Gottes sinnvoll gedacht werden kann. Zunächst ergeben sich jedoch drei Anfragen an Moltmanns Konzeption vom (mit-)leidenden Gott, die als Hinweise auf eine notwendige Abgrenzung von Moltmann gelesen werden können:

Die erste Anfrage richtet sich an Moltmanns Umschreibungen des (mit-)leidenden Gottes und wie diese präzise zu denken bzw. zusammenzudenken sind: Wie ist zu denken, dass das Leiden, und d.h auch eine starke Negativität, in Gottes innerstem Wesen verortet ist? Grundsätzlich scheint Moltmann eine analoge Gottesrede zu intendieren, da er das göttliche Leiden (dem Gott nicht unterworfen ist) im Gegensatz zum menschlichen Leiden als aktiv qualifiziert. Doch der in der analogen Gottesrede verankerte transzendental-kritische Überschuss des *deus semper maior* ist in der einfachen Übertragung des Begriffs des (Mit-)Leidens dennoch nicht deutlich genug, da der Begriff zunächst eine starke, wenn auch freiwillig aufgenommene, Negativität in Gottes *innerstes* Wesen einträgt. Hier sollte der positive Überschuss deutlicher sein, sofern lediglich ein univokes *Minimum* veranschlagt werden kann. Oder anders formuliert: Wie ist ein Leiden „mitten in Gott selbst" – diese Formulierung ist in ihrer Schärfe kaum steigerbar – mit einem Freiheitsverhältnis in Bezug auf das Leiden bzw. mit einer „Überlegenheit kraft der Liebe" zu vermitteln?[128] Weiterhin lässt sich die Formulierung, Liebe sei durch „Annahme des anderen ohne Rücksicht auf das eigene Wohlergehen"[129] bestimmt, nicht

---

[128] Die Offenbarung im Widerspruch ist hier nicht mehr nachvollziehbar und geht daher auf Kosten der Denkbarkeit des (Mit-)Leiden Gottes.
[129] MOLTMANN: Der gekreuzigte Gott, 217.

univok auf Gott übertragen. Da Moltmann dies jedoch zu tun scheint, liegt hier aus meiner Sicht eine anthropomorph anmutende Sprechweise vor.

Eine Konsequenz aus der Verortung des Leidens in Gott selbst ist, dass dadurch eine „sakrifizielle Logik"[130] fortgeschrieben wird, die Täter-Opfer-Strukturen verdecken kann[131] bzw. Leiden zum Wert an sich werden lässt[132]. Dem Leiden und bestimmten situativen Vulnerabilitäten zu widerstehen ist ebenso wichtig wie zu betonen, dass das Leiden in Gott aufgehoben ist. An dieser Stelle müsste überdeutlich gemacht werden, dass Gott schweres Leiden nicht will, dass dieses aufgrund der Kontingenz der Welt und aufgrund missbrauchter menschlicher Freiheit jedoch in der Welt geschieht. Hervorzuheben wäre angesichts dieses Kritikpunktes, dass Gott im Leiden der Menschen empathisch und solidarisch ist (man könnte höchstens formulieren: Gott ist im Leiden) – dass das Leiden *in* Gott ist, erscheint mir wenig plausibel und in der Kürze der Formulierung miss- bzw. unverständlich. An dieser Stelle wäre hervorzuheben, dass das Leiden und Sterben Jesu am Kreuz gerade kein „wohlgefälliges Opfer"[133] darstellt, das menschlich erzeugt werden kann. Gott will nicht die Gewalt und Grausamkeit des Kreuzes, sondern in Jesus seine_ihre absolut geltende Treue zum Menschen bekunden: „Die Menschen sollen nicht leiden, am wenigsten um Gottes willen. Aber wenn sie in den Abgrund des Leidens und des Todes fallen, so können sie auch darin noch Gott begegnen und seine Gemeinschaft finden."[134]

Die zweite Anfrage bezieht sich auf das bei Moltmann gedachte „innige [...] Gott-Welt-Verhältnis"[135], das in der analogen Gottesrede problematisch wird, da zwar ein univokes Minimum in dieser angenommen wird und auch ein transzendentales Denken von Gott zulässig ist (da Gott nicht der_die vollkommen andere ist), jedoch weltliche Vorgänge nicht auf univoke Weise auf Gottes Wirklichkeit übertragen werden können. Von daher ist es fraglich, ob das kontingente Ereignis der Kreuzigung und dessen konkrete Chronologie (Verlassenheitsschrei) mitten in Gottes Wesen hineinführen können. Das hier vorliegende Problem lässt sich darauf zurückführen, dass Moltmann in *Der ge-*

---

[130] Leidinger: Verletzbarkeit gestalten, 103.
[131] Vgl. Brown, Joanne / Parker, Rebecca: For God So Loved the World? In: Dies. (Hg.): Christianity, Patriarchy, and Abuse. A Feminist Critique. New York 1989, 1–30, 18f.
[132] Vgl. Johnson, Elizabeth: She Who Is. The Mystery of God in Feminist Theological Discourse. New York 1992, 253: „Predicating suffering of God in such a way that suffering becomes a value in itself, or that God becomes essentially weak or powerless, and then holding up this model for emulation is a trap that ensnares women's struggle for equality and full humanity." Wie für Frauen gilt dies auch für Menschen mit Behinderung.
[133] Werbick, Jürgen: Erlösung durch Opfer? Erlösung vom Opfer? In: Striet, Magnus / Tück, Jan-Heiner: Erlösung auf Golgota. Der Opfertod Jesu im Streit der Interpretationen. Freiburg 2012, 59–82, 67.
[134] Ebd.
[135] Leidinger, Verletzbarkeit gestalten, 70.

5.4 Vulnerabilität Gottes

kreuzigte Gott bewusst keine Unterscheidung zwischen ökonomischer und immanenter Trinität ansetzt.[136] Eine solche Ineinssetzung kann den in der analogen Gottesrede zu formulierenden und intendierten kritischen Überschuss nicht anzeigen. Auch Rahner, auf dessen Grundaxiom („Die ‚ökonomische' Trinität *ist* die immanente Trinität und umgekehrt"[137]) sich Moltmann an dieser Stelle beruft, muss unterstellt werden, dass er sich sehr wohl des Geheimnischarakters des ewigen Gottes (*deus semper maior*) bewusst ist.[138] Besonders problematisch im Umgang mit Rahners Grundaxiom ist, dass Moltmann die Trinität zuallererst im Kreuzesgeschehen konstituiert sieht.[139] Rahner will mit seinem Grundaxiom die Dichotomie zwischen Gottes Wesen und Offenbarungsinhalt in Frage stellen und verdeutlichen, dass die Offenbarung in der ökonomischen Trinität *Selbst*offenbarung als wahre Selbstmitteilung ist und mitnichten jede Art von Differenzierung ausschließt. Bei Moltmann erscheinen ökonomische und immanente Trinität hingegen als „unterschiedslose[...] Einheit"[140], was sowohl Rahners Intention als auch dem analogen Gottdenken widerspricht. Da die Selbstoffenbarung Gottes zuallererst die Rede von Gott ermöglicht,[141] sind wir auf das Erkennen der ökonomischen Trinität angewiesen, aber das bedeutet gleichzeitig, dass wir mehr nicht wissen können als das, was uns offenbart wurde. Da Gott aber je mehr ist, als wir in dieser Welt erkennen können, muss in Gott je eine Überfülle des durch uns von ihm_ihr in der Welt Erkannten gesetzt und damit ein „notwendige[r] [transzendental-kritischer] Vorbehalt"[142] in die Identifikation von Heilsgeschichte und immanenter Trinität eingetragen werden. Dass die Trinität sich zuerst im Kreuzesgeschehen konstituieren bzw. dass zwischen „dem Innen und dem Außen"[143] Gottes eine univoke Wechselwirkung bestehen soll, ist aus dieser Perspektive nicht nachvollziehbar. Im Sinne einer Selbstoffenbarung Gottes am Kreuz kann Gott sich im Kreuzesgeschehen als der_die zeigen, der_die er_sie von Ewigkeit her schon immer ist, aber weder konstituiert sich die Trinität zuallererst am Kreuz (als wenn die Beziehungen zwischen Vater, Sohn und Geist vorher nicht bestehen würden) noch verändert sich Gottes innerstes Wesen durch das Kreuz. Die Frage lautet also nicht, inwiefern sich Gott

---

[136] Vgl. MOLTMANN: Der gekreuzigte Gott, 227.
[137] RAHNER, Karl: Bemerkungen zum dogmatischen Traktat ‚De Trinitate'. In: Ders.: Schriften zur Theologie 4. Zürich / Einsiedeln / Köln 1962, 103–133, 115.
[138] Die Anführungszeichen und das kursive ‚ist' in der Formulierung Rahners deuten darauf hin (vgl. NITSCHE: Der drei-eine Gott, 424; vgl. auch REMENYI, Matthias: Um der Hoffnung willen. Untersuchungen zur eschatologischen Theologie Jürgen Moltmanns. Regensburg 2005, 114f).
[139] MOLTMANN: Der gekreuzigte Gott, 232.
[140] REMENYI: Um der Hoffnung willen, 195.
[141] Vgl. JÜNGEL: Gott als Geheimnis der Welt, 309: Überhaupt gedacht werden kann Gott als der_die, der_die er_sie ist, dann allerdings nur aufgrund geschehener Offenbarung.
[142] NITSCHE: Der drei-eine Gott, 425.
[143] MOLTMANN: Trinität und Reich Gottes, 177.

angesichts des Kreuzesgeschehens verändert, sondern wie Gott sich im Kreuz *offenbart*. Die immanente Trinität wird in der ökonomischen Trinität offenbart, die immanente Trinität geht nach der analogen Gottesrede aber gleichzeitig nicht in der ökonomischen Trinität auf. Die analoge Gottesrede zeigt damit an, dass ein geschichtliches Ereignis, dem auch Aspekte des Zufälligen inhärent sind, nicht einfachhin univok auf Gottes Sein übertragen werden kann. In Durchführung dieser Grundannahme kann für das irdische Ereignis der Kreuzigung angenommen werden, dass sich dieses auf kategorialer Ebene ereignet und deshalb auch den irdischen Kontingenzen unterworfen ist. Von der Heilsgeschichte kann insofern nicht ungebrochen die Immanenz Gottes abgeleitet werden: Gott ist nicht kategorial erfassbar. Wo wäre sonst die unergründliche Fülle Gottes angesiedelt, die in einem *deus semper maior* mitzudenken eingefordert wird? In Bezug auf die Inkarnation und das Leben und Sterben Jesu folgt, dass ein volles Menschsein Jesu möglich ist und damit eine Interpretation des Verlassenheitsschreis als Zeichen der Feindschaft und Zerrissenheit in Gott[144] unterbunden wird. Wenn Jesus ruft: „Mein Gott, mein Gott, warum hast du mich verlassen?" (Mk 15,34; Mt 27,46), bringt dies vielmehr Jesu tiefe Solidarität mit menschlichem Leiden und der Erfahrung der Gottesferne zum Ausdruck. Die Gottverlassenheit ist damit auf der kategorialen Ebene als Verlassenheitsgefühl Jesu zu verorten, denn innertrinitarisch lässt sich eine Gottverlassenheit des Logos vom Vater nicht denken.[145] Außerdem lässt sich in Moltmanns Christologie eher eine Idiomenidentität anstatt einer Idiomenkommunikation[146] erkennen, die aus einer Überbetonung des chalzedonischen ‚ungetrennt' entsteht.[147] Das ‚ungetrennt' müsste mit dem ‚unvermischt' ausbalanciert werden, um eine chalzedonische und damit eine dogmatisch-theologisch verantwortete Christologie zu repräsentieren. Moltmanns Urteil, dass die Zwei-Naturen-Lehre das Kreuzesgeschehen „statisch als Wechselbeziehung zwischen zwei qualitativ verschiedenen Naturen, der leidensunfähigen göttlichen und der leidensfähigen menschlichen Natur"[148] verstehen muss, ist aus Sicht der Idiomenkommunikation in Frage zu stellen. Zudem trägt eine Rückwirkung des Kreuzesgeschehens auf die Immanenz Gottes außerdem eine zeitlogisch problematisch zu sehende Chro-

---

[144] Außerdem ist hier zu fragen, wie sich die Feindschaft in Gott mit einer von Moltmann intendierten Theologie der Liebe harmonisieren lässt (vgl. Nitsche, Bernhard: Panentheismus bei Moltmann. Unveröffentlichtes Typoskript 2020, 28).

[145] Die Ungenauigkeit bzgl. der Gottverlassenheit bei Moltmann an dieser Stelle lässt sich darauf zurückführen, dass er nicht zwischen dem Sohn von Ewigkeit (Logos) und dem Menschen Jesus unterscheidet.

[146] Diese Lehre besagt, dass die beiden Naturen Christi, die göttliche und die menschliche, die in Christus unvermischt und unverwandelt aber auch ungetrennt und unzerteilt sind, Anteil an den Eigenschaften der jeweils anderen Natur haben.

[147] Vgl. Nitsche: Panentheismus bei Moltmann, 29.

[148] Moltmann: Der gekreuzigte Gott, 232.

nologie in Gottes Wesen ein, die der Vorstellung eines ewigen, in der ökonomischen Trinität offenbarten Wesens Gottes entgegensteht. An dieser Stelle sei jedoch schon angedeutet, dass Moltmann in seinem Spätwerk (*Der Geist des Lebens*) sehr wohl den Geheimnischarakter der reinen Immanenz Gottes bewahren kann und zwischen einer Sendungstrinität, einer von Ewigkeit her für uns offenen Trinität und einer streng immanenten Ebene unterscheidet.

Die dritte Anfrage bezieht sich darauf, dass Moltmann, wenn er das Leiden und die irdische Geschichte in Gott verortet, Gott letztlich selbst als erlösungsbedürftig denkt bzw. die Erlösungsmächtigkeit Gottes in Frage stellt. Moltmann beteuert zwar, dass Gott dem Leiden nicht unterworfen ist, aber es ist, angesichts des Seins Gottes in Leiden und Geschichte (wie in der ersten Anfrage angedeutet), unklar, wie er dies genau denken kann. Moltmann korreliert Gott allzu sehr mit den kategorialen Weltvorgängen und unterwirft ihn_sie damit letztlich weltlichen Kontingenzen und Ambivalenzen, was Gott nicht mehr als Ziel der irdischen oder eschatologischen Hoffnungen erkennbar werden, sondern diese ins Leere laufen lässt. Die in der letzten Anfrage erwähnten zeitlogisch schwierigen Implikationen Moltmanns leiten zu einer Verzeitlichung Gottes an, die dazu führt, dass Gott zum_zur Zuschauer_in irdischen Geschehens degradiert wird, der_die letztlich auch nicht erlösen kann. Eine genauso schwierige Implikation ist darin zu sehen, dass Gott in Moltmanns Konzeption letztendlich den Menschen braucht, „um zu sich selbst"[149], um zu seinem_ihrem innersten Wesen zu kommen. Die Idee einer in sich vollkommenen Gemeinschaft, die in der Trinitätskonzeption des Freiheitskommerziums zum Tragen kommt, ist jedoch nur dann konsequent aufrechtzuerhalten

> „wenn diese Gemeinschaft zwar grundsätzlich offen ist für andere, ihrer aber nicht in dem Sinne bedarf, daß sie erst durch deren Teilnahme zu einer wirklich vollkommenen Gemeinschaft wird."[150]

Wenn außerdem bei Moltmann Gott in die Geschichte verstrickt gedacht wird, ist die Erlösung der Welt auch mit dem „Prozess der Erlösung Gottes von den Leiden seiner Liebe verbunden."[151] Es muss also nicht nur eine Erlösung der Welt, sondern auch eine „Selbsterlösung"[152] Gottes gedacht werden, wenn Moltmann die Schöpfung als „Unterziehung Gottes unter die aus ihr

---

[149] KASPER, Walter: Revolution im Gottesverständnis? Zur Situation des ökumenischen Dialogs nach Jürgen Moltmanns ‚Der gekreuzigte Gott'. In: WELKER, Michael (Hg.): Diskussion über Jürgen Moltmanns Buch ‚Der gekreuzigte Gott'. München 1979, 140–148, 146.
[150] RADLBECK, Regina: Der Personbegriff in der Trinitätstheologie der Gegenwart – untersucht am Beispiel der Entwürfe Jürgen Moltmanns und Walter Kaspers. Regensburg 1989, 103.
[151] MOLTMANN: Trinität und Reich Gottes, 75.
[152] Ebd.

folgenden Leiden"[153] betrachtet. Dies scheint jedoch die göttliche Freiheit über die Maßen einzuschränken und verzeitlicht die Trinität.[154]

Im Hinblick auf Bielers Konzeption der Vulnerabilität Gottes bleibt fraglich, was genau das „*leibliche* Sein-Zur-Welt"[155] sein soll, das Gott sich mit der Vulnerabilität zu eigen macht. Sodann stellt sich die Frage, ob Gott tatsächlich vollumfänglich, d.h auf dieselbe Weise wie Menschen, affiziert werden kann, wie Bieler es schildert. Dies lässt fraglich erscheinen, ob das chalzedonische ‚unvermischt' hier gewürdigt wird. Drittens bleibt zu klären, worin das Risiko Gottes in seiner_ihrer Vulnerabilität besteht.

Liedke geht ähnlich wie Moltmann davon aus, dass Gottes Sein konsequent aus seiner_ihrer Selbstoffenbarung zu bestimmen ist. Diese Aussage ist jedoch aus Sicht des analogen Gottdenkens zu überprüfen und zu präzisieren. Außerdem ist zu klären, ob bzw. wie sich denken lässt, dass Gott sich verändert und eine Geschichte hat.

All diese Probleme resultieren aus der übermäßigen, weil univoken Verschränkung Gottes mit der irdischen Geschichte. Von daher ergibt sich die Aufgabe, weltliche Wirklichkeit nicht ohne kritische Brechung auf Gott zu übertragen und daher Gottes Vulnerabilität mit seiner_ihrer Erhabenheit über die irdischen Geschehnisse zu verknüpfen, wobei Gottes Gottheit zu bewahren ist, d.h., dass Gottes Transzendenz, Gottes vollkommene Freiheit und Gottes Liebe-Sein zum Ausdruck kommen muss. Dabei ist es hilfreich, deutlich zu machen, dass Gott nicht nur im Leiden, sondern auch in der Auferstehung ist, die Gottes unbedingten Willen offenbart, die Welt zu einem guten Ende zu führen und damit die Erlösungsmacht Gottes besser deutlich werden lassen kann als das Kreuzesgeschehen.[156] Meine These lautet, dass ein transzendentales Freiheitsdenken und das analoge Gottdenken die Fragestellungen rund um die Affizierbarkeit bzw. Vulnerabilität Gottes präziser erfassen können

5.4.5 Vulnerabilität Gottes denken

Durch die Anfragen an Moltmann, Bieler und Liedke ergibt sich die Aufgabe, folgende Aspekte beim Denken einer göttlichen Vulnerabilität unbedingt zu beachten:

---

[153] Ebd.
[154] Vgl. Tück: Passion Gottes?, 18.
[155] Bieler: Verletzliches Leben, 91.
[156] Vgl. auch Lochmann, Jan / Dembowski, Hermann: Gottes Sein ist im Leiden. Zur trinitarischen Kreuzestheologie Jürgen Moltmanns. In: Welker: Diskussion, 26–38, 33.

5.4 Vulnerabilität Gottes

1) Es muss eine nachvollziehbare Differenzierung zwischen dem Erleiden des Menschen Jesus und dem des Logos als Grund des Menschseins Jesu vorgenommen werden (christologische Fragestellung).
2) Die Göttlichkeit bzw. Transzendenz Gottes, die Gottes vollkommene Freiheit, sein_ihr Liebe-Sein und sein_ihr ewiges Wesen, das er_sie uns offenbart, umfasst, muss in der göttlichen Vulnerabilität bewahrt werden.

Daraus ergeben sich außerdem zwei Aufgaben für die Definition einer göttlichen Vulnerabilität im Gegensatz zur menschlichen Vulnerabilität, welche als Offenheit, auf unvorhergesehene Weise affiziert zu werden, definiert wurde:

3) Die mögliche Affizierung innerhalb der Vulnerabilität muss modifiziert werden, da Gott im Vergleich zur menschlichen Vulnerabilität nicht auf dieselbe Weise offen sein kann, (negativ) affiziert zu werden.

Damit soll letztlich eine Menschen-Ebenbildlichkeit Gottes vermieden werden, die sich aus einer ungebrochenen univoken Übertragung menschlicher Vulnerabilität in Gottes Wesen ergeben würde. Die zweite Aufgabe lautet:

4) Es muss geklärt werden, ob und inwiefern ein Selbst-Affizieren-Lassen bzw. Risiko in der Vulnerabilität Gottes ausgesagt werden kann.

Außerdem wurde aus der Kritik an Moltmann ersichtlich, dass erkennbar sein muss, dass Gott letztlich alles vollenden wird, deshalb gilt:

5) Gott muss erlösungsfähig gedacht werden.

Aus diesen Aspekten soll ein verantwortbares, weil theologisch fundiertes und die kritischen Momente bei Moltmann (sowie Bieler und Liedke) aufgreifendes Konzept der Vulnerabilität Gottes formuliert werden. Anhand meiner Konzepte von Trinität, analogem Gottreden und Vulnerabilität (anhand derer die Rede vom mitleidenden Gott geweitet wird), so meine These, lässt sich die Frage nach dem (Mit-)Leiden bzw. der Vulnerabilität Gottes präziser durchdenken als dies von Moltmann, Bieler und Liedke geleistet wird.

Für ein präzises Denken der Vulnerabilität Gottes orientiere ich mich an den von Moltmann in seinem Spätwerk *Der Geist des Lebens* vorgebrachten Differenzierungen zwischen der reinen Immanenz Gottes, der „von Ewigkeit her [für die Menschen und die ganze geschaffene Welt] offene[n] Trinität"[157] und der Sendungstrinität. Diese Differenzierungen ermöglichen eine analoge Sprechweise von Gott[158] und sind daher zentral, um eine Vulnerabilität Got-

---

[157] MOLTMANN, Jürgen: Der Geist des Lebens. Eine ganzheitliche Pneumatologie. München 1991, 308.

tes zu formulieren. Durch die Sendungstrinität ist Gott in konkreter Geschichte gegenwärtig[159], indem Sohn und Geist den Vater vergegenwärtigen: „Die Geschichte des sich unergründlich und unerschöpflich mitteilenden Lebens Gottes ist durch die Sendungstrinität eröffnet."[160] Sie ist die Ausprägung der Trinität, von der alleine man etwas wissen kann, da sie sich uns *in kategorial erkennbarer Weise* eröffnet. Die von Ewigkeit her für uns offene Trinität öffnet sich „vom Ursprung her"[161] für Menschen, Welt und Zeit und ist insofern „menschenoffen, weltoffen und zeitoffen."[162] Sie ist die Voraussetzung der Sendungstrinität und wird wiederum von derselben offenbart:

> „Aus der wahrgenommenen Sendung des Sohnes Jesus Christus und des Heiligen Geistes durch Christus wird auf den ewigen Ursprung dieser zeitlichen Sendungen zurückgeschlossen. Weil der ewige Ursprung Ursprung eben dieser zeitlichen Sendungen ist, offenbart die [Sendungstrinität] immer nur eine schon der Welt zugewandte ewige Trinität."[163]

In der Sendungstrinität offenbart sich Gott selbst, jedoch bleiben wir in der Wahrnehmung dieser Offenbarung immer in kategorialen Mustern verhaftet und können von der reinen Immanenz Gottes doch nichts erkennen, sondern nur etwas von der von Ewigkeit her für uns offenen Trinität:

> „Das aber bedeutet, daß wir mit dem trinitarischen Rückschluß überhaupt nicht aus der Heilsökonomie herauskommen. Wir können auf den transzendenten Urgrund oder auf Gott, wie er ,zuvor in sich selbst' ist, schließen, aber wir erreichen auf diese Weise mitnichten das, was ,immanente Trinität' genannt wird, sondern immer nur die sich zur Heilsökonomie bestimmende und öffnende Trinität [also den von Ewigkeit her für die Geschichte und Menschen offenen Gott]. Wir erreichen immer nur den ,Gott für uns' und nehmen von dem ,Gott an sich' nichts wahr."[164]

Die Immanenz Gottes bleibt letztlich Geheimnis[165], weil es in unserer menschlichen Wahrnehmung nur den *Gott für uns* geben kann. Mit anderen Worten: Von der Sendungstrinität und von der von Ewigkeit her für uns offe-

---

[158] Die in 5.2.3 durchbuchstabierten innertrinitarischen Beziehungsebenen gelten in Bezug auf die von Moltmann getroffene Unterscheidung von reiner Immanenz, von Ewigkeit her offener Trinität und Sendungstrinität ebenfalls. So wird auch bei der Vulnerabilität Gottes gegenüber der Schöpfung ein konsistenter Trinitätsbegriff durchgehalten.
[159] Vgl. ebd. 316.
[160] Ebd. 309.
[161] Ebd. 313.
[162] Ebd. 309.
[163] Ebd. 308.
[164] Ebd. 306.
[165] In der trinitarischen Doxologie kommt am ehesten eine Trinität, die zumindest intentional auf das ewige Wesen Gottes zielt und daher „von ökonomischen Motiven frei" (ebd. 316) ist, zum Ausdruck, denn in der Doxologie wird die Trinität „um ihrer selbst willen" (ebd.) angebetet und verehrt.

nen Trinität kann etwas vom *Gott an sich* deduziert werden, die reine Immanenz Gottes jedoch kann nie greifbar sein, da sie dem menschlichen Verstehen in ihrer positiven Vollkommenheit und Überfülle schlechthin entzogen ist. Im Anschluss an Schillebeeckx lässt sich argumentieren, dass Gott zwar nicht kategorial erfasst werden kann, weshalb man beim Versuch, Gott zu denken, immer hinter seinem_ihrem eigentlichen Gehalt zurückbleiben muss, jedoch ist sein_ihr Gehalt auch nicht super-transzendental, d.h. jenseits der transzendentalen Ebene auszumachen, weshalb man sich ihm_ihr mithilfe des Transzendentaldenkens annähern können. Dies bedeutet jedoch nicht, dass Gott mithilfe des Transzendentaldenkens erfasst werden kann. Die einzige Möglichkeit ist, ein *univokes Minimum* zu intendieren, das jedoch letztlich in eine sich immer wieder übersteigende Fülle hineinführen muss (*deus semper maior*), sodass stets ein Größer-Sein Gottes mitgedacht wird. Die reine Immanenz Gottes muss (in dieser Welt) unergründliches Geheimnis bleiben. Diese Differenzierung zwischen Sendungstrinität, von Ewigkeit her für uns offener Trinität (*Gott für uns*) und reiner Immanenz Gottes (*Gott an sich*) soll in folgenden Formulierungen der Vulnerabilität Gottes konsequent zur Anwendung kommen.

5.4.5.1 Christologische Fragestellung

Zunächst zur christologischen Fragestellung, die sich am Kreuz in zugespitzter Weise offenbart: Jesus leidet auf menschliche Weise, da er ganz Mensch ist und daher ganz konkret auf kategorialer Ebene situativ vulnerabel ist. Der Unterschied zu anderen Menschen lässt sich in seinem spezifisch göttlich aufgelichteten Willen[166] sehen, der in unbedingter Freiheit den Willen des Gottes realisiert, der_die die Macht dieser Welt nicht gewaltsam niederschlägt, sondern diese von innen her verwandeln will.[167] In der Qualität seiner gefühlten Vulnerabilität in seiner Leidensgeschichte bzw. konkreten Affizierung im Kreuz unterscheidet er sich nicht von denjenigen Menschen, die Unrecht, Gottesferne oder gar Folter erleiden. Dies ist die Botschaft der tiefen Solidarität des Gottessohnes Jesus mit den Menschen, deren Leiden er bedingungslos teilt. Das ist die ganz menschliche Natur Jesu, die das ‚unvermischt' der göttlichen und menschlichen Natur der chalzedonischen Formel formulieren kann – im Gegensatz zu Moltmann, der vor allem das ‚ungetrennt' zum Ausdruck bringt. Eine ins andere Extrem umschlagende Form des ‚unvermischt' der göttlichen und menschlichen Natur Jesu Christi ist in Karl Rah-

---

[166] Vgl. Nitsche: Handeln Gottes, 231. D.h der Wille Jesu ist vom Willen des Logos in besonderer Weise inspiriert und von dessen Freiheit erst ermöglicht. Dennoch muss hier eine Differenzierung zwischen menschlicher und göttlicher Freiheit gesetzt werden.
[167] Vgl. Thomas, Günter: Gottes Lebendigkeit. Beiträge zur Systematischen Theologie. Leipzig 2019, 105.

ners Aussage zu sehen, dass es mir „[u]m [...] aus meinem Dreck und Schlamassel herauszukommen, [...] doch nichts [nützt], wenn es Gott – um es einmal grob zu sagen – genauso dreckig geht."[168] Zudem spricht Karl Rahner von einem „Deus impassibilis, der Deus immutabilis [...] ist"[169], der_die einen wirklich trösten kann. Hier lässt Rahner offen, ob es eine inhaltliche Kontinuität und Treue Gottes gibt, die ein Mitgehen Gottes nicht ausschließt.[170] Im Kontext dieser beiden (Einzel-)Aussagen ist die Anfrage zulässig, ob sich die Passion wirklich auf die menschliche Natur Jesu beschränken lässt, ohne dass Gott in irgendeiner Form mitbetroffen ist. Die große Stärke dieser Sichtweise ist, dass sie Hoffnung auf Rettung verbürgen kann. Moltmanns Vorwurf an diese Perspektive muss zugestimmt werden, dass eine unvermischte Zwei-Naturen-Lehre zu zwei qualitativ verschiedenen Naturen, der leidensunfähigen göttlichen und der leidensfähigen menschlichen Natur, führen muss. Die Balance des ‚unvermischt' mit dem ‚ungetrennt' kommt m.E. dann zur Geltung, wenn Jesu göttliche Natur in seinem spezifisch aufgelichteten Willen herausgestellt wird und wenn die göttliche Trinität auf der Ebene der Sendungstrinität und der von Ewigkeit her offenen Trinität als im Leiden Jesu betreffbar[171] gedacht wird. Freiheitstheoretisch formuliert ist Jesus unbedingt zu anderer Freiheit entschlossen und orientiert sich ungetrübt am Leitstern der vollkommenen Freiheit.[172] Im Sinne des ‚ungetrennt' ist die menschliche Freiheit Jesu in formaler Weise vom trinitarischen Logos freigesetzt und hypostatisch dynamisiert.[173] Dennoch ist Jesu Freiheit nicht mit der des Logos zu identifizieren, da es sich bei der menschlichen Freiheit Jesu und der göttlichen Freiheit des Logos um zwei verschiedene Freiheiten handelt und nicht um eine Freiheit derselben göttlichen Person (‚ungetrennt'). Daher kann auch das Leiden Jesu nicht unmittelbar auf den Logos als trinitarische Person über-

---

[168] RAHNER, Karl: Sämtliche Werke. Hg. von der Karl-Rahner-Stiftung unter der Leitung von Karl Lehmann et al. Bd. 31: Im Gespräch über Kirche und Gesellschaft. Interviews und Stellungnahmen. Bearb. von Albert Raffelt. Freiburg 2007, 113.

[169] RAHNER: Im Gespräch, 246.

[170] An anderer Stelle sagt Rahner jedoch, dass „Gott in Christus, in seiner menschlichen Natur, das Leiden der Welt auf sich nehmen will" (RAHNER, Karl: Probleme der Christologie von heute. In: Ders.: Schriften zur Theologie 1. Zürich / Einsiedeln / Köln 1954, 169–222, 202 [Fn 2]). Dies beweise, dass „dieses Leiden Gott nicht gleichgültig ist, daß er sich in seiner göttlichen Natur davon angegangen, betroffen fühlt" (ebd.). Dieses göttliche Angegangensein versteht er als „innerstes Mitgehen Gottes mit der Tragödie der Schöpfung" (ebd.), das zu denken möglich wird, wenn „Gottes Transzendenz so groß und so hoch [verstanden wird], daß sie ihm, in Freiheit, Mitgehen erlaub[t]" (ebd.). Dieses Mitgehen Gottes kann mit der Unveränderlichkeit und der Unbetroffenheit Gottes zusammengedacht werden (vgl. 5.4.5).

[171] An dieser Stelle denkt Moltmann noch nicht die Differenzierung von Immanenz, der von Ewigkeit her offenen Trinität und Sendungstrinität, die jedoch notwendig ist, um das Sich-Mitaffizieren-Lassen Gottes konsistent zu denken.

[172] Vgl. NITSCHE: Handeln Gottes, 231.

[173] Vgl. ebd.

tragen werden. Zwar ist der Logos menschenoffen, wie Moltmann formuliert, und darüber hinaus muss für den Logos in formaler Weise eine spezifische Verbindung zu Jesus gedacht werden, dennoch kann nach dem analogen Gottdenken das Leiden Jesu nicht univok auf den Logos übertragen werden. In diesem Sinne kann von einem (unten noch genauer zu spezifizierenden) Sich-Mitaffizieren-Lassen des Logos im Leiden Jesu und von einer Vermittlung der (‚physischen' und psychischen) Schmerzen Jesu[174] an den Logos gesprochen werden, die einen Widerhall im Göttlichen finden, aber nicht univok auf Gott übertragen werden können. Da auf transzendentaler Ebene von einem vollkommenen Sich-Öffnen der Freiheit des Vaters für die Freiheit des Logos gesprochen werden muss, kann angenommen werden, dass sich auch der Vater innerhalb der Sendungstrinität im Leiden des Menschen Jesu frei mitaffizieren lässt. Dieses Sich-Mitaffizieren-Lassen des Vaters am Kreuz will Moltmann in Der gekreuzigte Gott ausdrücken, aber durchdenkt es nicht so konsequent, dass sich eine schlüssige Argumentation ergibt. Aus der dargestellten Perspektive erscheint es abwegig, die Gottverlassenheit Jesu als ein „Geschehen zwischen Gott und Gott"[175] zu interpretieren, da die menschliche Empfindung der Gottverlassenheit Ausdruck gerade der Menschlichkeit Jesu ist und man innertrinitarisch in die transzendentale Öffnung der einen trinitarischen Freiheit für die andere trinitarische Freiheit keine Gottverlassenheit mehr eintragen kann.

5.4.5.2 Vulnerabilität Gottes unter Wahrung der Göttlichkeit Gottes

Wird innerhalb der von Moltmann in Der Geist des Lebens herausgearbeiteten Differenzierungen[176] zwischen Immanenz, für uns offene Trinität von Ewigkeit und Sendungstrinität argumentiert, ergibt sich folgendes Bild der Vulnerabilität Gottes:

Für die *reine Immanenz Gottes* besteht ein starker erkenntnistheoretischer Vorbehalt, denn diese entzieht sich dem menschlichen Vorstellungsvermögen. Daher sind auch Spekulationen über eine mögliche Vulnerabilität innerhalb der reinen Immanenz an dieser Stelle unangemessen.

Innerhalb der *Sendungstrinität* können Logos und Geist als vulnerabel bestimmt werden, da Vulnerabilität die Bedingung der Möglichkeit für konkrete Beziehungen, konkret gewordene Liebe und Zuwendung und damit für Gottes

---

[174] Die Vermittlung an den Logos, um Moltmann aufzugreifen, gilt auch für den Verlassenheitsschrei.
[175] MOLTMANN: Der gekreuzigte Gott, 144.
[176] Dabei ist diese Differenzierung aufgrund unseres erkenntnistheoretisch möglichen Wissens von Gott getroffen und nicht aufgrund der tatsächlichen Unterscheidung oder gar eines Gegensatzes zwischen immanenter und ökonomischer Trinität. Die Differenz wird deshalb gesetzt, weil (letztlich) auf allen drei Ebenen der Trinität der kritische Überschuss eines *deus semper maior* einzutragen ist.

geschichtliches Konkretwerden (Jesus, Paraklet) ist (vgl. Übersicht 10). Auf der Ebene der Sendungstrinität lässt sich dann formulieren, dass sich im Leiden Jesu der Logos und im Leiden aller Menschen der Geist frei mitaffizieren lässt. Der Vater kommt dabei erst sekundär in den Blick, jedoch kann auch er als der gedacht werden, der sich mitaffizieren lässt, denn Logos und Geist offenbaren den Vater. Diese göttliche Vulnerabilität ist in Differenz von göttlicher und menschlicher Freiheit zu denken: In Logos, Geist und Vater kann nicht genau dasselbe resonieren, was der Mensch – Jesus und alle Menschen – empfindet. Wenn die Freiheitsdifferenz gewahrt bleiben soll, ist hier keine unkritische Übertragung möglich, und dennoch kann von einem univoken Minimum bezogen auf menschliche Vulnerabilität in der Welt und göttliche Vulnerabilität in der Sendungstrinität ausgegangen werden.

Auf der Ebene der *von Ewigkeit her für uns offenen Trinität* kann aufgrund der Bestimmung Gottes als Freiheitskommerzium zurückhaltend[177] ein präreflexives, transzendentales Mitempfinden Gottes formuliert werden, das als Bedingung der Möglichkeit für ein freiwilliges Sich-Mitaffizieren-Lassen Gottes auf Ebene der Sendungstrinität zu denken ist. Daher gilt: Gott ist als für uns offener, d.h. als menschenoffener und geschichtsoffener trinitarischer Gott in einem transzendentalen Modus vulnerabel, und kann daher als transzendental Mitempfindende_r gedacht werden, denn die Selbstoffenbarung in der Sendungstrinität schließt Gottes konkretes Liebe-Sein, Beziehungsangebot und Sich-Mitaffizieren-Lassen ein, wofür ich als Bedingung eine transzendental verstandene Vulnerabilität Gottes auf Ebene der von Ewigkeit her für uns offenen Trinität formuliere.

5.4.5.3 Modifikation von Affizierung in Bezug auf Gott

Das Motiv des Setzens anderer Freiheit aus der freien Initiative Gottes heraus, in dem Gott das andere als anderes will, ohne sich selbst in der eigenen Freiheit zu begrenzen[178], geht mit dem Motiv der freiwilligen Vulnerabilität des Logos und des Geistes in der Sendungstrinität und im oben beschriebenen transzendentalen Modus freiwilliger Vulnerabilität in der von Ewigkeit her für uns offenen Trinität einher. Aus diesem Grund spreche ich hier auch nicht von einem Mitaffiziertwerden Gottes, sondern vielmehr vom Sich-Mitaffizieren-Lassen bzw. vom transzendentalen Mitempfinden Gottes: Gott ist insofern vulnerabel, als er_sie sich selbst dazu bestimmt, vulnerabel zu sein, d.h aber

---

[177] An dieser Stelle ließe sich darüber diskutieren, ob Gott auch auf der Ebene der von Ewigkeit her für uns offenen Trinität als Sich-Mitaffizieren-Lassender beschreibbar ist. Nach den von mir gesetzten Bedingungen in der Gottesrede (Gott als Transzendenz, analoge Gottesrede, Gott als Freiheitskommerzium) formuliere hier die vorsichtigere Alternative.

[178] Da ein trinitarisch gedachter Gott immer schon „Raumgeben für andere" (Moltmann: Trinität und Reich Gottes, 210) ist, braucht er_sie sich in der Schöpfung nicht zurückzunehmen bzw. einzuschränken.

5.4 Vulnerabilität Gottes

sich mitaffizieren zu lassen bzw. mitzuempfinden[179]: Da Gott im Freiheitskommerzium die Liebe ist und als Gott *für uns* als menschenoffen und geschichtsoffen verstanden und im Glauben erfahren werden kann, kann er_sie sich in seiner_ihrer vollkommenen Freiheit selbst dazu bestimmen, sich von seinen_ihren Geschöpfen affizieren zu lassen: Insofern lässt sich von göttlicher *freiwilliger Vulnerabilität* (für die Sendungstrinität) *bzw.* vom Vulnerabilitätsmodus transzendentalen Mitempfindens des vollkommenen Freiheitskommerziums (für die von Ewigkeit her für uns offenen Trinität) sprechen.

> „So einzigartig Gottes Allmacht gegenüber jeder endlichen, gegensatzabhängigen und abhängig haltenden Macht schon darin erscheint, dass sie freie, auch zu ihm sich verhaltende Wesen hervorbringt und sein lassen kann, so wenig kann es ihr widersprechen, dass er sich selbst dazu bestimmte, sich von ihnen bestimmen zu lassen."[180]

Gott verfügt damit über eine Allmacht der Liebe, die das andere als anderes in dessen eigene Freiheit freisetzt und damit Menschen erschafft, die selbst noch einmal frei in Beziehung zu ihrem_ihrer Schöpfer_in treten können.[181] Gott, der_die transzendental als vollkommene Freiheit bestimmt ist, setzt menschliche Freiheit frei und bestimmt sich selbst zur Vulnerabilität gegenüber seinen_ihren Geschöpfen, um in konkreter Geschichte (auf kategorialer Ebene konkret, d. h. durch Menschen, die für ihn_sie Zeugnis geben (in einzigartiger Weise Jesus), und durch den Geist, der innerlich ermächtigt und tröstet) um sie zu werben. Mit anderen Worten: Gott tritt im Anderen der Schöpfung freiwillig aus seiner_ihrer reinen Immanenz heraus und wird darin freiwillig vulnerabel gegenüber seinen_ihren Geschöpfen. Die freiwillige Vulnerabilität Gottes impliziert auf Ebene der Sendungstrinität, dass Gott sich anrühren lässt – er_sie bleibt nicht ungerührt, unbewegt und anteilnahmslos.[182] Dies wird zu denken möglich, indem wir die Freiheit Gottes in

---

[179] Es kann zwar grundsätzlich ausgesagt werden, dass Gott in seiner_ihrer Vulnerabilität menschenoffen ist (analog zur menschlichen *Offenheit*, affiziert zu werden) – weil Gott sich von Ewigkeit her dazu bestimmt, sich mitaffizieren zu lassen, lässt sich bei seiner_ihrer Vulnerabilität aber auch von einem grundsätzlichen Sich-Mitaffizieren-Lassen sprechen.

[180] PRÖPPER, Thomas: Evangelium und freie Vernunft. Konturen einer theologischen Hermeneutik. Freiburg 2001, 318.

[181] Vgl. VON STOSCH, Klaus: Allmacht als Liebe denken. Zur Verteidigung einer theologischen Grunderkenntnis neuerer Theologie. In: MARSCHLER / SCHÄRTL: Eigenschaften Gottes, 251–266, 264. Die Allmacht besteht dann darin, dass Gott das von ihm_ihr Unabhängige hervorbringen kann und dieses Unabhängige noch einmal für sich gewinnen kann (vgl. ebd. 264). Eine Allmacht im Sinne der Omnipotenz vermag das von sich Unabhängige nicht zu kontrollieren bzw. müsste „ihre Macht erst zurücknehmen, um die Menschen in ihrer Freiheit für sich zu gewinnen" (ebd. 266). In diesem Sinne ist die Allmacht der Liebe eine Macht, über die hinaus nichts Größeres gedacht werden kann.

[182] Eine kategoriale Spur, die zur göttlichen freiwilligen Vulnerabilität führen kann, ist die Vulnerabilität des Menschen Jesus, die vor allem als freiwillige qualifiziert wurde: innerhalb seiner zwischenmenschlichen Vulnerabilität in Beziehung zu anderen Men-

der von Ewigkeit her für uns offenen Trinität als in dem Maße vollkommene verstehen, dass die Selbst-Bestimmung zum Mitempfinden des von Ewigkeit her offenen *Gottes für uns* auf Ebene der *Sendungstrinität* eine freiwillige Vulnerabilität Gottes zu denken zulässt.

Gott hat sich in seiner_ihrer Schöpfung und in seiner_ihrer Inkarnation in besonderer, weil kategorialer, Weise und daher für uns Menschen verstehbar bzw. erahnbar freiwillig vulnerabel gemacht, ohne dass es notwendig gewesen wäre. Menschen hingegen können sich nur sehr eingeschränkt freiwillig situativ vulnerabel machen, weil sie in ihrer strukturellen Vulnerabilität von verschiedensten Dispositionen dieser Welt (Kontingenz) bedingt sind. Menschen sind auf alle denkbaren Weisen situativ vulnerabel bzw. können auf unterschiedlichste Arten affiziert werden, daher ist der Begriff der ‚Affizierung' bewusst offengelassen und dient als Containerbegriff. Von Gott ausgesagt muss der Begriff der Affizierung, jenseits des für Gott geltenden genaueren Begriffs des Sich-Mitaffizieren-Lassens, der die freiwillige Vulnerabilität ins Wort bringt, jedoch deutlich erkennbar modifiziert werden muss, damit greifbar wird, dass die menschliche Vulnerabilität nicht univok auf Gott übertragen werden kann.[183]

Von den Ereignissen des Kreuzes muss gesagt werden, dass Gott in ihnen nicht unmittelbar affiziert wird, sondern sich vermittelt durch Jesus freiwillig mitaffizieren lässt. Von Gott kann daher ein leidenschaftliches und solidarisches „Mitsein"[184] im Kreuz ausgesagt werden, jedoch kein unmittelbares Sein Gottes in den kategorial-kontingenten Zusammenhängen, unter denen sich das Kreuz ereignet. Gott wird vom Schmerz Jesu und seinem Tod also nicht getroffen, vielmehr kann dem Logos, der im Tod Jesu nicht auch selbst beziehungslos werden kann, aufgrund der freiwilligen Vulnerabilität eine Resonanz des Leidens Jesu zugesprochen werden. Gott ist von Ewigkeit her als derselbe_dieselbe zu denken, als der_die er_sie sich uns in der Sendungstrinität selbst offenbart. Das Gottesverhältnis des Menschen wird zwar am Kreuz sich offenbarend mitkonstituiert, aber dadurch konstituiert sich Gott nicht erst mit der Passion Christi. Gott ist treu, das bedeutet aber, dass er_sie in seiner_ihrer Treue zu den Menschen und damit in Treue zu sich selbst unveränderlich, d.h aber für die Menschen verlässlich (Ps 31,3a: Denn du bist mein Fels und meine Festung) und vom Schicksal der Menschen nicht unaffiziert gedacht werden kann. Diese beiden Aussagen (Unveränderlichkeit und freiwillige Vulnerabilität) (vgl. auch 5.4.5) sind deshalb von Gott möglich, weil sie beide die unbedingte Menschenzugewandtheit Gottes auszudrücken

---

schen, in seiner Passion (indem er nach Jerusalem geht, obgleich er weiß, dass es dort gefährlich für ihn ist) und in der innerlichen Überlegenheit während seines Prozesses und seiner Hinrichtung (vgl. 5.3).

[183] Bei Moltmann wird dies mit dem Begriff des (Mit-)*Leidens* nicht sehr deutlich.
[184] Nitsche: Gott und Freiheit, 234.

5.4 Vulnerabilität Gottes

vermögen, die mit der Liebe als Grundbestimmung des trinitarischen Gottes gegeben ist. Auch Rahner denkt diese Gleichzeitigkeit der Unveränderlichkeit und des Mitgehens Gottes im menschlichen Leiden:

> „Daß Gott in Christus, in seiner menschlichen Natur, das Leiden der Welt auf sich nehmen will, dies beweist, daß dieses Leiden Gott nicht gleichgültig ist, daß er sich, in seiner göttlichen Natur davon angegangen, betroffen fühlt. Wir können nicht beides gleichzeitig sagen: innerstes Mitgehen Gottes mit der Tragödie der Schöpfung und innerstes Unbetroffensein davon. Es sei denn, wir verstünden Gottes Transzendenz so groß und so hoch, daß sie ihm, in Freiheit, Mitgehen erlaube. Denn es ist nun einmal wahr und Dogma, daß der Logos, er selbst, Mensch geworden ist, also er selbst etwas geworden ist, was (formaliter) er nicht immer schon war, und daß darum das, was er geworden ist, als genau es selbst und durch sich selbst Wirklichkeit Gottes ist. Ist das aber Wahrheit des Glaubens, dann hat sich [...] die Ontologie danach zu richten, sich erleuchten zu lassen und zuzugeben, daß Gott ‚in sich' unveränderlich bleibend, ‚im andern', werden kann und daß beide Aussagen wirklich und wahrhaft vom selben Gott als ihm selbst gemacht werden müssen."[185]

M.E. lässt sich das, woran sich Rahner durch die Rede vom Im-anderen-Werden annähert, unter der Kategorie der Selbstoffenbarung fassen: Gott ist in seiner_ihrer von Ewigkeit offenen Trinität *für uns* als Liebe zu denken und es ist diese Liebe, die in Schöpfung und Inkarnation konkret wird. Auf diese Weise wird deutlich, dass die Selbstoffenbarung Gottes nicht zum Denken einer wirklichen Veränderung Gottes in der von Ewigkeit her für uns offenen Trinität und der Sendungstrinität führen muss (Moltmann). Dennoch kann der Sendungstrinität in ihrer Offenheit für die Schöpfung eine Dynamik zukommen. Heilsgeschichtlich ist deshalb, insofern Gott sich im Anderen der Schöpfung mitaffizieren lässt, eine *dynamische* Sendungstrinität, der im anderen eine Geschichte zukommen kann, zu denken.

Gott wird vom Leiden der Menschen nicht ergriffen, sein_ihr Sich-Mitaffizieren-Lassen überkommt ihn_sie nicht wie Menschen Mitleid überkommen kann und ist daher auch nicht als Gott übermannendes Gefühl zu denken, das über ihn_sie hineinbricht und ihn_sie für einen Moment ganz in Beschlag nimmt. Gott verwirklicht vielmehr freiwillig die Möglichkeit sich mitaffizieren zu lassen, um den Menschen nahe zu sein.[186] Catherine Keller hat darauf hingewiesen, dass man sich auch von einer anderen Person in ihrem Mitleid für keine vollkommene Identifizierung mit den eigenen Gefühlen erwarte, sondern, was man sich von menschlichem Mitgefühl erhoffe, sei eine „wahrnehmende Empathie"[187], in der das Gegenüber aufmerksam für eine_n selbst

---

[185] RAHNER: Probleme der Christologie von heute, 202 (Fn 2).
[186] Daher geht es bei der Vulnerabilität Gottes nicht um eine Leidensverherrlichung, sondern um einen empathischen Gott, der_die mit seinen_ihren Geschöpfen solidarisch mitbetroffen gedacht werden kann.
[187] KELLER, Catherine: Über das Geheimnis: Gott erkennen im Werden der Welt. Eine Prozesstheologie. Freiburg 2013, 191.

und die eigenen Emotionen, aber nicht genauso verzweifelt, mutlos, traurig oder resigniert ist. Vom menschenoffenen Gott kann auf der Ebene der Sendungstrinität daher zumindest nichts dies Unterbietendes gedacht werden: Gott geht (auf analoge Weise) wahrnehmend empathisch mit uns.

Wenn für den *Gott für uns* gelten soll, dass die menschliche Ambivalenz der Vulnerabilität auch in Gott einen Widerhall findet, muss auf der anderen Seite des Spektrums, auf dessen einer Seite das (freiwillige) Mit-‚Leiden‘ im anderen steht, auch die (freiwillige) Mitfreude Gottes mit seinen_ihren Geschöpfen und die Freude über jede_n Mitliebende_n gedacht werden (Teil des pathischen Moments göttlicher Vulnerabilität). Dieses Mit-‚Leiden‘ und diese Mit-Freude im anderen kann nur unter den Bedingungen der weltlichen Anschauungsformen von Raum und Zeit und daher als zeitliches Nacheinander vorgestellt werden. Auf diese Weise kann im Kreuz auch die Freude Gottes über die in Freiheit erwiderte Liebe Jesu[188] in den Fokus rücken. Wenn aus der Perspektive der Ewigkeit Gottes gesprochen wird, innerhalb derer keine chronologische Reihenfolge mehr vorstellbar ist, kann nur eine ewige eschatologische Freude Gottes gedacht werden.

5.4.5.4 *Vulnerabilität als göttliches Risiko?*

Bisher war nur vom Sich-Mitaffizieren-Lassen bzw. vom transzendentalen Mitempfinden Gottes die Rede. Daran schließt sich jedoch die Frage an, ob Gott sich auch selbst *affizieren* lassen kann. Hier kann auf der Ebene der Sendungstrinität die Unterscheidung zwischen dem Sich-Mitaffizieren-Lassen, das ich als empathisches Moment der Vulnerabilität Gottes bezeichnen möchte und dem hier zur Disposition stehenden Sich-Affizieren-Lassen, das ich pathisches Moment der Vulnerabilität Gottes nennen will, getroffen werden.[189] Das empathische Moment der Vulnerabilität Gottes, kann seine_ihre unendliche Solidarität mit und Leidenschaft für die Menschen betonen.[190] Das pathische Moment der Vulnerabilität bestünde aufgrund der göttlichen und menschlichen Freiheitsdifferenz, ohne dass ein Mensch notwendig auf analoge Weise affiziert würde. An die Möglichkeit eines pathischen Moments der Vulnerabilität Gottes schließt sich die Frage an, ob mit der Schöpfung auch ein Risiko für Gott verbunden ist. Für Menschen bedeutet Vulnerabilität einerseits Risiko, andererseits Chance, da sie auf unvorhergesehene Weise affiziert werden können. Da Gott als Geber_in und Vollender_in der Zeit nicht

---

[188] Vgl. MOLTMANN: Trinität und Reich Gottes, 177.
[189] Der transzendentale Modus der Vulnerabilität auf Ebene der von Ewigkeit für uns offene Trinität wird hier als Bedingung der Möglichkeit sowohl für das Moment des Sich-Mitaffizieren-Lassens als auch für ein Moment des Sich-Affizieren-Lassens auf Ebene der Sendungstrinität angenommen.
[190] Vgl. POOL, Jeff: God's Wounds. Hermeneutic of the Christian Symbol of Divine Suffering. Vol. 1: Divine Vulnerability and Creation. Eugene 2009, 170.

5.4 Vulnerabilität Gottes

selbst zeitlich ist, sondern logisch prätemporal gedacht werden muss[191], kann für Gott in seiner_ihrer zeitübergreifenden Ewigkeit im strengen Sinne kein Risiko gedacht werden, da die Sprache vom Risiko immer ein Noch-Nicht-Wissen und damit Zeitlichkeit voraussetzt. Da menschlicherseits jedoch geschichtlich und in einem Nacheinander von Ereignissen gedacht werden muss, ist unsere Perspektive immer die einer noch offenen Geschichte und daher auch mit dem Gedanken eines Risikos Gottes belegt. Gott kann dann, obwohl eingeräumt werden muss, dass er_sie sich in seiner_ihrer ewigen Überzeitlichkeit[192] keinem Risiko aussetzen kann, grundsätzlich innerhalb eines Wagnisses mit dem Anderen in der Sendungstrinität als sich-affizieren-lassend und in der von Ewigkeit her für uns offenen Trinität als transzendental mitempfindend gedacht werden.[193] Damit hat Gott „nicht an sich selbst, sondern nur [im] Anderen der [...] Welt [...] eine Geschichte"[194]: Gottes Sich-Affizieren-Lassen könnte für die Menschwerdung formuliert werden: In der Inkarnation lässt sich Gott in Jesus ganz auf diese Welt ein. Jesus wirkt in der Welt als göttlich inspirierte und göttlich aufgelichtete menschliche Freiheit. Es ließe sich formulieren, dass Gott mit der Inkarnation in Jesus mit menschlicher Freiheit mitgeht und sich in Jesu Leben von anderer menschlicher Freiheit berühren lässt und darin (innerweltlich gedacht) auch an seine_ihre Grenzen stößt. Gott macht sich in Jesus vulnerabel, doch die freiwillige Vulnerabilität, der sich Gott damit aussetzt, kann nicht dieselbe sein, wie sie für Jesus in seiner menschlichen Vulnerabilität gedacht werden kann.[195] Gottes Sich-Affizieren-Lassen kann besser in Bezug auf die Schöpfung formuliert werden: Indem Gott den freien Menschen schafft, d.h. das andere als anderes will, lässt er_sie sich insofern berühren, dass Gott mit seinem_ihrem Werben um uns Menschen, was mit dem Motiv der Freisetzung der Freiheit der Menschen und der Allmacht seiner_ihrer Liebe verständlich gemacht wurde, nicht (immer) erfolgreich ist, d.h., dass Menschen sich dem ewigen Du (Buber) Gottes nicht öffnen bzw. dass Menschen sich für Gott verschließen. Daher kann ein pathisches Moment der Vulnerabilität für Gott angenommen werden. Denn dem Umstand, ob ein Mensch sich anderen Menschen bzw. Gott zuwen-

---

[191] Dabei kann für Gott keine eigene Zeit parallel zur irdischen Zeit gedacht werden (Sempiternalismus), da hierfür eine Beobachterposition nötig wäre, von der aus beide zeitlichen Realitäten überblickt werden könnten (vgl. Nitsche: Zeit und Ewigkeit, 143).
[192] Es ergibt nur Sinn, irdisch fassbare Handlungsakte bzw. erfahrene Wirkungen Gottes zeitlich zu markieren.
[193] Bernhard Nitsche hat darauf hingewiesen, dass sich nur im Kontext eines transzendentalen Freiheitsbegriffs an dieser Stelle keine Determinierung der menschlichen Freiheit von der Ewigkeit Gottes her ergibt, da Gott im transzendentalen Freiheitsdenken als „jedem Freiheitsakt eines Menschen simultan innewohnender Freisetzungsgrund menschlicher Freiheit" (ebd. 165) gedacht werden muss. Menschliche Freiheit schränkt daher Gottes Freiheit nicht ein – und umgekehrt.
[194] Ebd. 151.
[195] Jesus setzt sich mit seinen Handlungsweisen dem Risiko aus, getötet zu werden.

det, steht Gott nach biblischem Zeugnis nicht indifferent gegenüber: Gott will Mit-Liebende[196] und befähigt Menschen dazu, in ihrer Freiheit und strukturellen Vulnerabilität menschenoffen und gottoffen zu sein. Das pathische Moment der Vulnerabilität Gottes wird also schon in der Schöpfung gesetzt und nicht erst in der Inkarnation. Die Inkarnation ist in dieser Sichtweise als Werben um die Menschen bzw. Locken der Menschen verstehbar. In dieser Perspektive der Inkarnation kommt Gott als Mensch selbst in die Welt und offenbart dadurch erneuernd und gleichzeitig auf spezifische Weise seine_ihre ewige und unbedingte Menschenzugewandtheit.

Das pathische Moment der Vulnerabilität Gottes kann dann sowohl innerweltlich als auch eschatologisch gedacht werden. Innerweltlich kann ein Sich-Affizieren-Lassen Gottes bei einer Divergenz von menschlicher Orthodoxie und Orthopraxie gedacht werden, d.h., wenn Menschen sich zwar zu Gott bekennen, sich aber nicht menschenfreundlich zeigen. Eschatologisch ist das ‚Risiko' Gottes darin zu sehen, dass sich Menschen in ihrer von Gott nicht zurückgenommen Freiheit letztendlich gegen Gott entscheiden. Aus menschlicher Sicht kann die eschatologische menschliche Verneinung Gottes als Möglichkeit und deshalb auch als Risiko Gottes gedacht werden. Damit kann, zumindest formal, die Möglichkeit eines ewigen Scheiterns Gottes (ewige Hölle/Gottesferne für die Menschen) nicht ausgeschlossen werden. Inhaltlich widerspricht ein ewiges Getrenntsein der Menschen von Gott jedoch Gottes trinitarischem Wesen als Liebe-Sein. Es ist daher aus christlicher Hoffnungsperspektive nicht vorstellbar, dass Gott in seiner_ihrer Liebe mit dieser Geschichte am Ende scheitert, dass jemand in der Begegnung mit Gott und im Angesicht der Liebe Gottes, sich diesem Gott und seiner_ihrer Liebe und damit dem Schlechthinerfüllenden des menschlichen Lebens verweigert.

Wenn wir die Liebe und Menschenfreundlichkeit Gottes zum Maßstab der Gottesrede erheben, stellt sich die Frage, ob für Gott jenseits der Mit-Freude und des Mit-‚Leids' auch ein empathisches bzw. pathisches Moment der Vulnerabilität aller anderen menschlichen Gefühle gedacht werden kann. Gefühle wie Eifersucht, Neid, Zorn und Hass können auf pathischer Ebene nicht mit der Grundbestimmung Gottes als Liebe harmonisiert werden. Daher ist fraglich, ob wir das pathische Moment der Vulnerabilität wie sie im Alten Testament im Hinblick auf Hass, Zorn und Eifersucht Gottes formuliert wird, mitgehen wollen. Jedoch kann gedacht werden, dass Gott sich auf der Ebene des empathischen Moments der Vulnerabilität auch von diesen menschlichen Emotionen mitaffizieren lässt, da sie bei Menschen entweder Leid verursachen oder selbst durch Leid verursacht sind. Für das empathische Moment der Vulnerabilität ist des Weiteren anzumerken, dass, obwohl Gott sich in aller Freiheit dazu bestimmt, von menschlichem Leiden und menschlicher

---

[196] Das Gleichnis vom verlorenen Schaf (Mt 18,12–14) veranschaulicht Gottes Bereitschaft, jedem einzelnen Menschen hinterherzugehen und um ihn zu werben.

Freude mitaffiziert zu werden, er_sie die menschlichen Gefühle nicht ohne Unterschied mitfühlt.[197] So kann Gott sich nicht wie Menschen über etwas (mit-)freuen, was in sich schlecht ist, wie es beispielsweise bei Schadenfreude der Fall ist. Gottes Mitgehen ist der Situation immer angemessen und daher gerecht.

5.4.5.5 Erlösungs- und Vollendungsmacht Gottes

Weil die Allmacht des trinitarischen Gottes als Allmacht der Liebe verstanden werden muss, liegt Gottes Erlösungsmacht, transzendental formuliert, in der Freisetzung der menschlichen Freiheit, die Gott nicht mehr zurücknimmt (*creatio continua*). Die menschliche Freiheit kann in der Folge zurücklieben und gottgemäß handeln, d.h aber, aus Gottes Liebe leben. Deshalb kann Gottes Erlösungsmacht und Erlösungswille innerweltlich im göttlich aufgelichteten menschlichen Handeln (das auf das Wirken des Heiligen Geistes zurückgeführt werden kann) und in der Sendung Jesu Christi, in der Gott besonders in Christi Auferweckung seinen_ihren unbedingten Erlösungswillen und seine_ihre Menschenfreundlichkeit offenbart, erkannt werden. Geschichte als menschliche Freiheitsgeschichte bedeutet daher, dass Gott grundsätzlich nicht ins kategoriale Weltgeschehen oder in die menschliche Freiheitsgeschichte eingreift. Da innerweltlich ein Intervenieren Gottes nicht gedacht werden kann, kommt die unbedingte Souveränität Gottes eschatologisch zur Geltung. Aus kategorialer Perspektive können wir daher eine Erlösungs- und Vollendungsmacht Gottes im Eschaton erhoffen und glauben.

Da Gott als Ursprung und Geber_in allen Seins und der Zeit verstanden werden muss, was in der relationalen Ontologie Höhns dadurch ausgedrückt ist, dass Gott den Unterschied zwischen Sein und Nichts begründet und die Welt daher restlos auf Gott bezogen ist, ist Gott als der Welt in dem Sinn überlegen zu denken, dass es kein Verstricktsein mit Welt ohne aktive Entscheidung Gottes gibt. Gott ist dem Menschen unbedingt zugewandt. Alleine daraus ergibt sich seine_ihre freiwillige Vulnerabilität, die Gott nicht handlungsunfähig zurücklässt, sondern im Gegenteil, seinen_ihren unbedingten Erlösungswillen offenbart. Dieser unbedingte Wille zu retten, zeigt sich auch in der Auferweckung Jesu: Hier offenbart sich Gottes unbedingter Wille, alles zu einem guten Ende zu führen ('Vorgeschmack aufs Eschaton'). Die Auferweckung Jesu offenbart zugleich auch die „klaren Grenzen leidensbereiter Liebe"[198] Gottes: Gott kann die negative Affizierung Jesu, wie sie in der Passion Jesu aus menschlicher Freiheit geschieht und die im völligen Beziehungsab-

---

[197] Vgl. Peckham, John: Qualified Passibility. In: Matz, Robert / Thornhill, Chadwick: Divine Impassibility. Four Views of God's Emotion and Suffering. Westmont 2019, 87 –113, 101.
[198] Thomas: Gottes Lebendigkeit, 107.

bruch endet, nicht einfachhin hinnehmen. In seinem_ihrem Entschiedensein für das beziehungsreiche Leben lässt er_sie Jesus nicht im Tod. Jesu Auferweckung bedeutet Hoffnung für alle, denn Jesus Christus, der als der „Erste der Entschlafenen" (1 Kor 15,20) von den Toten auferweckt worden ist, lässt eine Auferweckung *im Tod*[199] für alle Menschen erhoffen.

Zusammenfassend kann gesagt werden: Gott wird in seiner_ihrer freiwilligen Vulnerabilität bzw. seinem_ihrem transzendentalen freiwilligen Mitempfinden zum Resonanzraum menschlichen Leidens. Dadurch wird deutlich: Gott kennt das Innerste des Menschen, er_sie kennt selbst die tiefsten (Ab-)Gründe im Menschen. Um dies mit Tück eschatologisch zu formulieren: Nur wenn „der Richter die Abgründe menschlichen Leidens selbst erfahren hat, dann bleibt sein Gericht nicht unter dem Niveau der menschlichen Leidensgeschichte."[200] Dann müssen Menschen sich nicht für Anerkennung und Würdigung ihrer leidvollen Erfahrungen einsetzen. Dann wird deutlich: Menschen sind in ihrer strukturellen und situativen Vulnerabilität vom vulnerablen Gott angenommen und bejaht.

5.4.5.6 *Gegenüberstellung der Vulnerabilität Gottes und antiker Apatheia*

An dieser Stelle können wir nun auf die Bedeutungen der griechischen Apatheia zurückkommen, um zu überprüfen, inwiefern diese kritisch gesehen bzw. abgelehnt werden muss, was Springhart[201] bzw. Bieler[202] im Kontext der Vulnerabilität Gottes beteuern. Das Bild der freiwilligen Vulnerabilität Gottes, das hier gezeichnet wurde, deutet jedoch vielmehr darauf hin, dass die griechische Apatheia wie sie von Frohnhofen in ihren drei Grundbedeutungen herausgearbeitet wird, im Hinblick auf ein christliches Gottdenken, wie es hier vertreten wird, partiell zurückgewiesen, ihr jedoch auch partiell zugestimmt werden muss:

Hinsichtlich der Bedeutung der prinzipiellen Unbeeinflussbarkeit[203] einer Entität durch ein ihr Äußeres muss gesagt werden, dass Gott auf der Ebene

---

[199] Vgl. GRESHAKE, Gisbert / LOHFINK, Gerhard: Naherwartung – Auferstehung – Unsterblichkeit. Freiburg ⁴1982, 138–145.
[200] TÜCK: Passion Gottes?, 27.
[201] Vgl. SPRINGHART: Der verwundbare Mensch, 193 (Fn 79): Springhart plädiert dafür, sich im Zusammenhang mit der Vulnerabilität Gottes kritisch mit der Apathie Gottes auseinanderzusetzen. „Within the theological tradition, the axiom of apathy with relation to God also follows the line of invulnerability" (SPRINGHART: Exploring, 21).
[202] Vgl. BIELER: Verletzliches Leben, 118: „Dieser theologische Zugang verabschiedet die Vorstellung der Apatheia Gottes, die die Unveränderlichkeit und Leidensunfähigkeit betont."
[203] Hier wird angenommen, dass ‚beeinflussen' synonym mit ‚affizieren' verstanden werden kann.

der Sendungstrinität in Bezug auf seine_ihre Geschöpfe sowohl als empathisch vulnerabel als auch als pathisch vulnerabel bezeichnet werden kann und daher eine generelle Unaffizierbarkeit für Gott abgelehnt werden muss. Wenn die Bedeutung der Nichtaffizierbarkeit durch seelische Empfindungen betrachtet wird, sind – bei analoger Übertragung dieser – eindeutig sowohl das Selbst- als auch das Sich-Mitaffizieren-Lassen durch Liebe und das Mitleiden als Sich-Mitaffizieren-Lassen auf Ebene der Sendungstrinität geltend zu machen. Da bei der griechischen Vorstellung der Apatheia nicht das empathische Moment der Vulnerabilität, sondern das pathische Moment der Vulnerabilität gemeint ist, müssen Zorn, Neid, Hass und Eifersucht auf dieser Ebene[204] für Gott abgelehnt werden.

Wenn allerdings die Eigenschaften, die die generelle Unbeeinflussbarkeit vor allem nach sich zieht, betrachtet werden (durchgängiges und immer gleichbleibendes Seiendes; unkörperliches und unsichtbares Seiendes), muss diesen zugestimmt werden. Die Bedeutung der Apatheia als Unbeeinflussbarkeit/Nicht-/Un-Affizierbarkeit durch als negativ empfundene Seelenerregungen, d. h. Leidenslosigkeit und Leidenschaftslosigkeit muss im Hinblick auf die hier konzipierte Vulnerabilität Gottes modifiziert werden, da die Leidenschaft für die Menschen und das pathische Moment der Vulnerabilität Gottes (aus menschlicher Sicht) nicht univok, sondern analog und freiwillig gedacht werden müssen.

Die freiwillige Vulnerabilität Gottes, wie sie hier nachgezeichnet wurde, steht daher in einem komplexeren Verhältnis zur griechischen Apatheia als von Springhart und Bieler herausgestellt wird.

5.5 *Menschliche Vulnerabilität im Eschaton*

An dieser Stelle wende ich mich wieder der menschlichen Vulnerabilität zu und reflektiere, ob und wie diese innerhalb des eschatologischen Seins ‚ganz bei Gott' gedacht werden kann. Wenn Menschsein innerweltlich innerhalb einer relationalen Ontologie verständlich wird, kann auch Eschatologie nur als relationales Geschehen erfasst werden: In weltlicher Perspektive ist Gott den Menschen unbedingt zugewandt, was in der göttlichen Vulnerabilität zum Ausdruck kommt; Menschen ist in ihrer Vulnerabilität ermöglicht, das freie Beziehungsangebot Gottes anzunehmen. Das eschatologische Geschehen ist analog nicht nur von Gott bewirkt, sondern wird auch vom Menschen bejaht (oder abgelehnt). Bedeutet dies, dass auch die menschliche Vulnerabilität im Eschaton Bestand haben wird?

---

[204] Gott lässt auch vom Zorn, Neid und Hass der Menschen mitaffizieren, insofern diese Gefühle Leid bei Menschen verursachen.

In diesem Vorschlag zur Denkbarkeit einer eschatologischen Vulnerabilität wird ein Ansatz gewählt, der ein Ineinander von Diskontinuität[205] und Kontinuität[206] zulässt, indem eine Verwandlung des Menschen bei bleibender Identität gedacht wird.[207] Die Kontinuität wird durch das Konzept der Leiblichkeit[208] sichergestellt: Ich selbst als der_die, der_die ich durch meine Erfahrungen geworden bin, werde eschatologisch ganz bei Gott sein. D.h, wenn dieses Ich oder die Identität von Menschen eschatologisch bewahrt wird und unsere einmalige Gewordenheit (inkl. aller erfahrenen situativen Vulnerabilitäten) nicht einfach ausgelöscht, sondern bei Gott aufgehoben und von Gott verwandelt wird, dann muss phänomenologisch gesprochen eine leibliche Auferstehung gedacht werden[209], da sich unsere Identität an unser (ganzheitliches) Leibsein bindet: Der Leib ist das Medium, durch das wir uns zuallererst spüren und erfahren und durch das wir anderen begegnen und andere erfahren. Wenn eine ‚leibliche' Auferstehung gedacht wird (vgl. 1 Kor 15,44: „Gesät wird ein irdischer Leib, auferweckt ein überirdischer Leib. Wenn es einen irdischen Leib gibt, gibt es auch einen überirdischen.")[210], gibt es dann folglich auch eine Vulnerabilität, die im Modus der vollendeten Leiblichkeit gedacht werden kann? Ist Vulnerabilität im Eschaton noch denkbar? Grundsätzlich lässt sich menschliche Vulnerabilität nur unter weltlichen Bedingungen denken, die nicht-extrahierbare biologisch-materielle Verfasstheit bzw. materielle Leiblichkeit, Kontingenz und Zeitlichkeit voraussetzen. Das Dasein ganz bei Gott dagegen kann nicht mehr in zeitlichen Kategorien und auch nicht in materieller Körperlichkeit und Kontingenz dargestellt werden: In der Auferstehung im Tod ist der Mensch ganz bei Gott, d.h. in Gottes zeit- und raumlose Wirklichkeit hineingenommen. Dass wir analog zum Leben auf der Erde im vollumfänglichen Sinne aktiv und passiv

---

[205] Die eschatologische Diskontinuität wird exemplarisch am tatsächlichen Tod Jesu deutlich, der das definitive Ende des irdischen Lebens bedeutet.

[206] Ansonsten entzöge sich uns die Wirklichkeit des Eschaton völlig. Damit dies nicht der Fall ist, muss zumindest ein Minimum an Kontinuität veranschlagt werden.

[207] Dabei muss unsere menschliche Identität bereits innerweltlich von Gott aus bezeugt werden, damit Gott auch eschatologisch als „tragende[r] Grund von Kontinuität" (SCHÄRTL, Thomas: Auferstehung denken. Metaphysische Hintergrundfragen. In: Concilium 42.5 (2006) 551–562, 560) in den Blick kommen kann.

[208] Ich danke an dieser Stelle Bernhard Nitsche für wichtige Impulse zum Thema Leiblichkeit und Behinderung im Eschaton, die er mir im gemeinsamen Gespräch gegeben hat. Hinzuweisen ist hier auch auf seinen Artikel NITSCHE, Bernhard: Behinderung und Vollendung. In: Concilium 56.5 (2020), 101–110.

[209] Wir werden uns immer noch als uns selbst wahrnehmen können (keine Auflösung der Identität in eine eschatologische Einheit).

[210] Man könnte auch denken, dass alleine die Seele im Eschaton fortbesteht, aber dann ist es uneinsichtig, warum Gott Menschen überhaupt als leibliche Wesen erschaffen hat. Außerdem gefährdet die Möglichkeit einer entleiblichten Seele das Fortbestehen der Identität nach dem Tod (vgl. SCHÄRTL, Thomas: Beyond Dualism? The Track-Switch Model of Resurrection. In: GÖCKE, Benedikt (Hg.): After Physicalism. Notre Dame 2012, 335–368, 358).

5.5 Menschliche Vulnerabilität im Eschaton

vulnerabel sind, lässt sich daher nicht denken.[211] Die für den_die Einzelne_n so wahrgenommene negative Affizierung können wir für das Eschaton ausschließen: Weder Trauer, Leid, Schmerz noch Klage (Offb 21,4) können für das Eschaton gedacht werden. Hingegen ist die ewige, immer noch größere positive ‚Affizierung' (als ob es Zeit gäbe; anders können wir es nicht ausdrücken) in vollendeter Relationalität zu Gott und zu anderen Menschen im Modus der vollendeten Leiblichkeit vorstellbar. Hier kann Vulnerabilität nur in der Seinsweise der vollkommenen Offenheit für Gott gedacht werden, die ganz in der Präsenz Gottes sein lässt, was wiederum dazu befähigt, in vollkommener Offenheit für die anderen Auferweckten das eigene Leben und das Leben der anderen im Licht Gottes zu sehen:

> „Weil der Andere in unseren elementaren Vollzügen in unserem Bewusstsein wenigstens in der Form einer Verortung oder Stimmung präsent ist [...], können wir uns eine Intensivierung dieser Verhältnisse denken, in der es möglich wird, unser eigenes Leben mit den Augen der Anderen in einer immer neuen Weise anzuschauen. Das Eingehen in Gottes Ewigkeit wäre in dieser Denkform das Erleben unseres gelebten Lebens in einer ungeahnten Hinsicht – die sich allein der von Gott uns geschenkten, alles durchleuchtenden Perspektive verdankt – und in einer für uns jetzt nur in Andeutungen möglichen außerordentlichen Vielperspektivität."[212]

Dennoch sind die erfahrenen situativen Vulnerabilitäten in ihrer Ambivalenz des konkret gelebten Lebens im Übergang (Tod) vom Leben ins Eschaton von Bedeutung. Nicht an den konkreten Verletzungen, an den schmerzvollen Erfahrungen gesellschaftlicher Behinderung, an den abgebrochenen Möglichkeiten des Lebens, an der singulären Gewordenheit des Menschen, d.h. nicht an seiner „Leib-Prägung", an seiner „leibhaft-gemeinschaftlichen Geschichte, der Sehnsuchts- und Verwundungsgeschichte"[213] vorbei wird Gott vollenden und verwandeln, sondern durch sie hindurch. Das Kreuzes- und Auferweckungsgeschehen ist hierfür Zeichen: Jesu Wundmale, die nach der Auferweckung noch sichtbar sind, zeugen davon, dass das gelebte Leben in seiner Bedeutung nicht einfach ausgelöscht, sondern bei Gott aufgehoben und verwandelt wird (die Jünger_innen identifizieren Jesus dennoch als Auferstandenen). Dies bedeutet für den neuen Menschen, dass seine

> „früheren (gescheiterten, zerstörten, verweigerten) Beziehungen und (uneingeholten) Möglichkeiten der Person [nicht einfach] festgeschrieben [werden], viel-

---

[211] Göttliche freiwillige Vulnerabilität kann nur in Bezug auf weltliche Vorgänge gedacht werden. Andererseits muss göttliche Vulnerabilität formal auch im menschlichen Tod gelten, da Menschen hier die formale Möglichkeit haben, Gott abzulehnen.
[212] SCHÄRTL, Thomas: Tod und ewiges Leben. In: Impulse 119 (2018), 4–7, 6.
[213] WERBICK, Jürgen: „Diess Leben – dein ewiges Leben!"? Die Kritik am Auferstehungsglauben und ein fundamentaltheologischer Versuch, ihn zu verteidigen. In: KESSLER, Hans (Hg.): Auferstehung der Toten. Ein Hoffnungsentwurf im Blick heutiger Wissenschaften. Darmstadt 2004, 211–233, 224.

mehr werden sie verwandelt: heil-gemacht, geläutert, zurecht-‚gerichtet', erlöst, einer erfüllenden Vollendung (neuen Identität) zugeführt."[214]

Wenn die Offenheit eschatologisch entscheidend ist, kann diese noch einen Schritt weiter gedacht werden: Offenheit kann eschatologisch für die Geschöpfe „die Öffnung aller Möglichkeiten, eine unvorstellbare Fülle an Dimensionen, in die hinein freie Verwirklichung erfolgen kann"[215] bedeuten. Dann werden im Leben uneingeholte Möglichkeiten verwirklicht und das Sehnen in Erfüllung gewandelt.

Andererseits muss die neue Wirklichkeit in radikaler Diskontinuität (Abbruch und Umbruch) zur jetzigen Welt (Offb 21,4: „Seht, ich mache alles neu") gesehen werden. Sie schließt eine Verwandlung für uns alle ein: Unser jetziges Sein hat mit dem Tod sein definitives Ende (2 Kor 5,1: „Wenn unser irdisches Zelt abgebrochen wird, dann haben wir eine Wohnung von Gott, ein nicht von Menschenhand errichtetes ewiges Haus im Himmel."). Auch unser Leib wird verwandelt werden, sodass ihm nicht zwingend etwas Biologisch-Materielles zukommen muss. Dies ist mithilfe von Schärtls Differenzierung von Realisierung$_1$ und Realisierung$_2$ zu denken: In dieser Welt ist für Menschen die Realisierung$_1$ als leiblich verfasste Menschen alternativlos – es gibt keine andere Form der Verwirklichung. Realisierung$_2$ bezeichnet die konkreten Formen der Verwirklichung, die im Gegensatz zur Realisierung$_1$ offen sind.

> „We know that in our actual world, and all worlds related to our world by the bond of nomological possibility, realization$_2$ is presented as physical or biological realization – though this might not be the case for any possible world, whereas in every possible world the realization$_1$ of human persons has to be a realization as embodied persons."[216]

Die Realisierung$_1$ als leibliche Menschen ist also für jede mögliche Welt zwingend, die Art und Weise der Realisierung$_2$ ist jedoch nicht festgelegt, was eschatologisch die Möglichkeit einer Leiblichkeit eröffnet, die einen Wandel erfährt, sodass die Realisierung$_2$ für das Eschaton aus weltlicher Perspektive nicht festzuschreiben ist und nicht der weltlichen biologisch-materiellen Leiblichkeit entsprechen muss.[217] Auf diese Weise ist die Möglichkeit einer eschatologischen Form der vollendeten Leiblichkeit zu denken, deren Bedingungen wir jedoch nicht kennen. Der ‚biologische Körper' ist in dieser Sichtweise ein „Abstraktionsprodukt"[218], dem für den weltlichen Leib und den

---

[214] KESSLER, Hans: Personale Identität und leibliche Auferstehung. Systematisch-theologische Überlegungen. Response auf Georg Gasser. In: GASSER, Georg / JASKOLLA, Ludwig / SCHÄRTL, Thomas (Hg.): Handbuch für analytische Theologie. Münster 2017, 641–666, 656.
[215] von Balthasar, Hans Urs: Skizzen zur Theologie IV: Pneuma und Institution. Einsiedeln 1974, 450.
[216] SCHÄRTL: Beyond Dualism?, 357.
[217] Vgl. ebd. 362.
[218] SCHÄRTL, Thomas: „Vita mutatur, non tollitur". Zur Metaphysik des Auferstehungsgedankens. In: KLÄDEN, Tobias (Hg.): Worauf es letztlich ankommt. Interdisziplinäre Zugänge zur Eschatologie. Freiburg 2014, 125–149, 140.

Auferstehungsleib keine Trägerfunktion zukommt und von dem daher gesagt werden kann, dass er im Grab verwest.[219]

5.6 Zusammenfassung

In Kapitel 5 wurde mithilfe eines analogen Gottdenkens, eines differenzierten Trinitätsdenkens, das ein relationales Wirklichkeitsverständnis begründen kann (theologische Rechtfertigung der relationalen Ontologie und damit der Ausdeutung der Gottebenbildlichkeit nach der Relationsanalogie) und mithilfe der moltmannschen Unterscheidung verschiedener Ebenen innerhalb der Trinität eine schlüssige Argumentation des vulnerablen Gottes vorgelegt. Damit wurde die Sprechweise vom vulnerablen Menschen als Ebenbild des vulnerablen Gottes legitimiert. Dabei macht Gott sich um der Liebe zu seinen_ihren Geschöpfen und damit seiner_ihrer unbedingten Menschenzugewandtheit willen in der Sendungstrinität freiwillig vulnerabel. Auf der Ebene der von Ewigkeit her für uns offenen Trinität, kann für Gott daher ein transzendentaler Modus freiwilliger Vulnerabilität gedacht werden. Auf Ebene der reinen Immanenz, auf die wir erkenntnistheoretisch nie zurückschließen können, kann über Gottes Vulnerabilität nicht nachgedacht werden.

Wenn wir menschliche Vulnerabilität mit einem univoken Minimum analog auf Gott übertragen, bedeutet dies nicht, dass die menschliche Vulnerabilität in all ihren Facetten und in ihrer vollen Ambivalenz ‚göttlich' ist, aber dies weist darauf hin, dass wir uns als vulnerable Menschen als Gottes Ebenbilder von Gott bedingungslos angenommen und geliebt wissen können. Der freiwillig vulnerable Jesus ist in diesem Zusammenhang nicht in erster Linie als Modell zur Nachahmung zu verstehen – Gott will das menschliche Leiden nicht, das Folge der Vulnerabilität sein kann. Vielmehr bezeugt Jesus Gottes freiwillige Vulnerabilität und offenbart damit Gottes unbedingte Menschenzugewandtheit.

Abschließend möchte ich nochmals deutlich herausstellen, inwiefern die vorgelegten Entwürfe zum vulnerablen Gott und zur menschlichen Vulnerabilität im Eschaton als inklusiv gelten können: Die Inklusivität der Sprechweise vom vulnerablen Gott zeigt sich darin, dass sie keine Sonderanthropologie generiert, die insbesondere für Menschen mit Behinderung gilt, sondern für jeden (strukturell vulnerablen) Menschen. In seiner_ihrer bedingungslosen Solidarität mit uns, indem Gott sich in unseren situativen Vulnerabilitäten und deren konkreten Affizierungen mitaffizieren lässt bzw. mitempfindet, ist er_sie ganz Gott *mit uns*. In dieser Hinsicht kann Gott Grund der menschli-

---

[219] Vgl. ebd.

chen Hoffnung aller Menschen sein. Da eine eschatologische Verwandlung aller Menschen gedacht wird, ist hier keine Sonderanthropologie für Menschen mit Behinderung konzipiert. Jedoch kommen solche Potenziale eschatologisch zur Entfaltung, die (auch) im Leben von Menschen mit Behinderung besonders durch gesellschaftliche Barrieren unterbunden wurden. Des Weiteren wird das gelebte Leben im Tod nicht einfach ausgelöscht, sondern mit den Erfahrungen der konkreten situativen Vulnerabilitäten gewürdigt und verwandelt, wodurch die besonderen Herausforderungen, aber auch die Glücksmomente des Lebens anerkannt werden. Die Perspektive der Leiblichkeit bringt wiederum ein ganzheitliches Menschenbild in Anschlag, wodurch eine verwandelte vollkommene Leiblichkeit im Eschaton gedacht werden kann.

Schluss

Bevor ich abschließend einige an die in dieser Arbeit grundgelegte Sprechweise des vulnerablen Menschen als Ebenbild Gottes anschlussfähige Themen theologischer Anthropologie aufzeige, seien hier die Ergebnisse der Kapitel 1–5 ins Gedächtnis gerufen:

Im ersten Kapitel wurde in die Tradition der Rede von der Gottebenbildlichkeit eingeführt: Nach einleitenden Bemerkungen zu exegetischen Aspekten von Gen 1,26–28 und Schlaglichtern zur Geschichte der Interpretation der Bibelstelle wurden vier traditionelle Interpretationsmuster, die jeweils beantworten, worin das *tertium comparationis* der Gottebenbildlichkeit besteht, beleuchtet (Geistanalogie, Gestaltanalogie, Herrschaftsanalogie und Relationsanalogie). Dabei wurde dem Interpretationsmuster der Relationsanalogie besondere Aufmerksamkeit gewidmet, da sie die einzige Deutungsweise ist, die auch von Systematiker_innen intensiv diskutiert wird. Acht exemplarische Ansätze der Relationsanalogie wurden vorgestellt und sodann ihre Gemeinsamkeiten und Differenzen akzentuiert.

Im zweiten Kapitel wurde ein differenzierter Behinderungsbegriff eingeführt, indem zunächst eine Minimal-Definition erstellt, diese durch weitere wichtige Aspekte (Erfahrung von Menschen mit Behinderung, Vielfalt der Behinderungen, Behinderung geht uns alle an) erweitert wurde und ich mich dem interaktionistischen Modell von Behinderung angeschlossen habe, das Behinderung als komplexe Wechselwirkung aus körperlichen, geistigen oder seelischen Einschränkungen und sozialen Barrieren betrachtet, wobei die einzelnen Faktoren so ineinandergreifen, dass sie nicht trennscharf zu unterscheiden sind. Sodann wurde das Konzept der Inklusion entfaltet und sowohl Gelingensfaktoren als auch Hinderungsgründe dieser herausgestellt, wobei besonders der Abbau mentaler Barrieren als Bedingung für eine inklusive Haltung gewertet wurde. Im Anschluss an diese beiden Definitionen wurden fünf Kriterien für inklusive Sprechweisen innerhalb einer inklusiven Anthropologie entwickelt, die für die zu entwickelnde Sprechweise vom vulnerablen Menschen (als Gottes Ebenbild) zu erfüllen sind.

Im dritten Kapitel wurden die vier Interpretationsmuster von Gottebenbildlichkeit hinsichtlich ihrer Inklusivität bewertet. Dabei wurde festgestellt, dass allen Interpretationsmustern sowohl Grenzen der Inklusivität als auch inklusives Potenzial zukommt, d.h. dass sie weder *per se* inkludierend noch exkludierend ausgelegt werden können, sondern dass es für die inklusive Bewertung im hohen Maße auf die einzelnen Durchführungen ankommt. Die Relationsanalogie wurde als das Interpretationsmuster herausgestellt, das das größte Potenzial in sich trägt, sich inklusiv auszuwirken, wenn der von Pröpper gesuchte Kern der Gottebenbildlichkeit, der die Relation als Verwirklichungsdimension der Gottebenbildlichkeit substanziieren kann, inklusiv bestimmt wird. Um Gottebenbildlichkeit innerhalb der Relationsanalogie zweifelsfrei als inklusiv verstehen zu können, wurde die Beziehungsfähigkeit jedes Menschen – unabhängig von Behinderung – betont.

Im vierten Kapitel wurde die menschliche Vulnerabilität (als möglicher Kern der Gottebenbildlichkeit) definiert und auf ihr inklusives Potenzial hin untersucht. In einem Überblick über den Forschungsstand zur Verwendung der Vulnerabilität in der Theologie zeigte sich, dass die Vulnerabilität bisher nicht in ausreichendem Maß systematisiert worden ist, um ihr inklusives Potenzial in vollem Umfang herauszustellen. Daher wurde die Vulnerabilität zunächst in ihren philosophischen Zusammenhang eingeordnet, wobei sich zeigte, dass die Konzepte der transzendentalen Freiheit und der Kontingenz mit der relationalen Ontologie als Rahmen einen nachvollziehbaren Kontext für die Vulnerabilität bilden. Daraufhin wurde mit der umfangreichen, aber ergänzungswürdigen Definition der Philosophin Erinn Gilson neu angesetzt, den Vulnerabilitätsbegriff zu durchdenken, wobei, um das inklusive Potenzial der Vulnerabilität herauszustellen, wichtige Aspekte (Ambivalenz/Ambiguität der Vulnerabilität, Anerkennung und Anerkennbarkeit der Vulnerabilität), wichtige Differenzierungen (situative vs. strukturelle, erfahrene vs. zugeschriebene, freiwillige vs. unfreiwillige Vulnerabilität, zwischenmenschliche Vulnerabilität) sowie die Verknüpfung von (erhöhter) situativer Vulnerabilität und Behinderung herausgestellt wurden. Um die Anerkennbarkeit von Vulnerabilität zu belegen, wurde die starke Dichotomie zwischen den alltagssprachlichen Konzepten der Abhängigkeit und der Unabhängigkeit relativiert. Des Weiteren wurden ethische Implikationen des Vulnerabilitätskonzeptes aufgezeigt. Die Sprechweise vom vulnerablen Menschen konnte auf diesem Weg als inklusiv profiliert werden. Zuletzt konnte die Sprechweise vom vulnerablen Menschen besonders durch die Kontextualisierung der Vulnerabilität im Zusammenhang mit Freiheit, Kontingenz und relationaler Ontologie als veritable Deutungsweise innerhalb der Relationsanalogie der Gottebenbildlichkeit verortet werden: Um konkrete Beziehungen (zu den Mitmenschen und Gott) eingehen zu können, muss der Mensch situativ vulnerabel sein, was auf der Strukturebene die strukturelle Vulnerabilität voraussetzt. So kann die strukturelle Vulnerabilität den von Pröpper gesuchten Kern der Gottebenbildlichkeit darstellen, der die Bedingung der Möglichkeit für konkrete Beziehungen ist. Das Ergebnis dieses Kapitels war: Die Rede vom vulnerablen Menschen innerhalb der Relationsanalogie der Gottebenbildlichkeit ist eine inklusive Sprechweise.

Um die Argumentation zu komplettieren wurde im fünften Kapitel untersucht, inwiefern auch Gott, in Analogie zum Menschen, als vulnerabel gedacht werden kann. Dafür wurde zunächst ein Analogieverständnis vorgestellt, das verständlich macht, inwiefern analog von Gott gesprochen werden kann. Sodann wurde ein Trinitätsdenken in Anschluss an Bernhard Nitsche dargelegt, auf dessen Grundlage eine Vulnerabilität Gottes formuliert werden kann. Eine Vulnerabilität Gottes wurde gedacht, indem zunächst die Vulnerabilität Jesu im biblischen Zeugnis aufgezeigt wurde und die auch von Moltmann aufgebrachte Frage geklärt wurde, inwiefern auch Gott am Kreuz mitaffiziert wird. Aufgrund einiger Inkonsistenzen in Moltmanns Konzeption des (Mit-)Leidens Gottes wurde hier neu angesetzt, um eine Vulnerabilität Gottes zu denken. Dabei wurden (mit dem späten Moltmann) die Ebenen der reinen Immanenz Gottes, der von Ewigkeit her für uns offenen Trinität und der Sendungstrinität unterschieden und für die letzteren die Möglichkeit, einen Modus der transzendentalen freiwilligen Vulnerabilität bzw. ein Sich-Mitaffizieren-Lassen bzw. ein Sich-Affizieren-Lassen zu denken, herausgestellt. Dabei konnte die Schöpfungsdifferenz gewahrt werden und so eine Vulnerabilität Gottes formuliert werden, die die Göttlichkeit Gottes (Transzendenz, Freiheit, Liebe) aufrechterhält.[1] Zuletzt wurde dafür optiert, dass eschatologisch zwar keine menschliche Vulnerabilität gedacht werden kann, dass jedoch alle Menschen durch die erfahrenen situativen Vulnerabilitäten hindurch verwandelt werden.

Mit der Sprechweise vom vulnerablen Menschen als Gottes Ebenbild als Grundlage sind auch andere Bereiche theologischer Anthropologie inklusiv bestimmbar. So wird die Katalysatorfunktion[2] der Gottebenbildlichkeit offenbar. Diese Bereiche innerhalb der theologischen Anthropologie sind u.a.:

- Gnadenlehre: Die Grundlage der Gnadenlehre ist, dass jeder Mensch von Gott bedingungslos geliebt und bejaht ist.[3] Dies wurde in meiner Konzeption zu Genüge betont. Weiterhin könnte bspw. menschliche Vulnerabilität als Bedingung, um für das Wirken des Heiligen Geistes offen zu sein, betrachtet werden.

---

[1] Eine in meiner Arbeit nur nebenbei erwähnte mögliche Kritik an dem von mir vorgebrachten Gottesverständnis, das einen vulnerablen Gott miteinschließt, ist, dass ein so verstandener Gott eine Verschärfung der Theodizeefrage nach sich zieht: Aus dieser Konzeption eines vulnerablen Gottes könnte eine „Verdopplung des Leidens" (METZ: Theodizeempfindliche Gottesrede, 95) folgen, welche in der metz'schen Kritik herausgestellt wird. M.E. können drei Punkte genannt werden, die diese Kritik abmildern: (1) Ich habe eine Modifizierung der Vulnerabilität Gottes gegenüber menschlicher Vulnerabilität deutlich gemacht, die die grundlegende Differenz von Gott und Mensch bewahrt. (2) Ich habe herausgestellt, dass auch der freiwillig vulnerable Gott erlösungs- und vollendungsmächtig bleibt. (3) Zudem gilt nach meinem Verständnis, dass Gott den vulnerablen Menschen geschaffen hat – er_sie jedoch nicht jede Form der menschlichen situativen Vulnerabilität gutheißt und er_sie auch nicht in univoker Übertragung durch menschliches Leid affiziert wird. Dennoch ist die Theodizeefrage in diesem Zusammenhang nicht zurückzuweisen. Ich möchte daher die hier bleibende Frage nach der Rechtfertigung Gottes angesichts des Leidens nicht auflösen, sondern bewusst offen halten.
[2] PRÖPPER: Anthropologie, 124.
[3] Vgl. ebd. 80.

- Ethik (vgl. 4.6.8): Eine mögliche Ethik der Vulnerabilität konnte hier nur angedeutet werden. Fragen, die eine Ethik der Vulnerabilität bspw. beantworten müsste, sind: Wie ist das Verhältnis von Vulnerabilität und Verantwortung zu bestimmen? Zu welchen inklusiven Handlungen verpflichtet bzw. ermutigt die von allen geteilte Vulnerabilität/die erhöht situative Vulnerabilität/die freiwillige Vulnerabilität Jesu?
- Frage nach der Leiblichkeit des Menschen (vgl. 1.2.1.2; 4.6.2.5; 5.5; Kriterium 4): Ein ganzheitliches Verständnis vom Menschen ist, wie gesehen, im Anschluss an ein alttestamentliches Menschenbild für den vulnerablen Menschen durchgehend geltend zu machen.
- Begabung/Charisma (vgl. 4.6.9): Hier ist anzumerken, dass Behinderung nicht als besonderes Charisma verklärt werden darf. Dennoch *können* spezifische Erfahrungen, Perspektiven und Kompetenzen eines Menschen mit Behinderung als gesellschaftliche und persönliche Bereicherung gesehen werden.
- Prädestinationslehre (vgl. 5.2): In Bezug auf die Prädestinationslehre ist eine Deutung abzulehnen, die die Erschaffung von Menschen mit Behinderung in einen Plan Gottes eingefügt sieht, der sich am Ende der Zeit offenbaren wird.[4] Vielmehr hat Gott Menschen zur Freiheit und zur zwischenmenschlichen Vulnerabilität in Ich-Du-Beziehungen bestimmt.
- Der neue Mensch (vgl. 4.6.9): In Bezug auf Kol 3,9f. („Belügt einander nicht; denn ihr habt den alten Menschen mit seinen Taten abgelegt und habt den neuen Menschen angezogen, der nach dem Bild seines Schöpfers erneuert wird, um ihn zu erkennen.") lässt sich fragen, ob die zwischenmenschliche situative Vulnerabilität eine Haltung ist, die den neuen Menschen kennzeichnet. Welche Differenzierungen müssen hier u.U. vorgenommen werden?
- Eschatologische Hoffnung (vgl. 5.5): Mit der menschlichen Vulnerabilität ist das benannt, durch das hindurch Gott alle Menschen verwandelt. Eschatologisch ist ein Modus vollendeter Relationalität zu Gott und zu anderen Menschen in vollendeter Leiblichkeit zu denken.

Wenn die in der Einleitung zitierte Aussage Christoph Schwöbels zutreffend ist, dass die Vorstellung der Gottebenbildlichkeit „radikale Konsequenzen für die Art und Weise [hat], [...] wie wir [als Christ_innen] praktisch mit menschlichem Leben umgehen"[5], ist die Sprechweise vom vulnerablen Menschen als Gottes Ebenbild als eine Möglichkeit zu interpretieren, die das eigene Gottes-

---

[4] Diese Deutung wird von Yong ausgeführt (vgl. Yong: Theology and Down Syndrome, 39).

[5] Christoph Schwöbel auf dem Heidelberger Kongress ‚Menschenwürde und Seelsorge' zit. nach Roy, Lena-Katharina: Demenz in der Theologie und Seelsorge. Berlin 2013, 177.

und Menschenbild revidieren und dem *Othering* in Bezug auf Menschen mit Behinderung entgegenwirken kann; eine Möglichkeit, Menschen mit Behinderung nicht mehr (implizit) durch bevormundende, instrumentalisierende, paternalistische und die Behinderung romantisierende Aussagen zu exkludieren (vgl. Einleitung), sondern sie als gleichwertige Mitglieder der Gesellschaft sowie Glieder der Kirche und Gemeinde zu achten, d.h. aber letztlich alle Menschen als in ihrem So-Sein von Gott geliebt und bejaht anzusehen.

Abkürzungs-, Literatur- und Medienverzeichnis

Abkürzungen

BK.AT: Biblischer Kommentar. Altes Testament. Begründet von Martin Noth, fortgeführt von Siegfried Herrmann und Hans Walter Wolff, in Verbindung mit Arndt Meinhold, Werner H. Schmidt und Winfried Thiel. Herausgegeben von Beate Ego, Friedhelm Hartenstein, Martin Rösel und Bernd U. Schipper. Neukirchen-Vluyn 1955ff.

DH: Enchiridion symbolorum definitionum et declarationum de rebus fidei et morum = Kompendium der Glaubensbekenntnisse und kirchlichen Lehrentscheidungen. Lateinisch – Deutsch. / Henrici Denzinger; quod emendavit, in linguam germanicam transtulit et adiuvante Helmuto Hoping editit Petrus Hünermann. Freiburg ⁴⁵2017.

ICIDH 1980: Weltgesundheitsorganisation WHO (Hg.): Internationale Klassifikation der Schädigungen, Fähigkeitsstörungen und Beeinträchtigungen. Ein Handbuch zur Klassifikation der Folgeerscheinung der Erkrankung. Übersetzt von Rolf-Gerd Matthesius. In: Weltgesundheitsorganisation WHO: International Classification of Imparments, Disabilities, and Handicaps. Hg. von Rolf-Gerd Matthesius, Kurt-Alphons Jochheim, Gerhard Barolin und Christoph Heinz. Berlin / Wiesbaden 1995, 213–413.

KAHAL ²2019: Dietrich, Walter / Arnet, Samuel (Hgg.): Konzise und aktualisierte Ausgabe des Hebräischen und Aramäischen Lexikons zum Alten Testament. Leiden / Boston 2019.

KatBl: Katechetische Blätter. Zeitschrift für religiöses Lernen in Schule und Gemeinde. Hg. vom Deutschen Katecheten-Verein e.5. München / Ostfildern 1875–1899; 1900–1944 und 1946ff.

KpV AA 05: Kant, Immanuel: Kritik der praktischen Vernunft. In: Ders.: Gesammelte Schriften. Band V (Hg.: Bd. 1-22 Preussische Akademie der Wissenschaften, Bd. 23 Deutsche Akademie der Wissenschaften zu Berlin, ab Bd. 24 Akademie der Wissenschaften zu Göttingen). Berlin 1900ff.

KrV AA 03: Kant, Immanuel: Kritik der praktischen Vernunft. In: Ders.: Gesammelte Schriften. Band III (Hg.: Bd. 1-22 Preussische Akademie der Wissenschaften, Bd. 23 Deutsche Akademie der Wissenschaften zu Berlin, ab Bd. 24 Akademie der Wissenschaften zu Göttingen). Berlin 1900ff.

LThK³: Kasper, Walter / Baumgartner, Konrad / Bürkle, Horst et al. (Hgg.): Lexikon für Theologie und Kirche, 3., völlig neu bearb. Aufl. Freiburg u.a. 1993–2001.

Met.: Aristoteles: Metaphysik. In: Aristoteles Graece, rec. 1. Bekker (= Aristotelis opera, ed. Academia Regia Borussia, vol. II). Berlin 1831, 980–1093.

NE: Aristoteles: Nikomachische Ethik. In: Aristoteles Graece, rec. 1. Bekker (= Aristotelis opera, ed. Academia Regia Borussia, vol. II). Berlin 1831, 1094–1181.

PTh: Pastoraltheologie. Monatsschrift für Wissenschaft und Praxis in Kirche und Gesellschaft. Göttingen 1966ff.

RGV AA 06: Kant, Immanuel: Kritik der praktischen Vernunft. In: Ders.: Gesammelte Schriften. Band VI (Hg.: Bd. 1-22 Preussische Akademie der Wissenschaften, Bd. 23 Deutsche Akademie der Wissenschaften zu Berlin, ab Bd. 24 Akademie der Wissenschaften zu Göttingen). Berlin 1900ff.

SZ: Heidegger, Martin: Sein und Zeit (= Ders.: Gesamtausgabe. Bd. 2, Abt. 1: Veröffentlichte Schriften 1914–1970). Frankfurt am Main 1977.

ThLZ: Theologische Literaturzeitung. Monatsschrift für das Gesamtgebiet der Theologie und Religionswissenschaft. Begr. von Emil Schürer, hg. von Friederike Nüssel. Leipzig / Berlin 1876–1944 und 1947ff.

ThQ: Eberhard Karls Universität Tübingen. Katholisch-Theologische Fakultät (Hg.): Theologische Quartalschrift. Hg. von Professorinnen und Professoren der Katholischen Theologie an der Universität Tübingen. Ostfildern u.a. 1819ff.

TRE: Theologische Realenzyklopädie. Herausgegeben von Gerhard Müller in Gemeinschaft mit H. Balz, J. K. Cameron, C. Grethlein, S. G. Hall, B. L. Hebblethwaite, K. Hoheisel, W. Janke, 5. Leppin, K. Schäferdiek, G. Seebaß, H. Spieckermann, G. Stemberger, K. Stock (36 Bände), Berlin 1976–2004.

UN-BRK: Übereinkommen der Vereinten Nationen über die Rechte von Menschen mit Behinderung. Die amtliche, gemeinsame Übersetzung von Deutschland, Österreich, Schweiz und Liechtenstein. Online unter: https://www.behindertenbeauftragte.de/SharedDocs/Publikationen/UN_Konvention_deutsch.pdf?__blob=publicationFile&v=2 (Stand: 10.07.2021).

WUNT: Wissenschaftliche Untersuchungen zum Neuen Testament. Tübingen 1950ff.

ZBK.AT: Zürcher Bibelkommentare. Altes Testament. Hg. von Hans Schmid, Matthias Konradt u.a. Zürich 1957ff.

Literatur und Medien

Art. „affizieren" auf Duden online. Online unter: https://www.duden.de/node/13348/revision/13375 (Stand: 08.07.2021).

Art „-bar" auf Duden online. Online unter: https://www.duden.de/node/129664/revision/129700 (Stand: 08.07.2021).

Art בָּ. . In: KAHAL ²2019, 54–56.

Art. דְּמוּת. In: KAHAL ²2019, 118.

Art כְּ .. In: KAHAL ²2019, 237–238.

Art. „Unverwundbar-Verwandlung". In: MARIOWIKI, 2021. Online unter: https://www.mariowiki.net/w/index.php?title=Unverwundbar-Verwandlung&oldid=244539 (Stand: 14.07.2021).

Art. „verletzlich" auf Duden online. Online unter: https://www.duden.de/node/196944/revision/196980 (Stand: 08.07.2021).

Art. „vulnerable". In: ONIONS, Charles (Hg.): Oxford Dictionary of English Etymology. Oxford 1966, 987.

Art. צֶלֶם. In: KAHAL ²2019, 482.

„Autistische Puppe in der Sesamstraße". In: Der Spiegel Online vom 23.03.2017. Online unter: http://www.spiegel.de/kultur/tv/inklusion-autistische-puppe-in-der-sesamstrasse-a-1139557.html (Stand: 20.03.2017).

http://inklusion-als-problem.de/ (Stand: 12.07.2021).

https://www.robben-cafe.de/ (Stand: 12.07.2021).

http://www.touchdown21.info/de/seite/6-ausstellung/article/56-touchdown-ausstellung.html (Stand: 12.07.2021).

Übereinkommen der Vereinten Nationen über die Rechte von Menschen mit Behinderung. Die amtliche, gemeinsame Übersetzung von Deutschland, Österreich, Schweiz und Liechtenstein. Online unter: https://www.behindertenbeauftragte.de/SharedDocs/Publikationen/UN_Konvention_deutsch.pdf?__blob=publicationFile&v=2 (Stand: 10.07.2021).

WHO World Report on Disability (2011). Online unter: https://apps.who.int/iris/rest/bitstreams/53067/retrieve (Stand: 10.07.2021).

AGAMBEN, Giorgio: Die Macht des Denkens. Gesammelte Essays. Frankfurt am Main 2013.

AGUAYO-KRAUTHAUSEN, Raúl: Dachdecker wollte ich eh nicht werden. Das Leben aus der Rollstuhlperspektive. Reinbek 2014.

AHRBECK, Bernd / RAUH, Bernhard (Hg.): Behinderung zwischen Autonomie und Angewiesensein. Stuttgart 2004.

ALBERTZ, Rainer: Mensch 2. Altes Testament. In: TRE XXII (1992), 464–474.

ALLAN, Julie: Inclusion as an Ethical Project. In: TREMAIN, Shelly (Hg.): Foucault and the Government of Disability. Ann Arbor 2005, 281–297.

ALLOA, Emmanuel / DEPRAZ, Natalie: Edmund Husserl. „Ein merkwürdig unvollkommen konstituiertes Ding". In: ALLOA, Emmanuel / BEDORF, Thomas / GRÜNY, Christian / KLASS, To-

bias (Hg.): Leiblichkeit. Geschichte und Aktualität eines Konzeptes. Tübingen ²2019, 7–22.
AMADEU ANTONI STIFTUNG (Hg.): Abwertung von Menschen mit Behinderung. Online unter: https://www.amadeu-antonio-stiftung.de/wp-content/uploads/2019/01/Flyer_GMF_Behindert.pdf (Stand: 12.07.2021).
AMERY, Carl: Das Ende der Vorsehung. Die gnadenlosen Folgen des Christentums. Hamburg 1972.
ANDERSON, Joel: Autonomy and Vulerability Entwined. In: MACKENZIE, Catriona / ROGERS, Wendy / DODDS, Susan (Hg.): Vulnerability. New Essays in Ethics and Feminist Philosophy. New York 2013, 134–161.
ANNAROMAO, Nancy: A Feminist Interpretation of Vulnerability. In: Philosophy in the Contemporary World 3.1 (1996), 1–7.
ANTOR, Georg / BLEIDICK, Ulrich: Behindertenpädagogik als angewandte Ethik. Stuttgart 2000.
ANWANDER, Norbert: Aufrichtigkeit und Ehrlichkeit. In: STOECKER, Ralf / NEUHÄUSER, Christian / RATERS, Marie-Luise: Handbuch angewandte Ethik. Stuttgart / Weimar 2011, 113–115.
ARISTOTELES: Metaphysik. In: Aristoteles Graece, rec. 1. Bekker (= Aristotelis opera, ed. Academia Regia Borussia, vol. II). Berlin 1831, 980–1093.
ARISTOTELES: Nikomachische Ethik. In: Aristoteles Graece, rec. 1. Bekker (= Aristotelis opera, ed. Academia Regia Borussia, vol. II). Berlin 1831, 1094–1181.
AUER, Christine: Er zwingt sich nicht auf. In: ROSIEN, Peter (Hg.): Mein Credo. Persönliche Glaubensbekenntnisse, Kommentare und Informationen. Oberursel 1999, 58–59.
BACH, Ulrich: Der behinderte Mensch – ein Geschöpf Gottes. „Gott will, daß dieses Leben im Rollstuhl mein Leben ist" – Bekenntnis oder Häresie? In: PTh 71.9 (1982), 372–385.
BACH, Ulrich: Dem Traum entsagen, mehr als ein Mensch zu sein. Neukirchen-Vluyn 1986.
BACH, Ulrich: Theologie nach Hadamar als Aufgabe der heutigen Theologie. In: PITHAN, Annebelle / ADAM, Gottfried / KOLLMANN, Roland (Hg.): Handbuch Integrative Religionspädagogik. Reflexionen und Impulse für Gesellschaft, Schule und Gemeinde. Gütersloh 2002, 112–118.
BACH, Ulrich: Ohne die Schwächsten ist die Kirche nicht ganz. Bausteine einer Theologie nach Hadamar. Neukirchen-Vluyn 2006.
VON BALTHASAR, Hans Urs: Skizzen zur Theologie IV: Pneuma und Institution. Einsiedeln 1974.
BARTH, Karl: Kirchliche Dogmatik. Bd. III,1. Zürich ³1957.
BASSELIN, Tim: Why theology needs disability. In: Theology Today 68.1 (2011), 47–57.
BÄUMLER, Christof: Geistige Behinderung und Menschenwürde. In: Geistige Behinderung 2 (1984), 82–91.
BAYERTZ, Kurt: Der aufrechte Gang. Eine Geschichte des anthropologischen Denkens. München 2012.
BBC THREE: Things Not To Say To A Blind Person, 2016 [Youtube]. Online unter: https://www.youtube.com/watch?v=ykW4tYbRgo8 (Stand: 12.07.2021), 01:41–02:19.
BBC THREE: Things Not To Say To An Autistic Person, 2016 [Youtube]. Online unter: https://www.youtube.com/watch?v=d69tTXOvRq4 (Stand: 12.07.2021), 04:06–04:20.
BBC THREE: Things Not To Say To Someone With Cerebral Palsy, 2016 [Youtube]. Online unter: https://www.youtube.com/watch?v=kohcRR3VXyY (Stand: 12.07.2021), 04:14–04:19.
BBC THREE: Things People With Down's Syndrome Are Tired of Hearing, 2016 [Youtube]. Online unter: https://www.youtube.com/watch?v=AAPmGW-GDHA (Stand: 12.07.2021).
BERNASCONI, Tobias / BÖING, Ursula: Einleitung. Schwere Behinderung & Inklusion – grundlegende Anmerkungen. In: Dies. (Hg.): Schwere Behinderung & Inklusion. Facetten einer nicht ausgrenzenden Pädagogik. Oberhausen 2016, 11–22.
BERNDT, Christina: Warum das Virus auch für junge Menschen gefährlich ist. In: Süddeutsche Zeitung Online vom 01.04.2020. Online unter: https://www.sueddeutsche.de/gesundheit/coronavirus-junge-menschen-gefahr-1.4863155 (Stand: 23.06.2021).
BIELEFELDT, Heiner: Inklusion als Menschenrechtsprinzip. Perspektiven der UN-Behindertenrechtskonvention. In: MOSER, Vera / HORSTER, Detlef (Hg.): Ethik der Behindertenpädagogik. Menschenrechte, Menschenwürde, Behinderung – eine Grundlegung. Stuttgart 2012, 149–166.

Bieler, Andrea: Enhancing Vulnerable Life. Phenomenological and Practical Theological Explorations. In: Springhart, Heike / Thomas, Günter (Hg.): Exploring Vulnerability. Göttingen 2017, 71–82.

Bieler, Andrea: Verletzliches Leben. Horizonte einer Theologie der Seelsorge. Göttingen 2017.

Binde, Christin: Skript zum Podcast *Zeitgeist der Inklusion*. Folge 8: „Raul Krauthausen" – Wenn Teilhabe und Teilgabe, Teilsein ergibt. Online unter: http://zeitgeist-der-inklusion.de/informationsmaterial/folge-8-raul-krauthausen-wenn-teilhabe-und-teilgabe-teilsein-ergibt/ (Stand: 23.08.2021).

Bockenheimer-Lucius, Gisela / Dansou, Renate / Sauer, Timo: Ethikkomitee im Altenpflegeheim. Theoretische Grundlagen und praktische Konzeption. Frankfurt am Main 2012.

Bogdan, Robert / Taylor, Steven: Relationships with Severely Disabled People. The Social Construction of Humanness. In: Social Problems 36.2 (1989), 135–148.

Böhm, Andrea / Buchter, Heike / Thumann, Michael: Verletzliche Supermacht. In: Die Zeit 14/2020. Online unter: https://www.zeit.de/2020/14/coronavirus-usa-gesundheitssystem-versicherung-versorgung (Stand: 23.06.2021).

Bonhoeffer, Dietrich: Werke. Bd. 3: Schöpfung und Fall. Hg. von Martin Rüter und Ilse Tödt (Ders.: Werke. Hg. von Eberhard Bethge). München 1989.

Böttinger, Traugott: Inklusion. Gesellschaftliche Leitidee und schulische Aufgabe. Stuttgart 2016.

Brown, Joanne / Parker, Rebecca: For God So Loved the World? In: Dies. (Hg.): Christianity, Patriarchy, and Abuse. A Feminist Critique. New York 1989, 1–30.

Brunner, Emil: Der Mensch im Widerspruch. Die christliche Lehre vom wahren und vom wirklichen Menschen. Zürich ³1941.

Buber, Martin: Das dialogische Prinzip. Heidelberg ³1973.

Bundesministerium für Gesundheit, Website. Online unter: https://www.bundesgesundheitsministerium.de/service/begriffe-von-a-z/w/weltgesundheitsorganisation-who.html (Stand: 28.06.2021).

Bundesvereinigung Lebenshilfe für Menschen mit geistiger Behinderung e.S. (Hg.): Menschen mit Behinderung in unserer Gesellschaft. „Wir sind auch ganz normale Leute!" Berlin ²2006. Online unter: http://www.lebenshilfe-rt.de/wData/downloads/LH-Rheingau-Taunus/Ueber-Menschen-mit-geistiger-Behinderung.pdf (Stand: 12.07.2021).

Burghardt, Daniel / Dederich, Markus / Dziabel, Nadine et al.: Die Frage der Vulnerabilität. Eine Einleitung. In: Stöhr, Robert / Lohwasser, Diana et al. (Hg.): Schlüsselwerke der Vulnerabilitätsforschung. Wiesbaden 2019, 1–14.

Butler, Judith: Gefährdetes Leben. Politische Essays. Frankfurt am Main 2005.

Butler, Judith: Frames of war. When is life grievable? London / New York 2009.

Butler, Judith: Das Unbehagen der Geschlechter. Frankfurt am Main ²²2021.

Carel, Havi: Ill but well. In: Bickenbach, Jerome / Felder, Franziska / Schmitz, Barbara (Hg.): Disability and the Good Human Life. Cambridge 2014, 243–270.

Carse, Alisa: Vulnerability, Agency, and Human Flourishing. In Taylor, Carol / Dell'Oro, Roberto (Hg.): Health and Human Flourishing. Religion, Medicine, and Moral Anthropology. Washington 2006, 33–52.

Cloerkes, Günther: Einstellung und Verhalten gegenüber Behinderten. Eine kritische Bestandsaufnahme internationaler Forschung. Berlin ³1985.

Cloerkes, Günther: Soziologie der Behinderten. Eine Einführung. Heidelberg 1997.

Cloerkes, Günther: Die Problematik widersprüchlicher Normen in der sozialen Reaktion auf Behinderte. In: Kastl, Jörg / Felkendorff, Kai (Hg.): Behinderung, Soziologie und gesellschaftliche Erfahrung. Im Gespräch mit Günther Cloerkes. Wiesbaden 2014, 121–139.

Creamer, Debora: Disability and Christian Theology. Embodied Limits and Constructive Possibilities. Oxford 2009.

Culp, Kristine: Vulnerability and the Susceptibility to Transformation. In: Springhart, Heike / Thomas, Günter (Hg.): Exploring Vulnerability. Göttingen 2017, 59–70.

Cushing, Pamela: Disability Attitudes, Cultural Conditions, and the Moral Imagination. In: Reinders, Hans (Hg.): The Paradox of Disability. Responses to Jean Vanier and L'Arche Communities from Theology and the Sciences. Grand Rapids 2010, 75–93.

Dabrock, Peter: Leibliche Vernunft. In: Ders. / Denkhaus, Ruth / Schaede, Stephan: Gattung Mensch. Interdisziplinäre Perspektiven. Tübingen 2010, 227–262.
Danz, Simone: Vollständigkeit und Mangel. Das Subjekt in der Sonderpädagogik. Bad Heilbrunn 2015.
Davy, Laura: Philosophical Inclusive Design. Intellectual Disability and the Limits of Individual Autonomy in Moral and Political Theory. In: Hypatia 30.1 (2015), 132–148.
Dederich, Markus: Geistige Behinderung – Menschenbild, Anthropologie und Ethik. In: Theunissen, Georg / Mühl, Heinz (Hg.): Pädagogik bei geistiger Behinderung. Ein Handbuch für Studium und Praxis. Stuttgart 2006, 542–557.
Dederich, Markus: Körper, Kultur und Behinderung. Eine Einführung in die Disability Studies. Bielefeld 2007.
Dietrich, Walter / Arnet, Samuel (Hg.): Konzise und aktualisierte Ausgabe des Hebräischen und Aramäischen Lexikons zum Alten Testament. Leiden / Boston 2019.
Dinzelbacher, Peter: Spätmittelalterliche Asksepraktiken als Ausdruck des epochentypischen Dolorismus. In: Saeculum 69.1 (2019), 3–37.
Dörner, Klaus: Leben mit Be-Wußt-sein? Eine Annäherung. In: Bienstein, Christel / Fröhlich, Andreas: Bewußtlos. Eine Herausforderung für Angehörige, Pflegende und Ärzte. Düsseldorf 1994, 10–15.
Drichel, Simone: Reframing Vulnerability. „so obviously the problem...‟? In: Substance: A Review of Theory & Literary Criticism 42.3 (2013), 3–27.
Ebner, Amelie: Willkommen im Erdgeschoss. Wie ich mich mit 17 im Rollstuhl wiederfand. München 2017.
Egen, Christoph: Was ist Behinderung? Abwertung und Ausgrenzung von Menschen mit Funktionseinschränkungen vom Mittelalter bis zur Postmoderne. Bielefeld 2020.
Eiesland, Nancy: The Disabled God. Toward a Liberatory Theology of Disability. Nashville 1994.
Eiesland, Nancy: Barriers and Bridges. Relating the Disability Rights Movement and Religious Organizations. In: Dies. / Saliers, Don (Hg.): Human Disability and the Service of God. Reassessing Religious Practice. Nashville 1998, 200–229.
Elias, Norbert: Über den Prozeß der Zivilisation. Soziogenetische und psychogenetisch Untersuchungen. Bd. 1: Wandlungen des Verhaltens in den weltlichen Oberschichten des Abendlandes. Frankfurt am Main 1997.
Espinet, David: Martin Heidegger. Der leibliche Sinn von Sein. In: Alloa, Emmanuel / Bedorf, Thomas / Grüny, Christian / Klass, Tobias (Hg.): Leiblichkeit. Geschichte und Aktualität eines Konzeptes. Tübingen ²2019, 52–67.
Eurich, Johannes: Professionelle Assistenz in der Perspektive von Inklusion. In: Liedke, Ulf / Wagner, Harald (Hg.): Inklusion. Lehr- und Arbeitsbuch für professionelles Handeln in Kirche und Gesellschaft. Stuttgart 2016, 150–166.
Ewers zu Rode, Nina: Geschlecht und Behinderung. Methodische Überlegungen. In: Freiburger Zeitschrift für GeschlechterStudien 22.1 (2016), 11–25.
Fasel, Christoph: Samuel Koch – Zwei Leben. Aßlar ³2012.
Ferrarese, Estelle: Vulnerability. A Concept with which to Undo the World as It Is? In: Critical Horizons 17.2 (2016), 149–159.
Fetz, Bernhard: Die vielen Leben einer Biografie. Interdisziplinäre Aspekte einer Theorie der Biografie. In: Ders. (Hg.): Die Biografie. Zur Grundlegung ihrer Theorie. Berlin 2009, 3–66.
Fineman, Martha: The Autonomy Myth. A Theory of Dependency. New York 2004.
Fineman, Martha: The Vulnerable Subject. Anchoring Equality in the Human Condition. In: Yale Journal of Law and Feminism 20.1 (2008), 1–23.
Fineman, Martha: Beyond Identities. The Limits of an Antidiscrimination Approach to Equality. In: Legal Studies Research Paper Series (Emory University School of Law) 12.231 (2012), 1713–1770.
Flatters, Jutta: Anders, als man denkt. Leben mit einem behinderten Kind. Gütersloh 2009.
Feuser, Georg: Zum Verhältnis von Menschenbildern und Integration – „Geistigbehinderte gibt es nicht!‟ Wien 1996. Online unter: http://bidok.uibk.ac.at/library/feuser-menschenbild.html (Stand: 12.07.2021).

FORMOSA, Paul: The Role of Vulnerability in Kantian Ethics. In: MACKENZIE, Catriona / ROGERS, Wendy / DODDS, Susan (Hg.): Vulnerability. New Essays in Ethics and Feminist Philosophy. New York 2013, 88–109.
FRANKE, Alexa: Modelle von Gesundheit und Krankheit. Bern ²2010.
FRANZISKUS: Evangelii gaudium. Apostolisches Schreiben über die Verkündigung des Evangeliums in der Welt von heute vom 24. November 2013.
FRIEDMAN, Marilyn: Autonomy, Social Disruption and Women. In: MACKENZIE, Catriona / STOLJAR, Natalie (Hg.): Relational Autonomy. Feminist Perspectives on Autonomy, Agency and the Social Self. Oxford 2000, 35–51.
FRÖHLICH, Andreas: Sprachlos bleibt nur der, dessen Sprache wir nicht beantworten. Grundzüge des somatischen Dialogs. In: Orientierung 25.2 (2001), 20–22.
FROHNHOFEN, Herbert: Apatheia tou theou. Über die Affektlosigkeit Gottes in der griechischen Antike und bei den griechischsprachigen Kirchenvätern bis zu Gregorios Thaumaturgos. Frankfurt am Main 1987.
FUCHS, Peter: Das Fehlen von Sinn und Selbst. Überlegungen zu einem Schlüsselproblem im Umgang mit schwerstbehinderten Menschen. In: FRÖHLICH, Andreas / HEINEN, Norbert et al. (Hg.): Schwere und mehrfache Behinderung interdisziplinär. Oberhausen 2014, 129–142.
GEHLHAAR, Laura / VATTRODT, Veronika: Kann man da noch etwas machen? Geschichten aus dem Alltag einer Rollstuhlfahrerin. München 2016.
GEHLHAAR, Laura [fraugehlhaar]: Einige sehen die Behinderung als Teil der Identität. Instagram-Post vom 30.08.2020. Online unter: https://www.instagram.com/p/CEg95VcKvl3/ (Stand: 01.07.2021).
GILSON, Erinn: Vulnerability, Ignorance, and Oppression. In: Hypatia 26.2 (2011), 308–332.
GILSON, Erinn: The Ethics of Vulnerability. A Feminist Analysis of Social Life and Practice. London / New York 2014.
GOLZ, Tobias: Ich stehe einfach auf authentische Menschen. Interview mit Guildo Horn. In: Planet Interview vom 7. Juli 2008. Online unter: http://www.planet-interview.de/interviews/guildo-horn/34638/ (Stand: 14.08.2021).
GOODIN, Robert: Protecting the Vulnerable. A Reanalysis of Our Social Responsibilities. Chicago 1985.
GOTTSCHALK, Ulrike: „Sie haben Probleme mit Macht". Therapieerfahrungen aus 40 Jahren. In: ROMMELSPACHER, Birgit (Hg.): Behindertenfeindlichkeit. Ausgrenzungen und Vereinnahmungen. Göttingen 1999, 97–121.
GOULET-GAZÉ, Marie-Odile: Kynismus und Christentum in der Antike. Aus dem Französischen übersetzt von Lena R. Seehausen, hg. von Marco Frenschkowski. Göttingen 2016.
GRESHAKE, Gisbert / LOHFINK, Gerhard: Naherwartung – Auferstehung – Unsterblichkeit. Freiburg ⁴1982.
GRESHAKE, Gisbert: Warum lässt uns Gottes Liebe leiden? Freiburg ²2017.
GROSS, Walter: Die Gottebenbildlichkeit des Menschen im Kontext der Priesterschrift. In: ThQ 161 (1981), 244–264.
GROSS, Walter: Gottebenbildlichkeit. In: LThK³ IV (1995), 871–873.
GUARDINI, Romano: Welt und Person. Versuche zur christlichen Lehre des Menschen. Würzburg ⁹1950.
GUNKEL, Hermann: Genesis. Göttingen ⁶1964.
GUSTORFF, Dagmar / HANNICH, Hans-Joachim: Jenseits des Wortes. Musiktherapie mit komatösen Patienten auf der Intensivstation. Bern 2000.
HAKER, Hille: Vulnerable Agency. A Conceptual and Contextual Analysis. In: PETRUSEK, Matthew / ROTHCHILD, Jonathan (Hg.): Dignity and Conflict. Contemporary Interfaith Dialogue on the Value and Vulnerability of Human Life. Notre Dame 2018, 393–436.
HÄMER, Andreas: Was bedeutet Behinderung? Ein theologischer Beitrag im Horizont der naturwissenschaftlich-medizinischen, sozialwissenschaftlichen und wissenschaftstheoretischen Diskussion. Essen 1994.
HANISCH, Halvor: Recognizing Disability. In: BICKENBACH, Jerome / FELDER, Franziska / SCHMITZ, Barbara (Hg.): Disability and the Good Human Life. Cambridge 2014, 113–138.

Hannich, Hans-Joachim: Beziehung und Interaktion mit Bewußtlosen. In: Bienstein, Christel / Fröhlich, Andreas: Bewußtlos. Eine Herausforderung für Angehörige, Pflegende und Ärzte. Düsseldorf 1994, 51–57.
Hardtwig, Wolfgang / Wehler, Hans-Ulrich: Einleitung. In: Dies. (Hg.): Kulturgeschichte heute. Göttingen 1996, 7–13.
Hark, Sabine / Villa, Paula-Irene: Confessing a passionate state... Interview mit Judith Butler. In: Feministische Studien 29.2 (2011), 196–205.
Härle, Wilfried: Dogmatik. Berlin ²2000.
Härle, Wilfried: Menschsein in Beziehungen. Studien zur Rechtfertigungslehre und Anthropologie. Tübingen 2005.
Harmel, Hilke: Subjekt zwischen Abhängigkeit und Autonomie. Eine kritische Literaturanalyse und ihre Bedeutung für die Behindertenpädagogik. Bad Heilbrunn 2011.
ten Have, Henk: Vulnerability. Challenging Bioethics. London / New York 2016.
Heidegger, Martin: Sein und Zeit (= Ders.: Gesamtausgabe. Bd. 2, Abt. 1: Veröffentlichte Schriften 1914–1970). Frankfurt am Main 1977.
Heil, Christiane: „Wenn sich ihr Zustand verschlechtert, geht es oft sehr schnell". In: Frankfurter Allgemeine Zeitung vom 10.04.2020. Online unter: https://www.faz.net/aktuell/gesellschaft/gesundheit/coronavirus/in-amerika-sterben-mehr-junge-menschen-an-corona-16720389.html (Stand: 23.06.2021).
Heider, Fritz: Psychologie der interpersonalen Beziehungen. Stuttgart 1977.
Heinze, Eva-Maria: Einführung in das dialogische Denken. Freiburg / München 2011.
Helmus, Caroline: Transhumanismus – der neue (Unter-)Gang des Menschen? Das Menschenbild des Transhumanismus und seine Herausforderung für die Theologische Anthropologie. Regensburg 2020.
Hemmerle, Klaus: Thesen einer trinitarischen Ontologie. Einsiedeln / Freiburg ²1992.
Henrich, Dieter: Fichtes ursprüngliche Einsicht. In: Ders. / Wagner, Hans (Hg.): Subjektivität und Metaphysik. Festschrift für Wolfgang Cramer. Frankfurt am Main 1966, 188–232.
Henrich, Dieter: Selbstbewusstsein. Kritische Einleitung in eine Theorie. In: Bubner, Rüdiger / Cramer, Konrad / Wiehl, Reiner (Hg.): Hermeneutik und Dialektik. Aufsätze I: Methode und Wissenschaft – Lebenswelt und Geschichte. Tübingen 1970, 257–284.
von Herder, Johann Gottfried von: Johann Gottfried von Herders Ideen zur Philosophie der Geschichte der Menschheit. Bd. 1. Leipzig ²1821.
von Herder, Johann Gottfried von: Herders Sämmtliche Werke. Bd. 6. Hg. von Bernhard Suphan. Berlin 1883.
Hinde, Robert: Towards Understanding Relationships. London 1979.
Hinde, Robert: Personal Relationships 1: Studying Personal Relationships. London 1981.
Hinz, Andreas: Inklusion – historische Entwicklungslinien und internationale Kontexte. In: Ders. / Körner, Ingrid / Niehoff, Ulrich: Von der Integration zur Inklusion. Grundlagen – Perspektiven – Praxis. Marburg 2008, 33–52.
Hofer, Sebastian: Sprachschützer strafen Duden ab. In: Der Spiegel Online vom 2. September 2013. Online unter: https://www.spiegel.de/kultur/gesellschaft/duden-kriegt-negativpreis-sprachpanscher-des-jahres-a-919889.html (Stand: 09.08.2021).
Hoeppner, Till: Rezeptivität und Spontaneität. In: Berger, Larissa / Schmidt, Elke (Hg.): Kleines Kant-Lexikon. Paderborn 2018.
Hogemüller, Boris: Melchioris Cani De Locis Theologicis Libri Duodecim. Studien zu Werk und Autor. Baden-Baden 2018.
Höhn, Hans-Joachim: Gott – Offenbarung – Heilswege. Fundamentaltheologie. Würzburg 2011.
Höhn, Hans-Joachim: ‚Deus semper maior'. Gottes Existenz und Eigenschaften aus der Perspektive einer Relationalen Ontologie. In: Theologie und Philosophie 92 (2017), 481–508
Hoping, Helmut: Der Mensch als Gottes Ebenbild. Biblische Theologie und moderne Anthropologie. Online unter: http://www.ipb-freiburg.de/media/download/integration/440872/der_mensch_als_gottes_ebenbild_1.pdf (Stand: 01.07.2021).
Horn, Christoph / Müller, Jörn / Söder, Joachim: Platon-Handbuch. Leben – Werk – Wirkung. Stuttgart 2017.

JAHRAUS, Oliver: Martin Heidegger. Eine Einführung. Stuttgart 2004.
JANOWSKI, Bernd: Herrschaft über die Tiere. In: BRAULIK, Georg / GROß, Walter / MCEVENUE, Sean (Hg.): Biblische Theologie und gesellschaftlicher Wandel. Für Norbert Lohfink SJ. Freiburg 1993, 183–198.
JANOWSKI, Bernd: Die lebendige Statue Gottes. Zur Anthropologie der priesterlichen Urgeschichte. In: Ders. (Hg.): Die Welt als Schöpfung. Neukirchen-Vluyn 2008, 140–171.
JANZ, Paul: Abbild Gottes, Weltoffenheit und die Logik des Sinns. In: SCHMIDINGER, Heinrich (Hg.): Der Mensch – ein Abbild Gottes? Geschöpf – Krone der Schöpfung – Mitschöpfer. Darmstadt 2010, 61–74.
JENNI, Ernst: Pleonastische Ausdrücke für Vergleichbarkeit (Ps 55,14; 58,5). In: SEYBOLD, Klaus / ZENGER, Erich (Hg.): Neue Wege der Psalmenforschung. Freiburg 1994, 201–206.
JOHNSON, Elizabeth: She Who Is. The Mystery of God in Feminist Theological Discourse. New York 1992.
JORDANOVA, Ludmilla: Sexual Visions. Images of Gender in Science and Medicine between the Eighteenth and Twentieth Centuries. New York 1989.
JUDITH, Christian: Behinderung als Geschenk. In: KODALLE, Klaus-Michael (Hg.): Homo perfectus? Behinderung und menschliche Existenz. Würzburg 2004, 111–116.
JÜNGEL, Eberhard: Der Gott entsprechende Mensch. Bemerkungen zur Gottebenbildlichkeit des Menschen als Grundfigur theologischer Anthropologie. In: Ders. (Hg.): Theologische Erörterungen. München 1980, 290–321.
JÜNGEL, Eberhard: Gott als Geheimnis der Welt. Zur Begründung der Theologie des Gekreuzigten im Streit zwischen Theismus und Atheismus. Tübingen ^{8}2010.
KÄMMERER, Thomas / METZLER, Kai (Hg.): Das babylonische Weltschöpfungsepos Enūma elîš. Münster 2012.
KAMPERT, Heinz: Eudaimonie und Autarkie bei Aristoteles. Paderborn 2003.
KANT, Immanuel: Kritik der praktischen Vernunft. In: Ders.: Gesammelte Schriften. Band III (Hg.: Bd. 1–22 Preussische Akademie der Wissenschaften, Bd. 23 Deutsche Akademie der Wissenschaften zu Berlin, ab Bd. 24 Akademie der Wissenschaften zu Göttingen). Berlin 1900ff., hier 1904.
KANT, Immanuel: Die Religion innerhalb der Grenzen der bloßen Vernunft. In: Ders.: Gesammelte Schriften. Band VI (Hg.: Bd. 1–22 Preussische Akademie der Wissenschaften, Bd. 23 Deutsche Akademie der Wissenschaften zu Berlin, ab Bd. 24 Akademie der Wissenschaften zu Göttingen). Berlin 1900ff., hier 1907.
KANT, Immanuel: Kritik der praktischen Vernunft. In: Ders.: Gesammelte Schriften. Band V (Hg.: Bd. 1–22 Preussische Akademie der Wissenschaften, Bd. 23 Deutsche Akademie der Wissenschaften zu Berlin, ab Bd. 24 Akademie der Wissenschaften zu Göttingen). Berlin 1900ff., hier 1908.
KASPER, Walter: Einführung in den Glauben. Mainz 1972.
KASPER, Walter: Revolution im Gottesverständnis? Zur Situation des ökumenischen Dialogs nach Jürgen Moltmanns ‚Der gekreuzigte Gott'. In: WELKER, Michael (Hg.): Diskussion über Jürgen Moltmanns Buch ‚Der gekreuzigte Gott'. München 1979, 140–148.
KASPER, Walter / BAUMGARTNER, Konrad / BÜRKLE, Horst et al. (Hg.): Lexikon für Theologie und Kirche, 3., völlig neu bearb. Aufl., Freiburg u.a. 1993–2001.
KASTL, Jörg: Soziologie der Behinderung. Eine Einführung. Wiesbaden 2010.
KAUL, Kate: Vulnerability, for Example. Disability Theory as Extraordinary Demand. In: Canadian Journal of Women & the Law 25.1 (2013), 81–110.
KEARNY, Timothy: The Transforming Power of Vulnerability. In: Irish Theological Quarterly 78. 3 (2013), 244–254.
KELLER, Catherine: From a broken web. Separation, sexism and self. Boston 1988.
KELLER, Catherine: Über das Geheimnis: Gott erkennen im Werden der Welt. Eine Prozesstheologie. Freiburg 2013.
KERMANI, Navid: Ungläubiges Staunen. Über das Christentum. München 2015.
KESSLER, Hans: Personale Identität und leibliche Auferstehung. Systematisch-theologische Überlegungen. Response auf Georg Gasser. In: GASSER, Georg / JASKOLLA, Ludwig / SCHÄRTL, Thomas (Hg.): Handbuch für analytische Theologie. Münster 2017, 641–666.

Keul, Hildegund: Inkarnation. Gottes Wagnis der Verwundbarkeit. In: ThQ 192.3 (2012), 216–232.
Keul, Hildegund: Weihnachten – Das Wagnis der Verwundbarkeit. Ostfildern 2013.
Kirchenamt der EKD (Hg.): Es ist normal, verschieden zu sein. Inklusion leben in Kirche und Gesellschaft. Eine Orientierungshilfe des Rates der Evangelischen Kirche in Deutschland. Gütersloh 2014. Online unter: https://www.ekd.de/ekd_de/ds_doc/orientierungshilfe_inklusion2105.pdf (Stand: 12.07.2021).
Kittay, Eva: Love's Labor. Essays on Women, Equality, and Dependency. New York 1999.
Kittay, Eva: The Ethics of Care, Dependence and Disability. In: Ratio Iuris 24.1 (2011), 49–58.
Klein, Klaus: Kreatürlichkeit als Gottebenbildlichkeit. Die Lehre von der Gottebenbildlichkeit des Menschen bei Matthias Joseph Scheeben. Frankfurt am Main 1971.
Klein, Rebecca: Leinen los ins Leben. Eine Autistin bereist mit Hilfe der „gestützten Kommunikation" (FC) ihre innere und die äußere Welt. Norderstedt 2003.
Klinnert, Lars: Zwischen Selbstbestimmung und Angewiesensein. Gelingendes Leben – mit und ohne Behinderung. In: Eurich, Johannes / Lob-Hüdepohl, Andreas: Gute Assistenz für Menschen mit Behinderung. Wirkungskontrolle und die Frage nach gelingendem Leben. Stuttgart 2021, 32–54.
Kluge, Friedrich / Seebold, Elmar: Etymologisches Wörterbuch der deutschen Sprache. Berlin ^{25}2011.
Knauer, Peter: Der Glaube kommt vom Hören. Ökumenische Fundamentaltheologie. Bamberg ^{3}1983.
Knight, Amber: Democratizing Disability. Achieving Inclusion (without Assimilation) through „Participatory Parity". In: Hypatia 30.1 (2015), 97–114.
Köbsell, Swantje: Integration/Inklusion aus Sicht der Disability Studies. Aspekte aus der internationalen und der deutschen Diskussion. In: Rathgeb, Kerstin (Hg.): Disability Studies. Kritische Perspektiven für die Arbeit am Sozialen. Wiesbaden 2012, 39–54.
Köbsell, Swantje: Wegweiser Behindertenbewegung. Neues (Selbst-)Verständnis von Behinderung. Neu-Ulm 2012.
Koch, Samuel: Rolle vorwärts. Das Leben geht weiter, als man denkt. Aßlar 2016.
Koh, Ryan (Autor) / Jasenovec, Nicholas (Regie): Longest Night Ever (deutsch: Nacht des Wahnsinns). Staffel 3, Episode 9, 09.11.2013. [TV-Serie]. In: Meriwether, Elizabeth / Kasdan, Jake / Chernin, Peter (Produzierende): New Girl. Elizabeth Meriwether Pictures / 20th Century Fox Television.
Köhler, Ludwig: Der hebräische Mensch. Eine Skizze. Tübingen 1953.
Köhler, Ludwig: Theologie des Alten Testaments. Tübingen ^{4}1966.
Koller, Röbi: Dr. Nils Jent. Ein Leben am Limit. Gockhausen 2011.
Körner, Bernhard: Theology Constituted by Communication in Multiple Causality. Klaus Hemmerle's Trinitarian Ontology and Relational Theology. In: Haers, Jacques / de May, Peter (Hg.): Theology and Conversation. Towards a Relational Theology. Leuven 2003, 255–268.
Koslowski, Peter: Die Ambivalenzen des Modernen und die Postmoderne als Philosophie, Stil und Epoche. In: Ders. / Schenk, Richard (Hg.): Ambivalenz – Ambiguität – Postmodernität. Begrenzt eindeutiges Denken. Stuttgart 2004, 3–43.
Köster, Helmut: σπλάγχνον/σπλαγχνίζομαι. In: Friedrich, Gerhard: Theologisches Wörterbuch zum Neuen Testament. Begründet von Gerhard Kittel. Bd. 7. Stuttgart 1966, 548–559.
Krämer, Klaus: Imago Trinitatis. Die Gottebenbildlichkeit des Menschen in der Theologie des Thomas von Aquin. Freiburg 2000.
Kraschl, Dominikus: Relationale Ontologie. Ein Diskussionsbeitrag zu offenen Problemen der Philosophie. Würzburg 2001.
Krause, Franziska: Die Angst vor der nächsten Stigmatisierung. Was Exit-Strategien für Risikogruppen bedeuten. In: Der Tagesspiegel vom 19.04.2020. Online unter: https://www.tagesspiegel.de/gesellschaft/was-exit-strategien-fuer-risikogruppen-bedeuten-die-angst-vor-der-naechsten-stigmatisierung/25754314.html (Stand: 23.06.2021).
Krauß, Anne: Barrierefreie Theologie. Das Werk Ulrich Bachs vorgestellt und weitergedacht. Stuttgart 2014.
Krauthausen, Raul vgl. Aguayo-Krauthausen, Raúl

KRIEG, Matthias / WEDER, Hans: Leiblichkeit. Zürich 1983.
KRINGS, Hermann: Transzendentale Logik. München 1964.
KRINGS, Hermann: Freiheit. In: Ders. / BAUMGARTNER, Michael / WILD, Christoph (Hg.): Handbuch philosophischer Grundbegriffe. Bd. 2. München 1973, 493–510.
KRINGS, Hermann: System und Freiheit. Gesammelte Aufsätze. Freiburg / München 1980.
KULIG, Wolfram / THEUNISSEN, Georg: Selbstbestimmung und Empowerment. In: THEUNISSEN, Georg / MÜHL, Heinz (Hg.): Pädagogik bei geistiger Behinderung. Ein Handbuch für Studium und Praxis. Stuttgart 2006, 237–250.
LACTANTIUS, LUCIUS: Vom Zorne Gottes, Kap. 7: Unterschied zwischen Mensch und Tier. In: Des Luc. Cael. Firm. Lactantius Schriften: Von den Todesarten der Verfolger – Vom Zorne Gottes – Auszug aus den göttlichen Unterweisungen – Gottes Schöpfung. Aus dem Lateinischen übersetzt von Aloys Hartl. Kempten / München 1919, 67–128.
LATSCHA, Julia: Lauthalsleben. Von Lotte, dem Anderssein und meiner Suche nach einer gemeinsamen Welt. München 2017.
LE PICHON, Xavier: The Sign of Contradiction. In: REINDERS, Hans (Hg.): The Paradox of Disability. Responses to Jean Vanier and L'Arche Communities from Theology and the Sciences. Grand Rapids 2010, 94–102.
LEACH SCULLY, Jackie: Disability and Vulnerability. On Bodies, Dependence, and Power. In: MACKENZIE, Catriona / ROGERS, Wendy / DODDS, Susan (Hg.): Vulnerability. New Essays in Ethics and Feminist Philosophy. New York 2013, 204–221.
LEIDINGER, Miriam: Verletzbarkeit gestalten. Eine Auseinandersetzung mit ‚Verletzbarkeit' anhand der Christologien von Jürgen Moltmann, Jon Sobrino und Graham Ward. Regensburg 2018.
LID, Inger: Vulnerability and Disability. A Citizen Perspective. In: Disability & Society 30.10 (2015), 1554–1567.
LIEDKE, Ulf: Beziehungsreiches Leben. Studien zu einer inklusiven theologischen Anthropologie für Menschen mit und ohne Behinderung. Göttingen 2009.
LIEDKE, Ulf / WAGNER, Harald: Inklusionen. Sozialwissenschaftliche Grundlagen für eine Praxistheorie der Teilhabe und Vielfalt. In: Dies. (Hg.): Inklusion. Lehr- und Arbeitsbuch für professionelles Handeln in Kirche und Gesellschaft. Stuttgart 2016.
LIEDKE, Ulf: Im Zentrum: der beziehungsreiche Mensch. Personenzentrierung in theologisch-ethischer Perspektive. In: EURICH, Johannes / LOB-HÜDEPOHL, Andreas: Personzentrierung – Inklusion – Enabling Community. Stuttgart 2019, 11–32.
LINDEMANN, Holger / VOSSLER, Nicole: Die Behinderung liegt im Auge des Betrachters. Konstruktivistisches Denken für die pädagogische Praxis. Neuwied 1999.
LOCHMANN, Jan / DEMBOWSKI, Hermann: Gottes Sein ist im Leiden. Zur trinitarischen Kreuzestheologie Jürgen Moltmanns. In: WELKER, Michael / Diskussion über Jürgen Moltmanns Buch ‚Der gekreuzigte Gott'. München 1979, 26–38.
LOHFINK, Gerhard: Macht euch die Erde untertan. In: Ders.: Studien zum Pentateuch. Stuttgart 1988, 11–28.
LORETZ, Oswald / HORNUNG, Erik: Die Gottebenbildlichkeit des Menschen. Mit einem Beitrag von Erik Hornung: Der Mensch als „Bild Gottes" in Ägypten. München 1967.
VON LÜPKE, Johannes: Beziehung und Behinderung. Zur Frage nach Gott im Kontext des Lebens mit Behinderung. In: EURICH, Johannes / LOB-HÜDEPOHL, Andreas (Hg.): Behinderung. Profile inklusiver Theologie, Diakonie und Kirche. Stuttgart 2014, 37–53.
LUZ, Viola: Wenn Kunst behindert wird. Zur Rezeption von Werken geistig behinderter Künstlerinnen und Künstler in der Bundesrepublik Deutschland. Bielefeld 2012.
MACINTYRE, Alasdair: Dependent Rational Animals. Why Human Beings Need the Virtues. Chicago 1999.
MARQUARD, Odo: Apologie des Zufälligen. Philosophische Studien. Stuttgart 2013.
MASKOS, Rebecca: Thesen zur Inklusion. Utopie einer besseren Gesellschaft oder neoliberale Anrufung behinderter Menschen? Hamburg 2016. Online unter: http://www.zedis-ev-hochschule-hh.de/files/maskos_131216.pdf (Stand: 12.07.2021).
MEININGER, Hermann: Authenitcity in Community. Theory and Practice of an Inclusive Anthropology in Care for Persons with Intellectual Disalbilities. In: GAVENTA, William / COULTER, David (Hg.): Spirituality and intellectual Disability. International perspectives on

the effect of culture and religion on healing body, mind, and soul. New York 2001, 13–28.
Metz, Johann Baptist: Zur Theologie der Welt, Mainz 1973.
Metz, Johann Baptist: Theodizeempfindliche Gottesrede. In: Ders. (Hg.): Landschaften des Schreiens. Zur Dramatik der Theodizeefrage. Mainz 1995, 81–102.
Mieth, Dietmar: Der behinderte Mensch aus theologisch-ethischer Sicht. In: Eurich, Johannes / Lob-Hüdepohl, Andreas (Hg.): Inklusive Kirche. Stuttgart 2011, 113–130.
Miles-Paul, Ottmar: Gegen Zwang zu Cochlea Implantat. Online unter: https://kobinet-nachrichten.org/2018/12/10/gegen-zwang-zu-cochlea-implantat/ (Stand: 15.01.2020).
Mohr, Lars: Schwerstbehindert herrschen – Sonderpädagogische Anstöße zu einer inklusiven Auslegung des ‚dominium terrae'. In: Grünstäudl, Wolfgang / Schiefer Ferrari, Markus (Hg.): Gestörte Lektüre. Disability als hermeneutische Leitkategorie biblischer Exegese. Stuttgart 2012, 202–218.
Mohr, Lars: Schwerste Behinderung und theologische Anthropologie. Oberhausen 2014.
Moltmann, Jürgen: Diakonie im Horizont des Reiches Gottes. Schritte zum Diakonentum aller Gläubigen. Neukirchen-Vluyn 1984.
Moltmann, Jürgen: Der Geist des Lebens. Eine ganzheitliche Pneumatologie. München 1991.
Moltmann, Jürgen: Trinität und Reich Gottes. Zur Gotteslehre. Gütersloh ³1994
Moltmann, Jürgen: Weiter Raum. Eine Lebensgeschichte. Gütersloh 2006.
Moltmann, Jürgen: Der gekreuzigte Gott. Das Kreuz Christi als Grund und Kritik christlicher Theologie (Sonderausgabe). Gütersloh 2016.
Moltmann, Jürgen: Gott in der Schöpfung. Ökologische Schöpfungslehre (Sonderausgabe). Gütersloh 2016.
Morris, Wayne: Transforming Able-Bodied Normativity. The Wounded Christ and Human Vulnerability. In: Irish Theological Quarterly 78.3 (2013), 231–243.
Mühling, Markus: Liebesgeschichte Gott. Systematische Theologie im Konzept. Göttingen 2013.
Murphy, Ann: Rezension zu *Catriona Mackenzie, Wendy Rogers, and Susan Dodds (eds.), Vulnerability: New Essays in Ethics and Feminist Philosophy (Oxford: Oxford University Press, 2014)*. In: Social Theory & Practice 17.2 (2016), 888–894.
Nadolny, Sten: Die Entdeckung der Langsamkeit. Roman. München 1983.
Nationale Akademie der Wissenschaften Leopoldina (Hg.): 3. Ad-hoc-Stellungnahme zur Coronavirus-Pandemie. Die Krise nachhaltig überwinden. Halle / Berlin 2020, 8. Online unter: https://www.leopoldina.org/uploads/tx_leopublication/2020_04_13_Coronavirus-Pandemie-Die_Krise_nachhaltig_überwinden_final.pdf (Stand: 23.06.2021).
Netzwerk Artikel 3 (Hg.): Dokumentation von Diskriminierungsfällen für ein zivilrechtliches Antidiskriminierungsgesetz. Kassel 2003. Online unter: http://www.netzwerk-artikel-3.de/dokum/diskrim_faelle.pdf (Stand: 12.07.2021).
Neulinger, Michaela: Zwischen Dolorismus und Perfektionismus. Konturen einer politischen Theologie der Verwundbarkeit. Paderborn 2018.
Neumann-Gorsolke, Ute: Gottebenbildlichkeit (AT). In: Alkier, Stefan / Bauks, Michaela / Koenen, Klaus (Hg.): Das Wissenschaftliche Bibellexikon im Internet, 2017. Online unter: https://www.bibelwissenschaft.de/stichwort/19892/ (Stand: 23.01.2020).
Newell, Christopher: On the Importance of Suffering. The Paradoxes of Disability. In: Reinders, Hans (Hg.): The Paradox of Disability. Responses to Jean Vanier and L'Arche Communities from Theology and the Sciences. Grand Rapids 2010, 169–179.
Nitsche, Bernhard: Endlichkeit und Freiheit. Studien zu einer transzendentalen Theologie im Kontext der Spätmoderne. Würzburg 2003.
Nitsche, Bernhard: Gott und Freiheit. Skizzen zur trinitarischen Gotteslehre. Regensburg 2008.
Nitsche, Bernhard: Der drei-eine Gott als Freiheitskommerzium. Versuch über das trinitarische Selbstsein und die Eigenschaften Gottes. In: Marschler, Thomas / Schärtl, Thomas: Eigenschaften Gottes. Ein Gespräch zwischen systematischer Theologie und analytischer Philosophie. Münster 2016, 411–443.
Nitsche, Bernhard: Handeln Gottes. Eine schöpfungstheologische und transzendentallogische Rekonstruktion. In: Göcke, Benedikt / Schneider, Ruben (Hg.): Gottes Handeln in der

Welt. Probleme und Möglichkeiten aus Sicht der Theologie und analytischen Religionsphilosophie. Regensburg 2017, 204–242.

Nitsche, Bernhard: Zeit und Ewigkeit. Vorläufige Bemerkungen zur Unveränderlichkeit Gottes angesichts der menschlichen Freiheitsgeschichte. In: Ruhstorfer, Karlheinz (Hg.): Unwandelbar? Ein umstrittenes Gottesprädikat in der Diskussion. Leipzig 2018, 142–174.

Nitsche, Bernhard: Behinderung und Vollendung. In: Concilium 56.5 (2020), 101–110.

Nitsche, Bernhard: Transpersonalität des Geistes. In: Ders. / Baab, Florian / Stammer, Dennis (Hg.): Gott – Geist – Materie. Personsein zwischen Natur und Transzendenz. Regensburg 2020, 193–215.

Nitsche, Bernhard: Panentheismus bei Moltmann. Unveröffentlichtes Typoskript 2020.

Nordlander, Agne: Die Gottebenbildlichkeit in der Theologie Helmut Thielickes. Untersuchung eines Beispiels der personalistisch-existentiellen Konzeption der theologischen Anthropologie. Stockholm 1973.

Nouwen, Henri: Adam. God's Beloved. London 1997.

Nouwen, Henri: Adam und ich. Eine ungewöhnliche Freundschaft. Freiburg 2011.

O'Rourke, Fran: Via causalitatis; via negationis; via eminentiae. In: Ritter, Joachim (Hg.): Historisches Wörterbuch der Philosophie. Bd. 11. Basel 2001, 1037.

Oshana, Marina: The Autonomy Bogeyman. In: The Journal of Value Inquiry 35 (2000), 209–226.

Pannenberg, Wolfhart: Was ist der Mensch? Die Anthropologie der Gegenwart im Lichte der Theologie. Göttingen 1962.

Pannenberg, Wolfhart: Gottebenbildlichkeit als Bestimmung des Menschen in der neueren Theologie. München 1979.

Pannenberg, Wolfhart: Anthropologie in theologischer Perspektive. Göttingen 1983.

Peckham, John: Qualified Passibility. In: Matz, Robert / Thornhill, Chadwick: Divine Impassibility. Four Views of God's Emotion and Suffering. Westmont 2019, 87–113.

Philo von Alexandria: Die Werke in deutscher Übersetzung. Hg. von Leopold Cohn. Bd. 4. Berlin ²1962.

Plessner, Helmuth: Die Stufen des Organischen und der Mensch. Einleitung in die philosophische Anthropologie. Berlin ²1965.

Plessner, Helmuth: Die Frage nach der Conditio humana. In: Ders.: Gesammelte Schriften. Bd. 8: Conditio humana. Frankfurt am Main 1983, 136–217.

Pohlmann, Rosemarie: Autonomie. In: Ritter, Joachim (Hg.): Historisches Wörterbuch der Philosophie. Bd. 1. Basel 1971, 701.

Pozzo di Borgo, Philippe / Vanier, Jean / De Cherisey, Laurent: Ziemlich verletzlich, ziemlich stark. Wege zu einer solidarischen Gesellschaft. Mit einem Gespräch zwischen Elisabeth von Thadden und Philippe Pozzo di Borgo. Aus dem Französischen von Bettina Bach. München 2012.

Prengel, Annedore: Vielfalt. In: Dederich, Markus / Jantzen, Wolfgang (Hg.): Behinderung und Anerkennung. Stuttgart 2009, 105–112.

Prenter, Regin: Der Gott, der Liebe ist. Das Verhältnis der Gotteslehre zur Christologie. In: ThLZ 96.6 (1971), 401–413.

Pröpper, Thomas: Erlösungsglaube und Freiheitsgeschichte. München ²1988.

Pröpper, Thomas: Evangelium und freie Vernunft. Konturen einer theologischen Hermeneutik. Freiburg 2001.

Pröpper, Thomas: Theologische Anthropologie. Bd. 1. Freiburg ²2012.

Pool, Jeff: God's Wounds. Hermeneutic of the Christian Symbol of Divine Suffering. Vol. 1: Divine Vulnerability and Creation. Eugene 2009.

Pues, Maria: Wach ohne Bewusstsein. In: Pharmazeutische Zeitung 48/2014. Online unter: https://www.pharmazeutische-zeitung.de/ausgabe-482014/wach-ohne-bewusstsein/ (Stand: 17.06.2021).

Radio Vatikan: Conference on disability to take place in Vatican, Vatikanstadt 2016. Online unter http://www.archivioradiovaticana.va/storico/2016/06/16/conference_on_disability_to_take_place_in_vatican/en-1237638 (Stand: 12.07.2021).

RADLBECK, Regina: Der Personbegriff in der Trinitätstheologie der Gegenwart – untersucht am Beispiel der Entwürfe Jürgen Moltmanns und Walter Kaspers. Regensburg 1989.

RADTKE, Peter: Der Sinn des Lebens ist, gelebt zu werden. Warum unsere Gesellschaft behinderte Menschen braucht. München 2007.

RADTKE, Peter: Dialog in asymmetrischen Beziehungen. In: WUCKELT, Agnes / PITHAN, Annebelle / BEUERS, Christoph (Hg.): „Und schuf dem Menschen ein Gegenüber..." – Im Spannungsfeld zwischen Autonomie und Angewiesensein. Münster 2011, 9–18.

RAHNER, Karl: Probleme der Christologie von heute. In: Ders.: Schriften zur Theologie 1. Zürich / Einsiedeln / Köln 1954, 169–222.

RAHNER, Karl: Bemerkungen zum dogmatischen Traktat ‚De Trinitate'. In: Ders.: Schriften zur Theologie 4. Zürich / Einsiedeln / Köln 1962, 103–133.

RAHNER, Karl: Im Gespräch. Bd. 1: 1964–1977. Hg. von Paul Imhof und Hubert Biallowons. München 1982.

RAHNER, Karl: Sämtliche Werke. Hg. von der Karl-Rahner-Stiftung unter der Leitung von Karl Lehmann et al. Bd. 31: Im Gespräch über Kirche und Gesellschaft. Interviews und Stellungnahmen. Bearb. von Albert Raffelt. Freiburg 2007.

REHFELD, Emmanuel: Relationale Ontologie bei Paulus. Die ontische Wirksamkeit der Christusbezogenheit im Denken des Heidenapostels. Tübingen 2012.

REINDAL, Solveig: Independence, Dependence, Interdependence. Some reflections on the subject and personal autonomy. In: Disability & Society 14.3 (1999), 353–367.

REINDERS, Hans: Receiving the Gift of Friendship. Profound Disability, Theological Anthropology and Ethics. Grand Rapids / Cambridge 2008.

REMENYI, Matthias: Um der Hoffnung willen. Untersuchungen zur eschatologischen Theologie Jürgen Moltmanns. Regensburg 2005.

RENTSCH, Thomas: „Sein und Zeit". Fundamentalontologie als Hermeneutik der Endlichkeit. In: THOMÄ, Dieter (Hg.): Heidegger-Handbuch. Leben – Werk – Wirkung. Unter Mitarbeit von Katrin Meyer und Hans Bernhard Schmid. Stuttgart 2003, 51–80.

REYNOLDS, Thomas: Vulnerable Communion. A Theology of Disability and Hospitality. Grand Rapids 2008.

RHIM, Sung-Chul: Die Struktur des idealen Staates in Platons Politeia. Die Grundgedanken des platonischen Idealstaates angesichts antiker und moderner Kritik. Würzburg 2005.

RIBI, Thomas: Ostern in Zeiten von Corona. Wirkliche Stärke kommt nicht aus der Kraft, sondern aus der Verletzlichkeit. In: Neue Zürcher Zeitung vom 11.04.2020. Online unter: https://www.nzz.ch/meinung/ostern-in-zeiten-von-corona-staerke-aus-der-verletzlichkeit-ld.1551067 (Stand: 23.06.2021).

RIVIÈRE, Joan: The Unconscious Phantasy on an Inner World Reflected in Examples of Literature. In: KLEIN, Melanie / HEIMANN, Paula / MONEY-KYRLE, Roger (Hg.): New Directions in Psychoanalysis. The Significance of Infant Conflict in the Pattern of Adult Behaviour. London 1955, 346–369.

RÖSNER, Hans-Uwe: Behindert sein – behindert werden. Texte zu einer dekonstruktiven Ethik der Anerkennung behinderter Menschen. Bielefeld / Berlin 2014.

ROY, Lena-Katharina: Demenz in der Theologie und Seelsorge. Berlin 2013.

RUBENBAUER, Hans / HOFFMANN, Johann Baptist: Lateinische Grammatik. Neubearb. von Rolf Heine. 12., korr. Aufl. Bamberg / München 1995.

SACHSER, Norbert: Der Mensch im Tier. Warum Tiere uns im Denken, Fühlen und Verhalten oft so ähnlich sind. Hamburg 2018.

SALOMON, Fred: Bewußtsein und Bewußtlosigkeit aus anästhesiologischer und intensivmedizinischer Sicht. In: BIENSTEIN, Christel / FRÖHLICH, Andreas: Bewußtlos. Eine Herausforderung für Angehörige, Pflegende und Ärzte. Düsseldorf 1994, 25–34.

SAUTER, Gerhard: Das verborgene Leben. Eine theologische Anthropologie. Gütersloh 2011.

SCHÄPER, Sabine: Von der ‚Integration' zur ‚Inklusion'? Diskursive Strategien um den gesellschaftlichen Ort der Anderen im Grenzfall schwerer Behinderung. In: ECKSTEIN, Christiane / FILIPOVIĆ Alexander / OOSTENRYCK Klaus (Hg.): Beteiligung, Inklusion, Integration. Sozialethische Konzepte für die moderne Gesellschaft. Münster 2007, 171–188.

SCHARFE, Martin: Menschenwerk. Erkundungen über Kultur. Köln / Weimar / Wien 2002.

SCHÄRTL, Thomas: Auferstehung denken. Metaphysische Hintergrundfragen. In: Concilium 42.5 (2006), 551–562, 560.
SCHÄRTL, Thomas: Beyond Dualism? The Track-Switch Model of Resurrection. In: GÖCKE, Benedikt (Hg.): After Physicalism. Notre Dame 2012, 335–368.
SCHÄRTL, Thomas: „Vita mutatur, non tollitur". Zur Metaphysik des Auferstehungsgedankens. In: KLÄDEN, Tobias (Hg.): Worauf es letztlich ankommt. Interdisziplinäre Zugänge zur Eschatologie. Freiburg 2014, 125–149.
SCHÄRTL, Thomas: Tod und ewiges Leben. In: Impulse 119 (2018), 4–7.
SCHEFFCZYK, Leo: Schöpfung als Heilseröffnung. Schöpfungslehre. Aachen 1997.
SCHELER, Max: Späte Schriften. Hg. von Manfred Frings. Bern / München 1976.
SCHELER, Max: Die Stellung des Menschen im Kosmos. Bonn [13]1995
SCHELLENBERG, Annette: Der Mensch als Bild Gottes? Zum Gedanken einer Sonderstellung des Menschen im Alten Testament und in weiteren altorientalischen Quellen. Zürich 2011.
SCHIEFER FERRARI, Markus: Biblische Heilungsgeschichten. Inklusiv gelesen. In: KatBl 138.5 (2013), 355–358, 357.
SCHILLEBEECKX, Edward: Gesammelte Schriften. Bd. 1: Offenbarung und Theologie. Mainz 1965.
SCHIRILLA, Nausikaa: Autonomie in Abhängigkeit. Selbstbestimmung und Pädagogik in postkolonialen, interkulturellen und feministischen Debatten. Frankfurt am Main 2003.
SCHÜES, Christina: Ethik und Fürsorge als Beziehungspraxis. In: CONRADI, Elisabeth / VOSMAN, Frans: Ethik der Achtsamkeit. Schlüsselbegriffe der Care-Ethik. Frankfurt am Main / New York 2016.
SCHÜLE, Andreas: Die Urgeschichte. Genesis 1–11 (ZBK.AT 1.1). Zürich 2009.
SCHULTE, Peter: Harry G. Frankfurt (*1929). In: Abteilung Philosophie der Universität Bielefeld: Philosophie verständlich. Bielefeld 2005. Online unter: http://www.philosophie-verstaendlich.de/freiheit/modern/frankfurt.html (Stand: 14.11.2018).
SCHMALENBACH, Merle: Das Leiden an der Utopie. In: DIE ZEIT Nr. 07/2017. Online unter: https://www.zeit.de/2017/07/inklusion-schueler-behinderung-studie-mangelhaft (Stand: 12.07.2021).
SCHMIDT, Werner: Alttestamentlicher Glaube. Neukirchen-Vluyn [8]1996.
SCHLÜTER, Martina: Körperbehinderung und Inklusion im Speziellen. In: JENNESSEN, Sven et al. (Hg.): Leben mit Körperbehinderung. Perspektiven der Inklusion. Stuttgart 2010, 15–32.
SCHMOLL, Heike: Illusion Inklusion. In: FAZ.NET vom 28.05.2017. Online unter: https://www.faz.net/-gpg-8y3xa (Stand: 12.07.2021).
SCHNABEL, Ulrich / SPIEWAK, Martin: Woran scheitert die Inklusion? In: DIE ZEIT Nr. 14/2014. Online unter: http://www.zeit.de/2014/14/inklusion-schule-finanzen (Stand: 12.07.2021).
SCHRAMME, Thomas: Disability (Not) as a Harmful Condition. The Received View Challenged. In: BICKENBACH, Jerome / FELDER, Franziska / SCHMITZ, Barbara (Hg.): Disability and the Good Human Life. Cambridge 2014, 72–92.
SCHREIBER, Stefan: Von der Verkündigung Jesu zum verkündigten Jesus. In: RUHSTORFER, Karl-Heinz (Hg.): Christologie. Paderborn 2018, 69–140.
SCHROEDER, Doris / GEFENAS, Eugenijus: „Vulnerability: Too vague and too broad?" In: Cambridge Quarterly of Healthcare Ethics 18.2 (2009), 113–121.
SCHWIENHORST-SCHÖNBERGER, Ludger: „Die Welt in Heiligkeit und Gerechtigkeit leiten". Zur Auslegung von Gen 1,26–28 in Weish 9,1–3. In: FISCHER, Stefan / GROHMANN, Marianne (Hg.): Weisheit und Schöpfung. Festschrift für James Alfred Loader zum 65. Geburtstag. Frankfurt am Main 2010, 211–230.
SEKRETARIAT DER DEUTSCHEN BISCHOFSKONFERENZ (Hg.): Die Deutschen Bischöfe – Hirtenschreiben und Erklärungen Nr. 70: UnBehindert Leben und Glauben teilen. Wort der deutschen Bischöfe zur Situation der Menschen mit Behinderungen. Bonn 2003.
SEKRETARIAT DER DEUTSCHEN BISCHOFSKONFERENZ (Hg.): Arbeitshilfe Nr. 223: Internationale Theologische Kommission: Gemeinschaft und Dienstleistung. Die menschliche Person – geschaffen nach dem Bilde Gottes. Bonn 2008.
SEKRETARIAT DER DEUTSCHEN BISCHOFSKONFERENZ (Hg.): Arbeitshilfe Nr. 308: Leben und Glauben gemeinsam gestalten. Kirchliche Pastoral im Zusammenwirken von Menschen mit und ohne Behinderung. Bonn 2019.
SELVATICO, Pietro / STRAHM, Doris: Jesus Christus. Christologie. Zürich [2]2011.

Sennett, Richard: Respekt im Zeitalter der Ungleichheit. Aus dem Amerikanischen von Michael Bischoff. Berlin 2002.
Seywald, Aiga: Physische Abweichung und soziale Stigmatisierung. Zur sozialen Isolation und gestörten Rollenbeziehung physisch Behinderter und Entstellter. Rheinstetten 1976.
Shakespeare, Tom / Watson, Nicholas: The Social Model of Disability: An Outdated Ideology? In: Research in Social Science and Disability 2 (2002), 9–28.
Shakespeare, Tom: Disability Rights and Wrongs. London / New York 2006.
Shakespeare, Tom: Nasty, Brutish, and Short? On the Predicament of Disability and Embodiment. In: Bickenbach, Jerome / Felder, Franziska / Schmitz, Barbara (Hg.): Disability and the Good Human Life. Cambridge 2014, 93–112
Shildrick, Margrit: Embodying the Monster. Encounters with the Vulnerable Self. London / Thousand Oaks 2002.
Sidorkin, Alexander: Learning Relations. Impure Education, Deschooled Schools & Dialogue with Evil. Bern 2002.
Siebers, Tobin: Disability Studies and the Future of Identity Politics. In: Alcoff, Linda / Hames-García, Michael et al. (Hg.): Identity Politics Reconsidered. London 2006, 10–30.
Siebers, Tobin: Disability Theory. Ann Arbor 2008.
Söhngen, Gottfried: Die biblische Lehre von der Gottebenbildlichkeit des Menschen. In: Schlink, Edmund / Volk, Hermann / Jaeger, Lorenz / Stählin, Wilhelm: Pro Veritate. Ein theologischer Dialog. Münster / Kassel 1963, 23–57.
Spaemann, Robert: Glück und Wohlwollen. Versuch über Ethik. Stuttgart 1989.
Speck, Otto / Thalhammer, Manfred: Die Rehabilitation der Geistigbehinderten. Ein Beitrag zur sozialen Integration. München / Basel ²1977.
Springhart, Heike: Der verwundbare Mensch. Sterben, Tod und Endlichkeit im Horizont einer realistischen Anthropologie. Tübingen 2016.
Springhart, Heike: Exploring Life's Vulnerability. Vulnerability in Vitality. In: Dies. / Thomas, Günter (Hg.): Exploring Vulnerability. Göttingen 2017, 13–34.
Springhart, Heike: Inklusion und Vulnerabilität – systematisch-theologische Überlegungen. In: Geiger, Michaela / Stracke-Bartholmai, Matthias (Hg.): Inklusion denken. Theologisch, biblisch, ökumenisch. Stuttgart: 2017, 33–42.
Stagneth, Bettina: Kultur der Aufrichtigkeit. Zum systematischen Ort von Kants ‚Religion innerhalb der Grenzen der bloßen Vernunft'. Würzburg 2000.
Stålsett, Sturla: Towards a Political Theology of Vulnerability. Anthropological and Theological Propositions. In: Political Theology 16.5 (2015), 464–478.
Stamm, Johann: Die Gottebenbildlichkeit des Menschen im Alten Testament. Zürich 1959.
Staniloae, Dumitru: Orthodoxe Dogmatik. Bd. 1. Gütersloh 1985.
Statistisches Bundesamt: Pressemitteilung Nr. 228 vom 25. Juni 2018. Online unter: https://www.destatis.de/DE/Presse/Pressemitteilungen/2018/06/PD18_228_227.html (Stand: 10.07.2021).
Steinmeier, Frank-Walter: „Die Krise zeigt, wie stark wir sind". Fernsehansprache vom 11.04.2020. Online unter: https://www.sueddeutsche.de/politik/steinmeier-rede-wortlaut-1.4874627 (Stand: 23.06.2021).
Sternagel, Jörg: Bernhard Waldenfels. Responsivität des Leibes. In: Alloa, Emmanuel / Bedorf, Thomas / Grüny, Christian / Klass, Tobias (Hg.): Leiblichkeit. Geschichte und Aktualität eines Konzeptes. Tübingen ²2019, 115–129.
von Stosch, Klaus: Allmacht als Liebe denken. Zur Verteidigung einer theologischen Grunderkenntnis neuerer Theologie. In: Marschler, Thomas / Schärtl, Thomas: Eigenschaften Gottes. Ein Gespräch zwischen systematischer Theologie und analytischer Philosophie. Münster 2016, 251–266.
von Stosch, Klaus: Trinität. Stuttgart 2017.
Striet, Magnus: Das Ich im Sturz der Realität. Philosophisch-theologische Studien zu einer Theorie des Subjekts in Auseinandersetzung mit der Spätphilosophie Friedrich Nietzsches. Regensburg 1998.
Striet, Magnus: Monotheismus und Schöpfungsdifferenz. Eine trinitätstheologische Erkundung. In: Walter, Peter (Hg.): Das Gewaltpotential des Monotheismus und der dreieine Gott. Freiburg 2005, 132–153.

STUBBLEFIELD, Anna: Living a Good Life... in Adult-Sized Diapers. In: BICKENBACH, Jerome / FELDER, Franziska / SCHMITZ, Barbara (Hg.): Disability and the Good Human Life. Cambridge 2014, 219–242.

TAYLOR, Charles: Ein Säkulares Zeitalter. Aus dem Englischen von Joachim Schulte. Frankfurt am Main [1]2009.

VON THADDEN, Elisabeth: Wir sind Brüder. Interview mit Philippe Pozzo di Borgo. In: Die Zeit 49/2012. Online unter: http://www.zeit.de/2012/49/Ziemlich-beste-Freunde-Philippe-Pozzo-di-Borgo-Interview (Stand: 18.07.2021).

THEOLOGISCHE REALENZYKLOPÄDIE. Herausgegeben von Gerhard Müller in Gemeinschaft mit H. Balz, J. K. Cameron, C. Grethlein, S. G. Hall, B. L. Hebblethwaite, K. Hoheisel, W. Janke, 5. Leppin, K. Schäferdiek, G. Seebaß, H. Spieckermann, G. Stemberger, K. Stock (36 Bände), Berlin 1976–2004.

THEUNISSEN, Michael: Der Andere. Studien zur Sozialontologie der Gegenwart. Berlin / New York [2]1981.

THIELICKE, Helmut: Die Subjekthaftigkeit des Menschen. Studie zu einem Hauptproblem in der imago-Dei-Lehre. In: ThLZ 75 (1950), 449–458.

THIELICKE, Helmut: Theologische Ethik I, Tübingen [4]1958.

THIMM, Carola: „Ich konnte alles sehen und hören, aber mein Mund bewegte sich nicht". In: Süddeutsche Zeitung Online vom 19. Januar 2016. Online unter https://sz.de/1.2799473 (Stand: 17.06.2021).

THOMAS VON AQUIN: Die katholische Wahrheit oder die theologische Summa des Thomas von Aquin deutsch wiedergegeben durch Ceslaus Maria Schneider. Regensburg 1886–1892.

THOMAS, Günter: Behinderung als Teil der guten Schöpfung Gottes? Fragen und Beobachtungen im Horizont der Inklusionsdebatte. In: EURICH, Johannes / LOB-HÜDEPOHL, Andreas (Hg.): Behinderung. Profile inklusiver Theologie, Diakonie und Kirche. Stuttgart 2014, 67–97.

THOMAS, Günter: Divine Vulnerability, Passion and Power. In: SPRINGHART, Heike / THOMAS, Günter (Hg.): Exploring Vulnerability. Göttingen 2017, 35–57.

THOMAS, Günter: Gottes Lebendigkeit. Beiträge zur Systematischen Theologie. Leipzig 2019.

TIMME, Rainer: Der Vergleich von Mensch und Tier bei Ernst Tugendhat und Aristoteles. Selbstbeschreibung und Selbstverständnis Kritik eines Topos der Philosophischen Anthropologie. Berlin 2011.

TOOMBS, Kay: Vulnerability and the Meaning of Illness. Reflections on Lived Experience. In: TAYLOR, Carol / DELL'ORO, Roberto (Hg.): Health and Human Flourishing. Religion, Medicine, and Moral Anthropology. Washington 2006, 119–140.

TRACK, Joachim: Analogie. In: TRE II (1978), 625–650.

TRONTO, Joan: An Ethic of Care. In: CUDD, Ann / ANDREASEN, Robin: Feminist Theory. A Philosophical Anthology. Oxford 2005, 251–263.

TUANA, Nancy: The Speculum of Ignorance. The Women's Health Movement and Epistemologies of Ignorance. In: Hypatia 21.3 (2006), 1–19.

TÜCK, Jan-Heiner: Passion Gottes. Zum unerledigten Disput um die Rede vom leidenden Gott. In: FISCHER, Irmtraud / FREY, Jörg / FUCHS, Ottmar et al. (Hg.): Mitleid und Mitleiden. Göttingen / Bristol 2018, 3–28.

TURNER, Bryan: The Body and Society. Explorations in Human Theory. Los Angeles / London [3]2008.

THE UNION OF THE PHYSICALLY IMPAIRED AGAINST SEGREGATION (UPIAS) AND THE DISABILITY ALLIANCE: Fundamental Principles of Disability. London 1976. Online unter: https://disability-studies.leeds.ac.uk/wp-content/uploads/sites/40/library/UPIAS-fundamental-principles.pdf (Stand: 10.07.2021).

VISCHER, Wilhelm: Das Christuszeugnis des Alten Testaments. Bd.1: Das Gesetz. München 1934.

VOLLENWEIDER, Martin: Der Menschgewordene als Ebenbild Gottes. Zum frühchristlichen Verständnis der Imago Dei. In: Ders.: Horizonte neutestamentlicher Christologie. Studien zu Paulus und zur frühchristlichen Theologie (WUNT 144), 53–70.

WAGNER, Thomas: Zum Ebenbild geschaffen. Grundzüge des Gott-Mensch-Verhältnisses in altorientalischen und alttestamentlichen Schriften In: HARTUNG, Gerald / HERRGEN, Matthi-

as (Hg.): Interdisziplinäre Anthropologie. 4/2016: Wahrnehmung. Wiesbaden 2017, 209–240.
Waldenfels, Bernhard: Das leibliche Selbst. Vorlesungen zur Phänomenologie des Leibes. Hg. von Regula Giuliani. Frankfurt am Main 2000.
Waldschmidt, Anne: Selbstbestimmung als behindertenpolitisches Paradigma. Perspektiven der Disability Studies. In: Aus Politik und Zeitgeschichte 8 (2003). Online unter: http://www.bpb.de/apuz/27792/selbstbestimmung-als-behindertenpolitisches-paradigma-perspektiven-der-disability-stud (Stand: 08.08.2021).
Waldschmidt, Anne / Schneider, Werner: Disability Studies und Soziologie der Behinderung. Kultursoziologische Grenzgänge. Eine Einführung. In: Dies. (Hg.): Disability Studies, Kultursoziologie und Soziologie der Behinderung. Erkundungen in einem neuen Forschungsfeld. Bielefeld 2007, 9–28.
Waldschmidt, Anne: Disability Studies. In: Dederich, Markus / Jantzen, Wolfgang (Hg.): Behinderung und Anerkennung. Stuttgart 2009, 125–133.
Warnach, Walter / Rabe, Hannah: Autarkie, autark. In: Ritter, Joachim (Hg.): Historisches Wörterbuch der Philosophie. Bd. 1. Basel 1971, 685.
Watzlawick, Paul / Bavelas, Janet / Jackson, Don: Menschliche Kommunikation. Formen – Störungen – Paradoxien. Bern [11]2007.
Weinandy, Thomas: Does God Suffer? Notre Dame 2000.
Weltgesundheitsorganisation WHO (Hg.): Internationale Klassifikation der Schädigungen, Fähigkeitsstörungen und Beeinträchtigungen. Ein Handbuch zur Klassifikation der Folgeerscheinung der Erkrankung. Übersetzt von Rolf-Gerd Matthesius. In: Weltgesundheitsorganisation WHO: International Classification of Imapirments, Disabilities, and Handicaps. Hg. von Rolf-Gerd Matthesius, Kurt-Alphons Jochheim, Gerhard Barolin und Christoph Heinz. Berlin / Wiesbaden 1995, 213–413.
Wendel, Saskia: Postmoderne Theologie? Zum Verhältnis von christlicher Theologie und postmoderner Philosophie. In: Müller, Klaus: Fundamentaltheologie. Fluchtlinien und gegenwärtige Herausforderungen. Regensburg 1998, 193–214.
Wendel, Saskia: „„...in allem uns gleich außer der Sünde." Jesus von Nazareth – Bild des Unbedingten in der Geschichte. In: Dies. (Hg.): Christus predigen in der Vielfalt theologischen Fragens: Donauwörth 2006, 78–84.
Wendell, Susan: The Rejected Body. Feminist Philosophical Reflections on Disability. New York / London 1996.
Wendell, Susan: Toward a Feminist Theory of Disability. In: Bailey, Alison / Cuomo, Chris (Hg.): The Feminist Philosophy Reader. Boston 2008, 826–841.
Wenk, Conny: Außergewöhnlich. Kinder mit Down-Syndrom und ihre Mütter. Cuxhaven 2013.
Werbick, Jürgen: „Diess Leben – dein ewiges Leben!"? Die Kritik am Auferstehungsglauben und ein fundamentaltheologischer Versuch, ihn zu verteidigen. In: Kessler, Hans (Hg.): Auferstehung der Toten. Ein Hoffnungsentwurf im Blick heutiger Wissenschaften. Darmstadt 2004, 211–233.
Werbick, Jürgen: Erlösung durch Opfer? Erlösung vom Opfer? In: Striet, Magnus / Tück, Jan-Heiner: Erlösung auf Golgota. Der Opfertod Jesu im Streit der Interpretationen. Freiburg 2012, 59–82.
Westermann, Claus: Genesis 1–11 (BK.AT I,1). Neukirchen-Vluyn [3]1983.
White, Lynn: The Historical Roots of our Ecological Crisis. In: Science 155 (1967), 1203–1207.
Witschen, Dieter: Der verletzliche Mensch – Schutz durch Achtung. Reflexionen zu einer menschenrechtlichen Tugend. In: Ethica 19.1 (2011), 19–35.
Wolff, Hans: Anthropologie des Alten Testaments. München 1973.
Yong, Amos: Theology and Down Syndrome. Reimagining Disability in Late Modernity. Waco 2007.
Zenger, Erich: Gottes Bogen in den Wolken. Stuttgart 1983.
Zieger, Andreas: Personsein, Körperidentität und Beziehungsethik. In: Strasser, Peter / Starz, Edgar: Personsein aus bioethischer Sicht. Tagung der Österreichischen Sektion der IVR in Graz, 29. und 30. November 1996. Stuttgart 1997, 154–171.

ZIEGER, Andreas: Wieviel Gehirn braucht ein Mensch? Anmerkungen zum Anencephalie-Problem aus beziehungsmedizinischer Sicht. Erfurt 2004. Online unter: http://www.a-zieger.de/Dateien/Publikationen-Downloads/Statement_Erfurt_2004.pdf (Stand: 17.06.2021).